Wolfgang Böttcher · Ewald Terhart (Hrsg.)

Organisationstheorie in pädagogischen Feldern

Organisation und Pädagogik
Band 2

Herausgegeben von
Michael Göhlich

Wolfgang Böttcher · Ewald Terhart (Hrsg.)

Organisationstheorie in pädagogischen Feldern

Analyse und Gestaltung

VS VERLAG FÜR SOZIALWISSENSCHAFTEN

VS Verlag für Sozialwissenschaften
Entstanden mit Beginn des Jahres 2004 aus den beiden Häusern
Leske+Budrich und Westdeutscher Verlag.
Die breite Basis für sozialwissenschaftliches Publizieren

Bibliografische Information Der Deutschen Bibliothek
Die Deutsche Bibliothek verzeichnet diese Publikation in der Deutschen Nationalbibliografie;
detaillierte bibliografische Daten sind im Internet über <http://dnb.ddb.de> abrufbar.

1. Auflage August 2004

Alle Rechte vorbehalten
© VS Verlag für Sozialwissenschaften/GWV Fachverlage GmbH, Wiesbaden 2004

Lektorat: Annette Kirsch / Verena Grupp

Der VS Verlag für Sozialwissenschaften ist ein Unternehmen von Springer Science+Business Media.
www.vs-verlag.de

Umschlaggestaltung: KünkelLopka Medienentwicklung, Heidelberg

Gedruckt auf säurefreiem und chlorfrei gebleichtem Papier

ISBN-13: 978-3-531-14334-7   e-ISBN-13: 978-3-322-80609-3
DOI: 10.1007/978-3-322-80609-3

Inhalt

Organisationstheorie in pädagogischen Feldern.
Zur Einleitung in den Band
Wolfgang Böttcher/Ewald Terhart

Von solchen erziehungswissenschaftlichen Traditionen, die das Erziehen selbst, die pädagogischen Institutionen wie auch die pädagogischen Berufe primär vom pädagogischen Handeln her deuten, ist der Faktor Organisation häufig gar nicht oder nur am Rand behandelt worden. Organisation – auch tradiert unter dem Begriff Institution – wurde als äußere Rahmung des eigentlich zwischenmenschlichen, situativ bestimmten und von pädagogischen Ambitionen der Erzieher geleiteten pädagogischen Geschehens wahrgenommen. So gesehen erschien der Faktor Organisation, so er denn vorkam, vornehmlich negativ, als Beeinträchtigung und Verhärtung der frei fließenden pädagogischen Ambition, die sich am besten in direkter Zwischenmenschlichkeit und – dachte man darüber hinaus – allenfalls noch in natürlichen Gemeinschaften verwirklichen konnte.

Dass das – von Pädagogen gewollte – Wachstum der pädagogischen Berufe wie auch die Etablierung von Pädagogik als Wissenschaft auf die Ausdifferenzierung und Institutionalisierung von ursprünglich undifferenziert in der Lebenswelt wahrgenommenen erzieherischen Aufgaben in ‚organisationaler' Form zurückzuführen ist, wurde dabei gerne übersehen. Ganz im Gegenteil: Vielfach reagierte man auf Institutionalisierung mit Institutionenkritik. Die in die pädagogischen Institutionen eingelagerte ‚Pädagogik der Verwaltung' (und deren Personal) dagegen bediente und bedient die institutionellen Imperative. Von *dieser* Seite scheint man pädagogische Theoretiker und Standesvertreter pädagogischer Berufe mit institutionkritischen Auffassungen allenfalls bei Festreden ertragen zu wollen; am Tag danach herrscht wieder die Pädagogik der Verwaltung.

Die vor gut drei Jahrzehnten eingeleitete sozialwissenschaftliche Wende von der Pädagogik zur Erziehungswissenschaft hat den Faktor ‚Organisation und Institution' sehr stark ins Bewusstsein der pädagogischen Theoretiker wie auch der Berufsinhaber gehoben. Vor allem Modelle aus der Bürokratietheorie waren zunächst prominent. Sie verstärkten jedoch mit neuen begrifflichen Mitteln die pädagogischen Vorwürfe gegen verwaltete Bildungsanstalten und die Bürokratisierung der Erziehung. Die vielfach noch heute, insbesondere in bildungspolitischen Diskursen vorherrschende Gleichsetzung von Organisation und hierarchischer Bürokratie bediente und bedient aber auch eine Attitüde des Sich-Abfindens, denn gegen die vermeintliche Permanenz und Penetranz der Bürokratie schien die Pädagogik mit ihren Sorgen und Bedenken wenig ausrichten zu können. Und schließlich: Je stärker die ‚Bürokratie' und je heftiger die Kritik an ihr, desto edler die Ambition derjenigen, die gegen die vermeintliche Übermacht protestieren.

Die seit den späten 1960er Jahren zunehmend stärkere Rezeption von Organisationsforschung aus den Arbeitswissenschaften und insbesondere aus der Organisationssoziologie – einschließlich ihres gesamten Literaturkorpus zu Interaktion, Profession und Kommunikation – forderte sowohl auf (Inter-)Personalität zentrierten pädagogischen Vorstellungen als auch eine pauschale Kritik der ‚Bürokratie' heraus. Was aber war damit in konstruktiver Hinsicht gewonnen? Sehr folgenreiche Konsequenzen waren zunächst ein starker Optimismus hinsichtlich der praktischen Durchsetzungschancen organisatorischer Strukturreformen auf Makroebene und weiterhin ein starker Glaube an die durch Wissenschaft vorzubereitende und zu begleitende ziel- und aufgabengenaue Veränderung von Bildungs- und Erziehungsorganisationen. Hatte die alte Pädagogik noch das ‚Unverfügbare' im Bildungs-, Erziehungs- und Unterrichtsgeschehen beschworen, so wurde nunmehr scheinbar alles plan- und organisierbar – ein weitverbreitetes Denkmuster der 1960er und frühen 1970er Jahre nicht nur im Bildungsbereich. Vor dem Hintergrund einer günstigen Finanzsituation des Staates führte dieses Denkmuster dann auch zunächst zu einem verstärkten Wachstum der pädagogischen Einrichtungen, der pädagogischen Berufe und nicht zuletzt: der Erziehungswissenschaft als Disziplin.

Die Zeiten eines zuallererst auf ‚den Menschen' setzenden Organisationspessimismus' wie auch diejenigen eines wissenschaftsgläubigen Organisationsoptimismus' in der Erziehungswissenschaft sind heute vorbei. Diese beiden Programmatiken (oder Doktrinen?) lassen sich heute nicht mehr überzeugend gegeneinander in Stellung bringen. Dies ist durch die Rezeption ebenso vielfarbiger wie realistischer theoretischer Konzepte und empirischer Forschungen im Bereich der – in verschiedenen Disziplinen beheimateten – neueren Organisationstheorie mit beschleunigt worden. Es ist heute sinnlos geworden, den handlungsbezogenen Voluntarismus mancher pädagogischer Theorien gegen einen organisationsbezogenen Mechanismus der frühen Bürokratietheorie antreten zu lassen. Dass pädagogisches Handeln immer schon organisiert ist, dass seine Voraussetzungen im Organisatorischen abgesichert sind, und dass schließlich auch Handeln organisierte (intendierte und nicht-intendierte) Konsequenzen hat, ist allgemein anerkannt. Die Organisiertheit noch der flüchtigsten Momente sozialen Lebens und pädagogischen Geschehens verdichtet sich zu Institutionen, die zu

Voraussetzungen für unterschiedliche Organisationsformen und -grade werden. Formell geregelte Institutionen und also auch Organisationen der Erziehung und Bildung weisen in sich und in ihrem Verhältnis zu ihren verschiedenen Umweltsegmenten sowohl Spielräume wie Unabhängigkeiten auf – und zugleich bei aller Variation und Vielfalt eine große Stabilität in der Zeit.

Letzteres muss z.b. die empirische Bildungsforschung, vielfach zu ihrem Leidwesen, immer wieder feststellen. Gerade Bildungs- und Wissenschaftseinrichtungen, die ja eigentlich das systematische, kontrollierte Lernen der Individuen, Generationen und – in Gestalt der Wissenschaft – gar der Gattung auf ihre Fahnen geschrieben haben, sind einerseits in weiten Teilen zwar ,luftig' gewirkte Systeme. Zugleich scheinen sie sich jedoch sehr hartnäckig gegen Wandel zu wehren – außer gegen solchen Wandel, der sich in Wachstum ummünzen lässt. Deshalb wird ja auch mit Beharrlichkeit versucht, jeden Anstoß zu Wandel in Wachstum zu verwandeln – und sich zu verweigern, falls dies nicht zugebilligt wird. Selbstverständlich passt hierzu, dass man zugleich ständig über die Folgen des Wachstums klagt, Folgen, derer man eigentlich nur mit weiterem Wachstum Herr werden könne, und immer so fort.

Es geht uns mit dem vorliegenden Band, der auf Beiträge zur Herbsttagung der *Kommission Bildungsorganisation, Bildungsplanung und Bildungsrecht* (KBBB) in der Deutschen Gesellschaft für Erziehungswissenschaft (DGfE) im Oktober 2003 an der Universität Münster zurückgeht, um das Potenzial der modernen Organisationstheorie und -forschung für die Analyse und Gestaltung pädagogischer Felder. Wir halten eine theoretisch ausgerichtete, zugleich aber soweit wie möglich durch Empirie informierte Diskussion zu diesem Kontext in der Erziehungswissenschaft für erforderlich. Dabei steht als Motiv für die Beschäftigung mit der neueren Organisationstheorie nicht das Aufholen eines zunehmend peinlicher werdenden Erkenntnisrückstandes im Vordergrund. Dringlicher sind vielmehr Fragen, die sich aus der aktuellen Situation der pädagogischen Organisationen und der in ihnen platzierten pädagogischen Berufe ergeben. Nur einige sollen hier angerissen werden:

Die Finanz-, Steuerungs- und Legitimationsdefizite des Wohlfahrtstaates erzeugen einen seit Jahren zunehmenden Druck auf Einrichtungen im Bildungs-, Erziehungs- und Sozialbereich. Die Leistungsvergleichsstudien setzen speziell das Schulsystem und die Lehrerschaft verschärft unter Rechtfertigungsdruck. Eingefordert wird eine wirkungsorientiertere Gestaltung der pädagogischen Organisationen und Institutionen – nicht selten bei gleichzeitig reduziertem Ressourcenzufluss. Wie wird im Bildungs- und Sozialwesen auf die Zangenbewegung von einerseits gesteigerten Erwartungen und andererseits gleichzeitigem

Ressourcenabbau reagiert? Welche Strategien werden entwickelt, um in der Außendarstellung ‚nach oben' – aber auch gegenüber der zunehmend kritischen Öffentlichkeit – die Rhetorik anzupassen, die innere Routine aber zu retten? Und was ist man bereit als erstes zu opfern? Welche neuen Konfliktformen und -intensitäten treten auf der Ebene der inner-organisationalen Mikropolitik auf? Welchen Einfluss hat dies auf das kollektive und individuelle professionelle Selbstverständnis und Selbstbewusstsein der pädagogischen Berufe? Was heißt überhaupt pädagogische Professionalität im Feld der pädagogischen Berufe, die in sich sehr stark ausdifferenziert sind und weder den verblichenen Idealen des ‚geborenen Erziehers' oder der ‚freien Professionen' noch dem Vorbild bürokratisierter Expertenkulturen nacheifern können? Wie lässt sich Organisationswandel organisieren, wenn zugleich mentale, soziale und formale Strukturen hochgradig verhärtet sind? Und wie stellt man sicher, dass sich nicht nur irgendwie irgendein Wandel ereignet, sondern durch diesen Wandel auch zielgerichtet etwas erreicht wird? Denn Wandel an sich beweist noch nichts! Oder ein anderer Aspekt: Welche Formen von Organisiertheit einerseits und von Professionalität andererseits greifen bei den pädagogische Berufen idealer Weise ineinander – und wie viel kann man davon ‚in dieser Welt' umsetzen?

Dies sind nur einige der Fragen, die im Kontext von Organisation, Profession und Interaktion in pädagogischen Feldern theoretisch reflektiert und empirisch fundiert bearbeitet werden müssen. Mit dem vorliegenden Band soll ein Beitrag zu dieser Diskussion geleistet werden. Die Zuordnung der einzelnen Beiträge zu den fünf thematischen Schwerpunkten ist dabei – wie so häufig – nicht immer mit letzter Eindeutigkeit zu vollziehen.

(I) Der *erste Teil* des Bandes beschäftigt sich deshalb aus soziologischer Perspektive mit Organisation sowie Organisation im Bildungsbereich. Es geht zunächst um einen allgemeinen Zugang zum Thema.

X *Veronika Tacke* will in ihrem Beitrag zeigen, wie die Erziehungswissenschaft und die Organisation der Erziehung das Analysepotenzial der Soziologie nutzen können. Fachspezifische Organisationskonzepte können, so Tacke, der *Eigen*logik von Organisationen insofern nicht gerecht werden, weil sie im Rahmen einer *Funktions*logik argumentieren. Der soziologische Blick hingegen erfasse beide Logiken und könne sie aufeinander beziehen. Nachdem Tacke in diesem Sinne die soziologische Organisationssicht erläutert hat, versucht sie an einem erziehungswissenschaftlich und bildungspolitisch aktuellen Gegenstand, der „lernenden Organisation Schule", die aus den Distanzierungsmöglichkeiten der Soziologie erwachsenden Erkenntnispotentiale nachzuweisen. Ausführlich deckt sie dabei Risiken der für Pädagogen so verführerischen Lern-Analogie auf. Dabei wird u.a. nicht nur deutlich, dass das Konzept der lernenden Organisation Reformhoffnungen erzeugt, die nicht eingehalten werden können, sondern vielleicht noch bedeutsamer: Indem Lehrer mit einem Bündel von (neuen) Ansprüchen konfrontiert werden und der Verführung des Konzeptes erliegen, ja es womöglich noch aktiv fordernd übernehmen, wirken sie an ihrer eigenen De-Professionalisierung mit.

Das bei Tacke angesprochene Spannungsverhältnis von Profession und Organisation steht im Beitrag von *Thomas Kurtz* im Mittelpunkt. Profession und Organisation seien innerhalb der Soziologie nicht mehr antagonistisch aufzufassen. Organisationsforschung und Professionsforschung würden sich nicht länger gegenseitig einschränkend, sondern sich wechselseitig nutzend „irritieren". Kurtz kritisiert den inflationären Gebrauch des Professionsbegriff und versucht, den Begriff zu präzisieren. Dabei weist er auf zwei aktuelle Entwicklungen hin: Zum einen habe angesichts der zunehmenden Bedeutung von z.b. Vorschule, Sozialer Arbeit oder Weiterbildung und anderer pädagogischer Tätigkeitsfelder der Lehrerberuf seine Rolle als Leitprofession verloren. Zum anderen arbeitet Kurtz anhand des Begriffs der „Entgrenzung" heraus, wie sich andere Organisationen des Pädagogischen bedienen, ohne damit aber schon pädagogische Organisationen zu werden.

Der Ausgangspunkt von *Raf Vanderstraetens* Überlegungen ist der Unterricht als kleinste organisierbare Einheit der Schule. Damit drängt sich die – allgemeinere – Frage nach dem Verhältnis von Interaktion und Organisation in pädagogischen Einrichtungen auf. Vanderstraeten setzt bei der Eigengesetzlichkeit von Interaktion an und fragt, wie diese gleichzeitig zur Grundlage und Beschränkung von Organisation und Organisierbarkeit wird: „Inwieweit limitieren die strukturellen Effekte der Interaktion unter Anwesenden das organisatorisch Mögliche im Erziehungssystem?" Er entwickelt die These, dass „Mehrwert" erst durch Einschränkung der Interaktion erzielt wird: Die Unwahrscheinlichkeit des Erfolges einer pädagogischen Interaktion werde gerade durch ihre Limitierung reduziert. Organisation schaffe erst Möglichkeiten, die es in einer „fluiden" Realität ansonsten nicht gäbe.

(II) Ein *zweite Gruppe* von Beiträgen lässt sich unter dem Titel „Schule als Organisation" subsumieren.

⤫ *Rainer Lersch* thematisiert in seinem Beitrag Schule als Sozialsystem im Kontext neuerer Debatten in der Erziehungswissenschaft. Zunächst zeichnet er einige schultheoretische Argumentationslinien nach und unterscheidet dabei zwischen global angelegten Mehrebenen-Modellen einerseits und bestimmte Aspekte herausstellenden Bereichs- oder Regionaltheorien andererseits. Er selbst entwickelt einen sich ‚dazwischen' bewegenden intermediären Theorieansatz, der um die Begriffe Handlung, Organisation und Institution herum gruppiert ist.

Herbert Altrichter präsentiert in seinem Beitrag eine Übersicht über den mikropolitischen Ansatz zur Analyse von Schulen. Die inhaltlichen Hauptelemente dieses Ansatzes, der stark auf die Feinstruktur interaktiver und organisationaler Binnenprozesse in Schulen sowie auf Konfliktentstehungs- und -bearbeitungsprozesse abhebt, werden dargestellt. Auf diese Weise wird die gelebte und erlebte Binnenwelt von Schule sowohl anschaulich als auch analytisch transparent. Die Kritik dieses Ansatzes sowie einige aktuelle Weiterentwicklungen werden referiert. Im zweiten Teil geht es um die Forschungsgegenstände und -methoden, die im Rahmen mikropolitischer Studien zu Schulen untersucht bzw. angewandt werden.

Das Potenzial der Organisationstheorie sieht *Renate Girmes* darin, dass mit ihrer Hilfe ein Organisationsformat für Schule entwickelt werden kann, welches Professionalität befördert, statt sie zu behindern. Sie entwirft mit Hilfe von Morgans Metapher der „Organisation als Gehirn" eine Konzeption von Schule, die in einem scharfen Kontrast zur bestehenden Schule steht. Die herkömmliche Schule sei eher noch am Bild der „Organisation als Maschine" orientiert. Eine Schule, die der Gehirn-Metapher folge, könne auf allen Ebenen des Organisationsdesigns „Persönlichkeiten" entwickeln – Lehrer- und Schülerpersönlichkeiten. Als Beleg dafür, dass eine solche Schule nicht Illusion bleiben müsse, dient ihr die Beschreibung der Futurum-Schule in Schweden.

(III) Im *dritten.Teil* des Bandes geht es schwerpunktmäßig um Fragen des Lehrerberufs im Kontext Organisation.

Andreas Krause will einen Beitrag zur Schulentwicklung mit den Mitteln arbeitswissenschaftlicher, genauer: arbeitspsychologischer Herangehensweisen leisten. Arbeitsanalysen und Organisationsdiagnosen in Schulen bieten offenbar sinnvolle Ergänzungen zu bestehenden Vorgehensweisen in der Erziehungswissenschaft. Die Darstellung einschlägiger Instrumente und empirischer Befunde geben Anlass zur Vermutung, dass die Prüfung, ob die Erfahrungen der Arbeitspsychologie in der Industrie- und Büroarbeit auch auf den Gegenstand Schule und Lehrer übertragbar sind, durchaus positiv ausfällt.

Doris Blutner untersucht auf einer konzeptuell-theoretischen Ebene die strukturellen Bedingungen des Lehrerhandelns bzw. der Mitgliedschaftsrolle der Lehrer in der Schule sowie auch die daraus resultierenden Konsequenzen für die

Schulleitung bzw. Schulaufsicht, Lehrerhandeln zu beeinflussen. Ihre Analyse zeigt klar auf, dass die strukturellen (rechtlichen, organisationalen) Bedingungen der Lehrer-Position in der Schule es für Schulaufsicht und Schulleitung sehr schwierig machen, Lehrerhandeln zu beeinflussen. Die organisatorische Struktur der Schule im Personalbereich befördert ‚an sich' bereits, d.h. ohne das je individuelle Niveau der (Nicht-)Aktivität, eine ‚hyperstabile' Situation.

Christine Schaefers berichtet in ihrem Beitrag über erste Ergebnisse aus einem empirischen Forschungsprojekt zur sogenannten „schulscharfen" Besetzung von Lehrerstellen in NRW. Zweck dieses Innovationsansatzes war es, den Profilbildungsprozess von Einzelschulen auch im Personalbereich zu stärken bzw. abzusichern. Auf der Basis einer (zweimaligen) Befragung von über 1.000 Schulen werden Erfahrungen und Effekte abgerufen, die insgesamt zeigen, dass das neue Einstellungsverfahren durchweg von allen Beteiligten – trotz des erhöhten Arbeitsaufwandes – sehr geschätzt wird. Dieses positive Urteil aller Beteiligten basiert jedoch zuallererst und eindeutig auf der Tatsache, dass nunmehr Schulen sich ein persönliches Bild von den Bewerbern machen und dann auswählen können. Der eigentliche bildungspolitische Zweck der Einführung des Verfahrens – Unterstützung des Schulprofils im Personalbereich – scheint demgegenüber in der Praxis der Schule eher eine Nebenrolle zu spielen.

(IV) Die Beiträge im *vierten Teil* des Bandes thematisieren die Entwicklungsperspektive schulischer Organisation.

⸍*Michaela Brohm* beschäftigt sich mit der Frage, in welcher Weise die aktuellen Schulreformbemühungen vom Ansatz des Change Management lernen können, der ursprünglich für die Umstrukturierung von Organisationen im Wirtschaftssektor konzipiert und erprobt worden ist. Im ersten Teil werden Ansatz und Praxis des Change Management dargestellt. Im zweiten Teil wird die Frage der Übertragbarkeit erörtert und positiv beantwortet. Der Abgleich von Change Management mit aktuellen Schulreformkonzepten zeigt, dass letztere nicht die Kennzeichen des Ansatzes erfüllen.

‿*Thomas Brüsemeister* befasst sich mit dem ‚Neuen Steuerungsparadigma' einer erweiterten Selbstständigkeit der Einzelschule. Während ‚alte Steuerung' nur als bürokratische Verwaltung beschreibbar ist, eröffnen die durch Politik und Verwaltung neu gesetzten Rahmenbedingungen eine strategische Ausrichtung an schulischer Qualitätsentwicklung. Hierbei wird deutlich, dass sich Schulen als Organisationen erst noch entwickeln müssen. Mit der Schule als Qualitätsorganisation ändert sich auch das Spannungsverhältnis von Profession und Organisation, unüberhörbar sind dabei die Versprechungen zugunsten der Lehrerschaft.

Anhand von Fallbeispielen zeigt Brüsemeister unterschiedliche Vorgehensweisen und Konzepte bei der Umsetzung neuer Steuerungsbemühungen und ihre
jeweiligen Effekte in den Schulen auf.

Hans-Werner Fuchs vergleicht in seinem Beitrag zunächst die klassische
Bürokratietheorie Weberschen Typs mit dem Ansatz der losen Kopplung von
Weick. Am Beispiel der Reform der gymnasialen Oberstufe im Jahre 1972
macht er deutlich, dass – entgegen anderslautenden Berichten – das klassische
Bürokratiemodell die Situation des deutschen Schulsystems immer noch mit
hoher Plausibilität abzubilden vermag. Insofern könne man nicht von einem
Paradigmenwechsel weg von „Weber" und hin zu „Weick" sprechen. Vielmehr
hätten beide Modelle parallel und nebeneinander eine hohe Erklärungskraft –
diese Situation spiegele die eigentümliche immanente Widersprüchlichkeit von
Schule treffend wider.

Im Mittelpunkt des Beitrags von *Ute Clement* und *Jochen Wissinger* steht
die national wie international seit mehr als zehn Jahren deutlich erkennbare Politik einer Erweiterung der Selbstständigkeit und Selbstverantwortlichkeit der
einzelnen Schule („Schulautonomie"). Zunächst werden die diesen Ansatz be-
gründenden Forschungsbefunde referiert und die Ambivalenz von „Autonomie"
herausgestellt. Die Problematik wird dann verdeutlicht an einem derzeit noch
laufenden und evaluierten Projekt zur *S*tärkung der *E*igenständigkeit *B*eruflicher
*S*chulen (STEBS) in Baden-Württemberg.

(V) Die Beiträge des *fünften und letzten Teils* thematisieren Organisation in au-
ßerschulischen Feldern.

Harm Kuper befasst sich mit dem – noch diffusen – Konzept der Netzwerke.
Die zunehmende Beliebtheit des Konzepte gerade in der pädagogischen Praxis
erklärt er insbesondere damit, dass es Raum lasse für das unbestimmte Verhältnis zwischen pädagogischem Handeln einerseits und organisatorischer Rahmung
andererseits. Am Beispiel der Jugendberufshilfe belegt Kuper das besondere
Potenzial der Netzwerke, die durch ihr spezifisches Arrangement der Akteure –
und nicht durch deren Veränderung – Chancen für innovative Problemlösungen
eröffnen. Die Fallstudie fragt aber nicht nur danach, inwieweit Netzwerke geeignet sind, operative Ziele zu erreichen. Es geht Kuper auch darum, Erkenntnis
über ihren Aufbau zu gewinnen.

Vor dem Hintergrund von Abbau-, Privatisierungs- und Deregulierungsdis-
kursen befasst sich *Susanne Weber* ebenfalls mit der Jugendberufshilfe und dem
Konzept der Vernetzung. Netzwerke begreift sie als Erfindungen zur Lösung von
komplexen Problemen und beschreibt auf Basis der Evaluation eines EU-

Projektes vier Dimensionen der „Vernetzungskomplexität". Angesichts dessen hält sie den Aufbau von einfachen und robusten Kooperationsstrukturen für grundlegend. Ausführlich erläutert sie, wie Zukunftskonferenzen der Netzwerkentwicklung dienen können. Sie stehen als Beispiel für Großgruppenverfahren – „pädagogische Temporärorganisationen", wie Weber sagt –, die Komplexität aufbauen statt reduzieren wollen und gerade dadurch als Technologie zur konsensbasierten Planung nützlich sein können.

Jens Aderholt und *Ralf Wetzel* analysieren mit dem Begriffsinstrumentarium der Systemtheorie Luhmanns die Situation sonderpädagogischer Einrichtungen, speziell: von Integrationsfirmen und Integrationsfachdiensten. Dabei werden die verschiedenen Rationalitätsprobleme dieser beiden Einrichtungen im Verhältnis zu ,normalen' (Wirtschafts-)Unternehmen herausgearbeitet. Aus diesen unterschiedliche Rationalitäten resultieren wiederum unterschiedliche Interventionsmöglichkeiten.

Unter Verwendung von Kategorien und Modellen des Neoinstitutionalismus untersucht *Georg Krücken* die Situation der deutschen Hochschulen angesichts der drängender werdenden Forderungen nach mehr Wettbewerb auch und gerade in diesem Sektor des Bildungswesens. Sein konkretes Beispiel ist der aktuelle Prozess der Umstellung der Studienstrukturen auf konsekutive Modelle (Bachelor, Master). Er verdeutlicht eindringlich, dass proklamierte Zwecke und Verfahren der Einführung den faktischen Gegebenheiten deutlich wiedersprechen und im übrigen zu einer wechselseitigen mimetischen Anpassung führen – wobei unterhalb der Ebene der Formeln und Bezeichnungen de facto nicht selten ein Fortbestehen des Alten beobachtet werden kann. Zugleich wird nach neuen Distinktionsmöglichkeiten gesucht.

I. Allgemeine Zugänge zum Thema

Organisation im Kontext der Erziehung.
Zur soziologischen Zugriffsweise auf Organisationen am Beispiel der Schule als "lernender Organisation"
Veronika Tacke

1 Einleitung

Seit einigen Jahren wird in nahezu allen gesellschaftlichen Bereichen ein wachsender Bedarf des Wissens über Organisationsphänomene registriert. Die Hintergründe dafür sind vielfältig und mit dem allgemeinen Hinweis auf wirtschaftliche Globalisierungen und staatliche Deregulierungen zwar durchaus zutreffend, insgesamt aber nur verkürzt bezeichnet. So entstehen im Kontext des Erziehungssystems auf der einen Seite neue Organisationsbedarfe, die mit der gesellschaftlichen Durchsetzung der Erwartung ,lebenslangen Lernens' zusammenhängen. Die Erziehung reagiert mit neuen Organisationsbildungen auf Qualifikationsbedarfe der Wirtschaft, findet in der Formel lebenslangen Lernens aber auch eigene Gelegenheiten zur erweiterten Inklusion von Individuen und entsprechenden Organisationsformen. Auf der anderen Seite werden veränderte Organisationsbedarfe im organisatorischen Kernbereich der Erziehung, den Schulen, registriert. Sie werden unter Stichworten der Autonomisierung und Selbständigkeit von Schulen diskutiert und finden ihren Ausdruck in der reformpolitischen Leitvorstellung, Schulen zu "lernenden Organisationen" zu machen. Der Reformdruck entspringt in diesem Fall – jenseits öffentlichkeitswirksamer internationaler Leistungsvergleiche von Schülerkohorten (PISA) – staatlichen Deregulierungen, die selbst weniger bildungs- als finanzpolitisch begründet sind. Zugleich scheinen Erziehung und Lehrerprofession eigene Gründe zu haben, sich Schulen als "lernende Organisationen" vorzustellen.

Mit dem Bedeutungsschub des Themas Organisation ist für die Erziehung die Frage verbunden, inwieweit sie auf diese neuen Anforderungen und Wissensbedarfe vorbereitet ist. Zwar sind Phänomen und Thema auch in der Erziehungswissenschaft keineswegs neu (vgl. Terhart 1986), aber sie hat bisher zumindest keine fachspezifisch eigene Theorie der Organisation hervorgebracht. Das ist – im Vergleich etwa mit der Wirtschafts- oder Politikwissenschaft betrachtet – keineswegs selbsterklärend. Die Wirtschaftswissenschaft verfügt über elaborierte Versionen einer ökonomischen Theorie der Organisation (vgl. im

Überblick: Ebers/Gotsch 1993), und die Politikwissenschaft scheint in jüngerer Zeit ihre Theorie der Organisation in einem politisch ausgeflaggten organisatorischen Neoinstitutionalismus gefunden zu haben (March/Olsen 1989; vgl. Immergut 1997). Die Erziehungswissenschaft tendierte bisher stark dazu, ihre Problemstellungen ‚unterhalb' von Organisationen (z.B. als Fragen der Unterrichtsinteraktion oder der Kommunikation in Kollegien) oder aber ‚oberhalb' zu formulieren (z.b. als Fragen der Bildung von ‚Subjekten').[1] Im doppelten Sinne blieben organisatorische Fragen weitgehend anderen überlassen: im empirischen Sinne blieben sie – was Schulen betrifft – Sache staatlicher Schulverwaltungen und im Sinne theoretischer Reflexion blieben sie weitgehend den sozialwissenschaftlichen Nachbarfächern überlassen, darunter der Soziologie.

Der vorliegende Beitrag beschäftigt sich mit der Frage, was die Soziologie als Disziplin der Erziehungswissenschaft sowie den Organisationen der Erziehung im Hinblick auf das Verständnis und die Analyse von Organisationen anzubieten hat. Er will dabei keinen Überblick über Forschungsresultate geben, sondern vielmehr verdeutlichen und begründen, *wie* die Soziologie den Gegenstand Organisation beschreibt – und zwar im Vergleich zu anderen an der Organisationsforschung beteiligten Sozialwissenschaften, einschließlich der Erziehungswissenschaft (Absatz 2).

Der Beitrag will dabei sichtbar machen, dass es nicht notwendigerweise ein Mangel ist, wenn Erziehungswissenschaft und Lehrerprofession nicht über eine eigene fachspezifische Organisationstheorie verfügen, sondern vielmehr für das Verständnis organisatorischer Phänomene die Analyse- und Distanzierungsmöglichkeiten nutzen und aufgreifen, die ihnen die Soziologie anbieten kann. Der Grund ist, dass fachspezifische Organisationskonzepte, sofern sie den Gegenstand in einer gesellschaftlichen (sei es wirtschaftlichen, politischen oder eben erzieherischen) Funktionslogik beschreiben, der *Eigenlogik* von Organisationen nicht gerecht werden können. Das ist ihr blinder Fleck. Diesen versucht die Organisationssoziologie zu vermeiden, indem sie sich an der *Differenz* von Organisation und Gesellschaft orientiert, d.h. die organisatorische Eigenlogik *und* gesellschaftliche Funktionslogiken in ihren Beschreibungen im Auge behält und aufeinander bezieht (Absatz 3).[2]

---

[1] Im Vergleich: Die Wirtschaftswissenschaft reflektiert nicht lediglich Märkte, sondern bezieht sich schon klassisch auf das Organisationsphänomen. Ein Ausdruck davon ist bereits in der Trennung von Volkswirtschafts- und Betriebswirtschaftslehre zu finden. Demgegenüber hat das Rechtssystem mit der Erziehung gemeinsam, ebenfalls durch eine Leitprofession gekennzeichnet zu sein. In der Rechtswissenschaft allerdings gibt es vertragstheoretische Konzepte der Organisation (vgl. zu Organisationen und Netzwerken: Teubner 1992).

[2] Auch die Soziologie hat – wie jede Beobachtungsweise – ihren blinden Fleck. Sie beobachtet in diesem Sinne nicht besser, sondern anders.

Neben einer Skizze der eigenlogischen Konstitution und Reproduktion von Organisationen (3.1) soll schließlich der Gewinn der Differenz-Perspektive exemplarisch am Konzept des organisationalen Lernens und seiner Implementation in Schulen verdeutlicht werden (3.2). Denn mit seinem Leitbegriff des *Lernens* findet dieses Konzept heute nicht nur auffällige Resonanz im Erziehungskontext, sondern bringt auch das Potential mit, zur "passenden" Organisationstheorie im Erziehungssystem zu avancieren. In der soziologischen Perspektive besteht der "blinde Fleck" und das Risiko der Idee der "lernenden Organisation Schule" für die Erziehung allerdings darin, jene Strukturfolgen zu übersehen, die mit dieser Idee für die *Profession* der Lehrer verbunden sind. Auch empirische Anhaltspunkte sprechen dafür, dass die der Erziehung kongeniale Semantik des (organisatorischen) Lernens jene Strukturfolgen überspielt und verdeckt, die soziologisch mit dem Begriff der De-Professionalisierung zu beschreiben sind.

2 Zur gesellschaftlichen Pluralität der Zugriffsweisen auf Organisationen und den Schlussfolgerungen der Organisationssoziologie

Die Frage, was eigentlich die soziologische Organisationsforschung und ein soziologisches Verständnis von Organisationen ausmacht, ist weniger einfach zu beantworten als man meinen könnte.[3] Auch für die Soziologie selbst scheint sich diese Frage erst heute deutlich zu stellen.[4] Denn die Fragestellungen und empirischen Einsichten der Organisationssoziologie sind in mehr als einem halben Jahrhundert deutlich vielfältiger geworden, und es gibt im Übrigen eine große Pluralität theoretischer Ansätze, die kein einheitliches Selbstverständnis mehr

---

[3] Selbst einschlägige Einführungs- und Lehrbücher zur Organisationssoziologie tragen zwar vielfältigste Forschungen und theoretische Ansätze zusammen, geben aber keine dezidierten Antworten darauf, was an diesen eigentlich das spezifisch Soziologische ist.

[4] Die um die Mitte des 20. Jahrhunderts in den USA sich herausbildende Organisationssoziologie bezog sich auf Max Webers Analysen bürokratischer Herrschaft (1980) und war in Bezug auf einen Begründer der Soziologie über jeden Zweifel erhaben, soziologisch zu sein. Robert K. Merton, Alvin Gouldner, Philipp Selznick u.a. (siehe Mayntz 1968) interessierten sich für die Bürokratie dann zunächst unter dem Gesichtspunkt ungesehener Folgen und dysfunktionaler Abweichungen sowie nicht-rationaler Zielverschiebungen. Zumal in den ungesehenen Folgen die latente Funktion eines Strukturschutzes für die Rationalität der Bürokratie gesehen wurde (Merton 1940), blieb die Analyse der leitenden Prämisse treu, Organisationen seien wenigstens dem Zweck nach durch Rationalität bestimmt. Diese Annahme hat sich schrittweise als unhaltbar erwiesen (vgl. Becker/Küpper/Ortmann 1988), insofern kann die Auseinandersetzung mit der "bürokratischen Frage" (Bonazzi 1998) heute der Klassik der Organisationssoziologie zugerechnet werden.

erkennen lassen.[5] Hinzu kommt aber vor allem, dass die Organisationsforschung heute in den verschiedensten sozialwissenschaftlichen Fächern verbreitet ist, so dass es nicht plausibel wäre, die soziologische Organisationsforschung allein gegen die Ökonomie und ihr individualistisches Handlungsverständnis abzugrenzen, wie das klassisch durchweg der Fall war.[6]

Mit Organisationen befassen sich neben Wirtschaftswissenschaft und Betriebswirtschaftslehre auch Politik- und Verwaltungswissenschaft, Erziehungswissenschaft und Psychologie, aber auch z.B. die Sport-, Religions-, Gesundheits- oder Rechtswissenschaft. Dabei werden Vertreter der Organisationsforschung nicht nur über die disziplinären Grenzen hinweg zitiert, sondern häufig wie selbstverständlich für das eigene Fach vereinnahmt. Aber ist der politikwissenschaftlich adaptierte neo-institutionalistische Ansatz von James G. March und Johan P. Olsen (1989) nun eigentlich soziologisch oder politikwissenschaftlich? Gehört dagegen der in der Soziologie so beliebte mikropolitische Ansatz von Michel Crozier und Erhard Friedberg (1979) nicht doch in die Politikwissenschaft? Ist Nils Brunsson (1985; 1989) – ein Ökonom von Hause aus – mit seinen beißenden Kritiken am ökonomischen Rationalitätspostulat nicht doch ein Soziologe? Und ist das, was Ewald Terhart (1986) und Wolfgang Böttcher (2002) über Erziehung, Organisation und Schule geschrieben haben, erziehungswissenschaftlich?

Genau genommen geht es in dieser Frage aber weder um Personen noch um eine Arbeitsteilung zwischen Fächern, sondern um fachspezifisch unterschiedliche Problemstellungen und Zugriffsweisen auf den Gegenstand Organisation. Der Unterschied zwischen der Vorstellung einer gegenstandsbezogenen Arbeitsteilung der Fächer und fachspezifischen Zugriffsweisen auf den Gegenstand Organisation ist alles andere als nebensächlich. Denn wären wissenschaftliche Disziplinen entlang von Forschungsgegenständen arbeitsteilig organisiert, teilten sie sich den Gegenstand nur auf: die ökonomische Organisationsforschung befasste sich mit Unternehmen, die erziehungswissenschaftliche mit Schulen, die Soziale Arbeit mit Organisationen der Jugendhilfe, die Sportwissenschaft mit Sportvereinen usw.[7] Tatsächlich aber befassen sich alle an der Organisationsfor-

---

[5]   Zu nennen sind institutionalistische, kulturalistische, kognitivistische, entscheidungstheoretische, mikropolitische, systemtheoretische Ansätze – und noch eine ganze Reihe mehr (vgl. im Überblick: Kieser 1999; Ortmann et al. 1997).

[6]   Die Traditionslinie, soziologische Problemstellungen gegen die ökonomische Theorie und ihr individualistisches Handlungsverständnis zu begründen und profilieren, setzt sich allerdings von den soziologischen Klassikern (einschließlich Max Weber) ausgehend über die soziologische Theorie eines Talcott Parsons bis in neuere sozialtheoretische Ansätze (z.B. Marc Granovetter) fort.

[7]   Gut für die Soziologie, dass es nicht um Arbeitsteilung nach Gegenständen geht, denn für sie bliebe wohl kein Organisationstyp mehr übrig (vgl. Schimank 1994).

schung beteiligten Fächer mit allen Organisationen, die in der Gesellschaft vorkommen, jedenfalls im Prinzip. Sie entwickeln je spezifische Problemstellungen und Zugriffsweisen auf den Gegenstand, in deren Rahmen sich die Ökonomie dann genauso mit Schulen beschäftigen kann wie die Erziehungswissenschaft mit Unternehmen. Zentral ist dabei, dass der ‚gleiche' Gegenstand im Rahmen der verschiedenen Zugriffsweisen zwangsläufig eine andere Form annimmt.[8] Für die ökonomische Organisationsforschung *ist jede* Organisation ein auf einem individualistischen Kalkül beruhender ökonomischer Sachverhalt, für die Verwaltungswissenschaft *ist jede* Organisation eine an Recht und Satzung gebundene Verwaltungseinheit, für die Politologie dagegen eine auf kollektiv geteilte Normen und Werte bezogene Institution bzw. auf Interessendurchsetzung bezogene Koalition. Und für Erziehungswissenschaft und Pädagogik ist in diesem Sinne typisch, Organisationen als Orte des Lernens oder „pädagogische Handlungseinheiten" (Fend 1986) aufzufassen.

Solche Zugriffs- und Reflexionsweisen sind grundsätzlich wählbar, aber sie sind deshalb nicht beliebig. Sie sind vielmehr strukturell in anerkannten *gesellschaftlichen* Bezugsproblemen (Funktionen) verankert, beziehen sich also auf die Ausdifferenzierung der modernen Gesellschaft in Funktionssysteme für Politik, Recht, Wirtschaft, Wissenschaft, Gesundheit, Religion usw. (Luhmann 1997; im Überblick: Schimank 1996)[9]. Für die genannten sozialwissenschaftlichen Fächer gilt dabei, dass sie Organisationen und andere Gegenstände entlang *einer* ausgewählten gesellschaftlichen Funktionslogik beobachten und reflektieren, für die sie sich wissenschaftlich zuständig erklären: eben für Wirtschaft, Politik, Erziehung usw. Die Soziologie dagegen steht für kein einzelnes Funktionssystem der Gesellschaft wissenschaftlich Pate, sondern bezieht sich mit ihrer Problemstellung auf die – in sich differenzierte – Gesamtgesellschaft.

Sichtbar wird in soziologischer Sicht dann zunächst, dass Organisationen sich nicht an einer einzigen gesellschaftlichen Funktionslogik ausrichten, sondern mit Bezug auf die Differenzierung der Gesellschaft "Multireferenten" sind (Wehrsig/Tacke 1992). Zwar herrscht in Unternehmen ein ökonomisches und in Gerichten ein rechtliches Organisationsverständnis vor, so wie das personenbezogene Organisationsverständnis in Schulen erkennbar dem erziehungsspezifischen Problem abgewonnen ist, Individuen Wissen und Können zu vermitteln. Aber in Unternehmen gibt es keineswegs nur wirtschaftliches Rechnungswesen

---

[8] Die Bezeichnung "gleiche" gehört in Anführungsstriche, weil nirgendwo mehr ein Anhaltspunkt für die Einheit des Gegenstandes zu finden ist.

[9] ... und zwar nicht erst in der modernen Systemtheorie. Die soziologische Differenzierungstheorie (vgl. im Überblick Schimank 1996) beginnt in der Soziologie bereits bei Max Weber unter dem Stichwort der Differenzierung von "Wertsphären".

und Controlling durch Betriebswirte, sondern auch Rechtsabteilungen mit Juristen und Abteilungen für Weiterbildung und Organisationsentwicklung, in der Pädagogen und Psychologen tätig sind. Entsprechendes gilt in anderen Organisationen. In der Multireferentialität von Organisationen steckt dabei ein anhaltendes Konfliktpotential – und zwar nicht nur innerhalb, sondern auch zwischen Organisationen. Im Falle von Schulen – die im Vergleich zu anderen Organisationen als professionelle "Monokulturen" auffallen (vgl. auch den Beitrag von Krücken im vorliegenden Band) – ist dabei an den klassischen Konflikt zwischen staatlichen Schulverwaltungen und Lehrerprofession über das administrative oder pädagogische "Wesen" der Schule zu denken.[10]

Allerdings findet die Soziologie ihre fachspezifische Zugriffsweise auf Organisationen nicht schon in der Beschreibung solcher Konflikte. Sie zieht ihre Konsequenz vielmehr zunächst aus der Beobachtung dieser nicht hintergehbaren Pluralität der Beobachtungsweisen des Gegenstandes, also aus der Einsicht, dass Organisationen in der Gesellschaft *kontextabhängig konstruiert* werden. Die Konsequenz der Soziologie lautet vor diesem Hintergrund, in ihrer Beschreibung von allen funktionsspezifischen Prämissen *abzusehen* und Organisationen als ein gegenüber den gesellschaftlichen Funktionslogiken *eigenständiges* Phänomen zu beschreiben.[11]

Dafür spricht bereits ein logisches Argument. Denn wenn es zutreffend ist, dass in allen ausdifferenzierten Bereichen der Gesellschaft Organisationen vorkommen, können diese nicht durch einen einzelnen dieser gesellschaftlichen Funktionskontexte bestimmt sein. Wenn es, anders gesagt, um ein *allgemeines* gesellschaftliches Phänomen geht, kann keine der funktionsspezifischen Zugriffsweisen exklusive Angemessenheit für sich in Anspruch nehmen, ob nun die wirtschafts-, die politik- oder die erziehungswissenschaftliche.

Weil Organisationen in der Gesellschaft stets und unvermeidlich kontextabhängig konstruiert werden, muss die Soziologie die Wesensfrage aufgeben, *was* eine Organisation essentiell *ist*. Sie müsste sich ansonsten parteiisch zeigen, z.B. behaupten, dass die Wirtschaftswissenschaft mehr Recht habe als die Verwaltungswissenschaft oder die Pädagogik, zu definieren, worin das ,Wesen' z.B. von Schulen zu sehen sei. An die Stelle von Wesensfragen setzt die Soziologie die Frage, *wie* – und mit welchen Folgen – Organisationen in der Gesellschaft beobachtet (d.h. kommunikativ konstruiert) werden. Es ist diese erste Wie-Frage,

---

[10] Heute meldet in diesem Konflikt, der so alt ist wie die Schule selbst, auch die Betriebswirtschafts-
      lehre mit ihrer Sicht der Dinge noch Ansprüche an (vgl. Böttcher 2002).
[11] Das bedeutet nicht, dass der Bezug auf gesellschaftliche Teilsysteme – im zweiten Schritt – nicht
      wieder relevant werden müsste. Empirische Organisationsanalysen können nicht davon absehen,
      es mit bestimmten Typen der Organisation zu tun zu haben.

welche die Soziologie vor die weiterführende Frage führt, wie denn Organisationen als Sozialsysteme *sich selbst* konstruieren, also durch ihre eigene Konstruktionsweise hervorbringen.

Die Soziologie beobachtet Organisationen in diesem Sinne nicht in wirtschaftlicher, politischer oder erzieherischer, sondern in *organisatorischer* Perspektive. Sie beansprucht im empirischem Sinne zeigen zu können, dass Organisationen über eine *Eigenperspektive* verfügen, sich unter Absehung von den Funktionslogiken der Gesellschaft also eigenlogisch erzeugen und selbstbezüglich reproduzieren. Wie sie dies tun, wird im Weiteren in einem ersten Schritt skizziert (3.2). Damit ist allerdings nicht gesagt, dass Organisationen ‚gesellschaftslos' zu denken sind. Sie nehmen vielmehr die Gesellschaft in vielerlei Hinsichten für ihre eigene Reproduktion in Anspruch (z.b. Recht, Geld, Ausbildung), gewinnen den Funktionssystemen der Gesellschaft programmatische Orientierungen ab (z.b. als Unternehmen, als Schulen, als Krankenhäuser).[12] In diesem Sinne bleibt die Soziologie nicht bei der Einsicht in ein allgemeines organisatorisches Phänomen stehen, sondern fragt (im zweiten Schritt), *wie* und mit welchen Effekten die gesellschaftliche Differenzierung in der Eigenlogik von Organisationen zur Geltung kommt. Ohne den Rückbezug auf die Gesellschaft hörte sie auf als soziologische Organisationsforschung erkennbar zu sein (3.3).

3 Organisationssoziologie als Perspektivenwechsel von Organisation und Gesellschaft

Es sind also zwei Gesichtspunkte, die eine soziologische Zugriffsweise auf Organisationen kennzeichnen, die sich – scheinbar – widersprechen. Der erste besagt, dass die Soziologie Organisationen ‚ohne Bezug zur Gesellschaft', als allgemeines, eigenständiges Phänomen, versteht, der zweite, dass die Soziologie Organisationen ‚mit Bezug zur Gesellschaft' beschreibt, also von ihrer Einbettung in eine differenzierte Gesellschaft nicht absehen kann. Der Widerspruch lässt sich auflösen, wenn hinzugefügt wird, dass es die *Differenz* von Organisation und Gesellschaft ist, entlang der die Soziologie der Organisation ihre Form gewinnt und sich für andere erkennbar macht (vgl. Tacke 2001). Der Umgang mit Differenz bedeutet dabei, weder beide Seiten zusammenzuziehen, noch aber auf einer der beiden Seiten zu verharren, vielmehr Perspektivenwechsel zu nutzen.

---

[12] Auch die gesellschaftlichen Teilsysteme, die in ihrer eigenen Reproduktion voneinander absehen, setzen die Erfüllung anderer Funktionen an anderen Stellen der Gesellschaft voraus.

Im Folgenden werden beide Gesichtspunkte getrennt erläutert. Zunächst wird skizziert, wie Organisationen *sich selbst* herstellen und eigenlogisch reproduzieren, dabei von ihren Umwelten abgrenzen und dabei eben auch von ihren gesellschaftlichen Umwelten absehen. Exemplarisch wird sodann am Beispiel der Schule und dem Konzept der "lernenden Organisation" der Zugewinn einer an der *Differenz* von Organisation und Gesellschaft orientierten Zugriffsweise verdeutlicht werden – und zwar gegenüber einer rein organisationsbezogenen Sicht ebenso wie einer funktionsspezifischen Perspektive, die Organisation und Gesellschaft ‚vereint'.

3.1 „Organisation ohne Gesellschaft"

Wie konstituieren sich Organisationen in einer Weise, die es möglich und plausibel macht zu sagen, dass sie über eine *Eigenperspektive* verfügen? Konstitutiv für Organisationen ist, dass sie sich sinnhaft von ihrer Umwelt unterscheiden, also eine Grenze ziehen, jenseits der andere Erwartungen gelten. Sie ziehen diese Grenze, indem sie zwischen Mitgliedern und Nichtmitgliedern unterscheiden (vgl. Luhmann 1964). Mitglied in einer Organisation zu werden bedeutet dabei die erklärte und generalisierte Bereitschaft, sich den Erwartungen der Organisation zu fügen. Mitgliedschaft beruht dabei auf dem Wissen, dass man nur solange Mitglied der Organisation sein und bleiben kann, wie man nicht gegen die Erwartungen an Mitglieder verstößt.[13] Auf der Basis der Freiwilligkeit und Kontingenz der Teilnahme (Eintritt/Austritt) ist Mitgliedschaft ein Mechanismus, über den Organisationen die Freiheit gewinnen, unabhängig von den Motivlagen der Mitglieder, also ohne jedes Mal und einzeln um Einverständnis zu bitten, *eigene* Entscheidungen zu treffen. Organisationen können motiventlastet über alles Erdenkliche und nicht Erdenkliche entscheiden und sie können auch ihre Strukturen durch Entscheidung ändern, wenn es die sachlichen (Umwelt-) Bedingungen der Organisation erforderlich erscheinen lassen.

Die durch Mitgliedschaft erreichte Motivneutralisierung besagt nichts über die faktischen Motivlagen, die Individuen sich zuschreiben. Gemeint ist vielmehr, dass für Organisationen (also in deren Eigenperspektive) nicht Motive von Individuen, sondern nur die Entscheidung zur Mitgliedschaft eine relevante, weiter verwendbare Information ist: alles andere "bleibt draußen". Selbst dort noch, wo Individuen ihren Eintritt in die Organisation als alternativlos darstellen

---

[13] Hier gilt es übrigens Teilnehmer, die in Organisationen ‚bearbeitet' werden (wie Insassen, Patienten, Schüler) von Mitgliedern (typischerweise: dem Personal) zu unterscheiden.

mögen, können Organisationen nichts als die Entscheidung zur Mitgliedschaft erkennen, die auch hätte anders ausfallen können und die geändert werden kann, wenn Erwartungen nicht erfüllt werden. Organisationen prägen in dieser Weise und auf dieser Grundlage auch allem weiteren Verhalten im System den Charakter von Entscheidungen auf. Sie produzieren Entscheidungen, die auf der Basis von Mitgliedschaft nicht als individuelle, sondern als *organisatorische* Entscheidungen zugerechnet und verstanden werden.[14] Dabei sind es, wie bereits March und Simon (1958) gezeigt haben, eigene andere Entscheidungen der Organisation, die weitere Entscheidungen im System orientieren und von Unsicherheit entlasten.[15] Organisationen sind in diesem Sinne durch die selbstbezügliche Verknüpfung eigener Entscheidungen geschlossene Systeme. Insofern eine Entscheidung immer *über* etwas entscheidet, also ein Thema hat, sind Organisationen zugleich umweltoffene Systeme.

Die Reproduktion von Organisationen durch einen einzigen Handlungstyp (Entscheidungen) besagt nicht, dass in und an Organisationen nicht noch allerlei anderes beobachtbar wäre, sei es informale Kommunikation, Interaktion, Mikropolitik, Routine oder Kultur, deren gemeinsames Kennzeichen man darin sehen kann, dass sie nicht in Entscheidungen dekomponierbar sind. Aber zum einen gäbe es all diese Phänomene gar nicht ohne die konstitutive Rolle von Entscheidungen (sie sind gleichsam die „andere Seite" der Organisation), zum anderen gilt aber wiederum, dass eben in der Eigenperspektive (!) von Organisationen nur relevant wird, was zum Gegenstand von Entscheidungen wird. Das Murren in Büros, der Klatsch auf Fluren, die informalen Netzwerke und mikropolitischen Ränkespielchen bleiben für die Organisationen irrelevant, ungehört und unsichtbar, so lange keine Dienstwege beschritten, also entsprechende Entscheidungen veranlasst werden.

Zwar können Entscheidungen immer so oder anders ausfallen, aber deshalb ist nicht beliebig, wie in Organisationen entschieden wird. Das hängt vielmehr von ihren Strukturen ab, die in Organisationen ebenfalls Produkt von Entscheidungen sind.[16] Organisatorische Strukturen sind Prämissen für Entscheidungen

---

[14] Wenn sie dagegen der Person des Mitglieds als eine Abweichung von organisatorischen Erwartungen zugerechnet werden, wird die ansonsten nur ‚mitlaufende' Frage der Fortsetzbarkeit der Mitgliedschaft aktualisiert.

[15] March und Simin (1958: 165) haben dabei bereits hervorgehoben, dass die Leistung von Organisationen darin besteht, Entscheidungen zu verknüpfen und dadurch (die für Entscheidungen charakteristische) Unsicherheit zu absorbieren: Von einem Entscheider an den nächsten werden nämlich nicht die (unsicheren) Grundlagen der Entscheidung (evidences) kommuniziert, sondern nur die (sicheren) Ergebnisse (inferences).

[16] Wiederum ist das kein Wesensmerkmal: Wenn und sofern sich Organisationen aber als eigenständige Systeme bilden, müssen sie über Strukturen entscheiden können. Im Grenzfall sehen sie sich gezwungen, Strukturen aus ihren Umwelten zu übernehmen (Curricula, Personal), können

und zwar solche, die für mehr als eine weitere Entscheidung gelten. Sie legen als Erwartungen nicht fest, wie im Einzelnen entschieden wird, schränken aber den Möglichkeitsbereich ein (und ermöglichen genau dadurch, dass entschieden werden kann).

Über Strukturen von Organisationen ist sehr umfangreich und in vielen Einzelaspekten geforscht worden. Man kann diese Forschungen aber auf die Einsicht reduzieren, dass es in jeder Organisation drei Typen von Strukturen gibt. Niklas Luhmann hat sie (1) Entscheidungsprogramme, (2) Kommunikationswege und (3) Personal genannt.

(1) Mit Entscheidungsprogrammen sind Regulative für richtiges Entscheiden bezeichnet. Dabei lassen sich zwei Programmtypen unterscheiden. Der eine setzt beim Input, der andere beim Output des Entscheidens an. *Konditionalprogramme* regeln nicht Ergebnisse, sondern Anlässe des Entscheidens und setzen damit beim Input an: Immer dann, *wenn* ein Lehrer wegen Krankheit ausfällt, ein Klassenausflug stattfinden soll, Schüler gegen die Regeln verstoßen, Eltern oder andere Umwelten Ansprüche anmelden, *dann* sind Entscheidungen zu treffen, die sich an programmatische Regulative zu halten haben. *Zweckprogramme* legen demgegenüber Outputs als Regulative fest, für die Mittelentscheidungen zu treffen sind. Dabei bezeichnen Zwecke keine allgemein gehaltenen Wertvorstellungen. Instruktiv sind sie nur, wenn sie konkrete Wirkungsvorstellungen als erwarteten Output festlegen und diese Erwartung mit bestimmten Zeitvorgaben ausstatten. Mit der klassischen Annahme, dass Organisationen einem Zweck dienen und die Organisation nur die arbeitsteilige Mobilisierung der Mittel sei, hat das nur wenig zu tun: Nicht nur sind Zweckprogramme lediglich einer von zwei Programmtypen, sondern Programme sind auch nur einer von drei Strukturaspekten von Organisationen.

Die Politik setzt in den aktuellen Schul- und Hochschulreformen entschieden auf die Durchsetzung von Zweckprogrammen. Dafür stehen die outputorientierten Leitkonzepte der ‚Qualität', der ‚Zielvereinbarung' und der ‚Evaluation'. Empirisch wäre es aber wohl ebenso wenig zutreffend wie es für Organisationen rational wäre, dies als Programmaustausch (im Unterschied zu einem programmatischen Führungswechsel) zu verstehen. Immerhin können Organisationen durch Konditionalprogrammierungen zeitlich offen halten, wann und wie oft ein bestimmter Entscheidungsbedarf anfällt, aber dennoch Strukturen für

---

selbst dies aber nicht anders als qua Entscheidung bzw. müssen sich dies ggf. später als eigene Entscheidung zurechnen lassen. An der Totalisierung von Entscheidungen führt in diesem Sinne in Organisationen kein Weg vorbei.

Entscheidungen vorsehen, die ermöglichen, dass die Organisation nicht zum Spielball ihrer z.B. politischen Umwelt wird.[17] Sofern es überhaupt um Fragen der Rationalität geht, finden Organisationen sie jedenfalls nicht in einem einzigen Programmtyp, sondern allenfalls in deren intelligenter Kombination und Verschachtelung.[18]

(2) Bei *Kommunikationswegen* handelt es sich um all jene Strukturen in Organisationen, die regulieren, wer mit wem und aus welchem Anlass kommuniziert. Für Organisationen ist in diesem Sinne kennzeichnend, dass nicht jeder beliebig mit jedem anderen kommunizieren kann. Klassisch wurde mit solchen "Dienstwegen" exklusiv die Hierarchie assoziiert. Heute kann man nicht nur wissen, dass das "Befehlsmodell" viel zu einfach ist, um die Kommunikationsbedarfe der Organisation zu regulieren (vgl. bereits Luhmann 1968b) und die Hierarchie faktisch häufig nur eine Art Notstandskompetenz ist. Auch weiß man längst, dass hierarchische und dezentrale Kommunikationsformen unterschiedliche Funktionen erfüllen und damit keine Alternative darstellen, wie man zunächst annahm (Burns/Stalker 1961).

Dezentrale Kommunikationswege eröffnen Organisationen Potentiale der Flexibilität und Anpassungsfähigkeit nach außen und sorgen für Innovationsfähigkeit. Ihnen fehlt aber der Vorteil der Hierarchie, erkannte Anpassungsbedarfe oder Neuerungen auch schnell und verbindlich in der Organisation durchzusetzen. Umgekehrt vermögen Hierarchien es zwar besser, Entscheidungen effektiv über entsprechende Dienstwege durchzusetzen, aber um den Preis, dass ,oben' anpassungsrelevante Informationen fehlen, die ,unten' zwar vorliegen, aber nicht nach oben gegeben werden. Diese Gegenläufigkeit – die man schon früh als Innovationsparadox bezeichnet hat (Wilson 1966) – erklärt, warum es in Organisationen zu einem laufenden Wechsel zwischen Dezentralisierungen und Re-Zentralisierungen kommt (Kühl 2001). Die Vorstellung, es könnte für Organisationen einen one-best-way geben, kann auch hinsichtlich der Kommunikationswege als hinfällig gelten.

Auch die gesellschaftlichen Erwartungen an Organisationen sind bezüglich der Alternative Zentralisierung/Dezentralisierung keineswegs einheitlich. Einerseits werden an Organisationen beständig gesellschaftliche Ansprüche der Enthierarchisierung adressiert, die darauf beruhen, dass Organisationen die letzten

---

[17] Da es genau zwei Programmtypen gibt, kann man sicher sein, dass irgendwann wieder Regulierungen durch Konditionalprogramme auf der politischen Agenda oben stehen.

[18] Im Rahmen von Zweckprogrammen können Inputprogramme als Mittel gewählt werden (und damit Entscheidungslasten gesenkt werden), so wie in Konditionalprogrammen Elemente des Zweckentscheidens und Ermessensspielräume vorgesehen werden können.

Bastionen hierarchischer Kommunikation in einer nicht-hierarchischen Gesellschaft sind. Andererseits wird Hierarchie erwartet, insoweit sie die Bedingung dafür ist, dass Organisationen einheitlich nach außen kommunizieren können, ihre Erklärungen und Zusagen an gesellschaftliche Umwelten Verbindlichkeit für die Gesamtorganisation haben.

(3) Schließlich zum dritten Strukturtyp, dem *Personal*. Auch damit sind in Organisationen Strukturen bezeichnet, die Prämissen für Entscheidungen bereitstellen. Zum einen bilden sich entlang des Wissens und Könnens, also entlang von Ausbildungen und entsprechenden Karrieren, Erwartungen darüber, wie Mitglieder in bestimmten *Arbeitsrollen* entscheiden werden. In diesem Sinne macht es einen Unterschied, ob in Organisationen Betriebswirte, Juristen, Soziologen oder Pädagogen tätig sind. Darüber hinaus kommen *Personen* als individuelle Erwartungsbündel ins Spiel. Sofern man Personen kennt, kann man erwarten, wie sie entscheiden werden. Man hält sich lieber an Frau Müller als an Herrn Meier, um eine bestimmte Entscheidung voran zu bringen.

Dass auch Organisationen um den Unterschied von Rolle und Person wissen, erkennt man schon daran, dass sie nicht nur schriftliche Lebensläufe zur Kenntnis nehmen, aus denen sie Karrieren ablesen, sondern auch persönliche Vorstellungsgespräche oder sogenannte Assessment-Center durchführen. Der Organisation stehen dabei in entsprechenden Kommunikationen nur Personen zur Verfügung, d.h. Bündel von Rollenerwartungen. Das bedeutet einerseits, dass in Organisationen trotz allem auch psychologischen Bemühen, Evidenzen für richtige Personalentscheidungen zu Tage zu fördern, mit Enttäuschungen schon deshalb zu rechnen ist, weil „von der Person keine sicheren Erkenntniswege in die Tiefe des psychischen Systems führen" (Luhmann 1984: 430). Andererseits kommen über die Beobachtung von Personen (internen und externen Rollenverpflichtungen) Stereotypisierungen ins Spiel, die z.B. zu erklären vermögen, warum ‚geschlechtsneutrale' Organisationen geschlechtlich differenziert sind (Weinbach 2003).

In jeder Organisation kommen stets alle drei Strukturaspekte vor. Dies ist besonders zu unterstreichen, weil es eine beobachtbare Tendenz gibt, jeweils einen dieser drei Strukturgesichtspunkte für besonders wichtig zu halten, während die anderen, wenn nicht ignoriert, so doch untergeordnet werden. Während Verwaltungswissenschaftler dazu tendieren, Kommunikationswege für besonders wichtig zu halten, widmen Organisationspsychologie und -pädagogik dem Personal ihre Aufmerksamkeit. In Abhängigkeit davon, welcher Strukturaspekt der Organisation als besonders relevant gilt, werden typischerweise dann nicht

nur die Strukturprobleme in Organisationen vermutet und identifiziert, sondern –
kaum überraschend – auch die entsprechenden Lösungen gefunden. Genauer
gesagt, sind es die jeweils vorhandenen Lösungen (z.b. Konzepte der Personalentwicklung), die sagen, wo Probleme liegen (z.B. beim Personal). Die Tendenz,
Probleme und Lösungen selektiv in den drei Strukturaspekten von Organisationen zu suchen und zu finden, erklärt darüber hinaus auch das bekannte Up und
Down von "Managementmoden" (vgl. Kieser 1996) und ernährt dabei eine ganze
Branche von Beratern. Dabei schafft diese Tendenz sich ihre eigene Fortsetzung
schon dadurch, dass Lösungen, die in einem Strukturbereich der Organisation
implementiert werden, gute Chancen haben, Folgeprobleme in den anderen Bereichen nach sich zu ziehen.

Kurz: Die Frage, wo in Organisationen Strukturprobleme liegen, ist pauschal
nicht zu beantworten. Personalentwicklung kann in Organisationen im Einzelfall
wichtig sein, aber möglicherweise resultieren beobachtete Probleme auch aus
Störungen der Kommunikationswege oder daraus, dass die Entscheidungsprogramme der Organisation unangemessen oder unklar formuliert sind. Wenn
hohe Krankenstände oder andere Überforderungssyndrome beim Personal auffallen, ist damit keineswegs gesagt, dass etwas mit dem Personal nicht stimmt. In
diesem Sinne sind immer drei Strukturelemente im Spiel, die voneinander abhängen. So kann man in Organisationen Beschlüsse über neue Programme fassen, die ohne entsprechendes Personal ‚für die Katz' sind; überdies werden Programme vom vorhandenen Personal formuliert und schon damit ist einschränkt,
was programmatisch möglich ist. Vergleichbares gilt für Kommunikationswege,
für die sich (z.B. im Falle von Teamwork) nicht jedes Personal eignet. Auch
entscheidet sich häufig an der Art der Kommunikationswege, was aus neuen
Programmentwürfen der Organisation wird.

Dies – und viel mehr – bekommt man in einer organisationstheoretischen
Perspektive zu sehen, die zunächst einmal die Eigenperspektive von Organisationen ernst nimmt und (wie diese selbst) von gesellschaftlichen (also anderen)
Perspektiven abstrahiert. Schon weil die Soziologie Wissenschaft der Gesellschaft ist, kann aber die Organisationssoziologie als ihre Teildisziplin die Gesellschaft – und damit auch die anderen möglichen Zugriffsweisen auf den Gegenstand – nicht ausblenden. Immerhin werden diese anderen – wirtschaftlichen,
politischen, erzieherischen – Zugriffsweisen auch im Kontext von Organisationen relevant, und dies in Unternehmen anders als in Schulen. In diesem Sinne ist
es die *Differenz* von Organisation und Gesellschaft, der Perspektivenwechsel
zwischen beiden Seiten der Differenz, der die soziologische Zugriffsweise auf
Organisationen ausmacht.

3.2   „Organisation mit Gesellschaft"[19]

Das Thema und die Reformkonzepte zur ‚Schule als lernender Organisation'
eignen sich besonders, um exemplarisch sichtbar zu machen, welche Einsichten
gewonnen werden können, wenn weder eine rein organisationsbezogene noch
aber eine rein gesellschaftsbezogene Perspektive auf Organisationsphänomene
gewählt, sondern die Differenz von Organisation und Gesellschaft im Auge be-
halten wird. Erst in der Wahrung der Differenz lassen sich Strukturfolgen der
Idee der ‚lernenden Schule' sichtbar machen, die weder in einer rein organisatorischen Zugriffsweise noch in einer rein gesellschaftlichen Optik zu Tage treten.

(1) Die rein *organisationsbezogene* Zugriffsweise auf das Thema des organisatorischen Lernens ist vorherrschend und ist in vielfältigen Varianten in der
Organisationsforschung zu finden (vgl. im Überblick Dierkes 2001). Dabei gibt
es z.B. verhaltens- und kognitionstheoretische Ansätze zum ‚organizational learning', aber auch modische Managementkonzepte unter dem Stichwort der ‚lernenden Organisation'. Gemeinsam ist ihnen, dass sie keinen expliziten Bezug
zur Gesellschaft herstellen. Die Fähigkeit, Bedeutung und Notwendigkeit organisationalen Lernens werden vorausgesetzt und erscheinen in der Eigenperspektive
von Organisationen ‚rational'.

(2) Im soziologischen *Perspektivwechsel Organisation/Gesellschaft* wird
dagegen erkennbar, dass Konzepte des Organisationslernens eine spezifische
Semantik verwenden, die sie nicht aus Organisationen selbst beziehen, sondern
aus der Gesellschaft. Die Lernsemantik ist als eine Analogie dem Erziehungssystem der Gesellschaft entnommen. Denn für Lernen – und zwar nur für das Lernen von Individuen – ist in der modernen Gesellschaft das Erziehungssystem,
einschließlich der Profession der Lehrer, zuständig. Eine soziologische Analyse
muss diese strukturelle Analogiebildung zwischen Organisation und Gesellschaft
(hier: Erziehung) ernst nehmen.

(3) Im Erziehungssystem besteht die Tendenz, in der Theorie des Organisationslernens – aufgrund ihrer erziehungsspezifischen Semantik – eine ‚einheimi-
sche', also funktions- und *gesellschaftsbezogene* Zugriffsweise auf den Gegenstand Organisation zu sehen. Ob die Erziehungswissenschaft in der Lerntheorie
der Organisation ‚ihre' fach- und funktionsspezifische Organisationstheorie
tatsächlich findet (so wie es Vergleichbares in der Politik-, Wirtschafts- oder
Verwaltungswissenschaft gibt, vgl. Abschnitt II.), soll hier nicht entschieden
werden. Empirisch aber lässt sich durchaus feststellen, dass das Konzept organi-

---

[19]   Ich danke Claudia Hoppe für fachliche Nachhilfen, kritische Kommentare und kontroverse Diskussionen zu allen Fragen, die die laufenden Schulreformen in NRW betreffen.

sationalen Lernens in der (Organisations-)Pädagogik, der pädagogischen Schul-forschung und Teilen der Lehrerprofession auf vergleichsweise große Resonanz stößt. Der blinde Fleck und das Risiko dieser gesellschaftsbezogenen Zugriffs-weise auf das Thema Organisationslernen besteht für das Erziehungssystem selbst darin, zu übersehen, dass es lediglich um eine semantische Analogie geht. In der Folge wird der strukturelle Unterschied von Organisation (= Management) und Erziehung (= Profession) zum Schaden der Lehrerprofession übersehen.

Die Differenz von Organisation und Gesellschaft kann soziologisch also zweifach gewendet werden: (a) Die rein organisationsbezogene Sicht kann ge-winnen, wenn sie auch den gesellschaftlichen Bezug ernst nimmt, also die bisher nur implizite Analogie des Organisationslernens zum Erziehungssystem explizit zum Thema macht und theoretisch ,ausbeutet'. Der gesellschaftliche Bezug der Analogie kann dazu beitragen, die Theorie des Organisationslernens weiter zu entwickeln und verfeinern. (b) Die rein gesellschaftsbezogene Sicht kann dage-gen im Wechsel auch auf die Seite der Organisation hinzu gewinnen. Im vorlie-genden Fall bedeutet das für den Kontext von Erziehung/Profession, zu sehen, dass es ,nur' um eine Analogiebildung geht. Organisationslernen hat wenig mit Erziehung und Profession, viel dagegen mit Organisation und Management zu tun. Für die Profession der Lehrer dürfte dies – anders als für die Organisation Schule – einen entscheidenden Unterschied machen.

Auf den Gewinn auf der Seite der Theorie des Organisationslernens (a) soll hier nicht ausführlich eingegangen werden. Nur ein Gesichtspunkt sei angeführt, zumal er auch auf der anderen Seite (b) dann aufschlussreich ist:

Die Theorie des Organisationslernens befasst sich mit Lernen, kennt aber den Unterschied von Erziehung und Sozialisation bisher nicht. Diesen kann sie aus der Erziehung(swissenschaft) beziehen und entsprechend zwischen beabsich-tigtem und unbeabsichtigtem Lernen, d.h. interventionistischen und nicht-interventionistischen Konzepten des Organisationslernens unterscheiden.[20]

Ohne dass dieser Unterschied in *einer* Theorie des Organistionslernens be-reits irgendwo erfasst wäre, lassen sich beschreibende *Sozialisations*theorien und interventionistische *Erziehungs*konzepte des organisationalen Lernens in der vorliegenden Literatur gut unterscheiden (vgl. Tacke 2002). Auf der einen Seite wird beschrieben, in welcher Weise Organisationen faktisch lernen (z.B. March

---

[20] Niccolini/Meznar (1995) haben – ohne die Analogie zur Erziehung und ihre Produktivität zu sehen – auf diesen Bedarf bereits aufmerksam gemacht, dabei allerdings lediglich von „bewuß-tem" und „unbewußtem" Lernen gesprochen.

1991, Levitt/March 1988)[21]. Soweit dabei angenommen wird, dass Organisationen beständig lernen, also nicht *nicht* lernen können, lässt sich – in Analogie – von *Sozialisationstheorien* des Organisationslernens sprechen. Im Unterschied dazu gibt es Konzepte, die von Beginn an interventionistisch angelegt sind (vgl. Argyris 1999). Sie begründen Interventionen in Organisationen (und damit sich selbst!). Sie unterscheiden zwischen „einfachen" und „reflexiven" Formen des Lernens und rechnen höhere Form des Lernens auf die Intervention zu.[22] Wissenschaftlich einschlägig sind hier die Arbeiten von Chris Argyris (1999). Erst aber mit dem Bestseller "Die fünfte Disziplin" des Argyris-Schülers Peter Senge (1996) ist das interventionistische Konzept des Organisationslernens zu einem modischen Managementkonzept avanciert (und vielleicht verkommen). Insoweit solche Konzepte des Organisationslernens als Mitteilung und Rechtfertigung der Absicht von Interventionen in Organisationen rekonstruierbar sind, lassen sie sich als *Erziehungskonzepte* des Organisationslernens verstehen.

Die Übertragung erziehungswissenschaftlicher Begriffe in die Organisationstheorie mag man irritierend finden; man kann diese Irritation aber für erste Einsichten nutzen. Denn bemerkenswert ist keineswegs erst der Umstand, auch im Falle von Organisationen von Sozialisation und Erziehung zu sprechen, sondern vielmehr schon die vorausgesetzte, von Konzepten des Organisationslernens stillschweigend geteilte Annahme, dass nicht nur Individuen, sondern auch Organisationen *lernfähig* sind. Das ist eine soziologisch bemerkenswerte[23] wie gesellschaftlich folgenreiche Annahme, wenn sie sich in breiter Form gesellschaftlich durchsetzt. Denn am modernen Individuum kann man studieren, dass schon die bloße Feststellung von Lernfähigkeit die Erwartung beinhaltet, dass auch gelernt werden soll. Befähigung und Norm sind nicht zu trennen[24]: Wer lernen kann, der soll auch lernen! Lernen ist in diesem Sinne ein normatives Konzept. Der normative Charakter besagt dabei, dass die Erwartung auch im Enttäuschungsfall nicht aufgegeben wird, vielmehr erscheint dann nur weitere Erziehung angezeigt. Das galt bisher nur für Individuen. Was aber bedeutet es, wenn die auf Dauer gestellte Erwartung des Organisationslernens sich durchsetzt

---

[21] Behandelt wird z.B. die Frage gegensätzlicher Anforderungen des Lernens (expoitation/exporation), das Risiko, beim Lernen in Komeptenzfallen zu tappen oder abergläubisch zu lernen sowie die Frage des Vergessens als Bedingung für Lernen (Levitt/March 1988).

[22] Erziehungswissenschaftlich kann man wissen, dass reflexives Lernen nicht kausal auf Intervention zurückgeführt werden kann, Systeme sich immer nur selbst sozialisieren können - und damit auch ohne Intervention zu reflexivem Lernen fähig sind.

[23] Bemerkenswert daran ist, dass sich die Vorstellung gesellschaftlich durchzusetzen beginnt, dass es sich bei Organisationen um Systeme handelt und nicht um Maschinen oder Mittel, die individuellen Handlungszwecken dienen.

[24] Der Mechanismus ist einfach: offen gehalten kann werden, was und wie gelernt werden soll, aber (genau damit) dann nicht mehr, dass gelernt werden soll.

– noch bevor geklärt ist, inwieweit und in welchem Sinne Organisationen eigentlich lernen können bzw. erzogen werden können?

(b) Was gewinnt eine rein gesellschaftsbezogene Sicht hinzu, die dazu tendiert, im Konzept der lernenden Organisation das kongeniale Organisationskonzept für Erziehung und Schule zu sehen? Der Gewinn des Perspektivwechsels beruht in diesem Fall darauf, der Analogie von Organisationslernen und Erziehung gründlich zu misstrauen.

Zunächst ist die Analogie jedoch auch hier aufschlussreich. Denn empirisch geht es beim Thema Schule als lernender Organisation dann um den besonderen Fall, dass Organisationen etwas beigebracht werden soll, das Lernen. Es geht, so gesehen, also nicht lediglich um Sozialisation, die ja (sofern Organisationen Lernfähigkeit unterstellt wird) sowieso stattfindet, sondern um *Erziehungsabsichten*. An Schulen wird diese heute politisch adressiert, so im Rahmen von Pilotprojekten zur Schulreform, die das Land Nordrhein-Westfalen zusammen mit der Bertelsmann-Stiftung durchführt („Schule & Co", „Selbständige Schule").

So sicher es ist, dass es um den Fall von Intervention geht, so sicher ist, dass die Erziehungsanalogie hier ‚hinkt'. Sichtbar wird, dass es sich ‚nur' um eine Analogie handelt. Denn zum einen können natürlich weder die Politik noch deren Organisationen *erziehen*, selbst wenn sie das Ansinnen des Lernens politisch an Schulen herantragen. Die Politik kann allenfalls Programmatiken verkünden sowie politisch bindende Entscheidungen treffen. Zum anderen und vor allem aber können Organisationen nicht *erzogen werden,* wie dies interventionistische Managementkonzepte unter dem Titel der lernenden Organisation unterstellen oder doch nahe legen. Anders als Individuen können Organisationen aus strukturellen Gründen nicht mit Erziehungsabsichten adressiert werden. Selbst wenn sie lernen können, ist es nicht schon möglich, sie auch zu erziehen.[25] Jenseits theoretischer Begründungen bestätigt sich das auf einfache Weise empirisch. Faktisch sind es nicht Schulen (also Organisationen), sondern Lehrer (also Individuen), die im Rahmen von schulischen Fortbildungen zum Thema „Organisationslernen" in Erziehungskommunikationen einbezogen werden. Sie – und nicht Organisationen – nehmen darin die Schülerrolle ein, während Berater (aus Instituten der Schulentwicklung oder Unternehmensberatungen) ihnen gegenüber in der Lehrerrolle kommunizieren.[26]

---

[25] Der Grund ist, dass Erziehungskommunikation interaktionsabhängig ist, Erziehungsabsichten nur in entsprechenden Interaktionen als solche verstanden werden.

[26] Einen einschlägigen auch bildlichen Ausdruck dieser Rollenverschiebung vermittelt der Artikel: ‚Schule als "lernende Organisation". Schulprogrammentwicklung mit TQM im Berufskolleg Dormagen' (in bbw 10/98, S.16).

Hinsichtlich *der Reform von Organisationen* (Schulen) kann man vor diesem Hintergrund zunächst begründet annehmen, dass das Konzept der Schule als Lernender Organisation übertriebene Hoffnungen auf organisatorische Strukturänderungen freisetzt.[27] Wenn Lehrer lernen, ändert das nicht schon Organisationen, sondern zunächst nur die Umwelt der letzteren.[28] Änderungen der Entscheidungsprämisse Personal können durch Fortbildungen eintreten, sie sind aber zum einen auf das vorhandene Personal eingeschränkt (und schon damit strukturell begrenzt), zum anderen ändern nicht deren noch so gute Absichten und „Visionen" (Senge) die Struktur der Organisation. Ohne formelle organisatorische Entscheidungen und vor allem: ohne Entscheidungskompetenzen ist auch in den in Lernkonzepten so geschätzten Teamentwicklungen keine organisatorische Strukturänderung zu sehen. Vor allem aber lohnte es diesbezüglich, die Erfahrungen mit Gruppenarbeit in Unternehmen zur Kenntnis zu nehmen (Kühl 2001).

So gesehen, werden die erwartbaren *organisatorischen* Effekte möglicherweise *überschätzt*. Sie sind jedenfalls geringer einzuschätzen als Konzepte des Organisationslernens selbst Glauben machen. Damit ist jedoch nicht gesagt, dass Aktivitäten des „Organisationslernens" in den Schulen folgenlos für die Erziehung bleiben. Sofern sie beim Lehrpersonal ansetzen, ist damit soziologisch die Frage aufgeworfen, was es *für die Profession* bedeutet, wenn Lehrer sich in Fortbildungen (oder zukünftig auch in Studiengängen zum Schulmanagement) mit manageriellen Konzepten der lernenden Organisation vertraut machen und im übrigen auch Pädagogik und Schulforschung die Idee begrüßen, Schulen zu lernenden Organisationen zu machen. Es ist dieser *professionelle* Zusammenhang, in dem die Bedeutung und die Folgen der Semantik der lernenden Organisation in der Erziehung tendenziell *unterschätzt* werden.

Generell gesagt, strukturieren Semantiken die Kommunikation, indem sie einschränken, was im Weiteren gesagt werden kann. Mit ihrer Erziehungsanalogie strukturiert die Lernsemantik die Kommunikation über Organisationen dabei in einer spezifischen Weise. Zunächst trägt, wie gesagt, schon die harmlose Annahme der Lernfähigkeit von Organisationen dazu bei, dass die normative (also durch Enttäuschung nicht zu entkräftende) Erwartung des organisatorischen Lernens auf Dauer gestellt wird. Faktisch betrifft dies Erwartungen an das Personal in Schulen. Pointiert formuliert geht es dann um die Erwartung „lebenslangen Organisationslernens". Für Erziehung und Lehrerprofession bekommt die

---

[27] Über die hier vorgetragenen Argumente hinaus sei am Rande auf die (desillusionierenden) Ergebnisse der Forschungen über organisatorische Reformen hingewiesen (vgl. Brunsson/Olsen 1993).

[28] Die Theorie des Organisationslernens thematisiert die Differenz von individuellem und organisatorischem Lernen regelmäßig, legt damit aber bisher nur das Problem der Transformation dar, nicht schon die theoretische oder praktische Lösung.

Semantik des Lernens dabei (im Vergleich zu anderen gesellschaftlichen Kontexten, etwa der Wirtschaft und ihren Organisationen) dabei sogar in besonderer Weise ‚zwingenden' Charakter. Denn Lernen ist hier nicht lediglich ein ‚einheimisches' und damit attraktives Konzept, sondern mehr noch kann der Wert des Lernens in der Erziehung kommunikativ nicht abgelehnt werden. Es ist dieser Umstand, der die auffällige Resonanz des Managementkonzepts der lernenden Organisation in Pädagogik und Lehrerprofession sowie der pädagogischen Schulforschung strukturell begründet. Eine ähnliche Resonanz für Managementkonzepte wäre im Falle von Anwälten, Ärzten oder Priestern, also klassischen Professionen, in dieser Weise nicht vorstellbar.

Soziologisch betrachtet, wirkt die Profession dort, wo sie das Konzept des Organisationslernens bereitwillig aufgreift, an ihrer eigenen De-Professionalisierung mit (zum Professionsbegriff vgl. auch den Beitrag von Kurtz im vorliegenden Band). Strukturell betrachtet, hat das Konzept des Organisationslernens mit dem Erziehungsauftrag der Lehrerprofession nichts zu tun, dafür aber umso mehr mit Organisation – oder wie man in der Pädagogik heute noch gern formuliert: mit "Bürokratie". Dabei überspielt die Semantik der lernenden Organisation mit ihrer Erziehungsanalogie allerdings lediglich die schlichte Tatsache, dass es um ein *organisatorisches Managementkonzept* geht, das als eine solches vielleicht (s.o.) organisatorische, jedoch keine professionellen Probleme in der Schule zu lösen vermag.

Der Kontext der Einführung der Idee der lernenden Schule ist in der sogenannten ‚Autonomisierung' von Schulen zu finden. Schulen werden damit erst zu Organisationen im engeren Sinne. Es kommen auf sie dabei Aufgaben des Schulmanagements zu. Zu diesen zählen unter dem Stichwort der „Öffnung von Schule" auch Aufgaben, die systematisch betrachtet der Sozialen Arbeit zugehören, also für Lehrer professionsfremd sind.[29] Für die Schule – als eine Organisation – ist die Übernahme solcher Aufgaben kein prinzipielles Problem; fast alle Organisationen in der Gesellschaft kombinieren ja unterschiedliche Personaltypen je nach Programmanforderungen. Für die Lehrerprofession wird dies jedoch zum Problem, weil Schulen im Unterschied zu den meisten anderen Organisationen in der Gesellschaft professionelle Monokulturen darstellen. Mit Blick auf leere Staatskassen ist dabei kaum zu erwarten, dass es neben den Lehrern in umfangreichem Ausmaß anderes Personal für die erweiterten Aufgaben der

---

[29] Während die Lehrprofession die Funktion der Vermittlung von Wissen und Können an Individuen zuständig ist, ist die Funktion der Sozialen Arbeit auf die Vermittlung von Chancen der Inklusion sowie die Vermeidung von Exklusionen bezogen (vgl. Bommes/Scherr 2000).

Schulen geben wird. Schon in der Übernahme dieser Zusatzaufgaben durch Lehrer ist soziologisch ein klares Indiz für ihre De-Professionalisierung zu sehen.[30] Tendenzen der De-Professionalisierung lassen sich aber auch in spezifischerer Weise auf das Leitkonzept der lernenden Schule zurechnen und anhand der entsprechenden Reformaktivitäten und Fortbildungen ansatzweise empirisch ausmachen. Schon das Wissen, das im Rahmen der Lehrerfortbildungen zur lernenden Schule an Lehrer vermittelt wird, ist ersichtlich kein Fach- und kein Professionswissen, sondern Organisations- und Managementwissen. Es bezieht sich auf Techniken der Teamentwicklung, Moderation, Visualisierung und Präsentation (vgl. dazu den Abschlußbericht zum Projekt „Schule & Co."[31]). Wo dieses Wissen nicht lediglich zu organisatorischen Zwecken eingesetzt wird, sondern im Unterricht selbst, also im Kontext professioneller Interaktion, Verwendung findet, liegt eine Verwechslung von Profession und Organisation, also von Erziehungs- und Managementproblemen vor.

Zweifellos ist für Fragen der Angemessenheit von Methoden und Techniken des Unterrichts (etwa der so genannten Klippert-Techniken) nicht die Organisationssoziologie zuständig. Soziologisch ist aber nicht die Frage der Merkmale und Leistungsfähigkeit der eingesetzten Methoden und Techniken von Bedeutung, sondern vielmehr die Frage nach dem gesellschaftlichen Kontext ihrer Begründung. Erkennbar stammen die Begründungen im vorliegenden Falle aus dem Werkzeugkasten des Managements und der Organisationsreform, nicht aus dem Kontext der Profession und der erziehungswissenschaftlichen Reflexion.

Das Wissen um die Herkunft der Reformkonzepte aus dem Management ist kein exklusiv soziologisches Wissen, ist vielmehr im Gegenstandsbereich auch selbst verfügbar. So wurde auch von den teilnehmenden Schulen im Projekt „Schule und Co." mit Unbehagen die zunächst einseitige Ausrichtung der Reformen auf Organisationsentwicklung registriert und gefordert, Schulentwicklung und Unterrichtsentwicklung zu integrieren. Diese Forderung belegt auf der einen Seite, dass das Wissen um den Unterschied von organisatorischen und professionellen Problemstellungen präsent ist; auf der anderen Seite aber droht dieser Unterschied genau dort zu verschwinden, wo eine ‚Integration' beider Problemstellungen gefordert wird, die darauf hinausläuft auch den Unterricht

---

[30] Dem hier häufiger einsetzenden Argument, dass diese Zusatzaufgaben doch zur Professionalisierung beitragen, ist entgegenzuhalten, dass der Begriff der Profession sich auf eine spezifische Form der Bearbeitung von „existentiellen" Problemen von Individuen, also auf eine „personalen Umwelt" und entsprechende „Falldeutung" bezieht (im Falle von Erziehung also nur die Vermittlung von Wissen und Können für den Lebenslauf in speziellen Interaktionen betrifft). Nicht alles was Lehrer tun und sonst noch können, betrifft damit ihre Professionalität (vgl. auch den Beitrag vom Kurtz im vorliegenden Band).

[31] siehe unter: http://www.schule-und-co.de

diesen manageriellen Techniken des Organisationslernens zu unterwerfen. Schüler werden nicht nur zum Gegenstand der Anwendung organisatorischer Techniken, sondern ihnen wird sogar das managerielle Organisationswissen vermittelt, das sie dann im Unterricht anwenden sollen (Teamentwicklung usw.). Ein US-amerikanischer Aufsatz unter dem Titel „The class as a learning organization" drückt diese Verwechslung von professioneller Interaktion und Organisation in aller Klarheit aus.

Nicht unerwähnt bleiben soll hier, dass in den erwähnten Pilotprojekten zur Schulreform in Aussicht gestellt wird, dass die neuen Formen des Unterrichtsmanagement – als Techniken des Selbstmanagement der Lernaktivitäten der Schüler – die Lehrer stärker als bisher für professionelle Problemstellungen im Unterricht freistellen. Im Blick auf den strukturellen Unterschied von Organisation und Profession bleibt dabei allerdings die Frage offen, ob und wie es Lehrern gelingen kann, die Rolle des Professionellen einzunehmen, wenn die Voraussetzung darin gesehen wird, den ‚Klienten' zuvor erfolgreich beigebracht zu haben, in den Schablonen des modernen Managements zu kommunizieren und sich im Unterricht wie Organisationsmitglieder zu verhalten.

4   Schluss

Ziel des vorliegenden Beitrages war es nicht, eine empirische Analyse zu den anlaufenden Schulreformen vorzulegen, sondern an einem aktuellen Beispiel Perspektiven und Perspektivenwechsel auf Organisationen und moderne Organisationskonzepte darzulegen und zugespitzt zu verdeutlichen.

Soziologisch betrachtet, ist die Leitidee der Lernenden Organisation für die Erziehung kein ‚kongeniales' Organisationskonzept, eher eine Art trojanisches Pferd, das im Gewande der pädagogischen Profession und ihrer Begriffe daherkommt und dabei die Folgen für die Profession übersehen lässt. Mit diesem ‚Übersehen' soll nicht gesagt sein, dass die Lehrer nicht wissen oder wissen können, um was es geht. Sie wissen sehr wohl um die – vielfach von ihnen kritisch bewertete – Herkunft dieses Konzepts aus dem Management wirtschaftlicher Organisationen. Es lassen sich jedoch handfeste strukturelle Gründe dafür benennen, dass die Idee des Organisationslernens Resonanz in Erziehung und Lehrprofession findet. Neben der nur semantischen Affinität von Lernen und Erziehung dürfte der zentrale Grund dabei im gesellschaftlichen Status der Lehrerprofession als Semi-Profession zu finden sein. Zum einen haben es Lehrer – im Vergleich zu den klassischen Professionen – nicht mit individuellen ‚Fällen' und ihrer Deutung zu tun, sondern sie sind mit Schulklassen und bekanntlich mit entsprechenden Überforderungssyndromen nicht nur in Hauptschulen konfrontiert. Mit dem Status der Semi-Profession hängt darüber hinaus zweitens das Problem der Reputation der Lehrer in der Öffentlichkeit zusammen, das mit PISA an Schärfe noch zugenommen hat. In beiden Hinsichten ist es nicht überraschend, wenn Lehrer Abhilfe von organisatorischen Managementkonzepten erhoffen: zum einen unter dem technologischen Gesichtspunkt der Entlastung der Unterrichtsinteraktion durch Techniken des Managements, zum anderen in der Aussicht auf Teilhabe an der Reputation, die das moderne Management im Vergleich zur Lehrerprofession in der Öffentlichkeit genießt.[32]

Zur Begründung des semi-professionellen Status der Lehrer gehört allerdings drittens auch die ‚einschränkende‘ Rolle des Staates in der Schule. Als ein uraltes Problem der Schule gilt in der Sicht der Profession die weitgehende staatliche Regulierung von Schule und Unterricht, die als Unverträglichkeit und struktureller Gegensatz von professionellem Auftrag und staatlicher Bürokratie sehr häufig beschrieben wurde. In der Fortsetzung dieser klassischen Sichtweise, in der Organisation mit staatlicher Bürokratie gleichgesetzt wird, kann es so erscheinen, als werde die so genannte „verwaltete Schule" heute im Zuge politischer Reformen endlich in die pädagogische Freiheit entlassen. Schulen, so wird gehofft, könnten nun endlich die Bürokratie (= Organisation) abstreifen und zu dem werden, was sie dem Wesen nach eigentlich seien: „pädagogische Handlungseinheiten" und „Orte des Lernens". Die „lernende Schule" erscheint dann als anderer Ausdruck dieser Vorstellung. Wenn der Staat sich aber heute in der Schulpolitik auf Rahmensteuerung zurückzieht, bedeutet das keinen Schritt in Richtung auf ‚mehr Profession', sondern vielmehr nur, dass Organisations- und Managementaufgaben auf die Schulen und damit faktisch auf die Lehrerprofession übertragen werden. In Frage steht für die Profession vor diesem Hintergrund nicht, *ob* sie sich mit Fragen und Konzepten der Organisation auseinandersetzt, sondern nur: mit welchen? Für die Erziehung liegt die Antwort strukturell nahe, es mit "einheimischen", also systemintern anschlussfähigen Konzepten zu versuchen – so wie das in der Wirtschafts- oder Politikwissenschaft ja auch bereits der Fall ist. Dafür scheint die lernende Organisation in der Erziehung ein naheliegender Kandidat zu sein. Angesichts der blinden Flecken ‚einheimischer' Konstruktionen von Organisationen lohnt es aber vielleicht, prinzipielle Festlegungen und ‚Wesensannahmen' zu vermeiden und andere Konstruktionen und Zugriffsweisen auf den Gegenstand zu Rate zu ziehen. Das ist für die Erziehung schon

---

[32] Und man kann hier sehen, dass nicht nur die Soziologie von Vergleichen lebt, sondern Vergleiche für die moderne Gesellschaft typisch sind, die sie beobachtet.

deshalb besonders wichtig, weil sie – anders eben als die Wirtschaft oder die Politik – mit Profession und Organisation durch zwei unterschiedliche Strukturmerkmale und Spezifikationsmechanismen für Erziehungsfragen gekennzeichnet ist (vgl. Luhmann 2002). Das „Oxymoron" des Organisationslernens aber verdeckt genau diesen Unterschied.

Jenseits anderer Möglichkeiten besteht ein Angebot an die Erziehung im changierenden Perspektivenwechsel auf das Verhältnis von Organisation *und* Gesellschaft und damit in einer Zugriffsweise, die man nur aufgrund dieser Differenz als soziologisch bezeichnen kann.

Literatur

Argyris, Ch. (1999): Die lernende Organisation : Grundlagen, Methode, Praxis. Stuttgart: Klett-Cotta.

Barnard, Ch. (1938): The Function of the Executive. Cambridge (Mass.): Harvard University Press.

Becker, A./Küpper, W./Ortmann, G. (1988): Revisionen der Rationalität. In: Küpper, W./Ortmann, G. (Hrsg.), Mikropolitik. Opladen: Westdeutscher Verlag, S. 217-225.

Böttcher, W. (2002): Kann eine ökonomische Schule auch eine pädagogische Schule sein? Weinheim: Juventa.

Bommes, M./Scherr, A. (2000): Soziologie der sozialen Arbeit. Weinheim: Juventa.

Bonazzi, G. (1998): Storia del Pensiero Organizzativo. Milano: FancoAngeli.

Brunsson, N. (1985): The Irrational Organization: Irrationality as a Basis for Organizational Action and Change. Chicester: Wiley.

Brunsson, N. (1989): The Organization of Hypocrisy. Talk, Decisions and Actions in Organizations. Chichester: Wiley.

Brunsson, N./Olsen, J.P. (1993): The Reforming Organization, London/New York: Routledge.

Crozier; M./Friedberg, E. (1979): Macht und Organisation. Die Zwänge kollektiven Handelns. Königstein/Ts.: Athenäum.

Dierkes, M. (Ed.) (2001): Handbook of organizational learning and knowledge. Oxford: Oxford University Press.

Ebers, Mark/Gotsch, Wilfried (1993): Institutionenökonomische Theorie der Organisation. In: Alfred Kieser (Hrsg.), Organisationstheorien. Stuttgart: Kohlhammer, S. 193-242.

Fend, H. (1986): Gute Schule – Schlechte Schule. Die einzelne Schule als pädagogische Handlungseinheit. In: Die Deutsche Schule 82, 3, S. 275-293.

Immergut, E.M. (1997): The normative Roots of the New Institutionalism: Historical Institutionalism and Comparative Policy Studies. In: Benz, A., Seibel, W. (Hrsg.), Beiträge zur Theorieentwicklung in der Politik- und Verwaltungswissenschaft, Baden-Baden: Nomos.

Kühl, S. (2000): Das Regenmacher-Phänomen. Widersprüche und Aberglaube im Konzept der lernenden Organisation. Frankfurt: Campus.

Kühl, S. (2001): Über das erfolgreiche Scheitern von Gruppenarbeitsprojekten. Rezentralisierung und Rehierarchisierung in Vorreiterunternehmen der Dezentralisierung. In: Zeitschrift für Soziologie 30, S. 199-222.

Levitt, B./March, J.G. (1988): Organizational Learning. In: Annual Review of Sociology 14, S. 319-340.

Luhmann, N. (1964): Funktionen und Folgen formaler Organisation, Berlin: Duncker und Humblodt.

Luhmann, N. (2000): Organisation und Entscheidung, Opladen: Westdeutscher Verlag.

Luhmann, N. (2002): Das Erziehungssystem der Gesellschaft: Frankfurt: Suhrkamp.

Kieser, A. (^{3}1999) (Hrsg.): Organisationstheorien. Stuttgart: Kohlhammer.

March, J.G. (1991): Exploration and Exploitation in Organizational Learning. In: Organization Science 2, S. 71-87.

March, J.G./Olsen, J.P. (1989): Rediscovering Institutions. The Organizational Basis of Politics. New York: Free Press.

March, J.G./Simon, H. (1958): Organizations. New York: Wiley.

Mayntz, R. (Hrsg.) (1968): Bürokratische Organisation. Berlin: Kiepenheuer und Witsch.

Merton, R.K. (1940): Bureaucratic Structure and Personality. In: Social Forces 17, 560-568 (deutsche Übersetzung in: Mayntz 1968, a.a.O.).

Ortmann, G./Sydow, J./Türk, K. (Hrsg.) (1997): Theorien der Organisation. Die Rückkehr der Gesellschaft. Opladen: Westdeutscher Verlag.

Schimank, U. (1994): Organisationssoziologie. In: Kerber, H./Schmieder, A. (Hrsg.), Spezielle Soziologien. Reinbek: Rowohlt.

Schimank, U. (1996): Theorien gesellschaftlicher Differenzierung. Opladen: Leske und Budrich.

Senge, P. (1996): Die fünfte Disziplin : Kunst und Praxis der lernenden Organisation. 2. Auflage. Stuttgart : Klett-Cotta.

Tacke, V. (Hrsg.) (2001): Organisation und gesellschaftliche Differenzierung, Wiesbaden: Westdeutscher Verlag.

Tacke, V. (2002), Können Organisationen lernen? Zur Semantik organisationalen Wandels. Unveröff. Habilitationsvortrag, Fakultät für Soziologie. Universität Bielefeld.

Terhart, E. (1986): Organisation und Erziehung. Neue Zugangsweisen zu einem alten Dilemma. In: Zeitschrift für Pädagogik 2, S. 205-223.

Teubner, G. (1992): Die vielköpfige Hydra: Netzwerke als kollektive Akteure höherer Ordnung. In: Krohn, W./Küppers, G. (Hrsg.), Emergenz. Die Entstehung von Ordnung, Organisation und Bedeutung. Frankfurt am Main: Suhrkamp, S. 189-216 .

Weber, Max (1980): Wirtschaft und Gesellschaft. 5. Aufl., Tübingen: Mohr.

Wehrsig, C./Tacke, V. (1992): Funktionen und Folgen informatisierter Organisationen. In: Malsch, Th./Mill, U. (Hrsg.), ArBYTE. Modernisierung der Industriesoziologie? Berlin: Edition Sigma, S. 219-239.

Weick, K.E. (1985): Der Prozeß des Organisierens. Frankfurt: Suhrkamp.

Weinbach, C. (2003): Die systemtheoretische Alternative zum Sex-und-Gender-Konzept: Gender als geschlechtsstereotypisierte Form ‚Person'. In: Pasero, U./Weinbach, C. (Hrsg.), Frauen, Männer, Gender-Trouble. Systemtheoretische Essays. Frankfurt: Suhrkamp, S. 144-170.

Wilson, J.Q. (1966): Innovation in Organizations: Notes Towards a Theory. In: Thompson, J.D. (Ed.), Approaches to Organizational Design. Pittsburgh, Pa.: Univ. of Pittsburgh Press, S. 193-218.

Organisation und Profession im Erziehungssystem

Thomas Kurtz

Ausgehend von Überlegungen Niklas Luhmanns wird in dem Beitrag nach der Bedeutung der Formen Organisation und Profession für eine soziologische Analyse des Erziehungssystems gefragt. Während man in diesem System lange Zeit von einer dominierenden Stellung der Profession des Lehrers und der Organisation Schule sprechen konnte, gewinnen aktuell der vorschulische und der nachschulische Bildungssektor an Bedeutung. Darüber hinaus lässt sich aber auch noch eine Entgrenzung beobachten, wenn etwa pädagogische Vermittlungsprozesse in Organisationen angeboten werden, die einem anderen Funktionsprimat folgen als dem des Erziehungssystems.

1 Organisation, Profession und Respezifikation

Seit gut einhundert Jahren bilden Organisation und Profession ein kompliziertes Begriffspaar in der soziologischen Theorie und erfahren zur Zeit insbesondere in der nordamerikanischen Organisationsforschung, aber etwa auch in der erst vor kurzem institutionalisierten deutschen Organisationssoziologie Aufmerksamkeit. Unter dem Stichwort der professionellen Autonomie war der Professionsbegriff in der Soziologie in gewisser Weise als Gegenbegriff zu Organisation eingeführt worden, aber dies ist Begriffsgeschichte. Heute zeigt sich, dass auch die professionelle Arbeit von Organisation abhängig ist; es arbeiten zwar nicht alle Professionellen in Organisationen, aber sie alle sind für ihre mehr oder weniger selbständige Tätigkeit in ihrem Umfeld auf Organisationen angewiesen. Aktuell lassen sich Organisationsforschung und Professionsforschung von der jeweils anderen Seite irritieren, was sowohl zu wechselseitigen Einschränkungen wie aber auch zu wechselseitigem Nutzen führt. So kann man etwa beobachten, dass sich die Organisationsforschung in den letzten Jahren mehr und mehr auf die Professionsforschung hinzu bewegt hat, oder anders: die Organisationsforschung entdeckt für sich immer stärker Themen, die lange Zeit das Besondere der professionellen Berufe ausgezeichnet hat. Darunter fallen unter anderem die besondere Wissensbasis – also das Handeln auf einer begrenzten Wissensgrundlage und die Formen der Unsicherheitsbewältigung –, die Gemeinwohlorientierung,

Professionsethik beziehungsweise Wirtschaftsethik oder aber auch die Betonung eines Klienten- beziehungsweise Kundenbezuges.

In der Debatte zeigten sich aber auch schon früh Gemeinsamkeiten, die weniger auf die interne Struktur von Organisation und Profession zielten, sondern im weitesten Sinne einen gesellschaftstheoretischen Bezug markieren. Darauf hatte insbesondere Talcott Parsons aufmerksam gemacht. Für Parsons war die moderne Gesellschaft eine rational operierende Gesellschaft, was aber nicht zugleich auch für die Individuen der Gesellschaft zutrifft. Noch völlig unbelastet von Rational-Choice-Vorstellungen ging er davon aus, dass gesamtgesellschaftlich betrachtet rationales Verhalten im relativ undirigierten Privatleben eher selten anzutreffen sei. Demgegenüber ist Rationalität aber notwendig in den beiden gesellschaftlichen Formen Organisation und Profession, denn hier verhält man sich entsprechend deren Mitgliedschaftsbedingungen. Organisation und Profession befördern in dieser Perspektive die Angleichung der Rationalitätsniveaus von Individuum und Gesellschaft.[1]

Und dies ist der Ausgangspunkt, an dem Niklas Luhmann in seinem letzten aus dem Nachlass herausgegebenen Buchmanuskript *Das Erziehungssystem der Gesellschaft* angesetzt hat, oder genauer: von dem er seine Idee abgegrenzt hat (siehe Luhmann 2002). Insbesondere für die pädagogische Organisation Schule, deren basale Operationen im Vollzug von Unterricht liegen, bezweifelt Luhmann Rationalität als wesentliches Kennzeichen von Organisation und Profession, denn hier müssen die Unsicherheiten der Interaktion berücksichtigt werden. Luhmann bestimmt demgegenüber Organisation und Profession als Formen der Respezifikation gesellschaftlicher Funktionsbezüge in Leistungsbeziehungen. Und es sind dabei insbesondere Organisationen, denen hier eine vermittelnde Position zukommt, es liegt an ihnen, die gesellschaftliche Funktion, die Anforderungen der gesellschaftlichen Umwelt und allgemeine Zielvorgaben wie etwa Chancengleichheit so weit zu respezifizieren, dass das Verhalten in der unmittelbaren Interaktion daran anschließen kann und dies nicht immer wieder thematisieren muss.

Neben dieser Verarbeitung von Umwelteinflüssen von Organisationen und der Profession des Erziehungssystems geht es Luhmann bei dem von Parsons entlehnten Schema 'Generalisierung und Respezifikation' auch noch um eine Respezifikation des Allgemeinen im Erziehungssystem selber (dazu ausführlicher Kurtz 2004a), also dem, was Luhmann als die generelle „Absicht, etwas für den Lebenslauf Brauchbares zu vermitteln" (Luhmann 2002, S. 143), und dieses

---

[1]   Siehe etwa zum Thema Rationalität in Professionen schon früh Parsons (1939). Generell zum Thema Rationalität im Werk von Talcott Parsons vgl. Stichweh (1980).

direkt oder indirekt zu bewerten, gefasst hat. Das Erziehungssystem kann sich über diese Einheitsformel kommunikativ selbst erkennen und von anderen gesellschaftlichen Funktionen abgrenzen. Allerdings ist diese Formel so allgemein gefasst, dass sie im Grunde alle pädagogischen Vermittlungsprozesse einschließt, aber keinen davon genau bezeichnet. Für ein Mehr an inhaltlicher Tiefenschärfe, so folgert Luhmann, müsse diese „Leerformel" über Organisation und Profession respezifiziert werden. Organisation und Profession werden so gesehen von Luhmann als Formen bestimmt, über die sich das kommunikativ geschlossen operierende Funktionssystem Erziehung zur Umwelt hin öffnen kann. Die gute Absicht zu erziehen (Luhmann 1992), gewinnt Form mit Hilfe von Organisation und Profession, die am Lebenslauf der zu erziehenden Person arbeiten.

Ich selbst werde im folgenden in Anlehnung an Luhmann nach dem Verhältnis von Einheit und Differenz im Erziehungssystem fragen. Im Unterschied zu Luhmann sehe ich eine Antwort allerdings mehr in der segmentären Differenzierung des Systems über Organisationen, als über die Form Profession. Und dies zuerst einmal aus dem Grunde, dass sich im Gegensatz zur Vielzahl von Organisationen in der Gesellschaft Professionen durch Exklusivität auszeichnen. So hört man zwar gelegentlich Soziologen von der Organisationsgesellschaft reden, aber die entsprechende Rede von einer Professionsgesellschaft wäre doch mehr als ungewöhnlich.

2 Profession und Gesellschaft

Professionspolitische Überlegungen zielen häufig darauf, sich selber bzw. möglichst viele Berufsgruppen in das Konzept der Professionen einzubeziehen.[2] Theoretisch ist dies allerdings schon vom Ansatz her fragwürdig, da hier einer Inflationierung des Professionsbegriffs Vorschub geleistet wird, der nur noch schwer erkennen lässt, was denn eigentlich das Besondere dieser beruflichen Tätigkeiten auszumachen scheint. Jedenfalls fällt bei diesem inflationären Gebrauch des Begriffes auf, dass hier so heterogene Tätigkeiten zusammengefasst werden, die als einziges gemeinsames Merkmal über besonders anforderungsreiche Ausbildungen und Qualifikationen verfügen. Aber dies ist in unserer zunehmend wissensbasierten Gesellschaft nichts besonderes mehr (Stehr 1994).

---

[2] Als Überblick über Theorien der Professionen siehe Kurtz (2002a, S. 47ff.).

Wenn man die professionssoziologische Literatur zu den klassischen Professionen der Ärzte, Seelsorger, Anwälte aber auch der Lehrer überblickt, dann
kommen neben der besonderen Wissensbasierung der professionellen Berufe
mindestens zwei weitere Kriterien in den Blick, die ich im Symbolischen Interaktionismus bei Everett C. Hughes (1958; 1963) und im Strukturfunktionalismus
bei Talcott Parsons (1939; 1968) finde. Zum einen geht es hier um eine Arbeit an
den Problemen von individuellen Personen – also von trost- oder heilsbedürfti-
gen, kranken, streitenden und zu erziehenden Personen –, um Probleme also, die
in Interaktionskontexten zwischen Professionellem und Klient gelöst werden
sollen. Zum anderen führt diese Problembearbeitung mit Klienten aber nur zur
Entstehung von Professionen, wenn die angestrebte Lösung der Probleme eine
hohe gesellschaftliche Wertschätzung genießt – das war das Argument von Parsons –, wenn also mit der Arbeit besondere gesellschaftliche Zentralwerte wie
Glauben, Gerechtigkeit, Gesundheit und Erziehung abgedeckt werden. Wissensbasierung allein ist also noch kein hinreichendes Kriterium für das Vorhandensein einer Profession, hinzu kommt zumindest immer auch der Gesellschaftsbe-
zug und die Problembearbeitung von und mit Klienten in Interaktionssituationen.

Wenn man diese Überlegungen mit neueren systemtheoretischen Überlegungen verbindet (dazu ausführlicher Kurtz 2000), kann man sagen, dass Professionen im Kontext genau der Funktionssysteme operieren, wo die Deutung le-
benspraktischer Probleme von individuellen Personen zum Kernbestand des
Kommunikationsgeschehens wird. In diesen Systemen geht es nicht nur um
kommunikative Anschlüsse im System, sondern damit zugleich unter der Maßgabe zu helfen, immer auch um Eingriffe in die personale Umwelt der Gesellschaft. Und genau deswegen ist die Kommunikation in diesen Systemen nur
unzureichend über Medien technisierbar. Hier fällt den professionellen Prakti-
kern die Aufgabe zu, in Interaktionskontexten und in Zusammenarbeit mit den
Klienten die Überführung des Problems vom negativen zum positiven Wert hin –
also etwa von Krankheit zu Gesundheit oder von schlechteren zu besseren Leistungen – professionell zu betreuen.

In diesen Funktionssystemen haben sich jeweils dominierende Leitprofessionen herausgebildet, die den besonderen Wissenskorpus der Systeme auf der
Handlungsebene verwalten und gegenüber den anderen im Kontext des jeweiligen Systems arbeitenden Berufen eine Kontroll- und Delegationsfunktion ein-
nehmen. Während es etwa in der Frühen Neuzeit noch kein exklusives Hei-
lungsmonopol gab, sondern eine Vielzahl an Angeboten auf dem Gesundheits-
markt vorherrschte, die im wesentlichen gleichgewichtig von den drei Berufsgruppen der gelehrten Ärzte, der handwerklichen Barbierchirurgen und der

Scharfrichter (also den Henkern) erbracht wurden (siehe Wilbertz 1999), hat dann im 19. Jahrhundert die akademische Ärzteschaft das Definitionsmonopol für die Frage erlangt, wer in der Gesellschaft als gesund und wer als krank zu gelten habe (siehe Huerkamp 1980). Und im Erziehungssystem ist es die Lehrerprofession zusammen mit der Schulorganisation, die das Selektionsmonopol entlang der Unterscheidung von besseren und schlechteren Leistungen erlangt haben. Rudolf Stichweh spricht in diesem Zusammenhang etwa von „monoberuflichen Funktionssystemen", in denen die Einheit des Systems durch nur eine Berufsgruppe symbolisiert wird (Stichweh 1997). Für einen gewissen Zeitraum in der Geschichte müsste dann hinzugefügt werden: monoorganisatorisch. Professionen jedenfalls übernehmen hier die Binnenperspektive der jeweiligen Funktionssysteme und thematisieren auf der Handlungsebene deren Inklusionsproblematiken. Inklusion bedeutet dabei nicht nur Teilhabe an sozialer Kommunikation, sondern zugleich auch eine Veränderung der Person des Klienten über pädagogische, medizinische, religiöse und – reduziert auf die konflikttherapeutischen Aspekte – auch juristische professionelle Betreuung.

Zusammengefasst sind Professionen in der Moderne solche Berufsgruppen, die lebenspraktische Probleme von Klienten im Kontext einzelner Funktionssysteme wie dem System der Krankenbehandlung, dem Rechts-, dem Religionsund dem Erziehungssystem in Interaktionssituationen mit Klienten stellvertretend deuten, verwalten und bearbeiten. Die Professionellen wie Ärzte, Rechtsanwälte, Seelsorger und Lehrer fungieren dabei als verberuflichte Leistungsrollen dieser Sozialsysteme. Hier finden wir monopolisierte Leistungsrollen, welchen sowohl bei der Ausdifferenzierung der Systeme im Übergang zur Moderne wie auch bei deren Erfüllung der systemspezifischen Leistung für andere Funktionssysteme der Gesellschaft eine besondere Bedeutung beigemessen werden kann.

Man kann jetzt allerdings im Übergang zu dem, was wir als Wissensgesellschaft bezeichnen, gravierende Veränderungen in diesem idealtypischen Bild der Professionen beobachten (dazu ausführlicher Kurtz 2000). In der aktuellen Situation scheint sich nämlich dieses enge Beziehungsgeflecht von Funktionssystem und Profession mehr und mehr aufzulösen. Ein offensichtlicher Grund für diesen Umstand ist zuerst einmal in der steigenden Komplexität der Problemlagen zu sehen, die in vielen Fällen eine Aufteilung der Leistung der professionellen Fallbearbeitung zur Folge hat. Exemplarisch kann man das am weiten Feld des Systems der Sozialen Hilfe bzw. seines Berufsfeldes der Sozialen Arbeit ablesen. Obwohl die Soziale Hilfe in der Moderne als ein Inklusionsprobleme bearbeitendes Funktionssystem der Gesellschaft ausdifferenziert worden ist (siehe Baecker

1994), hat sich im Gleichklang dazu keine Leitprofession herausgebildet, welche in monopolistischer bzw. dominanter Stellung die Funktion des Systems auf all seinen Ebenen repräsentieren könnte (siehe Kurtz 2004b).

Gleichwohl sind diese Kennzeichen in der Moderne keine Besonderheit des Funktionssystems Soziale Hilfe, sondern verweisen auf eine gesamtgesellschaftliche Tendenz. Auf der einen Seite erscheint es fraglich, ob es zukünftig weitere Funktionssysteme geben wird, in denen eine einzelne Berufsgruppe das Kommunikationsgeschehen der Systeme dominiert. Auf der anderen Seite lässt sich aber heute zudem beobachten, dass sich diese besondere Form Profession auch in den Systemen Erziehung, Krankenbehandlung, Recht und Religion beginnt aufzulösen. So gesehen ist die Form Profession ein – und ich bin mir des damit hervorgerufenen Widerspruchs durchaus bewusst – transitorisches Phänomen, deren Höhepunkt bereits überschritten ist. Professionen – verstanden als Leitprofessionen – hatten ihre herausgehobene Bedeutung zur Beschreibung der Gesellschaft insbesondere im Übergang zur Moderne (siehe Siegrist 1988; Stichweh 1996). Dort konnten sie in einer monopolistischen bzw. dominanten Position bei der Ausdifferenzierung der Systeme Erziehung, Gesundheit, Recht und Religion deren Wissensbasierung verwalten und kontrollieren.

Die herausragende Rolle, welche die Leitprofession des Lehrers zusammen mit der Organisation Schule im Erziehungssystem lange Zeit eingenommen hat, wird nun aber seit einigen Jahren in vielen Gegenden der Welt unter Hinweis auf die Veränderungen der Anforderungen an Wissen und Kompetenzen in der Wissensgesellschaft zunehmend hinterfragt, und es treten der der Schule vorgelagerte und der ihr nachgelagerte Bereich – also Frühpädagogik und Erwachsenenbildung/Weiterbildung – mehr und mehr ins Rampenlicht. Dies ist natürlich eine Beobachtung aus der internationalen Perspektive, in Deutschland hat darauf zwar die Erziehungswissenschaft verwiesen, nicht aber zugleich auch die Bildungspolitik: dieser mussten erst durch die PISA-Studie die Augen geöffnet werden.[3]

Wenn ich vom Ende des Zeitalters der Professionen spreche, dann wird damit natürlich nicht die immer noch hohe Relevanz von Professionalität für die Problembearbeitung von und mit Klienten bestritten, sondern nur die Bestimmung dieser Funktionssysteme durch eine Leitprofession.[4] Wenn sich heute diese

---

[3]   So scheinen Deutschland und Österreich die letzten Länder in Europa zu sein, in denen die Ausbildung im Bereich Frühpädagogik immer noch nicht an Hochschulen institutionalisiert ist. Und dies, obwohl die meisten Bildungsforscher darin übereinstimmen, dass Kinder auf dem Wege in die heraufbeschworene Wissensgesellschaft vor allem positive Grundhaltungen zum Lernen, Verlernen und Neulernen aufbauen müssen, und dass dafür die frühen Jahre die optimale Zeit sind.

[4]   Siehe zur Unterscheidung von Profession und Professionalität beziehungsweise professionellem Handeln Kurtz (1998).

Form Profession und ihr gesellschaftlicher Leistungsbezug beginnt aufzulösen, dann handeln Lehrer natürlich weiterhin professionell und erbringen professionelle Leistungen für ihre Schüler. Auf der anderen Seite handeln aber auch immer mehr Berufsgruppen im Erziehungssystem professionell und erbringen professionelle Leistungen. Wichtig ist aber, dass sie nie zu einer (Leit-) Profession werden, welche die Kommunikations- und Handlungsstruktur des Erziehungssystems dominieren. Die aktuelle Situation lässt sich also durch zwei gegenläufige Tendenzen beschreiben, die sich nur auf den ersten Blick zu widersprechen scheinen: auf der einen Seite beobachten wir die Auflösung von Leitprofessionen und auf der anderen Seite zugleich einen Bedeutungszuwachs der über professionelles Handeln erbrachten professionellen Leistung (siehe Kurtz 2003).

Aktuell ist die Berufsstruktur im Erziehungssystem nicht nur durch Heterogenität und Pluralität gekennzeichnet, sondern die unterschiedlichen pädagogischen Berufe gewinnen gegenüber der Lehrerprofession zunehmend an Bedeutung. Gleichwohl gewinnt damit nicht unbedingt eine andere Berufsgruppe im System der Erziehung eine dominierende Position, eher lässt sich beobachten, dass sich das Handlungswissen des Systems immer mehr in den Organisationen ablagert, in die die unterschiedlichen pädagogischen Leistungsrollen einsozialisiert werden.

3   Organisation und Erziehungssystem

Was in der Gesellschaft möglich ist, wird in den Organisationen der Funktionssysteme entschieden (siehe Luhmann 2000). Der Erziehung etwa zwingen Organisationen ihre Entscheidungsmechanismen auf, indem organisatorisch bestimmte Zeugnisse und Zertifikate eine Verkettung von individuellen Lebensphasen ermöglichen. Obwohl natürlich jede Form von intentionaler Erziehung auf Organisation angewiesen ist, gehen Bildung und Organisation nicht ineinander auf. Weder können Kindertagesstätten und Schulen ausschließlich als Bildungsbeziehungsweise Erziehungsorganisationen beobachtet und beschrieben werden, auch hier arbeiten die Leistungsrollenträger für Geld, noch sind Organisationen vorstellbar, in denen keine intentionalen Prozesse der Vermittlung von Wissen und Werten möglich wären. Die Form Bildung wird in den unterschiedlichsten Bereichen der Gesellschaft thematisiert. So werden Wissen und Werte in der Familie in zu großen Teilen nichtorganisierter Form vermittelt, in pädagogischen Organisationen wie Schulen, Volkshochschulen, aber auch Hochschulen findet der Vermittlungsprozess in Organisationen statt, die sich primär an der Leitunterscheidung des Bildungssystems (die Hochschule richtet sich zudem noch am Wissenschaftssystem aus) orientieren.

Neben diesen Bildungs- und Erziehungsprozessen im engeren Kontext des Erziehungssystems gibt es im weiteren noch organisierte pädagogische Vermittlungsprozesse, die in nicht-pädagogischen Organisationen institutionalisiert sind und dem Funktionsprimat anderer gesellschaftlich ausdifferenzierter Systeme folgen. Besonders herausgehoben werden muss dabei der immer stärker expandierende Bereich der betrieblichen Weiterbildung, die in Organisationen stattfindet, die im Rahmen ihrer Ausrichtung auf das Wirtschaftssystem zuerst einmal nicht das Ziel verfolgen, über Bildungsprozesse einen aktiven Beitrag zur Formung personaler Lebensläufe zu initiieren. Natürlich geht es auch in der betrieblichen Weiterbildung um das Vermitteln von Wissen, also um pädagogische Kommunikation, aber diese zielt nicht primär auf eine Veränderung der personalen Umwelt des Betriebes, sondern dient im weitesten Sinne als Mittel zum Zweck der Generierung von Zahlungsfähigkeit sowohl des Einzelbetriebes (siehe Neuberger 1990) als auch des Gesamtsystems. Während pädagogische Organisationen auf die Anschlussfähigkeit von *Personen* in der Gesellschaft bzw. auf dem Arbeitsmarkt hinarbeiten, wird die betriebliche Weiterbildung in erster Linie für die Anschlussfähigkeit von *Organisationen* auf dem ökonomischen Markt instrumentalisiert (siehe ausführlicher Kurtz 2002b).

Ein anderes aktuelles Beispiel für diese Entgrenzung des Bildungssektors (vgl. hierzu auch Kuper im vorliegenden Band) bietet der Medienbereich: Im Kontext der Vermittlung von Wissen und Werten, also der Vermittlung von für den Lebenslauf Brauchbarem, wird die pädagogische Arbeit heute immer mehr durch Verbreitungsmedien wie Fernseher und Computer beeinflusst (siehe etwa Kade/Lüders 1996). Allgemein kann man im Bildungsbereich feststellen, dass mit dem Aufkommen der neuen Medien das selbstorganisierte Lernen immer mehr an Einfluss gewinnt. Luhmann streift diesen Aspekt quasi indirekt, wenn er sein Buch über die Massenmedien mit dem Satz einleitet: „Was wir über unsere Gesellschaft, ja über die Welt, in der wir leben, wissen, wissen wir durch die Massenmedien" (Luhmann 1996, S. 9). Man muss diese Form der medialen Wissensvermittlung natürlich von der professionellen pädagogischen unterscheiden. Wissen wird hier nicht aufeinander aufbauend vermittelt, sondern man muss sich patchworkartig aus einem Sortiment von Möglichkeiten bedienen. Und darüber hinaus findet hier die pädagogische Kommunikation nicht mehr als Interaktion unter Anwesenden statt, sondern unter Abwesenheit der professionellen Leistungsrolle. In gewisser Weise fällt damit auch die für professionelle Arbeit charakteristische asymmetrische Beziehung zwischen Experten und Klienten weg. Ob es sich bei der Vermittlung von Wissen und Werten in den Massenmedien allerdings wirklich – wie gerne behauptet wird – um eine Form pädagogischer Kommunikation handelt, ist eine offene Frage, schließlich fehlt hier die Bewertung der Aneignung des Vermittelten, also die pädagogische Selektion.

4 Das Erziehungssystem zwischen Einheit und Differenz

Was folgt aus all dem für die Frage nach der Respezifikation der pädagogischen Einheit? Unter Rückgriff auf die Luhmannsche Unterscheidung von Interaktion, Organisation und Gesellschaft (Luhmann 1975) kann man die Unterscheidung von Einheit und Differenz des Erziehungssystems in der Gesellschaft genauer bestimmen. Die Einheit des Systems findet sich entweder im autopoietischen Reproduzieren über den Code vermittelbar/nicht-vermittelbar (Kade 1997) oder in der Beobachtung des Systems über eine generalisierte Einheitsformel (Luhmann 1992), die jeder pädagogischen Kommunikation zugrunde liegt. Auf der Interaktionsebene ist die Vermittlung von Wissen und Werten *immer* ein pädagogischer Prozess, dies gilt dann nicht nur für organisatorisch gerahmte Interaktionen in der Schule, sondern auch für Wissensvermittlung in Wirtschaftsbetrieben. Interaktion setzt sich wie das umfassende Sozialsystem der Gesellschaft aus Kommunikation zusammen, sie kann nur innerhalb der Gesellschaft ausdifferenziert werden und vollzieht damit Gesellschaft mit. Wenn sich nun diese „Kommunikation unter Anwesenden" (Kieserling 1999) an der Leitunterscheidung eines gesellschaftlich ausdifferenzierten Funktionssystems ausrichtet, wie das etwa bei pädagogischen Kommunikationen in Schule, Kita oder Volkshochschule der Fall ist, dann ist dies Vollzug von teilsystemischer Autopoiesis. In diesem Sinne operieren die vielfältigen Bildungsmaßnahmen als pädagogische Vermittlungsprozesse im gesellschaftlichen Kontext des Erziehungssystems und haben darin ihren gemeinsamen Systemkontext.

Aber nicht alle diese Vermittlungen gehören damit zugleich auch schon zum Kern des Erziehungssystems. In Fortführung von Luhmanns Überlegungen zur Respezifikation des Allgemeinen über die Formen Organisation und Profession könnte man von einem Kernbereich des Erziehungssystems sprechen, wenn alle drei Ebenen Interaktion, Organisation und Gesellschaft dem pädagogischen Primat folgen, oder anders: wenn die Absicht, etwas für den Lebenslauf Brauchbares zu vermitteln, in Organisationen geschieht, die dem Primat des Erziehungssystems folgen (also Schule, Kindergarten und Volkshochschule). Die im weiteren auch anderswo beobachtbaren pädagogischen Vermittlungsprozesse gehören im weitesten Sinne zum Bereich des Pädagogischen, aber nicht zugleich auch zu seinem Kernbereich. Man kann dabei an die Massenmedien oder an pädagogische Kommunikationen in Wirtschaftsorganisationen denken, und natürlich auch an die Familienerziehung, die eine Form der Erziehung ist, die ihre Kinder wohl nur sehr selten nach ihren Leistungsunterschieden bewertet und die darüber hinaus ganz ohne die Formen Organisation und Profession auszukommen scheint.

Literatur

Baecker, D. (1994): Soziale Hilfe als Funktionssystem der Gesellschaft. In: Zeitschrift für Soziologie 23, S. 93-110.

Huerkamp, C. (1980): Ärzte und Professionalisierung in Deutschland. Überlegungen zum Wandel des Arztberufs im 19. Jahrhundert. In: Geschichte und Gesellschaft. Zeitschrift für Historische Sozialwissenschaft 6, S. 349-382.

Hughes, E. C. (1958): Men and their Work. Glencoe; Illinois: Free Press.

Hughes, E. C. (1963): Professions. In: Daedalus 92, S. 655-668.

Kade, J. (1997): Vermittelbar/nicht-vermittelbar: Vermitteln: Aneignen. Im Prozeß der Systembildung des Pädagogischen. In: Lenzen, D./Luhmann, N. (Hrsg.), Bildung und Weiterbildung im Erziehungssystem. Lebenslauf und Humanontogenese als Medium und Form. Frankfurt a. M.: Suhrkamp, S. 30-70.

Kade, J./Lüders, C. (1996): Lokale Vermittlung. Pädagogische Professionalität unter den Bedingungen der Allgegenwart medialer Wissensvermittlung. In: Combe, A./Helsper, W. (Hrsg.), Pädagogische Professionalität. Untersuchungen zum Typus pädagogischen Handelns. Frankfurt a. M.: Suhrkamp, S. 887-923.

Kieserling, A. (1999): Kommunikation unter Anwesenden. Studien über Interaktionssysteme. Frankfurt a. M.: Suhrkamp.

Kurtz, Th. (1998): Professionen und professionelles Handeln. Soziologische Überlegungen zur Klärung einer Differenz. In: Peters, S. (Hrsg.), Professionalität und betriebliche Handlungslogik. Pädagogische Professionalisierung in der betrieblichen Weiterbildung als Motor der Organisationsentwicklung. Bielefeld: Bertelsmann, S. 105-121.

Kurtz, Th. (2000): Moderne Professionen und Gesellschaftliche Kommunikation. In: Soziale Systeme. Zeitschrift für soziologische Theorie 6, S. 169-194.

Kurtz, Th. (2002a): Berufssoziologie. Bielefeld: Transcript-Verl.

Kurtz, Th. (2002b): Weiterbildung zwischen Beruf und Betrieb. Zum Verhältnis von Person, Organisation und Wissen. In: Zeitschrift für Pädagogik 48, S. 879-897.

Kurtz, Th. (2003): Gesellschaft, Funktionssystem, Person. Überlegungen zum Bedeutungswandel professioneller Leistung. In: Mieg, H./Pfadenhauer, M. (Hrsg.), Professionelle Leistung – Professional Performance. Positionen zur Professionssoziologie. Konstanz: UVK, S. 89-107.

Kurtz, Th. (2004a): Zur Respezifikation der pädagogischen Einheitsformel. In: Lenzen, D. (Hrsg.), Irritationen des Erziehungssystems. Pädagogische Resonanzen auf Niklas Luhmann. Frankfurt a. M.: Suhrkamp, S. 12-36.

Kurtz, Th. (2004b): Zur Multidimensionalität der Sozialen Arbeit. In: Neue Praxis 34, S.16-30.

Luhmann, N. (1975): Interaktion, Organisation und Gesellschaft. Anwendungen der Systemtheorie. In: ders., Soziologische Aufklärung 2. Aufsätze zur Theorie der Gesellschaft. Opladen: Westdeutscher Verlag, S. 9-20.

Luhmann, N. (1992): System und Absicht der Erziehung. In: ders./Schorr, K.-E. (Hrsg.), Zwischen Absicht und Person. Fragen an die Pädagogik. Frankfurt a. M.: Suhrkamp, S. 102-124.

Luhmann, N. (1996): Die Realität der Massenmedien, 2. erw. Aufl., Opladen: Westdeutscher Verlag.

Luhmann, N. (2000): Organisation und Entscheidung. Opladen/Wiesbaden: Westdeutscher Verlag.

Luhmann, N. (2002): Das Erziehungssystem der Gesellschaft. Frankfurt a. M.: Suhrkamp.

Neuberger, O. (1990): Der Mensch ist Mittelpunkt. Der Mensch ist Mittel. Punkt. In: Personalführung 1, S. 3-10.

Parsons, T. (1939): The Professions and Social Structure. In: Social Forces 17, S. 457-467.

Parsons, T. (1968): Professions. In: International Encyclopedia of the Social Science 12, S. 536-547.

Siegrist, H. (1988): Bürgerliche Berufe. Die Professionen und das Bürgertum. In: ders. (Hrsg.), Bürgerliche Berufe. Zur Sozialgeschichte der freien und akademischen Berufe im internationalen Vergleich. Göttingen: Vandenhoeck & Ruprecht, S. 11-48.

Stehr, N. (1994): Arbeit, Eigentum und Wissen. Zur Theorie von Wissensgesellschaften. Frankfurt a. M.: Suhrkamp.

Stichweh, R. (1980): Rationalität bei Parsons. In: Zeitschrift für Soziologie 9, S. 54-78.

Stichweh, R. (1996): Professionen in einer funktional differenzierten Gesellschaft. In: Combe, A./Helsper, W. (Hrsg.), Pädagogische Professionalität. Untersuchungen zum Typus pädagogischen Handelns. Frankfurt a. M.: Suhrkamp, S. 49-69.

Stichweh, R. (1997): Professions in Modern Society. In: International Review of Sociology 7, S. 95-102.

Wilbertz, G. (1999): Scharfrichter, Medizin und Strafvollzug in der frühen Neuzeit. In: Zeitschrift für Historische Forschung 26, S. 515-555.

Interaktion und Organisation im Erziehungssystem
Raf Vanderstraeten

Erziehung ist in der Moderne meistens *organisierte Interaktion*. Wir werden voraussetzen, dass die kleinste, noch organisierbare Einheit des Erziehungssystems die „Unterrichtsstunde" ist, also ein zeitlich begrenztes, nach spezifischen systemischen Prämissen ausdifferenziertes Interaktionssystem unter Anwesenden. Im Erziehungssystem gibt es keinen Ersatz für das, was in konkret bestimmten Interaktionen zu leisten ist. Aufgrund der periodischen Wiederkehr des Unterrichts eröffnen sich zwar gewisse Möglichkeiten des Nachholens und Wiederholens: Was in einer Stunde nicht erreicht wurde, kann in der nächsten erneut versucht und vielleicht auch realisiert werden bei zeitlichem Aufschub derjenigen Inhalte, welche für diese Stunde zunächst vorgesehen waren. Aber es gibt keine organisatorischen Mechanismen des Transfers oder der Substitution ganzer Interaktionssysteme oder Interaktionsreihen – etwa das Verlagern von Interaktionen in höhere Ebenen der Hierarchie, wenn sie auf unteren Ebenen gescheitert sind. In diesem Sinne ist organisierte Interaktion innerhalb der Unterrichtsstunde die basale strukturelle Einheit des Erziehungssystems. Vor diesem Hintergrund sind die Leitfragen diesen Beitrages: Wie wird die Eigengesetzlichkeit von Interaktion gleichzeitig zur Grundlage und Beschränkung von Organisation und Organisierbarkeit? Inwieweit limitieren die strukturellen Effekte der Interaktion unter Anwesenden das organisatorisch Mögliche im Erziehungssystem?

1   Die Interaktionsordnung

Die wegweisende Bedeutung der Beiträge von Erving Goffman -zur Analyse sozialer Interaktion gilt nahezu als unumstritten. Goffman hat seine Forschungen vor allem auf die detaillierte, empiriegetränkte Beschreibung der verschiedensten Interaktionssettings und der dort beobachtbaren individuellen und sozialen Verhaltensmustern konzentriert. Darüber hinaus wird bei der Rezeption Goffmans immer auch ein ständiges Bemühen um eine theoretische und analytische Grundlage für eine selbstständige Erforschung sozialer Interaktion spürbar. Man denke hier insbesondere an seine „presidential address" an die Jahreskonferenz der

---

*   Ich möchte mich bei Christian Mersch herzlich bedanken.

American Sociological Association (im Jahr 1982) – die zwar nie vorgetragen, aber posthum unter dem Titel „The interaction order" veröffentlicht wurde (Goffman 1983). Rückblickend lässt sich sagen, dass der Beitrag Goffmans zur soziologischen Theorie vor allem darin besteht, die Idee einer verselbstständigten Interaktionsordnung, die als autonome soziale Realität *sui generis* verstanden werden muss, systematisch entwickelt zu haben (Rawls 1987). Die Überlegung, dass die Teilnahme an Interaktion eine Sinnwelt konstituiert, die weder auf die Subjekte noch auf die Wahrnehmungsobjekte reduziert werden kann, zieht sich wie ein roter Faden durch das Goffmansche Werk. Interaktion schafft eine neue Ebene der Realitätskonstruktion. Sie hat, wie Goffman es formuliert, „a life on its own and makes demands on its own behalf. It is a little social system with its own boundary-maintaining tendencies" (Goffman 1966, S. 113-114). Die Interaktionsordnung konstituiert sich Goffman zufolge in einem komplexen Zusammenspiel von Wahrnehmungs- und Kommunikationsprozessen zwischen anwesenden Personen. Die situationale Schließung wird *durch die und in der* Interaktion selbst erzeugt.

Niklas Luhmann tendiert in dieselbe theoretische Richtung, wenn er in einer englischen Publikation davon spricht, dass Interaktionssysteme „conceive of themselves as face-to-face interactions and use the presence of persons as a boundary-defining device. If new persons arrive, their communications have to be included into the system by some ceremonial recognition and introduction" (1987, S. 114; vgl. Luhmann 1984, S. 560-566). Was in sozialer Hinsicht relevant ist, wird durch die Anwesenden bestimmt. Das bedeutet auch, dass jede spezifische Interaktionsordnung sich selbst vorbehält, darüber zu entscheiden wer und was als anwesend gewertet wird. Interaktionen inkludieren nicht notwendigerweise jeden Anwesenden und Wahrgenommenen und auch nicht nur diese. Sklaven wurden früher zum Beispiel als abwesend behandelt, selbst wenn sie im selben Raum anwesend waren. Und auch für den Kellner im Restaurant gilt, dass er manchmal als abwesend und manchmal als anwesend behandelt wird, abhängig davon, ob er in die Konversation der Tischgäste einbezogen wird oder nicht. Ähnliches gilt für Individuen, die plötzlich für sich allein gelassen werden, wenn ihr Gesprächspartner einen Anruf auf das Mobiltelefon beantwortet. Inklusion in Interaktion hängt nicht von der reinen Präsenz menschlicher Körper in einem bestimmten Raum ab. Teilnahme und Einbeziehung werden durch die Kommunikation geregelt und zwar meistens durch die Kommunikation unter den gerade Anwesenden. Die Interaktionsordnung ist ein emergentes Geschehen, eine Realität *sui generis*. Sie bildet autonom und eigengesetzlich ihre Grenzen aus.

Man kann in Interaktionsprozessen explizite Kommunikation durch (intendierte oder nichtintendierte) indirekte Kommunikation komplementieren bzw. substituieren – und damit die Risiken expliziter Kommunikation zumindest zum Teil vermeiden. Indirekte Kommunikation ist zum Beispiel wichtig, wenn nicht unerlässlich, wenn es um amouröse und/oder sexuelle Avancen geht, oder wenn man einen Themenwechsel, die Beendigung von Kontakten etc. beabsichtigt, aber den expliziten, kaum mehr zurücknehmbaren kommunikativen Hinweis scheut. Von nicht minderer Bedeutung ist die Funktion wechselseitiger Wahrnehmung für die Kontinuierung von Kommunikation. Wenn man wahrnimmt, dass man wahrgenommen wird und dass auch die Wahrnehmung des Wahrgenommenwerdens ihrerseits wahrgenommen wird, muss man davon ausgehen, dass das eigene Verhalten als darauf eingestellt interpretiert wird. Es wird dann, ob das dieser Person passt oder nicht, als Kommunikation bzw. Mitteilungsofferte aufgefasst. Reflexive Wahrnehmung macht es notwendig, Verhalten als soziales Verhalten, also als Kommunikation, zu kontrollieren. Selbst die Kommunikation des Nicht-Kommunizieren-Wollens (z.B. aus dem Fenster hinausschauen, sich hinter einer Zeitung „verstecken") ist Kommunikation. In Interaktionssituationen kann man *nicht nicht kommunizieren*. Um Kommunikation effektiv zu vermeiden, muss man die Option Abwesenheit wählen.

Die hohe Relevanz von Wahrnehmung lässt den Körpern der Beteiligten eine große Bedeutung zukommen. Prozesse der „Modernisierung" oder „Zivilisation" sind – wie die berühmten Studien Norbert Elias' (Elias 1939/1997) herausgearbeitet haben – Prozesse zunehmender körperlicher Disziplinierung. Meiner Meinung nach können auch die Analysen der „Gesten" von George Herbert Mead in diesem Kontext interpretiert werden, nämlich als Formen der sozialen Inanspruchnahme des Körpers (vgl. Mead 1934, S. 13-18). Die Geste, so Mead, schöpft ihre Sozialität aus der Generalisierung des Sinns. „Das signifikante oder bedeutungsvolle Symbol ist daher die Gebärde, das Zeichen, das Wort, das an die eigene Identität gerichtet ist, wenn es an ein anderes Individuum gerichtet wird, und das an einen anderen (der Form nach an alle anderen) gerichtet ist, wenn es an die eigene Identität gerichtet wird" (Mead 1980, S. 296-297). Mead erklärt indes nicht, wie eine Bewegung des Körpers derart spezifiziert werden kann, dass sie als spezifischer Auslöser des Verhaltens eines anderen funktioniert und kann daher nicht zeigen, wie zwei Körper zu einem spezifischen, sozialen Zusammenspiel kommen. Er weist allerdings darauf hin, dass die Generalisierung von Sinn in der sozialen Interaktion für höhere Freiheitsgrade sorgt. Sinnförmig konstituierte Grenzen sind ungleich abstraktionsfähiger als Systemgrenzen anderen Typs; mehr als bei jeder anderen Grenzform (z.B. bei räumlichen

Grenzen wie Mauern) handelt es sich um selbsthervorgebrachte, eben emergente Grenzziehungen.

Eine wichtige historische Quelle, in der der emergente Charakter von Interaktionssystemen deutlich zum Ausdruck kommt, ist die seit dem 16. Jahrhundert erscheinende Literatur zur „Kunst der Konversation" (Burke 1993; Hellegouarc'h/Fumaroli 2001). Ich möchte diese Überlegung mit einigen kurzen Beispielen aus verschiedenen europäischen Kontexten illustrieren. So heißt es etwa in Claude Buffiers *Traité de la Société Civile*, dass es sehr unhöflich wäre, mitzuteilen, dass man sich in Gesellschaft eines anderen langweilt; und eben deshalb gehört es zu den Anforderungen an Höflichkeit, an den Augen des anderen zu kontrollieren, ob er oder sie sich langweilt. Höflichkeit wird reflexiv, indem sie es unterlässt, die Höflichkeit anderer auszunutzen; und daher muss die Ebene der Wahrnehmung von Wahrnehmungen miteinbezogen werden (1726, S. 123-125; vgl. Luhmann 1984, S. 560). Ein weiterer wichtiger Punkt ist das Vermeiden expliziten Widerspruchs. Das schließt den Verzicht auf zu forsches, sich „aufdrängendes" Engagement (das anderen die Möglichkeit einer anderen Meinung nimmt) und das Unterlassen von Äußerungen oder Meinungen, welche Gesprächspartner unter Umständen verletzen könnten, mit ein. Auch mit Lob soll sparsam umgegangen werden, anderenfalls könnte es von der positiv bewerteten Person oder anderen Beobachtern als übertriebene Schmeichelei ausgelegt werden (Bessel 1763, S. 55-59). Ebenso gilt es als unhöflich, den Sprechenden zu unterbrechen; zu langes Schweigen dagegen wird als peinlich empfunden. Bei John Locke findet sich in den *Some Thoughts Concerning Education* (die mehrere Bemerkungen zur Konversation enthalten) der folgende Ratschlag: „Junge Leute sollte man lehren, ihre Meinung nicht voreilig dazwischenzuwerfen, bevor man sie gefragt hat". Aber: „Wenn eine allgemeine Pause der ganzen Gesellschaft dazu Gelegenheit bietet, dann mögen sie als Lernende ihre Frage bescheiden einwerfen" (1693/1970, S. 182-183). Mit anderen Worten: die anderen müssen stets sorgfältig beobachtet und das eigene Verhalten soll in der Interaktion unter Einbeziehung der Perspektive der auch noch Anwesenden gewählt werden. An dieser Stelle wird deutlich, dass moderne Formen sozialer Interaktion immer auch das Ergebnis kontingenter historischer Entwicklungen sind und entsprechend (soziologisch) beobachtet werden können.

Die Gesellschaft hat im Laufe ihrer Evolution zahlreiche Muster und soziale Konventionen zur Strukturierung sozialer Interaktion entwickelt. Bei der Beobachtung soziokultureller Evolution scheint sich auf den ersten Blick die These zu bestätigen, dass es sich bei Interaktionsordnungen um die Spezifizierung derjenigen sozialen Normen und Wertorientierungen handelt, die für normativen

Konsens sorgen. Gesellschaftliche Konventionen sind in der Tat oft hinreichend, um Interaktionsordnungen zu strukturieren. Wir müssen jedoch festhalten, dass man immer von diesen Normen abweichen kann. Regeln können eben auch ignoriert, nicht befolgt, die von ihnen eröffneten Handlungsspielräume also nur selektiv genutzt werden. So kann man jemanden treffen und sie grüßen, um an ihr „vorbeizukommen". Oder man grüßt einen Bekannten und entwickelt den legitimen Anspruch, selbst auch gegrüßt zu werden. Aber der Gruß kann derart erwidert werden, dass er nur das Desinteresse an einer Interaktion demonstriert (siehe Goffman 1983). Mit anderen Worten: Es gibt Interaktionsformen, die durch soziale Konventionen nahe gelegt werden, aber auch dazu benutzt werden können, Interaktion zu vermeiden. Interaktion operiert vollkommen autonom bei der Regulierung von Kommunikationsprozessen. Interaktion muss, Goffman und Luhmann zufolge, auf einer eigenständigen theoretischen Grundlage analysiert werden, die vor allem den spezifischen Mechanismen der Grenzziehung und Selbsterhaltung dieses Systemtyps genügend Rechnung tragen kann.

2   Interaktion in Organisationen

Die weit verbreitete Proliferation von Organisationen ist eines der dominantesten Merkmale der modernen Gesellschaft. Diese Entwicklung, die häufig mit den Schlagwörtern Rationalisierung und Bürokratisierung verhandelt wird (siehe Weber 1990), bleibt selbstverständlich nicht ohne Folgen für Interaktion. Interaktion findet heutzutage größtenteils innerhalb von Organisationen statt. Hauslehrer werden zum Beispiel durch angestellte Schullehrer ersetzt. Aber die Interaktion kann – trotz dieses organisatorischen „frame" (Goffman 1975) – nicht einfach für organisatorische Zwecke instrumentalisiert werden. Interaktion kann nicht einfach als Mittel zur Erreichung organisatorischer Zwecke genutzt werden (wie Lehrer im Übrigen sehr gut wissen). Dies liegt im spezifischen systemischen Charakter der Interaktion begründet. Ihre Eigenstruktur lässt Instrumentalisierung, direkte Intervention durch die Organisation, nicht zu. Andererseits ist es wichtig, darauf hinzuweisen, dass Organisation eine strukturelle Basis für Interaktion formt, schon allein insofern, als Interaktion nun *zwischen den Organisationsmitgliedern* abläuft. Die Organisation macht sich in der Interaktion auf verschiedenen Weisen auch bemerkbar. Um den wechselseitigen Zusammenhang zwischen organisatorischen Settings und Interaktionssituationen zu illustrieren, seien einige spezifische strukturelle und operative Merkmale organisierter Interaktion aufgeführt (siehe hierzu auch Kieserling 1999, S. 335-387).

(a) Interaktion in Organisationen wird häufig über „Arbeit" definiert. Die An-
     wesenheit bei der Arbeit wird durch die Vorteile der Mitgliedschaft der Or-
     ganisation motiviert und nicht etwa durch emphatische Momente wie Freu-
     de an sozialer Interaktion (vgl. Habermas 1976). So gesehen hängt die Mög-
     lichkeit, miteinander zu interagieren, von der Organisation ab; Interaktion
     wird durch die Organisation reguliert. Umgekehrt aber hängen die Möglich-
     keiten der Organisation auch von informeller und unregulierter Interaktion
     ab (vgl. Luhmann 1995, 29 ff. et passim). Es werden ergo nicht nur Mög-
     lichkeiten der Interaktion durch Organisation, sondern auch Möglichkeiten
     der Organisation durch Interaktion konditioniert. Beispielsweise ist die Be-
     reitschaft zu Fehlertoleranz und Permissivität, die Goffman (1961) an ver-
     schiedenen Chirurgen beobachtet hat, aus Sicht der Organisationsebene ei-
     nes Krankenhauses ein Fehler. Im Interaktionssystem „chirurgische Opera-
     tion" erfüllt sie jedoch wichtige Funktionen, da das offene Ansprechen und
     Rügen des Fehlers die knappe Aufmerksamkeit der Beteiligten über die
     Maßen strapazieren würde. Darüber hinaus würde ein solcher expliziter
     Hinweis den Angesprochenen für den Moment mit Darstellungs- und Legi-
     timierungsproblemen überlasten. Alle Entlastungsversuche von seiner Seite
     würden dann die Interaktion erst recht stören und gefährden. Unter be-
     stimmten Umständen kann also gerade deregulierte Interaktion funktional
     für Organisation sein. Die theoretische Deutung dieses empirischen Phäno-
     mens wäre dann, dass die Autonomie der Interaktionsordnung eine einfache
     Inanspruchnahme durch Organisation verhindert. Der organisatorische
     Rahmen macht die Regulierung von Interaktion in spezifischen Hinsichten
     und für spezifische Bedingungen möglich, erzeugt aber uno actu immer
     auch Spielräume für informelle unregulierte Interaktion. Regulierung und
     Deregulierung der Interaktion sind somit zwei Seiten derselben Medaille.

(b) Organisationen schaffen die institutionelle Grundlage für wiederkehrende
     Kontakte zwischen ihren Mitgliedern. Rekurrente Interaktion wird durch
     gemeinsame Mitgliedschaft gesichert. Die Fortsetzung der Interaktion hängt
     also weder vom Erfolg früherer Kontakte noch von individueller Interakti-
     onsbereitschaft ab, so dass Beziehungen zwischen Interaktionsteilnehmern
     durchaus Beziehungen relativer Indifferenz sein und bleiben können. Die
     Motive, anwesend zu sein, verdanken sich anderen, externen Anreizen. Eine
     Lehrerin kann nicht gut sagen, dass sie nur deswegen noch einmal gekom-
     men ist, weil ihr die letzte Stunde mit der Schulklasse so gut gefallen hat,
     denn es ist bekannt, dass sie auch ohne solche Erfolgserlebnisse anwesend
     sein würde, weil die Schulorganisation die Fortsetzung des Unterrichts si-

cherstellt und reguliert. Strategien der Selbstdarstellung, die nichtsdestotrotz auf Erfahrungen früherer Interaktionen verweisen, rufen daher fast unumgehbar kritisches Hinterfragen der „wirklichen" Motive einer Person hervor (Warum lobt sie uns? Worauf will sie hinaus? Was will sie nun schon wieder von uns?). In solchen formalisierten Settings entwickeln sich quasi selbstläufig „Verdachtsmomente" und die Suche nach den „wirklichen" Motiven. Die Organisation produziert Prämissen, die in der Interaktion nicht oder nur noch durch paradoxe Kommunikation dementiert werden können (siehe Weick 1995). Sie transformiert die Unwahrscheinlichkeit, dass bestimmte Personen wieder und immer wieder zusammentreffen (obwohl doch jeder auch zahlreiche andere Kontakte wahrnehmen könnte) in Wahrscheinlichkeit; sie normalisiert diese Unwahrscheinlichkeit aber auf eine Weise, die Erklärungen, die auf „gegenseitige Sympathie" abstellen, in die analytische Leere laufen lässt. Somit bricht die Organisation auch den Zusammenhang zwischen Kontaktverdichtung und Solidarität auf, den Durkheim (1988) und viele Sozialwissenschaftler in seinem Gefolge noch als charakteristisch für die moderne Gesellschaft beobachtet hatten.

(c) Sobald *Anwesenheit in der Interaktion* durch *Mitgliedschaft in der Organisation* gesichert ist, muss mit einer relativen motivationalen Indifferenz der Anwesenden gerechnet werden. Diese Indifferenz schließt besonderes Engagement selbstverständlich nicht aus, aber sie macht es besonders sichtbar und zurechenbar. Wo unengagierte Anwesenheit ausrechend wäre, fällt der Gegenfall der engagierten Beteiligung umso deutlicher auf. Gerade wer sich durch eigenes Engagement hervorwagt, wird auffällig und zieht das Interesse von Beobachtern (innerhalb und außerhalb der Organisation) auf sich. In der postmodernen Gesellschaft steht für diese Beobachtung die Unterscheidung von Zwecken und Motiven zur Verfügung (siehe Luhmann 1995, 100 ff.). Man unterscheidet die Organisationszwecke, für die der Engagierte sich einsetzt, von den Motiven seines Engagements (z.B. Karrierepläne). Interessanterweise rechnen verschiedene Beobachter für ein bestimmtes Verhalten innerhalb eines organisatorischen Kontexts auf unterschiedliche Beweggründe zu (Jones/Nisbet 1972). Der Engagierte wird es einfach finden zu kommunizieren, dass es ihm allein um die Sache geht, denn die Organisation stellt Sachziele für legitimen Einsatz in ausreichender Zahl zur Verfügung (Lernfortschritt der Kinder etc.). Das schließt aber nicht aus, dass andere Beobachter die Motive dieser Engagierten kritisch beleuchten und hinterfragen und darüber hinausgehend sogar Widerstand organisieren, der das Durchkreuzen persönlicher Motivverwirklichungsstrategien zum Ziel hat.

So fallen zum Beispiel auffallend fleißige Schüler häufig den Schikanie-rungsstrategien ihrer Mitschüler zum Opfer. Vom Problem Schikanieren abgesehen, ist bis heute nicht viel über die psychologischen Effekte organi-satorisch gerahmter Interaktion bekannt (Vanderstraeten 2000). Es wäre in jedem Fall lohnenswert genauer zu untersuchen, welche Folgen es für die persönliche Selbstidentifikation mit der Arbeit hat, wenn sich die Gewöh-nung an das permanente Beobachtetwerden in der Organisation mit Hilfe des Schemas Zweck/Motiv eingestellt hat.

Aus dieser kurzen Charakterisierung der Eigentümlichkeiten organisierter Inter-aktion zu schließen, dass Organisation nur zu unnatürlichem, gar amoralischem Verhalten führe, wäre völlig verfehlt. Ebenso falsch wäre es zu schließen, dass organisatorische Strukturen nur die Freiheiten bei der individuellen Interaktions-gestaltung einengen. Die Beziehung zwischen Organisation und Interaktion ist komplizierter. Der organisatorische Rahmen führt strukturelle Einschränkungen ein, die ihrerseits aber immer auch als Grundlage für höhere Komplexität in der Interaktion fungieren. Was in unorganisierter (geselliger) sozialer Interaktion möglich ist, ist zwar meistens innerhalb einer Organisation nicht möglich. Aber bestimmte organisatorische Einschränkungen können auch einen spezifischen Mehrwert für die Interaktion ermöglichen. Das spezifische Zusammenspiel zwi-schen Interaktions- und Organisationssystemen lässt sich am Beispiel der Erzie-hung in Schulklassen hervorragend illustrieren.

3 Interaktion in Schulklassen

Die „Grundlagen" für Interaktion in Schulklassen werden außerhalb des Klassen-raums und außerhalb der Schule gelegt. Die meisten strukturellen Vorleistungen entziehen sich der Kontrolle durch die Interaktion selbst. Man denke an die a-symmetrische Sozialstruktur innerhalb der Schulklasse (ein Lehrer, zahlreiche Schüler ungefähr desselben Alters), das hierarchische Verhältnis zwischen Leh-rer und Schülern, der Zeitplan, der zu lehrende/lernende Lehrstoff. Die üblichen räumlichen und architektonischen Arrangements – rechteckige Klassenräume; parallele Sitzanordnung; Schüler, die den Lehrer anblicken (müssen), sich wech-selseitig aber nicht anblicken können etc. – komplettieren diese Grundlagen (z.B. Markus 1996). Dazu kommt, dass schulischer Erziehung in unserer Gesellschaft ein hoher Wert beigemessen wird. Sie genießt durchgängig höchste gesellschaft-liche Akzeptanz, wenngleich natürlich verschiedene gesellschaftliche Gruppen schulische Erziehung anders bewerten. Auch weil die Geschwister und die Eltern der heutigen Schulgeneration selbst schon zur Schule gegangen sind, wird die schulische Erziehung zu einer kaum mehr hinterfragten „natürlichen" Stufe im Erziehungsprozess.

All diese genannten Grundlagen der Erziehung entbinden den Lehrer jedoch nicht von der Notwendigkeit, Autorität aufzubauen und eine positive, die Lernprozesse stimulierende Atmosphäre zu schaffen. Martyn Hammersley schreibt in einem älteren, aber immer noch lesenswerten Artikel, der Strategien von Lehrern zur Untermauerung ihrer Autorität analysiert: „To the extent that the teacher successfully imposes an asymmetrical ‚order' on classroom interaction, he turns his claimed authority into a fact to be reckoned with. By successfully demanding attention and disciplined participation, the teachers actually ‚demonstrate' their competence as teachers, that they *are* teachers, and therefore their ‚superiority' to pupils" (1976, S. 111). Die meisten Schüler kennen die formalen Kriterien für einen regelgerechten Unterricht sehr gut und können das Verhalten ihres Lehrers entsprechend einschätzen. Sie sind in der Lage, zwischen guten und schlechten, starken und schwachen, weichen und rigiden Lehrern (und Lehrertypen) zu unterscheiden. „Any ‚failure' to maintain ‚discipline', whatever the motive, is in danger of being seen as weakness, and thus lack of ‚authority' and of being exploited by pupils" (1976, S. 112). Diese Beobachtungen lassen sich als weiterer Beleg für unsere weiter oben in genereller Hinsicht formulierte These lesen: Die Interaktionsordnung der Unterrichtsstunde wird *in der Interaktion selbst* konstruiert (siehe auch Hammersley 1990, S. 101-113).

Im Gegensatz zu anderen gesellschaftlichen Domänen hat es das Erziehungssystem nicht vermocht, verlässliche und stabile Formen organisatorischer Kontrolle auszubilden und durchzusetzen. Insofern ist Erziehung sehr störanfällig. Erziehung in Schulklassen ist einerseits auf ein Mindestmaß an „commitment" von Seiten der Schüler angewiesen; andererseits gilt aber gerade, dass dieses commitment *nicht organisatorisch erzwungen werden kann*. Der Lehrer ist, wie Dan Lortie anmerkt, „expected to elicit work from students. Students in all subjects and activities must engage in directed activities which are believed to produce ‚learning'... The teacher therefore must ‚motivate' students, within the constraints described, to work hard and, if possible, to enjoy their efforts. He cannot count on voluntary enthusiasm: the teacher must generate much of the positive feeling that animates purposeful effort. All this, moreover, must be accomplished within a group setting" (1975, S. 151-152). In anderen Worten: Organisationen mit Erziehungszweck ermangeln einer verlässlichen Technologie (Luhmann/Schorr 1982). Die Ergebnisse pädagogischer Interventionen können in den „Hauptquartieren" der schulischen Organisation weder vorausgesagt noch durch Planung herbeigeführt, Gründe für Erfolg oder Misserfolg nur sehr schwerlich exakt identifiziert werden. Kurzum: Erziehung ist (etwa im Gegensatz zu Wirtschaft und Wissenschaft) in hohem Maße von der spezifischen Dynamik der Interaktionsordnung abhängig.

Es gehört zu den allgemeinen Merkmalen der so genannten „people-changing" Organisationen (z.B. für geistliche, medizinische, rechtliche oder therapeutische Hilfe), dass organisatorische Zwecke ohne ein „commitment" der Kunden kaum zu realisieren sind. Dieses Merkmal könnte den hohen Autonomiegrad der entsprechenden Professionen und die hohe Relevanz von *face-to-face* Kontakten im Laufe der „Behandlung" erklären (siehe den Beitrag von Thomas Kurtz in diesem Band). Die Kunden beteiligen sich oft aufgrund biographischer Krisen an diesen „people-changing" Organisationen. Da sie auf Hilfe angewiesen sind, sind sie in der Regel bereit, (viel) Geld für die in Anspruch genommenen Leistungen zu zahlen und müssen daher in der Regel nicht zu einem kooperativen Verhaltensstil gezwungen werden. Das Erziehungssystem und seine Schulorganisationen befinden sich demgegenüber allerdings in einer spezifischen Sonderlage. Kinder müssen zur Schule gehen, schon deswegen kann die Selbsteinsicht, Hilfe (Erziehung) zu benötigen, in der Schule nicht als Quelle der Motivation fungieren. Schulen haben es somit auch mit besonders uneinsichtigen und kritischen „Klienten" zu tun. In pädagogischen Interaktionen lassen sich zahlreiche, bisweilen recht phantasievolle Strategien des „opting out" finden, die sich die spezifischen Möglichkeiten von Wahrnehmung und insbesondere reflexiver Wahrnehmung (Wahrnehmen des Wahrnehmens) zu Nutze machen. So sind Schüler häufig damit beschäftigt, das Verhalten ihrer Lehrer zu beobachten und auf Fehler, Schwächen etc. hin abzuscannen. Sie beobachten, ob der Lehrer sie beobachtet, oder ob sie sich vorübergehend außerhalb seines visuellen Kontrollbereichs befinden; sie versuchen, sich hinter dem Rücken ihrer Mitschüler zu verstecken; sie prätendieren, aufmerksam zuzuhören; sie mimen, als ob alles verstanden worden sei etc.

Vor diesem Hintergrund ist es wichtig darauf zu weisen, dass die Instabilität der Dyade Lehrer-Schüler durch Lehrpläne aufgefangen, sozusagen triadisiert wird. Dass dies eine Schlüsselbedingung funktionaler Spezifikation ist, lässt sich auch an gesellschaftsstrukturellen Entwicklungen ablesen. Die pädagogische Bewegung des 18. Jahrhunderts umfasste verschiedene Aspekte; sie war zugleich Änderung und Erweiterung der Lehrpläne, Forcierung öffentlicher (gegenüber privater) Erziehung, Professionalisierung des Lehrberufs und Entdeckung oder Verkindlichung des Kindes, und sie konnte mit diesem kombinierten Arrangement die Ausdifferenzierung des Erziehungssystems betreiben. Diese Prozesse tauchen nicht zufällig zur selben Zeit auf, sondern bedingen sich wechselseitig und werden so konstitutiv für die institutionelle Konsolidierung des modernen Erziehungssystems. Noch heute geben beispielsweise Curricula vor, was an Schulen gelernt werden muss; die Person des Lehrers wird damit entlastet und Spannungen zwischen Lehrern und Schülern tendenziell abgebaut. Die Unwahrscheinlichkeit pädagogischer Interaktion in Schulklassen wird durch diese organisatorische Konditionierung aufgefangen und in Wahrscheinlichkeit transformiert (Vanderstraeten 2004).

In Schulklassen entwickelt sich unter den jeweils Anwesenden eine spezifische Interaktionsordnung, auf die von Seiten der Organisation Einfluss genommen wird. Doch diese Rahmenbedingungen restringieren nicht einfach nur die Freiheitsgrade der Interaktion, sondern schaffen gerade auch Möglichkeiten, die es ohne Schulorganisation nicht geben würde. Limitierung und Ausweitung der interaktiven Freiheiten gehen also – wie wir gesehen haben – Hand in Hand und bedingen sich wechselseitig. Abschließend seien drei Forschungsperspektiven kurz andiskutiert, welche die besonderen Merkmale von organisierter Interaktion in Schulklassen noch einmal betonen sollen.

(a) Die Asymmetrie der Interaktionsordnung in Schulklassen ist eine strukturelle Belastung für den Lehrer, da er die Autorität ist und daher die Interaktion kontrollieren können muss. Es handelt sich hierbei aber nicht um einen linearen Prozess. Der Lehrer muss berücksichtigen, was Schüler tun, welche Reaktionen sie auf verschiedene Strategien zeigen könnten, welche unterschiedliche Chancen auf erzieherischen Erfolg seine Strategien haben – und bei welchen Kosten hinsichtlich Zeit, Aufwand und psycho-physischer Belastung etc. Man könnte schlussfolgern, dass der Kontrolleur selbst kontrolliert wird (vgl. Vanderstraeten 1997). Noch einmal Goffman: Interaktion "has a life on its own and makes demands on its own behalf". Eine interessante Frage ist in diesem Zusammenhang, inwiefern sich die Charakteristika der Interaktion im Laufe des 19. und 20. Jahrhunderts geändert haben. So ist zum Beispiel davon auszugehen, dass der Komplexitätsgrad von Interaktionen in Schulklassen erheblich variiert. In traditionellen Kontexten muss ein Lehrer nur eine eher überschaubare Auswahl an Alternativen berücksichtigen: Die Schüler müssen stillsitzen, die Arme falten, ständig nach vorne blicken, um die Erlaubnis zum Sprechen bitten etc. Der Habitus und die spezifischen Verhaltensroutinen des Lehrers werden entsprechend „einfach" gewesen sein. Eine Theorie der geschichtlichen Entwicklung der „Unterrichtsstunde" müsste Begrifflichkeiten entwickeln können, mit der die fluiden

Realitäten der Schulklasse innerhalb eines nahezu invarianten organisatorischen Rahmens gefasst werden könnten. In aktuellen mikrohistorischen Forschungen wird der Focus auf die bemerkenswerte Persistenz einer so genannten „grammar of schooling" gerichtet. Dieses Fortdauern einer spezifischen Grammatik wird ihrerseits der Dominanz und dem Beharrungsvermögen (stereo-) typischer Organisationsstrukturen zugeschrieben (vgl. Tyack/Cuban 1995; Depaepe 2000). Mein Vorschlag wäre, das Konzept der Interaktionsordnung auf die Geschichte der Unterrichtsstunde anzuwenden; als theoretisches Instrument kann es sowohl *Kontinuitäten als auch Diskontinuitäten* in den Interaktionsmustern in Klassenzimmern aufzeigen. Die Grenzen und Eigentümlichkeiten der Interaktion können nicht durch das organisatorische Setting definiert, sondern nur in der Interaktion selbst konstituiert werden.

(b) Die organisatorische „Normalisierung" oder „Restabilisierung" erzieherischer Interaktion bleibt nicht ohne Kosten. Sie imprägniert die Schulklasse unhintergehbar mit spezifischen Beobachtungsschemata, wie gut/schlecht, Lob/Tadel, bestehen/durchfallen (allgemeiner gesprochen: positiv/negativ). Pädagogisches Verhalten ist grundsätzlich differenzlastig und wirkt hochselektiv: Es weist Erfolgsmöglichkeiten aus und etabliert gerade dadurch auch die Möglichkeit des Versagens. Trotz guter Intentionen transformieren pädagogische Methoden Gleichheit in Ungleichheit. Sie motivieren *und* entmutigen zugleich. Erfolgserfahrungen werden mit neuen Erfolgen verknüpft, Misserfolge mit neuen Misserfolgen (Luhmann 1984, S. 282; Chervel 1998). Eine wichtige Frage ist, wie Kinder auf den permanenten Konformitätsdruck durch Lehrer und Eltern reagieren. In einer postmodernen, individualisierten Gesellschaft liegt es – mehr als je zuvor – nahe, dass Kinder eine „opting out" Strategie wählen. Das Markieren der eigenen Individualität gelingt am besten durch normabweichendes Verhalten. Schüler reagieren zum Beispiel durch überraschend gute Leistungen, oder auch mit Indifferenz gegenüber Benotungen und Bewertungen, mit Zynismus und Sarkasmus, durch die Entwicklung von abweichenden Subkulturen, durch die Erfindung von Slang, mit alternativen Bewertungen persönlicher Qualitäten und Verdienste etc. Erziehung in Schulklassen macht es mit anderen Worten notwendig, zwischen Anpassung und Abweichung zu entscheiden. Schüler können nicht einfach verpflichtet werden, die Kultur und Einstellungen älterer Generationen zu internalisieren. Die von uns betonte Autonomie der Interaktionsordnung untermauert somit auch die Kritik an den eher deterministischen Annahmen der traditionellen Sozialisationsforschung. Sie erlaubt die Beobachtung von positiven und negativen Effekten organisierter Interaktion im Erziehungssystem.

(c) Gerade wenn ein differenzierter Apparat von Zielen, Tests, Interventionsmöglichkeiten zur Realisierung bestimmter Outputs zur Verfügung steht, werden die schon erwähnten unintendierten und unvoraussehbaren Effekte der Interaktion in Schulklassen sich vervielfachen und zu zusätzlichen Komplikationen führen. Man könnte diese Effekte als sekundäre Sozialisation beschreiben, wobei „sekundär" sich hier nicht auf eine Sozialisation nach der primären Sozialisation in der Familie beziehen kann, sondern eben als struktureller Effekt der spezifischen organisatorischen Rahmung der Erziehung begriffen werden muss. Viele dieser Effekte sind aus der Literatur sehr gut bekannt und waren und sind immer noch Gegenstand intensiver Forschungsanstrengungen (Stichwort: heimlicher Lehrplan). Diese Forschungsperspektive richtet sich aber vor allem auf die strukturelle Determinierung der Erziehung in der Schulklasse und begibt sich damit ein tieferes Verständnis für die Partikularitäten, Idiosynkrasien und Konsequenzen der informellen und unregulierten Interaktion innerhalb von Organisationen. Auch die *unregulierte Interaktion* zeitigt aber, wie wir gesehen haben, wichtige strukturprägende Effekte. Die Teilnahme an deregulierte Interaktion kann den Habitus und das Selbstverständnis eines Schülers stark beeinflussen (z.B. unerwartete Ereignisse, überraschende Reaktionen, gelegentliches deviantes oder konformes Verhalten). Die Interaktionsordnung der Schulklasse wird *sowohl durch strukturelle als auch operative,* d.h. interaktiv erbrachte *Formen der Determinierung* geprägt. Die Erforschung von sekundärer Sozialisation sollte sich deswegen auf die weitreichenden Konsequenzen organisierter Interaktion konzentrieren.

Im Erziehungssystem sind die Ebenen Interaktion und Organisation eng miteinander verschachtelt. Interaktion in Schulklassen ist nicht nur eine infolge von Prozessen der Arbeitsteilung und Effizienzsteigerung notwendig gewordene Form der Koordination innerhalb der Organisation; sie ist gewissermaßen die Technologie des Erziehungssystems selbst. Was in der Erziehung möglich ist, hängt davon ab, was in Interaktion möglich ist – zum Beispiel in relativ großen Schulklassen mit thematisch konzentrierter Interaktion. Die strukturellen Beschränkungen der Interaktionssysteme limitieren daher zugleich die Möglichkeiten der Variation gesellschaftlicher Funktionserfüllung. Diese Beschränkungen können auf der Organisationsebene nicht aufgehoben werden. Die Organisation kann lediglich sicherstellen, dass Interaktionen häufig und regelmäßig stattfinden. Im Erziehungssystem geht es nicht ohne Organisation. Es geht aber auch nicht mit Organisation. Die Ressentiments gegen Organisation und Bürokratie, die unter solchen Bedingungen immer wieder neuen Nährboden finden, reagieren vor allem auf dieses grundlegende unhintergehbare Problem.

Literatur

Bessel, C.G. (1763): Schmiede deß politischen Glüks. Franckfurt: Naumann.

Buffier, C. (1726): Traité de la société civile. Paris: Giffart.

Burke, P. (1993): The art of conversation. New York: Cornell University Press.

Chervel, A. (1998): La culture scolaire: une approche historique. Paris: Belin.

Depaepe, M. (2000): Order in progress: Everyday educational practice in primary schools, Belgium, 1880-1970. Leuven: Leuven University Press.

Durkheim, E. (1988): Über soziale Arbeitsteilung. Frankfurt a.M.: Suhrkamp.

Elias, N. (1997): Über den Prozess der Zivilisation. Frankfurt a.M.: Suhrkamp.

Goffman, E. (1961): Encounters: Two studies in the sociology of interaction. Harmondsworth: Penguin University Books.

Goffman, E. (1966): Interaction ritual. New York: Doubleday Anchor.

Goffman, E. (1975): Frame analysis. Cambridge: Harvard University Press.

Goffman, E. (1983): The interaction order. In: American Sociological Review 48, S. 1-17.

Habermas, J. (1976): Arbeit und Interaktion. In: Ders.: Technik und Wissenschaft als „Ideologie". Frankfurt a.M.: Suhrkamp.

Hammersley, M. (1976): The mobilisation of pupil attention. In: M. Hammersley/P. Woods (Hrsg.): The process of schooling. London: Routledge & Kegan Paul.

Hammersley, M. (1990): Classroom ethnography. Milton Keynes: Open University Press.

Jones, E.E./Nisbet, R.E. (1972): The actor and the observer: divergent perceptions on the causes of behavior. In: E.E. Jones et al. (Hrsg.): Attribution: Perceiving the causes of behavior. Morristown N.J.: Central Learning Press.

Kieserling, A. (1999): Kommunikation unter Anwesenden. Frankfurt a.M.: Suhrkamp.

Locke, J. (1970): Gedanken über Erziehung. Stuttgart: Reclam.

Lortie, D.C. (1975): Schoolteacher. Chicago: University of Chicago Press.

Luhmann, N. (1987): The evolutionary differentiation between society and interaction. In: J.F. Alexander et al. (Hrsg.): The micro-macro link. Berkeley: University of California Press.

Luhmann, N. (1984): Soziale Systeme. Frankfurt a.M.: Suhrkamp.

Luhmann, N. (1995): Funktionen und Folgen formaler Organisation. Berlin: Duncker & Humblot.

Luhmann, N. & Schorr, K.E. (1982): Das Technologiedefizit der Erziehung und die Pädagogik. In: N. Luhmann/K.E. Schorr (Hrsg.): Zwischen Technologie und Selbstreferenz. Fragen an die Pädagogik. Frankfurt a.M.: Suhrkamp.

Markus, T. (1996): Early nineteenth century school space and ideology. In: Paedagogica Historica 34, S. 93-126.

Mead, G.H. (1934): Mind, self, & society. Chicago: University of Chicago Press.

Mead, G.H. (1980): Gesammelte Aufsätze, Band I. Frankfurt a.M.: Suhrkamp.

Rawls, A.W. (1987): The interaction order sui generis: Goffman's contribution to social theory. In: Sociological Theory 5, S. 136-149.

Tyack, D./Cuban, L. (1995): Tinkering towards Utopia. A century of public school reform. Cambridge US: Harvard University Press.

Vanderstraeten, R. (1997): Circularity, complexity and educational policy planning. A systems approach to the planning of school provision. In: Oxford Review of Education 23, S. 321-332.

Vanderstraeten, R. (2000): Autopoiesis and socialization. On Luhmann's reconceptualization of communication and socialization. In: British Journal of Sociology 51, S. 581-598.

Vanderstraeten, R. (2004): The social differentiation of the educational system. In: Sociology 38, S.255-272.

Weber, M. (^{5}1990): Wirtschaft und Gesellschaft. Tübingen: Mohr.

Weick, K.E. (1995): Sensemaking in organizations. Thousands Oaks: Sage.

II. Schule als Organisation

Schule als Sozialsystem
Theoretische Modellierungsvarianten und ihr Potenzial für
Analyse und Entwicklung dieses pädagogischen Feldes
Rainer Lersch

1 Schultheoretischer Zusammenhang

Um das Potenzial theoretischer Bemühungen um die strukturelle Verfasstheit
des spezifischen pädagogischen Feldes „Schule" für dessen Analyse und Entwicklung besser abschätzen zu können, ist es notwendig, zunächst den größeren
(schultheoretischen) Zusammenhang zu skizzieren, innerhalb dessen dieses
Thema zu verorten ist: Die Schule (und damit meine ich sowohl das ganze
Schulsystem als auch jede Einzelschule) ist innerhalb des gesellschaftlichen
Funktionszusammenhangs mit dem spezifischen (pädagogischen) Auftrag der
Bildung und Qualifikation der Mitglieder der heranwachsenden Generation
eingerichtet worden. Diesen Auftrag (und wie wir wissen: noch einige weitere
gesellschaftlichen Funktionen) erfüllt sie primär über den Unterricht als der
zentralen Dimension schulischen Handelns:

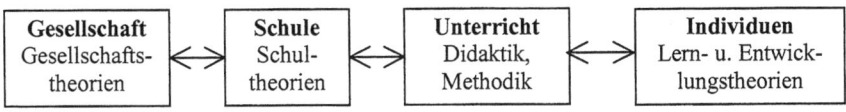

Abbildung 1

Jedes der Felder in diesem Kontext ist Gegenstand eigenständiger wissenschaft-
lich-theoretischer Bemühungen (Gesellschaftstheorie, Schultheorie, Unterrichts-
theorie, Lern- und Entwicklungstheorie).
    Darüber hinaus gibt es wissenschaftliche Forschung und theoretische An-
sätze, die die *Zusammenhänge* zwischen – in aller Regel *zweien* – dieser Felder
klären wollen: So ist beispielsweise der *Zusammenhang von Schule und Gesellschaft* Thema unterschiedlicher Disziplinen wie Bildungspolitik, Bildungsöko-
nomie, Bildungssoziologie usw.. Die Schule wird in diesem Kontext in der
Regel als eines neben anderen Subsystemen der Gesellschaft begriffen; ein
typisches Thema in diesem Kontext ist z.B. „Die gesellschaftlichen Funktionen
des Schulsystems".

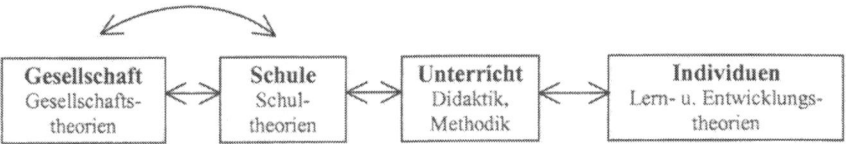

Abbildung 2

Auf der anderen Seite spielt natürlich auch die Reflexion und Erforschung des Zusammenhangs von *Unterricht* als der eigentlichen Zieltätigkeit der Schule und *individueller Entwicklungsförderung* eine wichtige Rolle: Bildungstheorie und Didaktik, aber auch Pädagogische Psychologie oder Lehr-Lern-Forschung reflektieren über Ziele, Inhalte und Methoden mit der Perspektive auf den gewünschten Bildungserfolg bzw. erforschen die tatsächlichen Resultate der darauf gerichteten Bemühungen unterrichtlichen Handelns. Ein Thema in diesem Forschungskontext könnte beispielsweise sein der Zusammenhang von „Unterrichtsmethoden und Lernerfolg".

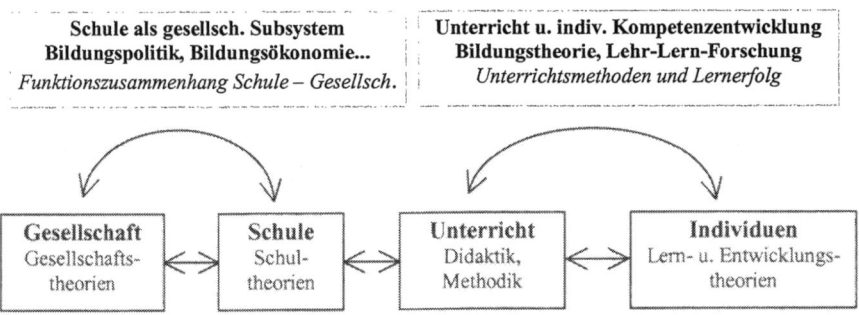

Abbildung 3

Daneben gibt es – vor allem sozialisationstheoretische - Ansätze, die direkt den weiten Bogen zwischen den Polen *Individuum und Gesellschaft* spannen, indem sie etwa den Zusammenhang von sozialem Wandel und individueller Sozialisation aufklären. In diesem Kontext spielt die Schule allenfalls *eine* Rolle neben anderen Sozialisationsinstanzen, ist jedenfalls zumeist nicht zentrales Thema, auch wenn die Ergebnisse dieser Forschungen von immenser Bedeutung für den

schulischen Handlungszusammenhang sind und in den betreffenden For-
schungs- und Theoriefeldern entsprechend rezipiert werden. Ein bekanntes
Thema in diesem Kontext ist etwa „Veränderte Kindheit und Jugend".

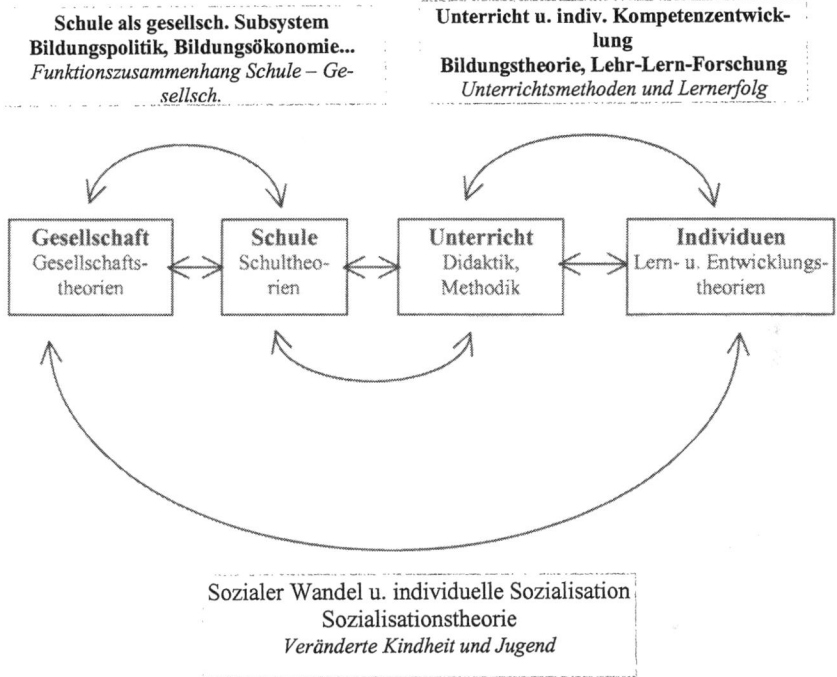

| **Schule als gesellsch. Subsystem**
Bildungspolitik, Bildungsökonomie...
Funktionszusammenhang Schule – Gesellsch. | **Unterricht u. indiv. Kompetenzentwicklung**
Bildungstheorie, Lehr-Lern-Forschung
Unterrichtsmethoden und Lernerfolg |

| **Gesellschaft**
Gesellschafts-
theorien | **Schule**
Schultheo-
rien | **Unterricht**
Didaktik,
Methodik | **Individuen**
Lern- u. Entwicklungs-
theorien |

Sozialer Wandel u. individuelle Sozialisation
Sozialisationstheorie
Veränderte Kindheit und Jugend

Abbildung 4

Gerade das zuletzt Erwähnte weist darauf hin – und auch die Grafik macht es
unmittelbar sinnfällig: Letztlich kann keines dieser Gegenstandsfelder in wissenschaftlich zureichender Weise ohne die Berücksichtigung des unverbrüchli-
chen Zusammenhangs mit allen übrigen betrachtet werden! Deshalb kann von
jeder Theorie auch eine höhere Erklärungskraft erwartet werden, der es gelingt,
das bislang vorherrschende Schema zu transzendieren und *mehr als zwei* dieser
Dimensionen in einen konsistenten Zusammenhang zu bringen. Und es gibt in
der Tat einige wenige solcher Ansätze (und jeder, dem dies bislang gelungen ist,
ist auch zum „Klassiker" geworden), die zumindest *drei* dieser Gegenstandsfelder theoretisch konsistent aufeinander beziehen: Als zwei Beispiele mit einem
jeweils typischen Desiderat nenne ich John Dewey „Demokratie und Erzie-

hung"(1949) und Bourdieu/Passeron „Die Illusion der Chancengleichheit" (1971).

John Dewey bringt getreu dem pragmatistischen Basisparadigma (also ausgehend vom Primat der Handlung) die kontinuierliche Reorganisation der Erfahrung der Individuen vermittels Unterricht und Erziehung mit Demokratie als Gesellschaftsform (begriffen als „gemeinsam geteilte Erfahrung") in Beziehung. Er arbeitet also gewissermaßen das Schema in Abb. 4 von rechts nach links ab, vernachlässigt dabei jedoch weitgehend die Analyse der Strukturen von Schule (bis auf das Postulat, dass sie eine „embryonic society" sein solle). Dagegen kommen Bourdieu/Passeron quasi „von links" aus strukturtheoretischer Sicht vom System zum Individuum und „überspringen" bei ihren Analysen gewissermaßen die konkreten Unterrichtsprozesse. Trotz dieses jeweiligen Defizits kann man beiden Klassikern eine gesteigerte systematische Erklärungskraft bzw. theoretische Gestaltungskonsistenz für den Gesamtzusammenhang gegenüber den zweiseitig operierenden Ansätzen sicherlich nicht absprechen.

Wünschenswert wäre insofern eine *umfassende Globaltheorie*, die diesen Gesamtzusammenhang in den Blick nimmt und die Relationen sämtlicher Elemente oder Ebenen untereinander zum Untersuchungsgegenstand macht. Auch dazu gibt es vereinzelte Versuche – von allerdings differentem Zuschnitt.

Als erstes wären hier zu nennen die sog. „Mehrebenenanalysen", die über einen „Theorienverbund" diesen Zusammenhang herzustellen versuchen. Als Beispiele für diese Vorgehensweise nenne ich die Arbeiten von Klaus Hurrelmann zu „Erziehungssystem und Gesellschaft" (1975) bzw. zur Programmatik einer umfassenden Bildungsforschung (1978) oder Helmut Fend „Theorie der Schule" (1980). Um in unserem Bild zu bleiben: Diese Ansätze „schlängeln sich" gewissermaßen durch den Objektbereich in Abb. 4, indem sie die zu den einzelnen Elementen jeweils vorliegenden Forschungen und Theorieansätze, aber auch die zwischen diesen „vermittelnden" zweiseitigen Untersuchungen „linear" (in der Regel von links nach rechts) abarbeiten und (mehr oder weniger eklektizistisch) nebeneinander stellen. Im Ergebnis *addieren* diese Ansätze eine ungeheure Materialfülle en detail, die schon alleine deshalb unübersichtlich bleibt, weil die einzelnen Elemente eben *nicht* in einen konsistenten theoretischen Zusammenhang *integriert* werden. Ein solcher Theorienverbund stellt zudem die Autoren regelmäßig vor wissenschaftstheoretische Probleme und begriffliche Schwierigkeiten, wenn Theorien unterschiedlicher Herkunft und mit verschiedenen Erkenntnisinteressen (wie z.B. System- und Handlungstheorien) einfach miteinander „kombiniert" werden; es ist eben keine „Theorie aus einem Guss" – was die Autoren (z.B. Hurrelmann 1977, S. 61) auch selber zugestehen.

Von Letzterem (nämlich einer umfassenden Theorie aus einem Guss) – so vermutet Klaus-Jürgen Tillmann (1995, S. 156) – „träumen viele...in der Erziehungswissenschaft". Ihm selbst macht der mit einem solchen Theoriegebäude verbundene Anspruch „Angst", nämlich die unterschiedlichen Dimensionen des Gegenstandsfeldes in einem „einheitsstiftenden theoretischen Paradigma zu *integrieren*" (und eben nicht verschiedene Theorien einfach nur zu verbinden oder zu kombinieren; ebd., S. 157). Deshalb schlägt er im Anschluss an Theodor Schulze (1980) vor, die Ansprüche an eine Schultheorie herunterzuschrauben und statt einer solchen „Globaltheorie" zunächst – das seiner Ansicht nach ebenfalls noch nicht eingelöste – Programm einer „Regionaltheorie" zu verfolgen, die „die institutionellen Strukturen der Schule möglichst umfassend beschreibt und in der Lage ist, durch die Interpretation der umfangreich vorliegenden Forschung die internen Wechselbeziehungen zwischen verschiedenen institutionellen Elementen darzustellen, das Einwirken dieser Elemente auf die Handlungsspielräume der Akteure, auf die Unterrichts- und Sozialisationsprozesse aufzuzeigen, die gesellschaftlichen Austauschprozesse, die mit den jeweiligen Elementen verknüpft sind, zu beschreiben und darzustellen, welche Quellen des Wandels und welche Handlungsformen der Akteure zu einer Veränderung institutioneller Strukturen führen können." (ebd. S. 157)

Erst *danach,* wenn nämlich dieser „längst überfällige Schritt" gelungen sei, der wegen seiner organisationsbezogenen Zuspitzung an die von Bernfeld (1925) schon geforderte „Instituetik" erinnere, werde er sich an der Entwicklung einer umfassenden Schultheorie „gerne beteiligen" (ebd., S. 158).

Ich werde Tillmann zunächst ein Stück auf diesem Wege folgen – wenngleich ein wenig widerstrebend und keineswegs aus Angst, wie sich alle denken können, die einmal das von Heinz-Hermann Krüger und mir publizierte Buch „Lernen und Erfahrung" in der Hand gehabt haben (Krüger/Lersch 1993[2]). Ich tue dies vielmehr wegen der in der Tat hohen Komplexität, die mit dem globalen Anspruch verbunden ist, die jedoch hier aus Platzgründen nicht ausgearbeitet werden kann. Allerdings verfolge ich dabei auch den Hintergedanken, Klaus-Jürgen Tillmann nachzuweisen, dass auch er letztlich gar nicht anders kann, als bis zur „Globaltheorie" vorzudringen, und damit vielleicht zugleich auch zu zeigen, dass mit der Konzentration auf „Organisation" eine gewisse Verkürzung des Problemzusammenhangs einer Theorie der Schule verbunden ist.

Denn mit dem, was Tillmann als ersten Schritt vorschlägt, verpflichtet er sich der Programmatik eines von Bühl in seiner Arbeit „Das Ende der zweiwertigen Soziologie" (1969) sogenannten „intermediären Theorieansatzes": „Intermediäre Theoriekonzepte vermitteln zwischen den Polen einer Entgegensetzung von Individuum und Gesellschaft, Handeln und System, Statik und Dynamik. Sie ermöglichen eine größere Tiefengliederung der Theoriebildung, indem sie versuchen, von den fruchtlosen Dichotomien einer zweiwertigen Soziologie wegzukommen." (zit. nach Lau 1978, S. 244)

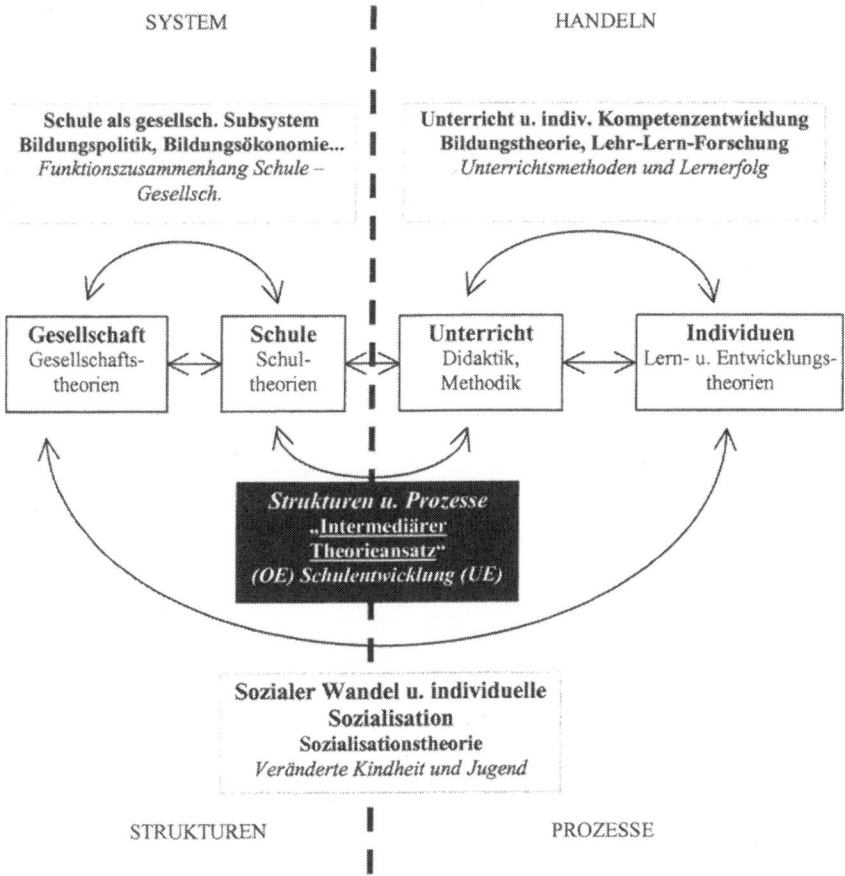

Abbildung 5

Wenn demzufolge Tillmann nach einer differenzierten Analyse der Wechselbeziehungen zwischen Strukturen und Prozessen *innerhalb* der Schule von seiner „Regionaltheorie" aus auch „den Blick nach links und rechts" schweifen lassen will, trifft er sofort wieder auf das ihm „Angst machende" interdisziplinäre

Vermittlungsproblem der „Anschlussfähigkeit" der dort vorfindlichen Theorie-
stränge an seine „Regionaltheorie", um zu einem in sich stimmigen und mit
„kompatiblen" Begriffen operierenden Aussagesystem kommen zu können.
Trotzdem ist es natürlich legitim, die Theoriebildung aus pragmatischen
Gesichtspunkten zunächst auf eine „mittlere Reichweite" zu begrenzen. Dabei
sollte man jedoch die in den objektiven Gegebenheiten des zunächst eingegrenz-
ten Gegenstandsfeldes vorhandenen Notwendigkeiten des Anschlusses an „be-
nachbarte" Felder und die damit verbundenen theoretischen Implikationen von
vorneherein im Auge haben, weil dies Konsequenzen für die Wahl der *theoretischen Leitfigur*, dem von Tillmann so genannten „einheitsstiftenden Paradigma"
hat.

2   Ein intermediärer Theorieansatz

Ich möchte im Folgenden einen Vorschlag für die theoretische Modellierung
eines solchen intermediären Theorieansatzes machen, mit dem die Strukturen
und Prozesse innerhalb des Sozialsystems Schule so „auf den Begriff" gebracht
werden können, dass einerseits die von Tillmann geforderten analytischen Leistungen erbracht und zugleich die „Anschlüsse" zu den Nachbarfeldern erleich-
tert werden können. Dieser im Übrigen keineswegs neue Vorschlag wird seine
Bewährungsprobe dann z.B. darin finden können, inwieweit er den theoretischen Rahmen für ein hochaktuelles Thema, nämlich „Schulentwicklung", abzugeben vermag:
    Der Mitte zwischen den Polen kann man sich auf zweierlei Weise nähern,
indem man entweder vom Ganzen der Gesellschaft, vom System *her*, oder vom
sozialen Handeln und damit letztlich vom einzelnen Individuum in sozialen
Situationen ausgeht – beide Ausgangspositionen haben eine lange Tradition in
den Sozialwissenschaften. (vgl. z.B. Schelsky 1973, S. 10 f.)
    Wenn ich im damit angedeuteten Widerspruch zwischen Struktur- bzw.
Systemtheorie und Handlungstheorie für die Letztere als interpretationsleitendes
Paradigma plädiere, so habe ich dafür ähnliche Gründe wie Klaus-Jürgen Tillmann: Auch ihm geht es um die Handlungsspielräume der Akteure im schulischen Feld, und um die Frage nach den Bedingungen der Möglichkeit einer
Veränderung institutioneller Strukturen – beiden im übrigen prominenten Themen der aktuellen Schulentwicklungsdebatte wird man mit der handlungstheoretischen Zugriffsweise besser gerecht, weil diese Strukturen als Resultat menschlicher Handlungen begreift, die diese zwar einerseits eingrenzen und normieren,

aber andererseits eben gerade deshalb auch der handelnden Veränderung durch Menschen zugänglich bleiben.

Schulen sind zweifellos formale soziale Organisationen im Sinne der Merkmale, die die Organisationssoziologie herausgearbeitet hat. Um nur die wichtigsten zu nennen: Sie sind soziale Gebilde mit einem angebbaren Mitgliederkreis, interner Rollendifferenzierung und festen Regeln für den Ein- und Austritt; funktionale Gebilde, die einen bestimmten Zweck erfüllen sollen und die dafür – zumindest der Intention nach – rational gestaltet sind.

Schule und Schulsystem haben – über diese allgemeinen Bestimmungen hinausgehend – zudem zahlreiche Merkmale eines *bestimmten* Organisationsmodells, der bürokratischen Organisation, wie sie Max Weber in seiner handlungstheoretischen Soziologie als Idealtypus zur Realisierung zweckrationaler Handlungsimperative formuliert hat. Diese sind bekannt und bedürfen keiner näheren Erläuterung, zumal wir inzwischen wissen, dass für die Verfolgung bestimmter Zwecke oder unter gewissen Bedingungen, die großenteils für die Schule zutreffen, die bürokratische Organisation reinen Typus' im Sinne Webers keineswegs die von ihm unterstellte optimale Zweckmäßigkeit und „technische Überlegenheit über jede andere Form" gewährleistet. (Weber 1985[5], S. 128 f.)

Aus dieser strukturellen Verfasstheit resultieren jedenfalls die in zahlreicher einschlägiger Literatur vorgetragenen Klagen über die „administrative Verstörung der Schule", wobei die in diesem Zusammenhang häufig konstruierten Dichotomien etwa zwischen „Schuladministration und Lernorganisation" oder „Verwaltungsbürokratie und Erziehungsstätte" (vgl. z.B. Lohmann/Prose 1975) auf das Entscheidende in diesem Zusammenhang hinweisen:

Das schulische Handeln – und hier vor allem in der eigentlichen Zieltätigkeit: in Unterricht und Erziehung – folgt (und muss es auch nach allen Vorstellungen moderner Pädagogik) einer anderen Logik als der des zweckrationalen Handelns, von der die Organisationsstrukturen bestimmt sind. Denn für die in pädagogische Prozesse, soziale Interaktionen und unterrichtliche Kommunikation involvierten Individuen steht neben der (bewusstseinsmäßig zweifellos auch immer präsenten) Verfolgung der von außen gesetzten gesellschaftlichen (und damit für alle Mitglieder der Organisation gleichermaßen gültigen) Ziele und Zwecke vor allem der subjektive Sinn der Beteiligung an diesen Aktionen im Vordergrund – anders sind individuelle Kompetenzentwicklung und gelingende Identitätsbildung kaum vorstellbar.

Warum sich Prozesse sozialer Interaktion und kommunikativen Handelns – und pädagogische Prozesse sind von dieser Art (vgl. Mollenhauer 1972) – dem rational planenden Zugriff weitgehend entziehen, ist vor allem in der Theorietradition des Symbolischen Interaktionismus in der Nachfolge von Georg Herbert Mead entwickelt und begründet worden. Danach ist gerade die Möglichkeit des Einbringens *individueller Perspektiven konstitutiv* für gelingende Interaktion – etwas, das im Rahmen zweckrationaler Organisationen allenfalls „unterhalb" der offiziellen formalen Strukturen in sog. „informellen Beziehungen" Platz hat und im Sinne der Organisationsrationalität als dysfunktional anzusehen ist. Vor allem Erving Goffman (1973) hat auf die fatalen Folgen bis zum völligen Identitätsverlust aufmerksam gemacht, wenn das Handeln in sozialen Systemen das Einbringen subjektiver Perspektiven nicht gestattet, und für solche Einrichtungen den Begriff der „totalen Institution" geprägt.

Damit ist der Begriff genannt, mit dem der Interaktionismus soziale Strukturen beschreibt. Denn bei aller Akzentuierung von Individualität im sozialen Kontext muss auch in dieser Traditionslinie handlungstheoretischer Soziologie die Konstitution und Kontinuität sozialer Regelmäßigkeiten und Ordnungen begründet und erklärt werden, in die diese individuellen Handlungsperspektiven „eingepasst" und in geregelte Bahnen gelenkt werden, womit soziales Handeln in wechselseitiger Reziprozität dieser Perspektiven ja erst ermöglicht wird.

Im Gegensatz zur Organisation, die bewusst, planmäßig und rational zur Verfolgung bestimmter Zwecke eingerichtet („organisiert") wird, entstehen *Institutionen* aus dem sozialen Leben einer Gemeinschaft oder Gesellschaft. Die in ihnen repräsentierten Handlungsnormierungen „sedimentieren" sich im historischen Entwicklungsprozess des sozialen Kontextes und werden im Sozialisationsprozess als „generalisierte Erwartungen" internalisiert. Ihre Kontinuität verdanken sie neben ihrer Funktion, vom permanenten Entscheidungsdruck in sozialen Handlungssituationen zu entlasten, vor allem ihrer „Sinnhaftigkeit", ihrer Anerkennung als dauerhafte Lösung eines permanenten und auch für den Einzelnen relevanten Problems, der sich von daher der Institution bewusst zuwendet und in ihr als lebendigem Handlungszusammenhang tätig wird. (vgl. Krüger/Lersch 1993, S. 54 ff.)

Mit Hilfe dieser Unterscheidung wird ein allseits bekanntes Phänomen des schulischen Handlungszusammenhangs leicht erklärlich: Wenn die Beteiligten und Betroffenen beispielsweise dem Unterricht keinen subjektiven Sinn für sich entnehmen können, werden sie sich innerlich (und vielleicht auch äußerlich) aus dieser institutionalisierten Kommunikation zurückziehen. In solchen Fällen kann dann die äußere „Betriebsdisziplin" nur noch unter *Zwang* aufrecht erhalten werden: Die pädagogische Interaktion degeneriert zur entfremdeten Arbeit – dem Leitbegriff zweckrationaler Organisation!

Aber selbst wenn es (endlich! – würde ich sagen) gelänge, Schule vermittels Maßnahmen der Organisationsentwicklung zu einer *professionellen Organisation* im modernen Sinne umzustrukturieren, was ihrem Funktions- und Aufgabenzuschnitt auch besser entspräche – also z.b. mit flacher Hierarchie und entwickelten horizontalen Kommunikationsstrukturen des professionellen Personals auf der für die Zieltätigkeit verantwortlichen ausführenden Ebene: Für das *pädagogische* Handeln selbst besagt das zunächst noch nicht viel, denn das sind und bleiben organisatorische Maßnahmen mit zweckrationalem Kalkül im Sinne des dann vielleicht besseren Funktionierens – die Optimierung der pädagogischen Prozesse selber folgt einer anderen Logik , entzieht sich vor allem der „Machbarkeit", wie manche Organisationsentwickler uns glauben machen wollen, und bedarf insofern *eigener* Überlegungen und Maßnahmen!

Das heißt nun aber nicht, dass beide Seiten unabhängig voneinander sind – und nichts anderes besagen ja auch die aktuellen Konzepte zur Schulentwicklung, wenn sie auf den wechselseitigen Zusammenhang von Organisations- und Unterrichtsentwicklung hinweisen. (vgl. z.B. Horster/Rolff 2001, S. 54ff.) Dort wird allerdings primär pragmatisch argumentiert, ohne dass es einen theoretischen Rahmen gäbe, der Hypothesen oder Prognosen über die Art dieses Zusammenhangs generieren könnte.

3   Konsequenzen

Wie dieser Zusammenhang auf der hier entwickelten theoretischen Basis begriffen werden kann und welche praktischen Konsequenzen sich für jeweils beide Seiten daraus ergeben, je nachdem ob man Schulentwicklung von der Unterrichts- oder von der Organisationsentwicklung her angeht, habe ich mit der Gegenüberstellung der Strukturmerkmale von „Schule als Sozialsystem" zu verdeutlichen versucht. (s. Abb. 6)

Schule als Sozialsystem

ORGANISATIONSMERKMALE	INSTITUTIONENMERKMALE
Gesellschaftliche *Ziele* und *Zwecke* Erfüllung gesellschaftlicher Funktionen wie Qualifikation, Selektion, Legitimation usw.; (gesellschaftliche „Interessen" u. „Bedarf")	Gemeinschaftlicher *Sinn* Lösung gemeinsam relevanter Probleme (individuelle Bedürfnisse und subjektive Interessen)
Staatliche *Kontrolle* (Gesetze, Richtlinien, Verordnungen, Schulaufsicht usw.)	*Selbstregulierung* (tendenzielle Nicht-Kontrollierbarkeit, Freiheitsspielräume für Lehrer und Schüler, veränderbare Normen des Handelns und soziale „Kontrolle")
Vertikale „Positionen"; *Arbeits*-Anweisungen und Ausführungen (Über- und Unterordnungsverhältnisse)	horizontale Kooperation und Kommunikation; *Interaktionen* (gleichberechtigte Partner)
rationale Planung nach sachlichen Gesichtspunkten	individuelle Gestaltung nach sozialen Gesichtspunkten
vorab geregelte Prozesse; arbeitsteilige Ordnung; fixiertes Rollensystem (*Identifikationsvorbehalt* der Handelnden)	Spontane und kreative Prozesse; persönliche Initiative; Rolleninterpretation (*Identifikation* der Handelnden)
*Zweck*haftigkeit, Orientierung am Produkt	*Sinn*haftigkeit, Orientierung am Prozess
gesellschaftlich eingerichtet, instrumentell, objektivistisch	gesellschaftlich gewachsen, ideengeleitet, intersubjektiv
affektive Neutralität; emotionale Distanz; „Entfremdung"	affektive Unterstützung; emotionale Bindung; „Faszination"
Vergabe *materieller* Werte (Gehalt, Zeugnisse, Berechtigungen, usw.) „Entschädigung"	Erhalt *ideeller* Werte (Förderung, Bildung, Zuneigung, usw.) „Befriedigung"
Sekundäre, künstliche Motivationen	primäre, „natürliche" Motive
Disziplin und Gehorsam "Fremdbestimmung"	Engagement und Anerkennung "Selbstbestimmung"
Anpassung und Versachlichung	Individualisierung und Humanisierung
teilweise Begrenzung von („*Herrschaft*")	Partielle Aufhebung von („*Emanzipation*")
Selbst in rigide *bürokratischen Organisationen* kann sich unterhalb der offiziellen Strukturen ein Netz *informeller* zwischenmenschlicher Beziehungen bilden, das zahlreiche Merkmale *institutioneller* Art aufweist.	Auch *Institutionen* können verdinglichen und somit normative Gewalt und Herrschaft ausüben oder durch sekundäre *Zwecksetzungen* „entzaubert" werden und damit *Organisations*merkmale annehmen.

Abbildung 6 (vgl. Krüger/Lersch 1993, S. 70)

Kriterium für die Aufnahme der einzelnen Bestimmungsstücke in die Liste war, welche Organisations- bzw. Institutionenmerkmale im schulischen Handlungsraum hauptsächlich vorfindbar sind. Da jede einzelne Position in der zeilenmäßigen Gegenüberstellung als Bestimmungsgrund oder Orientierungsmuster für schulisches Handeln interpretiert werden kann, ist unmittelbar evident - und für jeden, der Schule kennt, Bestandteil seiner Alltagserfahrung -, dass schulisches Handeln insgesamt betrachtet stets durch Elemente beider Seiten gekennzeichnet ist, bzw. dass leicht für jedes der aufgeführten Merkmale schulische Handlungssituationen vorgestellt werden können, die von jenem Merkmal mehr oder weniger eindeutig geprägt sind.

Insofern lässt sich auch für Schule keine eindeutige Klassifikation abgeben, etwa in dem Sinne „Schule ist eine Organisation", da sich im schulischen Handeln immer auch Phänomene finden, die dem jeweils korrespondierenden Strukturelement zuzurechnen sind. Eine solche Definition der strukturellen Verfasstheit des Sozialsystems Schule wird sich immer nur in Graden der Ausprägung, in der Relation organisatorischer zu institutionellen Bestimmungsmerkmalen des Handelns angeben lassen.

Konkret bedeutet dies – legt man den Merkmalskatalog in Abb. 6 zugrunde –, dass eine stärkere Orientierung des Handelns in der Schule z. B. nach den Merkmalen auf der rechten Seiten fast immer in jedem einzelnen Punkt eine Verminderung in der Ausprägung der Merkmale auf der linken Seite mit ihren Handlungsimperativen erfordert. So verlangt etwa eine verstärkte Selbstregulierung der Schule notwendigerweise eine Zurücknahme des Ausmaßes staatlicher Kontrolle, ohne dass Letztere allerdings völlig aufgehoben werden könnte, denn hierbei handelt es sich nun einmal um ein Strukturmerkmal der staatlichen Pflichtschule, das zwar in seinem Grad der Ausprägung veränderbar, aber nicht aus dem strukturellen Kontext zu eliminieren ist.

So könnten sich andererseits beispielsweise die in jüngster Zeit vor allem im Anschluss an internationale Schulleistungsvergleichsstudien beobachtbaren Tendenzen zu einer primären Produktorientierung (sprich: Verbesserung der Lern- bzw. Leistungsergebnisse) und entsprechenden (zweckrationalen) „Reform"-Maßnahmen in der Schule in ihr genaues Gegenteil verkehren, weil das korrespondierende Strukturelement (in diesem Fall: möglicher Sinnverlust für die Betroffenen) nicht zugleich mitbedacht wird.

Es kann aber auch sein, dass etwa Bemühungen um Erhöhung der Sinnhaftigkeit schulischen Handelns für alle Beteiligten und eine damit verbundene verstärkte Orientierung z.B. an den pädagogischen Prozessen zugleich einhergeht mit einer Verbesserung der Zweckmäßigkeit von Schule – gemessen an ihrem output, ihrem Produkt also etwa in Form von Lernergebnissen auf Seiten der Schüler –, ohne dass das komplementär zu erwartende erhöhte Engagement und die größere Anerkennung der Institutions-Mitglieder darunter leiden müssen. Man muss sich nur klar machen, dass das eine oft nicht zu haben ist, ohne das andere in das Kalkül mit einzubeziehen, weil es eben dem strukturellen Kontext von Schule inhärent ist! (Zu den lernpsychologischen Grundlagen und didaktisch-methodischen Konsequenzen einer solchen Auffassung vgl. z.B. Weinert 1998).

Worauf es mir ankam, war theoretisch zu explizieren, dass die Schule als Sozialsystem eine eigentümliche Mischform aus den „reinen Typen" *Organisation* und *Institution* mit je eigenen Handlungsimperativen darstellt. Man sollte eben immer wissen, woran man gerade arbeitet, wenn man Schule entwickeln will, und welche Konsequenzen jede Veränderung auf der einen Seite für die jeweils andere hat oder haben sollte, bzw. welche Entwicklungen sie dort ermöglicht oder auch verhindert!

Ihre Legitimation beziehen die Veränderungen „in der Mitte" unseres Objektbereichs (s. Abb. 5) von seinen „Rändern": Hierzu den systematischen Bezug in theoretisch konsistenter Weise herzustellen, leistet dieses handlungstheoretische Paradigma ebenfalls – nämlich über die Auffassung vom Individuum als „aktivem Konstrukteur seiner Wirklichkeit" und in der begrifflichen Unterteilung der *Gesellschaft* in „System" und „Lebenswelt" oder in die „Subsysteme zweckrationalen Handelns" und den „institutionellen Rahmen", wie dies z.B. Jürgen Habermas tut. (siehe hierzu ausführlich Krüger/Lersch 1993)

4   Literatur

Bernfeld, S. (1925): Sysiphos oder die Grenzen der Erziehung. Leipzig: Internationaler Psychoanalytischer Verlag.
Bourdieu, P./Passeron, J.-C. (1971): Die Illusion der Chancengleichheit. Stuttgart: Klett
Bühl, W.E. (1969): Das Ende der zweiwertigen Soziologie. In: Soziale Welt 20, S. 163 - 180
Dewey, J. (1949): Erziehung und Gesellschaft. Eine Einleitung in die philosophische Pädagogik. Braunschweig: Westermann.
Fend, H. (1980): Theorie der Schule. München: Urban & Schwarzenberg.
Goffman, E. (1973): Asyle. Über die soziale Situation psychiatrischer Patienten und anderer Insassen. Frankfurt: Suhrkamp.
Horster, L./Rolff, H.-G. (2001): Unterrichtsentwicklung. Grundlagen, Praxis, Steuerungsprozesse. Weinheim & Basel: Beltz.
Hurrelmann, K. (1975): Erziehungssystem und Gesellschaft. Reinbek: Rowohlt.
Hurrelmann, K. (1977): Kritische Überlegungen zur Entwicklung der Bildungsforschung. In: betrifft: erziehung, H. 4, S. 58 – 62.
Hurrelmann, K. (1978): Programmatische Überlegungen zur Entwicklung der Bildungsforschung. In: Bolte, K.-M. (Hrsg.): Materialien aus der soziologischen Forschung. Darmstadt/Neuwied: Luchterhand, S. 531 – 564.

Krüger, H.-H./Lersch, R. (1993[2]): Lernen und Erfahrung. Perspektiven einer Theorie schulischen Handelns. Opladen: Leske & Budrich.

Lau, E.E. (1978): Interaktion und Institution. Berlin: Duncker & Humblot.

Lohmann, C./Prose, F. (1975): Organisation und Interaktion in der Schule. Köln: Kiepenheuer & Witsch.

Mollenhauer, K. (1972): Theorien zum Erziehungsprozess. München: Juventa.

Schelsky, H. (1973[2]): Zur soziologischen Theorie der Institution. In: Ders. (Hrsg.): Zur Theorie der Institution. Gütersloh: Bertelsmann, S. 9 – 26.

Schulze, T. (1980): Schule im Widerspruch. München: Kösel.

Tillmann, K.-J. (1995): Schulentwicklung und Lehrerarbeit. Hamburg: Bergmann & Helbig.

Weber, M. (1985[5]): Wirtschaft und Gesellschaft. Grundriß der verstehenden Soziologie. Tübingen: Mohr.

Weinert, F.E. (1998): Neue Unterrichtskonzepte zwischen gesellschaftlichen Notwendigkeiten, pädagogischen Visionen und psychologischen Möglichkeiten. In: Bayrisches Staatsministerium für Unterricht, Wissenschaft und Kunst (Hrsg.): Wissen und Werte für die Welt von morgen. München, S. 101-125.

Die mikropolitische Perspektive im Studium schulischer Organisationen[1]

Herbert Altrichter

Unter *Mikropolitik* wird eine spezifische Perspektive der Organisationstheorie verstanden. Sie fokussiert sich auf "those activities taken within organizations to acquire, develop and use power and other resources to obtain one's preferred outcomes in a situation in which there is uncertainty or dissent" (Pfeffer 1981, 7). Sie tut dies, weil sie solche Aktivitäten als entscheidend für die Konstituierung und die Arbeitsweise von Organisationen ansieht.

Im folgenden Beitrag sollen erstens Kernaussagen der mikropolitischen Perspektive, so wie sie für die Untersuchung von schulischen Organisationen entfaltet wurde, herausgearbeitet werden. Dann werden Kritikpunkte und Vorschläge für Lösungsmöglichkeiten vorgestellt, wie wir sie im Konzept "Mikropolitik der Schulentwicklung" (Altrichter/Posch 1996) vorgelegt haben. Im zweiten Teil werden die forschungsmethodologischen Konsequenzen, die Mikropolitik-ForscherInnen gezogen haben, formuliert und einige typische Forschungsthemen erläutert.

1 Hauptelemente der mikropolitischen Perspektive in der Organisationstheorie

Traditionelle Organisationstheorien konvergieren darin, dass sie Organisationen als zielorientierte und rational geplante Entitäten beschreiben, die durch stabile objektive Strukturen, einen hohen Grad an Integration und eine den Mitgliedern gemeinsame Zielorientierung charakterisiert sind. Konflikte zwischen den Organisationsmitgliedern werden als kostspielige und irrationale "Pathologien" angesehen, die besser früher als später ausgemerzt werden sollten (vgl. Blase 1991a; Hoyle 1982; Türk 1989).

Konflikte gehören jedoch zum organisationalen Leben (vgl. Ball 1990; Neuberger 1995). Die verschiedenen Organisationsmitglieder verfolgen im orga-

---

[1] Bei dem Beitrag handelt es sich um eine erweiterte und aktualisierte deutsche Fassung von: Herbert Altrichter: Micropolitics of Schools. In: Smelser, N.J./Baltes, P.B. (eds.): International Encyclopedia of Social and Behavioral Sciences. Pergamon: Oxford 2001, 13594 – 13598.

nisationalen Handeln ihre eigenen Interessen, die nicht notwendigerweise mit den formulierten Organisationszielen übereinstimmen. Koalitionen werden geformt, Sitzungen boykottiert, formale Strukturen ignoriert. Da solche Phänomene keineswegs Einzelfälle im organisationalen Leben bleiben, kann es für die Organisationstheorie nicht hilfreich sein, sie in ihrer Theoriebildung zu ignorieren: Modelle der Organisation werden gesucht, die diese "dark side of organizational life" (vgl. Hoyle 1982, 87) theoretisieren können.

1.1 Die mikropolitische Perspektive

Die mikropolitische Perspektive in der Organisationstheorie wurde ursprünglich für Profitorganisationen formuliert (vgl. Bacharach/Lawler 1980; Pfeffer 1981; Neuberger 1995). 1982 schrieb Eric Hoyle einen einflussreichen Aufsatz, in dem er für die Nutzung dieses Konzepts auch im Bereich der Erziehungswissenschaft argumentierte. Stephen Ball (1990) publizierte schließlich sein Buch "The Micro-Politics of the School", in dem er die Entwicklung dieses Konzepts empirisch vorantrieb. In der Folge wurden verschiedene mikropolitische Studien veröffentlicht (vgl. z.B. Blase 1991 als repräsentative Sammlung). Im deutschen Sprachraum wurde das Konzept für die Analyse von Transformationsprozessen in sich entwickelnden Schulen verwendet (vgl. Altrichter/Posch 1996; Altrichter/Posch 1999; Altrichter/Soukup-Altrichter 1998).

Was sind nun die *Hauptaussagen* einer mikropolitischen Sicht von Schulen, wie sie frühen Forschungsbemühungen unterlegt waren?

Die mikropolitische Perspektive basiert auf einer spezifischen Sichtweise von *Organisationen*. Charakteristisch dafür sind der Blick auf die Zieldiversität des organisationalen Handelns (statt auf *einen* Zielkomplex, der organisationales Handeln klar orientiert), auf Interaktion und Beziehungen (statt auf Strukturen), auf diffuse Grenzziehungen und unklare Einflussbereiche (statt auf klar gezogene Über- und Unterordnungsbedingungen), auf kontinuierlichen und unsystematischen Wandel (statt Veränderung durch begrenzte Entwicklungsprojekte, auf die wiederum Phasen stabiler Leistungserbringung folgen). Der Fokus der mikropolitischen Ansätze liegt nicht auf der Organisation, wie sie in den Leitbildern und Organigrammen gern sein will, sondern auf der "Organisation-in-der-Aktion" und besonders auf dem "Raum zwischen den Strukturen" (Hoyle 1982, 88), der genügend Ambiguität produziert, um politische Aktivitäten zum Blühen zu bringen.

Die mikropolitische Perspektive arbeitet weiters mit einem spezifischen Bild von *AkteurInnen*. Organisationsmitglieder verfolgen in ihrer täglichen Arbeit eigene Interessen, die nicht unbedingt mit den proklamierten Organisationszielen übereinstimmen. Sie tun dies als Individuen, sie koalieren in locker assoziierten Interessengruppen oder benutzen die Unterteilungen der Organisation (z.B. Abteilungen, Professionelle gegen Verwaltung, AllgemeinbildnerInnen gegen FachlehrerInnen) als Machtbasen. Um ihren Handlungsspielraum in der Organisation zu schützen oder zu erweitern, streben sie nach Kontrolle über *organisationsrelevante Ressourcen*, wie z.B. die folgenden (vgl. Kelchtermans/Vandenberghe 1996, 7; Ball 1987, 16):

- *Materielle Ressourcen*, wie z.B. Zeit, Budget, Unterrichtsmaterialien, Infrastruktur, Stundenpläne usw.
- *Organisationale Ressourcen*, wie Prozeduren, Vorschriften, Rollen und Positionen, die spezifische Handlungen und Entscheidungen ermöglichen und legitimieren. Solche Ressourcen definieren "verbotene Territorien" und Beziehungen der Autonomie oder Über- und Unterordnung. Dadurch beeinflussen sie die Chancen der AkteurInnen auf andere Ressourcen (z.B. durch Karriere, Partizipation usw.).
- *Normative oder ideologische Ressourcen*, wie Werte, ideologische Verpflichtungen und pädagogische Präferenzen. Eine besonders bedeutsame "ideologische Ressource" ist die "Definition der Organisation", die anzeigt, was in der organisationalen Arena legitim und wichtig ist (vgl. Anderson 1991, 121, Corbett et al. 1987).
- *Informationale Ressourcen:* Die Organisationsmitglieder sind am Erwerb organisational relevanter Information und an der Anerkennung ihrer Expertise, ihres Wissens und ihre Erfahrung in der Organisation interessiert.
- *Soziale Ressourcen:* Die Zugehörigkeit zu, die Unterstützung von und der Ruf bei einflussreichen Gruppen innerhalb und außerhalb der Organisation sind Aktivposten, die für den eigenen organisationalen Statuts mobilisiert werden können.
- *Personale Ressourcen:* Auch persönliche Charakteristika, wie z.B. als Person respektiert zu werden, über eine unbezweifelte Identität als LehrerIn zu verfügen usw., sind Ressourcen für das Handeln in der Organisation.

Daraus ergibt sich ein gleichsam flimmerndes Bild einer Organisation-in-Aktion, deren Kern aus einem strategischen, konflikthaften, machtgetränkten Ringen um die Form der Organisation (und damit auch um die Handlungsspielräume für ihre Mitglieder) besteht. Daher zollt die mikropolitische Perspektive den *Interaktionsprozessen in Organisationen* ihre besondere Aufmerksamkeit mit u.a. folgenden Implikationen:

Organisationale Interaktion ist *machtgetränkt*. Sie nutzt die oben genannten Ressourcen, um organisationale Prozesse zu beeinflussen. Um organisationsrelevante "Macht" zu werden, müssen diese Ressourcen jedoch durch Interaktionen mobilisiert werden.

Macht *braucht Beziehung*. Um ihre Interessen befriedigen zu können, brauchen AkteurInnen Interaktionen mit anderen. Macht ist selbst abhängig von Beziehung, ist in diesem Sinne ein reziprokes Phänomen, was nicht heißt, dass solche Beziehungen immer symmetrisch wären.

Macht ist *an unterschiedlichen Stellen der organisationalen Hierarchie zu finden*. Sicherlich gibt es Vorteile der Position, jedoch gilt: "micropolitical skills may be well distributed throughout the organization and position is not always an accurate indicator of influence" (Ball 1994, 3824).

AkteurInnen verfügen über unterschiedliche *Strategien und Taktiken*, um in der Interaktion ihre Ressourcen zu mobilisieren und andere daran zu hindern, ähnliches zu tun. Dazu gehören beispielsweise die spezifische Gestaltung der Tagesordnungen von Sitzungen; Boykott von Beschlüssen und Treffen; Eskalation von Konflikten; Vermeidung von Sichtbarkeit; offene Konfrontation oder Sichhinein-Fügen; sorgsam orchestrierte Inszenierungen hinter verschlossenen Türen oder gerade in der öffentlichen Arena usw.

Die organisationale Interaktion wird als *konflikthaft und kompetitiv* verstanden. "Confronted by competition for scarce resources and with ideologies, interests and personalities at variance, bargaining becomes crucial." (Gronn 1986, 45) Die Beziehung zwischen Kontrolle und Konflikt (oder Dominierung und Widerstand) versteht Ball (1994, 3822) "as the fundamental and contradictory base of organizational life".

Organisationaler *Wandel* durchdringt das gesamte organisationale Leben und beschränkt sich nicht auf bestimmte Phasen oder Arbeitsbereiche, ist nichtteleologisch und wertbeladen, weil er die Position und Ressourcen bestimmter Gruppen zu Lasten des relativen Status anderer Gruppen verbessert (vgl. Ball 1987, 32). Obwohl organisationaler Wandel dauernd geschieht, ist die zielgerichtete Veränderung von Organisationen nicht einfach; eine "quick-fix" Orientierung bei der Innovation wird der kulturellen Komplexität von Organisationen nicht gerecht (vgl. Corbett et al. 1987, 57).

1.2   Kritik am Ansatz

Mit diesem konzeptuellen Inventar wurden etwa seit Beginn der 90iger Jahre eine Reihe von mikropolitischen Analysen schulischer Szenen verfasst. Sie konzentrierten sich oft auf Geschichten von Kampf, Auseinandersetzung und Verrat, und bezogen daraus ihren *thrill*. Das alles gibt es zwar in Organisationen, doch scheint der organisationale Alltag oft weit prosaischer zu sein. Die Stärke der bisher vorgestellten mikropolitischen Perspektive, nämlich die Aufmerksamkeit auf 'die dunkle Seite organisationalen Lebens' gelenkt zu haben, scheint so überbetont:

(1) Obwohl die ProponentInnen der Mikropolitik sicherlich recht haben, das undiskutierte Voraussetzen organisationalen Konsens zu kritisieren, ist es unbefriedigend, *jeglichen Konsens als eine Form der Dominierung* zu interpretieren (vgl. Ball 1987, 278; etwas anders in Ball 1994, 3822). Viele frühe Studien enthielten tatsächlich kaum kooperative oder konsensuelle Interaktionen (vgl. Blase 1991, 9; Greenfield 1991). Unserer Meinung nach ist es notwendig, eine Begrifflichkeit zu entwickeln, mit der man Beziehungen des Ko-Agierens erfassen kann (vgl. Bloome/Willett 1991, 208), ohne sie notwendigerweise in subtile Formen der Dominierung aufzulösen noch über die Spuren der Macht, die im Kern mancher Formen von Kooperation und Unterstützung sein mögen, zu vertuschen (vgl. Altrichter/Salzgeber 2000, 104).

(2) Indem sich die VetreterInnen eines mikropolitischen Ansatzes auf die strategischen Aspekte organisationaler Handlung konzentrieren, sind mikropolitische Ansätze in Gefahr, *die Rationalität organisationaler Handlung zu überschätzen* (vgl. Acker 1990, 248). Um die Arbeit von Organisationen zu verstehen, müssen auch Handlungen, die hauptsächlich durch Emotion und Affekt beeinflusst werden, die nicht sorgfältig interessensgeleitet geplant wurden und auch solche, die unbeabsichtigte Konsequenzen von anders motivierten Handlungen sind, in die Analyse miteinbezogen werden.

(3) Wenn es auch richtig ist, die potenzielle Instabilität organisationaler Prozesse anzuerkennen, haben die frühen mikropolitischen Studien doch einige Schwierigkeiten, *die relative Stabilität und Dauerhaftigkeit von Organisationen,* die wir tagtäglich in vielen Organisationen beobachten können, zu konzeptualisieren. Zu diesem Zweck ist es notwendig, Handlung und Struktur in eine balanciertere konzeptuelle Beziehung zu bringen: Mikropolitik beschäftigt sich dann nicht mit "relationships rather than structures" (Ball 1994, 3822), sondern genau mit der Beziehung zwischen Interaktionen und Strukturen.

(4) Das *Politikverständnis,* das manchen frühen mikropolitischen Studien unterlegt war, war oft unbefriedigend. Politik wurde als das Gegenteil von Wahr-

heit und Vernunft gesehen; sie wurde mit Verrat, Konspiration und der Anhäu-
fung von Einfluss assoziiert (vgl. Handy 1993, 108), als ob fairere und demokra-
tischere Aushandlung in Organisationen undenkbar wäre. Jüngere Studien (vgl.
z.B. Blase/Anderson 1995) versuchen, dieses Problem zu vermeiden. Auch wurde kritisiert, dass in manchen mikropolitischen Studien *die externen Beziehungen
der Organisation in Interaktionen zwischen individuellen AkteurInnen aufgelöst
würden.* Allerdings zeigten eine Reihe von Untersuchungen besondere Sorgfalt
bei der Erfassung der gesellschaftlichen Einbettung organisationaler Interaktionen (vgl. z.B. Ball/Bowe 1991). In der Zwischenzeit herrscht Übereinstimmung
darüber, dass dies ein Standardmerkmal mikropolitischer Studien sein sollte (vgl.
Blase 1991, 237).

Problem (4) ist lösbar, wenn in der Analyse schulischer Transaktionen nicht
bloß bei einer oberflächlichen Betrachtung konflikthafter Auseinandersetzungen
und der dabei involvierten persönlichen Interessen verharrt wird, sondern eine
inhaltlichere Interpretation deren schulischer und gesellschaftlicher Bedeutung
versucht wird. Dies erfordert eine Kontextualisierung der Interpretation in jenen
schul- und gesellschaftspolitischen Bedingungen, aus der schulische Transaktionen schöpfen und denen sie wiederum gleichsam zuarbeiten.

M.E. lassen sich die unter 1 bis 3 genannten Probleme mit Hilfe von Giddens' (1992) Theorie der Strukturierung, Crozier/Friedbergs (1993) Konzept der
Organisationsspiele und der Studien über Macht in organisationalen Innovati-
onsprozessen von Ortmann et al. (1990) in den Griff bekommen. In einer früheren Arbeit (Altrichter/Salzgeber 1996) haben wir in diesem Sinne der bisher
dargestellten *konfliktorientierten und machtstrategischen Perspektive von Mikropolitik* eine *strukturationstheoretische* Alternative entgegengesetzt.

1.3 Strukturationstheoretische Weiterentwicklungen: Handlung und
Struktur

Wir haben anderenorts die u.E. notwendigen begrifflichen Weiterentwicklungen
an einem – auf Interviewmaterial basierenden - Fallbeispiel der Integration einer
neuen Lehrerin in eine sehr kohärent wirkende Schule mit einem spezifischen
pädagogischen Profil erläutert (vgl. Altrichter/Salzgeber 1996, 122ff). In diesem
wird die neue Lehrerin, die zwar schon einige Jahre an einer anderen Schule tätig
war, aber für die spezifischen Profilmerkmale der Schule wenig Vorkenntnisse
mitbringt, in den ersten Schultagen relativ rasch dazu gebracht, die für die Au-
ßenwirkung der Schule wichtige spezifische Erstunterrichtsmethode und die
intensive, didaktisch gestaltete Elternarbeit zu praktizieren. Man hätte in diesem

Fall durchaus auch eine Auseinandersetzung zwischen der 'neuen' Lehrerin und der Direktorin, die als Anwalt der 'Verhaltenszumutungen' der Schule auftritt, erwarten können. Doch die interviewte Lehrerin nimmt verschiedene 'Angebote' des Interviewers, die Situation aus einer Konfliktperspektive zu interpretieren, nicht auf. Liegt hier ein Fall von Dominierung (vgl. Ball 1987, 278) vor, in dem auch leiser symbolischer Widerstand nicht mehr geäußert werden kann, oder ein solcher von Harmonie und Konsens, der die konfliktorientierte Sichtweise Lügen straft? Ich möchte an diesem Fallbeispiel, einige Konzepte, die für die struktur-ationstheoretische Weiterentwicklung einer mikropolitischen Organisations-theorie bedeutsam sind, einführen.

(1) Ich benutze im folgenden den Begriff *Spiel* im Sinne von Cro-zier/Friedberg (1993) an zentraler Stelle. Dieser soll zunächst bewusst machen, dass es bei der Analyse von Interaktionen *nicht um Einzelhandlungen* geht, son-dern um *deren Verkettung*: Einzelhandlungen gewinnen ihre Bedeutung erst aus ihrer Eingebundenheit in die 'Serialität des Alltagslebens' (vgl. Giddens 1992, 53). Auch werden die verschiedenen Spiele in komplexen Organisationen nicht isoliert voneinander gespielt. Relative Stabilität erhalten Organisationen gerade dadurch, dass die für sie typischen Spiele *eng verwoben und hierarchisch ver-schachtelt* sind (vgl. Crozier/Friedberg 1993, 172).

(2) Zweitens konzipiert der Spielbegriff – wie Spielzug und Spielregel – *Handlung und Struktur als komplementäre* (Crozier/Friedberg 1993, 8), als *in-einander verschränkte Begriffe*. Handlung und Struktur mögen sich analytisch trennen lassen, sie machen aber nur in ihrer Verbindung Sinn: Es gibt nur struk-turierte Handlung und gehandelte Strukturen. Giddens (1992, 7ff) hat diesen Gedanken als *Dualität von Struktur* bezeichnet und damit ein Verständnis formu-liert, nach dem Strukturen sowohl Medium als auch Ergebnis von Handlungen sind, die sich rekursiv[2] ergeben. Einerseits müssen sich AkteurInnen in ihren Handlungen immer und notwendig auf einengende, aber auch ermöglichende Strukturen beziehen. Andererseits existieren Strukturen nur in der Handlung, wo sie reproduziert und so mit relativer Stabilität über Raum und Zeit versehen werden. Dieser Bezug der Handlungen auf Strukturen läuft allerdings nicht 'wie auf Schienen'; er ist ein reflexiver Bezug gebrochen über Wahrnehmungs-, Deu-tungs- und Beurteilungsprozesse, die ihrerseits wiederum durch Strukturen be-einflusst werden.

---

[2] "Der Wiederholungscharakter von Handlungen ... ist die materiale Grundlage für das, was ich das rekursive Wesen des gesellschaftlichen Lebens nenne. (Unter rekursivem Wesen verstehe ich, dass die Strukturmomente des sozialen Handelns - mittels der Dualität von Struktur - eben aus den Ressourcen, die sie konstituieren, fortwährend neu geschaffen werden.)" (Giddens 1992, 37).

Ich versuche den Gedanken der 'ständigen Reproduktion von Strukturen' an der Bedeutung der Elternabende im Fallbeispiel klarer zu machen. Die 'intensive Elternarbeit' und die von den Lehrerinnen didaktisch gestalteten Elternabende sind zentrale Elemente im Selbstverständnis der Lehrerinnen der untersuchten Volksschule und in deren Wahrnehmung durch Eltern, Schulaufsicht usw. (vgl. Altrichter 1994, 60ff). Die Direktorin erwartet von der neuen Lehrerin, diese Tradition aufrechtzuerhalten. Im Konfliktfall wäre wahrscheinlich deutlich geworden, dass dies auch von den Eltern erwartet wird. Insoferne besteht 'Zwang'. Direktorin und eine Kollegin bieten Hilfen an, wahrscheinlich um einerseits die 'Zwangssituation' abzudämpfen, andererseits aber auch um die speziellen Gestaltungsformen der Schule zu tradieren. Die neue Lehrerin lehnt diese Hilfe ab, führt aber selbständig einen Elternabend durch, der offenbar von Direktion und Eltern als 'erfolgreich' eingeschätzt wird. Dadurch reproduziert – und 'verfestigt' – sie bestehende Merkmale der Schule. Sie nutzt diese traditionellen Formen der Schule aber auch gleichzeitig, um ihre Kompetenz und Kenntnis (der diese Schule konstituierenden Strukturen) gegenüber der Direktorin und den Eltern zu demonstrieren. Damit hebt sie das Vertrauen in ihre Fähigkeiten als Mitglied dieser speziellen Organisation und verschafft sich einen gewissen Handlungsspielraum.

(3) *Wodurch entstehen Strukturen?* Die Struktur einer Organisation ist die Gesamtheit tatsächlich gespielter, miteinander verschachtelter Spiele (vgl. Crozier/Friedberg 1993, 68f). Strukturen entstehen durch 'Spielen' – sie werden durch Handeln geschaffen und reproduziert. *„Ohne menschliches Handeln gäbe es menschliche Gesellschaften oder soziale Systeme überhaupt nicht. Das heißt aber nicht, dass Handelnde soziale Systeme erschaffen: sie reproduzieren und verändern sie, indem sie immer wieder neu schaffen, was in der Kontinuität von Praxis ... bereit existiert".* (Giddens 1992, 224; Hervorheb. beim Autor) Wenn AkteurInnen in einem sozialen Feld, das immer schon *'vorgängig'* strukturiert ist, handeln wollen, müssen sie sich auf bestehende Spielstrukturen beziehen. Sie benutzen die Ressourcen und Regeln, die diese Struktur bereitstellt, um ihrer Handlung – und der Organisation – Gestalt zu geben. Indem sie Struktur benutzen – und dabei potentiell 'gestalten' oder transformieren –, produzieren sie neue 'Struktur-Optionen' die für weitere organisationale Interaktion zur Verfügung stehen. Damit relativieren sie jedoch auch den 'vorgängigen' Charakter der Struktur, die hier als Produkt von Handlung erscheint. Handlungen sind in dieser Perspektive weder vollkommen frei noch vollkommen determiniert. Sie finden vor dem Hintergrund der sozialen Ordnung(en) der Organisation statt, durch die sie

sowohl eingeschränkt als auch ermöglicht werden und die sie sowohl reproduzieren als auch verändern.

Der Lehrerin im Fallbeispiel steht zunächst eine in bestimmter Weise strukturierte Schule 'gegenüber'. Die Struktur drückt sich einerseits in einem spezifischen Schulprofil mit Erstunterrichtsmethode, Hochschätzung von Elternarbeit usw. und andererseits in bestimmten Handlungs- und Entscheidungssituationen aus: Die Direktorin stellt sie vor die Wahl (Erstunterrichtsmethode in der ersten Klasse oder Unterricht in einer dritten Klasse), sie muss – obwohl sie in der neuen Situation noch keine Sicherheit gefunden hat – einen Elternabend gestalten, die Organisation (Direktorin und KollegInnen, möglicherweise auch Eltern und SchülerInnen) fordert von ihr einen Unterricht gemäß der Erstunterrichtsmethode usw.

Allerdings stehen diese Strukturen der Lehrerin nur gegenüber, weil sie sich selbst gleichsam vis-à-vis stellt: Zum einen betreffen sie die Lehrerin nur deshalb, weil sie selbst – nicht aus inhaltlichen, sondern aus Gründen des Fahrtweges – an dieser Schule unterrichten wollte. Zum anderen ist die Bewertung dieser Strukturen stark von ihrer bisherigen Schulerfahrung geprägt, ihrer Unkenntnis der Erstunterrichtsmethode, ihrer Hochschätzung des Unterrichtens in einer ersten Klasse usw. Dadurch nimmt diese Lehrerin einen strukturellen Zwang wahr, zwischen einer 'dritten Klasse' oder einer 'ersten Klasse mit Erstunterrichtsmethode' entscheiden zu müssen.

Das Spiel „vereint Freiheit und Zwang. Der Spieler bleibt frei, muss aber, wenn er gewinnen will, eine rationale Strategie verfolgen, die der Beschaffenheit des Spieles entspricht, und muss dessen Regeln beachten. Das heißt, dass er zur Durchsetzung seiner Interessen die ihm auferlegten Zwänge zumindest zeitweise akzeptieren muss." (Crozier/Friedberg 1993, 68) AkteurInnen können Strukturen nur verändern, indem sie sich auf sie beziehen. In Verfolgung ihrer Interessen leisten die Organisationsmitglieder damit indirekt Beiträge zu Bestand der Organisation. Allerdings sind die 'Gestaltungsoptionen' in Organisationen wie in anderen sozialen Feldern in der Regel nicht gleich verteilt und können in manchen Fällen sehr begrenzt sein, sodass ein Verweis darauf zynisch erscheint – z.B. im Grenzfall: Geld oder Leben.

(4) Die *Reproduktion von Strukturen* erfolgt zwar durch intentionale, sich bewusst auf bestimmte Ziele richtende Handlungen, die in diesem Sinn "strategisch" sind. Daraus folgt aber keineswegs, dass die Handlungen immer gerade die Aufrechterhaltung der Strukturen beabsichtigen und dass Strukturen immer oder zumeist das Resultat der Umsetzung beabsichtigter Entwürfe darstellen. Die Strukturierung der Organisation erfolgt viel öfter als *unbeabsichtigtes Nebenpro-*

dukt der Verfolgung eigener Interessen; sie geschieht durch unintendierte Handlungsfolgen (vgl. Ortmann et al. 1997, 317f).

Die neue Lehrerin reproduziert eine bestimmte soziale Praktik, die Erstunterrichtsmethode, die anscheinend von vielen als wesentlicher Bestandteil der Definition dieser Schule angesehen wird. Ihr Sinnen war vorerst darauf gerichtet, eine erste Klasse zu unterrichten und sich dabei nicht gleich mit der Direktorin, den Kolleginnen und möglicherweise auch noch den Eltern anzulegen. Es ging ihr dabei sicher nicht darum, eine ihr unbekannte Unterrichtsform in der Schule weiter zu etablieren. Genau dies war aber das Resultat ihrer Handlungen.

(5) *Was ist nun das Besondere organisationalen Handelns?* Alles Handeln ist Strukturen nutzendes und hervorbringendes Handeln, ist *Strukturation.* Auch ist jedes Handeln *reflexiv,* indem sie sich AkteurInnen "in ihrem Handeln mehr oder minder überlegt auf ihr eigenes, vergangenes, gegenwärtiges und zukünftig erwartetes Verhalten ebenso wie auf das Anderer und auf die Strukturen des Handlungsfeldes" (Ortmann et al. 1997, 317) beziehen. Vom besonderen Handlungstyp *"Organisieren"* sprechen wir dann, "wenn diese Reflexivität der Gestaltung dieser Strukturen gilt" (a.a.O., 318), d.h. wenn das Handeln "mittels *Reflexion auf seine Strukturation,* gesteuert und koordiniert wird. ... Die Strukturation ist im Falle von Organisationen – gleichwohl nur partiell intendiertes – Resultat einer um Zweckmäßigkeit bemühten Reflexion." (a.a.O., 317) Von *Organisationen* im modernen Sinne wird dann gesprochen, wenn Formalität hinzukommt: "Diese reflexive Strukturation findet ihre Zuspitzung in der *Formalität moderner Organisation,* in formalen Verfassungen und Verfahren, denen bei der Handlungskoordination große Bedeutung zukommt. Davon versprechen sich nicht zuletzt die Organisatoren eine kollektive Sicherung und Steigerung individueller Reflexivität und Rationalität." (a.a.O., 315)

Die Formalisierung von Strukturen ist ein Versuch, sie für nachfolgende Handlungen verbindlicher zu machen. Dies entbindet sie jedoch nicht von der allen Strukturen anhängenden Eigenschaft, dass sie erst dadurch, dass Handlungen sich auf sie beziehen, organisationsrelevant werden und dass – auch formalisierte – Strukturangebote denkbar sind, die – ähnlich wie 'totes Recht' – in Handlung nicht aufgegriffen werden. Das Problem der Organisation ist es nun, eine zur Erreichung der Organisationsziele notwendige Zusammenarbeit relativ autonomer AkteurInnen trotz ihrer widersprüchlichen Interessenlagen und Zielvorstellungen zu ermöglichen und sicherzustellen (vgl. Crozier/Friedberg 1993, 7). Hier wirken nun die für die spezifische Organisation typischen *Spiele* (in unserem Fallbeispiel: spezielle Erstunterrichtsmethode, Elternarbeit, kollegiale Unterstützung) „als indirekter Integrationsmechanismus divergierender und/oder widersprüchlicher Verhaltensweisen von relativ autonomen Akteuren" (a.a.O., 4). Um zu handeln und eigene Interessen zu verfolgen, müssen die Organisationsmitglieder auf die vorhandene 'Struktur' der Organisation zurückgreifen, müssen zumindest teilweise strukturelle Handlungsressourcen benutzen, d.h. 'sich an Spielregeln halten'. Dadurch reproduzieren sie diese. Die Funktionsweise einer Organisation wird daher „als das Resultat einer Reihe untereinander artikulierter Spiele, deren formelle und informelle Regeln indirekt die Integration der widersprüchlichen Machtstrategien der Organisationsmitglieder bewirken," erklärt (Ortmann et al. 1990, 56). Diese 'Verschachtelung' sowie der routinisierte ('unbewusste') Charakter sozialer Praktiken sind Gründe für die *relative Stabilität* von Organisationen.

2   Erforschung organisationaler Mikropolitik

"The real stuff of micropolitics is particularly elusive." (Hoyle 1982, 96) Wenn es stimmt, dass ein Teil jener mikropolitischen Aktivitäten, die für die Forschung interessant sind, sich in Privatheit oder unter Geheimhaltung abspielt, wenn es stimmt, dass diese Prozesse oft durch Routineaktivitäten überlagert werden (vgl. Ball 1994, 3822), und wenn es stimmt, dass erfahrene AkteurInnen regelmäßig Strategien benutzen, um ihre Spuren zu verwischen usw., dann steht die Erforschung schulischer Mikropolitik vor einigen methodologischen Problemen.

2.1   Forschungsstrategien und -methoden

Der Kern der Aufmerksamkeit einer strukturationstheoretischen Organisationsforschung wird auf jenen Elementen liegen, durch die Organisation konstituiert, spezifiziert und weiterentwickelt werden, also auf den *Organisationsspielen* (auf jenen organisationalen Transaktionen oder Vermittlungsakten, in denen sich Handlungen auf Strukturen, auf die organisationstypischen Regeln und Ressourcen stützen, sie aufnehmen, partiell transformieren und (re-)produzieren), sowie auf ihren *Kontexten* und *Folgen*.

Eine zweite Anforderung an eine strukturationstheoretische Forschungsstrategie ergibt sich aus Giddens' Anspruch, "dass die Theorie der Strukturation zwischen der Teilnehmer- und der Beobachterperspektive vermittelt und zugleich eine kritische Distanz zu beiden Perspektiven ermöglicht" (Osterloh/Grand 1997, 357; vgl. Giddens 1992, 342ff). Dieser Anspruch folgt erstens aus der Konzeption der AkteurInnen als intentional und reflexiv, und zweitens aus der Einsicht, dass die Ergebnisse ihrer Handlungen nicht unbedingt ihren Intentionen entsprechen müssen. Die Forschung muss sowohl die Intentionalität der Akteursperspektive als auch die Funktionalität einer strukturorientierten Sichtweise in ihrer Strategie anerkennen, ihnen methodisch gerecht werden, sie aber letztlich transzendieren. Dazu braucht es zunächst *zwei Analyserichtungen:* In einer *strategischen Analyse* soll durch einen verstehenden Zugang zu den Wissensinhalten der AkteurInnen – zu "dem diskursiven und praktischen Bewusstsein und den Kontrollstrategien innerhalb definierter kontextueller Grenzen" (Giddens 1992, 343) – eine "Rekonstruktion der gesellschaftlichen Wirklichkeit aus der Perspektive der handelnden Subjekte in hermeneutisch-interpretativer Einstellung" (Osterloh/Grand 1997, 357) geleistet werden. Sozialwissenschaft muss sich auf das Alltagswissen der AkteurInnen einlassen, weil es ein bedeutsamer Teil jener Sozialität ist, die sie verstehen, erklären und theoretisieren will. Sie kann aber als Wissenschaft nicht in ihm verharren, soll "über das Alltagswissen hinaus gehen." und "als kritische Instanz Orientierungshilfen zur Verfügung" stellen. Eine *institutionelle* oder *strukturelle Analyse* will "die nicht-intendierten Nebenwirkungen aufdecken, die dem handelnden Subjekt verborgen sind. Sie wird vom Wissenschaftler oder von der Wissenschaftlerin in erklärender Absicht aus der Beobachterperspektive an den Untersuchungsgegenstand heran getragen." (a.a.O., 357)

Bei den beiden genannten Analyserichtungen[3] handelt es sich aber eher um "Unterschiede in der Akzentsetzung", denn um klar trennbare Analyseformen: "die eine wie die andere muss im Prinzip durch eine Konzentration auf die Dualität von Struktur abgerundet werden." (Giddens 1992, 343) Wenn man von der *Analyse strategischen Verhaltens* zu einer Anerkennung der Dualität von Struktur fortschreiten will, muss die Analyse "in Raum und Zeit 'aus[...]greifen'. Das soll heißen, wir müssen zu erkennen versuchen, wie die in einer gegebenen Reihe von Kontexten verfolgten Praktiken in umfassendere räumliche und zeitliche Bezüge eingebettet sind – kurz, wir müssen versuchen, ihre Beziehungen zu institutionalisierten Praktiken aufzudecken." (a.a.O., 352f) Oder konkreter: Inwieweit und wie beziehen sich beispielsweise LehrerInnen, die Widerstand gegen die Einführung von Qualitätsmanagement in einer Schule entwickeln, auf solche Regeln und Ressourcen, die über die unmittelbaren Kontexte ihres Handelns hinausweisen? (z.B. auf die "Methodenfreiheit" oder auf die Autonomie der Fachleute gegenüber administrativen Eingriffen in ihre Arbeit). Auf der anderen Seite müssen sich *institutionelle Analysen* "von einer institutionellen Per-

---

[3] Vgl. auch die differenziertere Ausarbeitung bei Giddens (1992, 384ff)

spektive in Richtung auf die Analyse zweckgerichteten Verhaltens" bewegen (a.a.O., 363): "Strukturelle Zwänge entfalten ihre Wirkung immer durch die Motive und Gründe der Handelnden hindurch, indem sie sich (oft in diffusen und verwickelten Formen) zu Bedingungen und Folgen verdichten, die die für andere offenstehenden Optionen und die mit ihren jeweiligen Optionen verbundenen Wünsche beeinflussen." (a.a.O., 366)

Häufig werden institutionelle Analysen eher mit quantitativen Methoden und mit einer makrosoziologischen Orientierung assoziiert, während strategische Analysen den "notwendig situierten und sinnhaften Charakter sozialer Interaktionen" (a.a.O., 386) betonen und mit qualitativen Methoden vorgehen. Giddens (1992, 390) will sich nicht in einem Lager der Quantitativ-Qualitativ-Debatte ansiedeln, und tatsächlich liegt das Charakteristische seines Ansatzes, wie er an einer aus der Ethnographie und einer eher aus einer strukturtheoretischen Ecke kommenden Studie zeigt (vgl. a.a.o, 343ff), wohl eher in seinen Interpretations- denn in spezifischen Datensammlungsstrategien.

Obwohl es einige Versuche gegeben hat, die organisationale Mikropolitik mit quantitativen Methoden zu erforschen (vgl. Blickle 1995), basieren die meisten Studien auf qualitativen Methoden. Es gibt Interview- und Beobachtungsstudien, doch die typische Strategie ist ein Fallstudienansatz, der verschiedene Datentypen integriert und z.B. aus Interviews, Feldnotizen aus teilnehmender oder nicht-teilnehmender Beobachtung, Transkriptionen von Treffen, Analyse von Dokumenten und der vergleichenden Analyse verschiedener Standorte besteht. Durch Methodentriangulation, die Sammlung multipler Perspektiven, längerfristigem Engagement im Feld, kritische Diskurse in Forschungsteams und Feedback und Validierung durch betroffene und externe ForscherInnen versuchen mikropolitische Studien, ihre Glaubwürdigkeit zu erhöhen (vgl. Altrichter 2001).

Im Sinne der besseren Kontextualisierung der Interpretation organisationaler Strukturationsprozesse (vgl. Kap. 1.3) und für die Zwecke Giddens' institutioneller Analyse ist die erweiterte Berücksichtigung quantitativer und qualitativer Daten, die über den spezifischen untersuchten Fall hinausgehen, wünschenswert. Solche Informationen sollen (Bedeutungs- und Legitimations-)Regeln und (materielle und immaterielle) Ressourcen aus anderen gesellschaftlichen Kontexten bzw. den gesellschaftlichen Koordinierungsinstanzen deutlich machen, die ihrerseits wiederum potentielle Strukturen für die innerorganisationale Handlung bereitstellen.

2.2 Forschungsthemen

Wie schon erläutert, sind primäres Forschungsobjekt die organisationalen Spiele, deren subjektive Prozessierung durch die AkteurInnen[4], ihre Folgen und ihre Kontexte, die Strukturangebote für Handlungen bereitstellen. An sich wären diese unter jeglichen Bedingungen untersuchbar, doch fokussieren mikropolitische Studien oft auf *"Innovationsspiele"*, auf kritische Ereignisse, Personen und Phasen, die die organisationale Routine unterbrechen. Solche Strategien erlauben einen schnelleren Zugang zu mikropolitisch aufschlussreichen Prozessen, stehen aber in der Gefahr, das Ausmaß von Konflikt zu überschätzen. Zu den typischen Themen mikropolitischer Studien gehören:

- *Prozesse des Wandels*
  Wenn organisationale "Routinespiele" unterbrochen oder gestört werden, z.B. durch pädagogische, curriculare oder organisatorische Innovationen, durch die Rekrutierung neuer Leitungspersonen oder LehrerInnen, durch die Einführung von Qualitätssicherungssystemen usw., dann sind intensivierte Prozesse von mikropolitischer Relevanz zu erwarten. Einige Studien untersuchen, wie mit extern verordneter Reform in Schulen umgegangen wird: So fanden beispielsweise Ball/Bowe (1991, 23), die die Auswirkungen des britischen Educational Reform Act von 1988 untersuchten: "the implementation of externally initiated changes is mediated by the established culture and history of the institution, and that such changes, their acceptance and their implementation become sites as well as the stake of internal dispute". Durch eine Reform werden gleichsam mögliche alternative Definitionen der Bedeutung und der Arbeitsweise von Schulen ins Gespräch gebracht, die in den spezifischen Schulen durch Dispute über Themen, wie z.B. "der Gemeinschaft dienen oder Marketing für ein Produkt machen" oder "Priorität für Management oder Profession in der Schule?" verarbeitet werden müssen.

- *Schulleitung und die Beziehungen in der Organisation*
  Traditioneller Weise zeigte die pädagogische Ethnographie in den englischsprachigen Ländern eine große Aufmerksamkeit für Unterricht. Die mikropolitische Perspektive kann als ein Versuch verstanden werden, ethnographische Methoden für das Studium der außerunterrichtlichen Interaktionen in einer Schule anzuwenden. Obwohl die Stimmen von Eltern, SchülerInnen und technisch-administrativem Personal in einigen Studien mit einbezogen werden, fokussieren die meisten Forschungen auf die Interaktion zwischen LehrerInnen. Da Steuerung und Regulierung schulischer Arbeit im Zentrum

---

[4] Für diese hier nicht näher erläuterten Elemente vgl. Ortmann et al. (1997, 317 und 329)

der Aufmerksamkeit des mikropolitischen Ansatzes stehen, ist es nicht verwunderlich, dass Fragen der Schulleitung häufig untersucht werden (vgl. z.B. Ball 1987, 80ff). Die Inhaber leitender Positionen müssen mikropolitische Fähigkeiten für ihre Karriere erwerben: "They have much to lose if organizational control is wrested from them" (Ball 1994, 3824). Dadurch werden sie in der mikropolitischen Sichtweise zu probaten Studienobjekten. Während sich viele dieser Studien darauf konzentrierten, lebhafte Bilder einer Politik der Subordination zu skizzieren, haben Blase und Anderson (1995) in der Analyse verschiedener Fälle versucht, einen Rahmen für eine "micropolitics of empowerment" durch unterstützende und demokratische Schulleitung zu entwickeln.

- *Sozialisation und professionelle Entwicklung von LehrerInnen*
  Das politisch durchtränkte Organisationsklima von Schulen ist jener Kontext, in dem individuelle LehrerInnen ihre professionelle Identität erwerben (vgl. Kelchtermans/Vandenberghe 1996). Während der ersten Jahre ihrer Karriere konzentrieren sie sich darauf, jenes Wissen und jene Kompetenzen zu erwerben, die notwendig sind, um die fachlichen und disziplinären Aspekte des Klassenunterrichts zu beherrschen. Später bauen sie eine "diplomatische politische Perspektive" auf, weil sie sich unter dauernder Beobachtung durch SchülerInnen, Eltern, KollegInnen, Verwaltung und Schulleitung fühlen (vgl. Blase 1991, 189; Kelchtermans/Vandenberghe 1996). Ein pervasives Gefühl der "Verletzbarkeit" führt viele LehrerInnen dazu, ein Repertoire an Schutzstrategien aufzubauen, wie z.B. risikolose Beurteilung, genaue Dokumentation von Leistungsbeurteilung und Unterricht, Vermeidung riskanter Themen und extracurricularer Aktivitäten usw. (vgl. Blase 1991, 193ff). Es ist daher auch kein Wunder, dass manche AutorInnen behaupten, dass der Erwerb politischer Kompetenz eine grundlegende Voraussetzung für die Zufriedenheit von LehrerInnen mit ihrer Karriere ist (vgl. Ball 1994, 3824). Da mikropolitische Wahrnehmungen und Kompetenzen in den Interpretations- und Wahrnehmungsmustern von LehrerInnen am Anfang ihrer Karriere beinahe vollkommen fehlen, sollte – nach Ansicht von Kelchtermans/Vandenberghe (1996, 12) – größere Aufmerksamkeit auf Berufseinführung gelegt werden.

- *Schulen als Organisationen verstehen*
  Mikropolitik als organisationstheoretischer Ansatz beansprucht, einen Beitrag zum besseren Verständnis von Schulen als Organisationen zu leisten. Es gibt zahlreiche Untersuchungen, die die Intensität von machtgetränkten Aktivitäten in Schulen nachweisen und typische Gründe und Prozessformen a-

nalysieren. Ball (1994, 3824) hat argumentiert, dass politische Kontrollstrategien ein charakteristischer Teil des Schullebens sind, "precisely because the professional norms of teacher autonomy limit the use of the effectiveness of more overt forms of control". In Iannaconnes (1991, 468ff) Sichtweise kann der spezielle und einzigartige Beitrag mikropolitischer Ansätze für die Organisationstheorie gerade darin liegen, die Metapher der "Gesellschaft" für Schulen auszubeuten. In seiner Interpretation sind Schulen typischerweise wie eine "Kastengesellschaft" organisiert: Die Mehrheit ihrer Mitglieder ist Gesetzen unterworfen, bei deren Formulierung und Beschluss sie kein Mitwirkungsrecht hatten. Aus den Charakteristika einer Kastengesellschaft leitet er einige Hypothesen über Schulen ab, z.B.: (i) Solche Gesellschaften sind durch große Spannungen zwischen den Kasten und eine fragile Machtbalance charakterisiert. (ii) Sie neigen dazu, interne Differenzen einer Kaste vor den Anderen zu verbergen. Folglich sind die kritische Selbstüberprüfung der Kasten und offene Debatten über Politikfragen schwierig. (iii) Sie neigen dazu, grundlegende Konflikte zu vermeiden und verpflanzen sie gern in Dispute über nebensächliche Fragen. "In schools, as in small rural towns the etiquette of gossip characterizes teacher talk. Faculty meetings wrangle over trivial matters, avoiding philosophic and ethical issues like the plague." (Iannaconne 1991, 469).

In unserer Forschungsgruppe haben wird in den letzten Jahren versucht, verschiedene Aspekte der – im Zuge der Politik der 'Erweiterung schulischer Gestaltungsspielräume' postulierten – *Transformation der innerschulischen und schulsystemischen Steuerung* zu untersuchen:

In der Studie "Mikropolitik der Schulentwicklung" (vgl. Altrichter/Posch 1996) wurden einige Beispiele einer *Modernisierung von Unterricht*, z.B. die schulweite Propagierung von Projektunterricht oder die Einführung lernzielorientierter Leistungsbeurteilung, aus der Perspektive ihrer Abhängigkeit von organisationalen Transaktionen interpretiert.

In der Untersuchung "Wege zur Schulqualität" (vgl. Altrichter/Posch 1999; Altrichter 2000) haben wir die *Einführung von Qualitätsmanagement*, das ja von vielen BildungspolitikerInnen und ErziehungswissenschaftlerInnen als Kernelement eines neuen Steuerungsmodells des Schulwesens angesehen wird, in berufsbildenden Schulen untersucht.

Vor dem Abschluss steht eine Studie, in der ein Programm, das *Schulprogrammarbeit* in berufsbildenden Schulen als Instrument der Schulentwicklung und -evaluation propagieren sollte, evaluiert und interpretiert wird. Dabei wurde auch versucht, ein – in den letzten Jahren auch im deutschen Sprachraum verstärkt zur Interpretation von Bedingungen schulischer Entwicklung herangezogenes – Merkmal von Lehrereinstellungen, das "Autonomie-Paritäts-Muster" (vgl. Lortie 1972), genauer zu beschreiben und in seinen Zusammenhängen mit Aspekten der Entwicklung von Einzelschulen zu verstehen (vgl. Eder/Altrichter 2004).

Durch Fallstudien über drei Schulen, die die erweiterten Gestaltungsspielräume nutzen, um ein spezielles Profil im Bereich 'Neue Informations- und Kommunikationstechnologien' aufzubauen, haben wir versucht, einige Hypothesen über den Verlauf *schulischer Profilierungsprozesse* und deren Auswirkungen auf innerschulische Arbeitsorganisation und Funktionsdarstellung nach außen zu erarbeiten (vgl. Altrichter et al. in Vorb.).

In der Auswertungsphase befindet sich ein Projekt, das die *Einführung eines neuen Lehrerdienstrechts* in 18 Grund- und Hauptschulen untersucht. Ein solches Dienstrecht erscheint als ein höchst relevanter Ansatzpunkt für das Studium der Transformation schulischer Organisationen, weil es durch die Erfassung 'sonstiger Lehrertätigkeiten', die über die Erteilung, Vor- und Nachbereitung von Unterricht hinausgehen, und durch die Spielräume, die es für die Aushandlung spezieller Diensteinteilungen an den einzelnen Standorten eröffnen soll, potentielle Instrumente für (Re-)Strukturierungsprozesse bietet (vgl. Altrichter/Zwettler 2002).

Literatur

Acker, S. Managing the drama: the headteacher's work in an urban case study primary school. In: Sociological Review 38(1990), 247-271.

Altrichter, H.: Konfliktzonen beim Aufbau schulischer Qualitätssicherung und Qualitätsentwicklung. In: Zeitschrift für Pädagogik (2000)41. Beiheft, 93-110.

Altrichter, H. (1996): Der Lehrberuf: Qualifikationen, strukturelle Bedingungen und Professionalität. In: Specht, W./Thonhauser, J. (Hrsg.): Schulqualität. Innsbruck: StudienVerlag, S. 96-172.

Altrichter, H.: Micropolitics of Schools. In: Smelser, N.J./Baltes, P.B. (eds.): International Encyclopedia of Social and Behavioral Sciences'. Pergamon: Oxford 2001, 13594 – 13598.

Altrichter, H.: Eben ein bisserl mehr für die Kinder. In: Altrichter, H./Radnitzky, E./Specht, W.: Innenansichten guter Schulen. BMUK: Wien 1994, 43-109.

Altrichter, H./Posch, P. (Hrsg.): Mikropolitik der Schulentwicklung. StudienVerlag: Innsbruck 1996.

Altrichter, H./Posch, P.: Wege zur Schulqualität. StudienVerlag: Innsbruck 1999.

Altrichter, H./Prexl-Krausz, U./Soukup-Altrichter, K.: Schulprofilierung und neue Informationstechnologien. Klinkhardt: Bad Heilbrunn, in Vorb.

Altrichter, H./Salzgeber, S.: Zur Mikropolitik schulischer Innovation. In: Altrichter, H./Posch, P. (Hrsg.): Mikropolitik der Schulentwicklung. StudienVerlag: Innsbruck 1996, 96-169.

Altrichter, H./Salzgeber, S.: Some elements of a micro-political theory of school development. In: Altrichter, H./Elliott, J. (eds.): Images of Educational Change. Open University Press: Buckingham 2000, 99-110.

Altrichter, H./Soukup-Altrichter, K.: Schulen verstehen. In: Altrichter, H./Krainer, K./Thonhauser, J. (Hrsg.): Chancen der Schule - Schule als Chance. StudienVerlag: Innsbruck 1998, 157-187.

Altrichter, H./Zwettler, S.: Die veränderte dienstrechtliche Situation durch das novellierte Landeslehrer-Dienstrechtsgesetz 2001 (LDG neu). Unv. Ms. Universität Linz 2002.
Anderson, G. L.: Cognitive Politics of Principals and Teachers. In: Blase, J. (ed.) The Politics of Life in Schools. Sage: Newbury Park, Ca 1991, 120-138.
Bacharach, S./Lawler, E. Power and Politics in Organizations. Jossey Bass: San Francisco 1980.
Ball, S.J.: The Micro-Politics of the School. Towards a theory of school organization. Routledge: London 1990.
Ball, S.J.: Micropolitics of schools. In: Husen, T./Postlethwaite, T. N. (eds.): The International Encyclopedia of Education. 2nd edition. Pergamon: Oxford 1994, 3821-3826.
Ball, S.J./Bowe, R.: Micropolitics of Radical Change. Budgets, Management, and Control in British Schools. In: Blase, J. (ed.): The Politics of Life in Schools. Sage: Newbury Park, Ca, 1991, 19-45.
Blase, J. (ed.): The Politics of Life in Schools. Power, Conflict, and Cooperation. Sage: Newbury Park, Ca. 1991.
Blase, J./Anderson, G. L.: The Micropolitics of Educational Leadership. Cassell: London 1995.
Blickle, G.: Wie beeinflussen Personen erfolgreich Vorgesetzte, KollegInnen und Untergebene? In: Diagnostica 41(1995), 245-260.
Bloome, D./Willett, J.: Toward a Micropolitics of Classroom Interaction. In: Blase, J. (ed.) The Politics of Life in Schools. Sage: Newbury Park, Ca 1991, 207- 236.
Corbett, H. D./Firestone, W. A./Rossman, G. B.: Resistance to planned change and the sacred in school cultures. In: Education Administration Quarterly 23(1987), 36-59.
Crozier, M./Friedberg, E.: Die Zwänge kollektiven Handelns. Hain: Frankfurt/M 1993.
Eder, F./Altrichter, H.: Das „Autonomie-Paritätsmuster" als Innovationsbarriere? In: Holtappels, H.G. (Hrsg.): Schulprogramm als Schulentwicklungsinstrument. Juventa: Weinheim 2004, in Vorb.
Giddens, A.: Die Konstitution der Gesellschaft. Grundzüge einer Theorie der Strukturierung. Campus: Frankfurt/M. 1992.
Greenfield, W. D.: The Micropolitics of Leadership in an Urban Elementary School. In: Blase, J. (ed.) The Politics of Life in Schools. Sage: Newbury Park, Ca 1991, 161-184.
Gronn, P.: Politics, power and the management of schools. In: Hoyle, E,/McMahon, M. (eds.): World Yearbook of Education. Kogan Page: London 1986.
Handy, C.: Im Bauch der Organization. Campus: Frankfurt/M. 1993.
Hoyle, E.: Micropolitics of educational organizations. In: Educational Management and Administration 10(1982), 87-98.
Iannaconne, L.: Micropolitics of education – what and why. In: Education and Urban Society 23(1991), 465-471.
Joas, H.: Die Kreativität des Handelns. Suhrkamp: Frankfurt/M. 1992.
Kelchtermans, G./Vandenberghe, R.: Becoming political: a dimension in teachers' professional development. Paper presented at the AREA-conference. New York 1996 (ERIC-document: ED 395-921).
Küpper, W./Ortmann, G. (Hrsg.): Mikropolitik. Westdt. Verlag: Opladen 1992.
Lortie, D.: Teamteaching. In: Dechert, H.-W. (Hrsg.): Teamteaching in der Schule. Piper: München 1972, 37 - 76.
Lortie, D. C.: Schoolteacher. A Sociological Study. University of Chicago Press: Chicago 1975.
Neuberger, O.: Mikropolitik. Enke: Stuttgart 1995.
Ortmann, G.: Handlung, System, Mikropolitik. In: Küpper, W./Ortmann G. (Hrsg.): Mikropolitik. Westdt. Verlag: Opladen 1992, 217-225.
Ortmann, G.: Regel und Ausnahme. Suhrkamp: Frankfurt/Main 2003.
Ortmann, G./Sydow, J./Windeler, A.: Organisation als reflexive Strukturation: In: Ortmann, G./ Sydow, J./Türk, K. (Hrsg.): Theorien der Organisation. Westdeutscher Verlag: Opladen 1997, 315-354.
Ortmann, G./Windeler, A./Becker, A./Schulz, H.-J.: Computer und Macht in Organisationen. Westdt. Verlag: Opladen 1990.
Osterloh, M./Grand, S.: Die Theorie der Strukturation als Metatheorie der Organisation? In: Ortmann, G./Sydow, J./Türk, K. (Hrsg.): Theorien der Organisation. Westdeutscher Verlag: Opladen 1997, 355-359.
Pfeffer, J.: Power in organizations. Pitman: Boston 1981.
Türk, K.: Neuere Entwicklungen in der Organisationsforschung. Enke: Stuttgart 1989.

Organisation und Profession:
Welches Organisationsformat fördert Professionalität in Bildungseinrichtungen?
Renate Girmes

Basis meiner Überlegungen ist der Gedanke, dass die Ausgestaltung einer Organisation, das Organisationsformat also, entscheidenden Einfluss auf die Handlungsmöglichkeiten der in der Organisation agierenden Menschen hat. Diesem Verständnis zufolge kann eine Organisation, also auch eine Bildungseinrichtung, professionelles Agieren fördern oder behindern; sie kann das Entstehen und Leben von Professionalität möglich oder weitgehend unmöglich machen. Die Konsequenz dieses Gedankens ist, dass nur *die* Professionalität wahrscheinlich ist, welche die Konstruktion der Organisation, in der sie wirksam werden soll, zulässt. Das gilt auch für Bildungsinstitutionen, weshalb aus meiner Sicht jede Professionalisierungsanstrengung, die nur die zu ‚professionalisierenden' Menschen im Blick hat, nicht aber das organisatorische Setting, in dem diese Menschen arbeiten, unterkomplex und nicht erfolgversprechend ist. Das ist so, weil hier den Menschen etwas aufgebürdet wird, was nicht sie, sondern die Organisation leisten kann und muss, wenn es wirksam werden soll.

Auf die Schule bezogen heißt das: Das Format der Organisation Schule ist maßgeblich dafür, welche Professionalität in ihr zum Zuge kommt, weil es als Handlungsgelegenheit oder -behinderung permanent mit den Aktivitäten der Professionellen in ihr – übrigens auch mit den Aktivitäten der Schülerinnen und Schüler – interagiert und so hervorbringt, was und wie diese sind oder nicht sind. Dieser Gedanke wurde im Grundsatz schon 1920 formuliert – von John Dewey. Ich finde, dass es noch aussteht, ihn wirksam zu machen, aber ich bin sicher, dass es erfolgversprechender ist als vieles andere, das versucht wurde. Dewey schreibt: „Die Erforschung der Bedeutung der sozialen Einrichtungen bekommt ein definites Ziel und eine klare Richtung. Wir sehen uns veranlaßt zu fragen, worin die spezifische stimulierende, fördernde und erzieherische Kraft jeder spezifischen sozialen Einrichtung besteht. (...) Die Frage ist die nach spezifischen Verursachungen. Welche Reaktion ruft genau diese soziale Einrichtung, sei sie politisch oder ökonomisch (oder pädagogisch, R.G.), hervor, und welche Wirkung hat sie auf die Einstellung derjenigen, die sich ihr verpflichtet fühlen? Setzt sie Fähigkeiten frei? Und wenn, in welchem Umfang? (...) Werden die

Sinne der Menschen feinfühliger und empfindlicher, oder werden sie abge-
stumpft und fühllos durch diese und jene Form sozialer Organisation? Werden
sie veranlaßt, ihren Verstand zu gebrauchen(...)?(...)Wird Neugier geweckt oder
eingeschläfert? Worin liegt ihre Qualität: Ist sie lediglich ästhetisch, haftet sie an
den Formen und der Oberfläche der Dinge, oder ist sie auch ein intellektuelles
Erforschen ihrer Bedeutung?

Fragen wie diese (...) werden zu den Ausgangspunkten von Forschungen ü-
ber jede Institution der Gemeinschaft, sobald erkannt ist, *daß Individualität nicht
ursprünglich gegeben ist, sondern unter dem Einfluß des vergesellschafteten
Lebens geschaffen wird* (Hervorhebung R.G.)" (Dewey 1920/1985, S. 240/241).

Ich teile Deweys Einschätzung und Fragestellungen und möchte nachfolgend
die daraus zu ziehenden Konsequenzen für Bildungsinstitutionen und für unseren
Begriff von Professionalität in ihnen näher skizzieren. Dazu kann ich mich heute,
83 Jahre nach Deweys Überlegungen, auf einige hierfür interessante organisationstheoretische Überlegungen und Klärungen beziehen, nämlich auf den Sys-
temtheoretiker Dirk Baecker, den Organisationsentwickler Peter M. Senge und
den Organisationstheoretiker Gareth Morgan. Ihre Arbeiten können helfen zu
verstehen, in welcher Weise unter dem Einfluss des „vergesellschafteten Lebens"
in einer Organisation das Entstehen ihr jeweils entsprechender Handlungsweisen
gefördert und folglich auch bestimmte Ausprägungen von Professionalität in
dieser Organisation wahrscheinlich sind.

1   Organisation als Werkzeug

Die Organisation und ihr Design – wie man mit Dirk Baecker sagen könnte –
wird hier als ein Werkzeug verstanden, das man nutzen kann, um gewünschte
Arbeitsweisen und Ergebnisse einer Organisation wahrscheinlich zu machen und
ungewünschte möglichst zurückzudrängen. Auch der Titel der Tagung: „Organisationstheorie: Ihr Potenzial für die Analyse und Entwicklung von pädagogischen Feldern" kann so gelesen werden. In dieser Lesart beinhaltet er aus meiner
Sicht die Idee, dass die Aufgabe ansteht, eine neue Form für die Interventionen
in den quasi naturwüchsigen Prozess der Selbstveränderung schulischer und
professioneller Realität zu entwickeln, mit dem Ziel, diesem Prozess eine bestimmte Richtung und Dynamik zu geben, die er aus sich heraus wohl nicht
entwickeln würde.

Nun sind solche, mit bestimmten Intentionen verbundenen Interventionsver-
suche in das jeweils bestehende Bildungssystem nichts Neues. Im Gegenteil: Das

ganze System, dessen Ausdruck das heutige Organisationsformat der Schule ist, setzt sich aus einer Fülle einzelner Interventionen in das jeweils schon bestehende Gefüge zusammen: Schulformen, Abschlüsse, Klassengrößen, Fächerensembles, Curricula, Ausbildungswege, Qualifikationsnachweise, Einstellungspraxen etc. Das alles wurde entschieden und hat sich dadurch auf die Entwicklung des Gesamtsystems und die Ausgestaltung von Professionalität in ihm ausgewirkt. Allerdings war bei vielen Einzelinterventionen jeweils nur ein bestimmter Baustein im Gefüge des ganzen Systems im Blick, nicht aber seine Bezüglichkeiten und Abhängigkeiten zu anderen Bausteinen. Und so erzielt das bestehende Organisationsformat der Schule als komplexes System jede Menge (Neben-)Wirkungen auf die in ihm agierenden Menschen, die eintreten, womöglich ohne je gemeint gewesen zu sein.

Man könnte hier anmerken, dass die *ungeplanten* Auswirkungen mit der Unverfügbarkeit der pädagogischen Praxis zu tun haben. Das ist zwar nicht zu bestreiten, erspart einem aber nicht, auch wahrzunehmen, dass bei vielen Einzelinterventionen jeweils nur ein bestimmter Baustein im Gefüge des ganzen Systems im Blick war, nicht aber dessen Bezüglichkeiten und Abhängigkeiten zu anderen Bausteinen: Der Beamtenstatus von Lehrern bewirkt bei der Rekrutierung der Lehrerschaft, dass sich vielfach sicherheitsbedürftige Menschen stark angesprochen fühlen; die Halbtagsschule unterstützt unter den gegebenen gesellschaftlichen Lebensbedingungen von Frauen und Männern die jetzt diskutierte Feminisierung der Schule und führt im Binnenleben dieser Schule zu Zeitverknappung für Austausch und Kooperation. Ein Gesamtcurriculum und Fächerkanon, in dem z.B. wirtschaftliche Themen, überhaupt Themen der Lebensorganisation, marginalisiert behandelt werden, führt zur Lebensferne vieler Lernangebote und z.B. zu dem von der Wirtschaft immer wieder bemängelten unzureichenden Finanzwissen der Bundesbürger; die Ignoranz der Entwicklungsheterogenität einer Altersgruppe befördert, dass Lehrende fast zwangsläufig in Jahrgangsklassen zugleich Über- und Unterforderung betreiben. Die Dominanz der Fachdisziplinen gegenüber der methodisch-didaktischen Ausbildung im Lehramtsstudium provoziert ein entsprechendes professionelles Selbstverständnis großer Teile der Lehrerschaft, der 45-Minuten-Takt zwingt zum Zerreißen von Zusammenhängen und beeinträchtigt gegenstands- und individuumsgerechte Zeitbudgets für angestrebte Lerntätigkeiten. Und auch das wirkt: Die überwiegend unbeachtete, aber schlechte Ausstattung und die schlechte Akustik von Lehrräumen (dazu ausführlich: Girmes 2002) beeinträchtigen das Wohlbefinden, das Sprachverstehen und damit die sprachliche Förderung, die Konzentration und vieles andere und mindern bzw. gefährden nicht selten die produktive Wirksamkeit von Lehre und Schule.

Das „Potenzial der Organisationstheorie für die Analyse und Entwicklung von pädagogischen Feldern" sehe ich darin, die genannten und viele andere Wirkungen aufzuklären und, im Sinne Deweys, Organisationen als handhabbare Werkzeuge zu verstehen und nutzen zu lernen, die je nach ihrer inhaltlichen und organisatorischen Ausgestaltung Menschen bestimmte Seins- und Entwicklungsweisen nahe legen und andere nicht. Diese Betrachtung der bestehenden Organisationsformate von Schule und Profession deckt auf, dass erstere nicht „natürlich" und letztere nicht individuell sind, sondern dass sie sich als menschengemachte aus einer Fülle von Entscheidungen und Interventionen zusammensetzen, die als solche und in ihrer Wirkung als vergesellschaftendes Leben prinzipiell der Revision und Neugestaltung zugänglich sind.

Analytisch führt das dazu, die aus der Summe der getroffenen Entscheidungen und aus deren auch unbeabsichtigtem Zusammenwirken sich ergebenden „Formate" zu rekonstruieren und zu prüfen, wie ihre Wirkung ist und inwieweit sie den intendierten Wirkungsabsichten entspricht.

Entwickelnd und konstruktiv bedeutet das, nach Organisationsformaten Ausschau zu halten oder solche neu zu entwickeln, die für eine geklärte und formulierte Aufgabe der heutigen Organisation Schule und ihrer Lehrerschaft geeignete Werkzeuge darstellen können.

Was ich zu beiden in diesem begrenzten Rahmen (vgl. dazu ausführlich Girmes 2004) erläutern und zeigen kann, fasse ich in vier Punkte zusammen: Ich werde erstens sehr knapp die Aufgabe der Organisation Schule und einer ihr korrespondierenden Professionalität beleuchten. Im Anschluss an Dirk Baecker will ich zweitens ein Verständnis dafür anbieten, was man eigentlich gestaltet, wenn man eine Organisation neu baut, bzw. was man untersucht, wenn man eine bestehende Organisation analysiert. An Peter Senge und Gareth Morgan anknüpfend möchte ich drittens mögliche Ausprägungen von Organisationen vorstellen, die – je nach dem, worum es ihren Konstrukteuren geht – innerlich sehr verschieden funktionieren können: z. B. wie eine Maschine oder ein Organismus oder ein Gehirn. Viertens möchte ich diese konstruktive Perspektive mit der Beschreibung eines realen Beispiels und mit einigen Hinweisen zu ihrer pädagogischen und wirtschaftlichen Realitätstauglichkeit schließen.

2 Die Aufgabe der Schule

Ich komme zu einer – notwendig thesenhaften und knappen – Kennzeichnung der Aufgabe der Schule und der damit zusammenhängenden wünschenswerten Ausprägung von Professionalität in ihr (für ausführlichere Darstellungen vgl.: Girmes 1995, Kap D).

Die Aufgabe der Schule ist in meinen Augen, dass sie der Ort einer intergenerativen Kommunikation über die von den Menschen einer Gesellschaft gemeinsam geteilte Welt ist, einer Kommunikation, in der es um die Sichtweisen dieser Welt geht und um die kluge Nutzung der verfügbaren Wissens- und Könnensbestände, um in dieser Welt zu bestehen und sie gemeinsam weiter zu entfalten.

Weil das Bild von der Welt, das die Generationen teilen und fortentwickeln können, nur kommunikativ aufgebaut und ausgetauscht werden kann, besteht Professionalität der Lehrerinnen und Lehrer in der Schule in der Gestaltung dieser Kommunikation als einer relevanten und lern-/bildungsträchtigen Kommunikation über diese gemeinsame Welt, und d.h. über die Aufgaben, die uns alle in ihr betreffen sollten und angehen. D.h., pädagogische Professionalität ist ein Spezialfall von kompetenter Kommunikation (vgl. dazu auch www.uni-magdeburg.de/didaktik/) und bedeutet mithin, in der Lage zu sein, in stimmiger Weise kommunikative Botschaften zu senden, die im einzelnen bestehen aus:

- angemessenen und relevanten Sachbotschaften in Form des Curriculums, also der Lehrvorhaben und der diese repräsentierenden Lernaufgaben,
- lern- und entwicklungsförderlichen Beziehungsbotschaften in Form der Kultur/des Klimas in der Organisation und deren lernförderlicher Ausstattung als anregende Lernumgebung,
- nützlichen kommunikativen Appellen in Form von motivierenden und aktivierenden methodischen Settings für Lernprozesse und
- zu dem Genannten stimmigen Ichbotschaften, die in der Haltung der Lehrerinnen und Lehrer zum Ausdruck kommen als professionelle Zuversicht in die Leistungsfähigkeit der Lernenden sowie als glaubhaft signalisierte Achtung, kommuniziertes Vertrauen und praktizierte Unterstützungsbereitschaft gegenüber den Lernaktivitäten der Schülerinnen und Schüler.

Damit man als Lehrerinnen und Lehrer dazu in der Lage ist, braucht man entwickelte diagnostische Kompetenzen, um die bestehende Arbeitssituationen angemessen wahrzunehmen und evaluative Kompetenzen, um in der Lage zu sein, die Wirkungen des Settings und der eigenen Aktionen wahrzunehmen, zu dokumentieren und einzuschätzen.

Wenn man sich fragt, welche Organisationsstrukturen und -designs diese als
Spezialfall von Kommunikation gefassten Aufgaben der Schule und der Professionalität in ihr tragen und fördern können, dann leuchtete es ein, dass es solche
sind, die Austausch und Kommunikation befördern und dafür Raum im sozialen
und realen Sinne bieten, in denen allgemein eine Vertrauens- und Unterstüt-
zungskultur herrscht, in der Menschen Zeit und Gelegenheit zur wechelseitigen
Wahrnehmung und zur Reflexion haben. Die Frage, die sich also stellt, ist, welches Organisationsformat unterstützt all das oder/und bringt es zu Teilen sogar
hervor?

3   Designebenen der Organisation

Anders gefragt: Was ist gestaltbar an einer Organisation und was prägt ihr Format und ihre Arbeitsweise in eine gewünschte Richtung? Mit Dirk Baecker
(1999, S. 330-376) lassen sich mehrere Designebenen von Organisationen unterscheiden: Das Produkt-, das Organisations-, das Kultur-, das Führungs- und das
Netzwerkdesign. Weil sie die Ausrichtung aller anderen Designebenen vorprägt,
beginnen wir mit der Frage nach dem Ergebnis/der Dienstleitung/dem Produkt,
das die Organisationen des Bildungswesens erzielen wollen. Welchen „Wert"
wollen sie mit den eingesetzten Ressourcen schaffen? Das könnte im Sinne der
vorstehend erläuterten Aufgabe der Schule folgendes sein: Begleitung und Förderung aller Kinder einer Gesellschaft zu einem eigenständigen, aber angemessen und interaktiv validierten Verständnis der gemeinsamen Welt der Menschen
in einer diese Kinder und Jugendlichen in ihrer Individualität achtenden und
nicht verletzenden Weise. Dass das Produkt bzw. die Dienstleistung der bestehenden Organisation Schule derzeit z.B. laut Pisa eher etwas anderes ist, brauche
ich nicht breit zu erläutern. Danach gelingt ihr nämlich eher die sortierte Förderung der Kinder nach sozialem Status oder nach Leistungspotenzial unter In-
Kauf-Name von Zurücksetzung und Verletzung, insbesondere der Sozial- oder
Leistungsschwachen. Dieses Ergebnis ist einerseits gegeben, auch wenn andererseits kaum einer bereit ist, das als das *gemeinte* Produkt der Schule zu benennen
oder nur einzugestehen. De facto aber führt die Ausgestaltung der nachfolgend
diskutierten Designebenen in Deutschland eben dazu, auch wenn das nicht gewollt ist oder gewollt sein sollte.
    Betrachten wir zur Klärung möglicher Gründe für diese Wirkung zunächst
grundsätzlich, was die anderen Designebenen ausmacht. Das *Organisationsdesign* prägt, wie die Arbeitsplätze in der Organisation gefasst sind und in welchen

Beziehungen sie zueinander, zur Leitung und zur Aufgabe der Organisation
stehen. In der bestehenden Schule werden alle Aufgaben in der Organisation im
wesentlichen von formal gleich qualifizierten Mitarbeitern auf Arbeitsplätzen
erledigt, die in Präsenzzeit und häusliche Arbeitszeit aufgeteilt sind. Institutiona-
lisierte Formate für Kooperation gibt es hier in der Regel nicht; sie sind allerdings zu Lasten der häuslichen Arbeitszeit denkbar, ohne dass dafür reale Ar-
beitsräume und -plätze in der Organisation selbst zur Verfügung ständen.

Lehrerinnen und Lehrer arbeiten i.d.R. hinter verschlossenen Türen ohne institutionalisierten Austausch und auch ohne Feedback für ihre regelmäßige Arbeit. Ihr Austausch über Schülerinnen und Schüler ist eher zufällig als systematisch. Eine individuelle Zuständigkeit für die Kommunikation mit und das Wohl-
ergehen von einzelnen Schülerinnen und Schülern gibt es nicht. Langfristige
Beziehungen im Sinne guter wechselseitiger Kenntnis und belastbarer Verlässlichkeit bestehen nicht systematisch.

Eine alternative Organisationsform wäre: Lehrende verbringen ihre Arbeitszeit in der Organisation, z.B. aufgesplittet in Lehrtätigkeit, Beratungszeit, Zeit
für individuelle und kooperative Vor- und Nachbereitung von Lehre und Beratung. Sie haben dafür geeignete Arbeitsplätze und übernehmen Verantwortung
für einzelne Schülerinnen und Schüler, aber auch für den Austausch über deren
Arbeit und Entwicklung mit den anderen anwesenden Lehrenden.

Es ist ersichtlich, dass das *Kulturdesign* der beiden zuvor skizzierten Formate für das schulische Organisationsdesign Unterschiede aufweisen wird. Grundsätzlich dreht sich das Kulturdesign um die Frage nach den in der Organisation
geteilten und d.h. gelebten Werten. Was in dieser Hinsicht in einer Organisation
gilt, entnimmt man ihren inneren Umgangsformen, die in Schulen übrigens wesentlich durch die Gestaltung der Lernumgebung und den Zugang *zu* und den
Umgang *mit* Material, Technik etc. kommuniziert werden. Darin stecken je nach
Gestaltung die Möglichkeit einer Praxis, die geprägt sein kann von Vertrauen,
Verantwortlichkeit, Kooperation, Beachtung, Verlässlichkeit, Austausch und
Feedback. Es gibt aber auch Organisationen, deren Praxis ist geprägt von Misstrauen, von Einzelkämpfertum, geringer oder nicht verlässlicher Kontinuität in
Arbeitsbeziehungen und in Schülerbeziehungen. Viele Schulen bemühen sich
sicherlich um die erstgenannten Merkmale, von denen aber fast immer gilt, dass
sie der Organisationsstruktur und dem bestehenden Setting eher abgerungen als
von beidem getragen werden.

Ersichtlich drücken sich das gewählte Organisations-Design und die gelebte
Kultur auch im *Führungsdesign* aus bzw. umgekehrt: Organisationsdesign und
Kulturdesign werden vom vorhandenen Führungsverhalten und seinem implizi-

ten Design bestimmt. Ein Führen mit Anweisung und Kontrolle, mit wenig Diskursivität und Neugier auf Menschen und deren Interessen und Verständnisse erzeugt und braucht ein korrespondierendes Organisationsformat und führt zu einer anderen gelebten Kultur als ein Führungsdesign, das auf Koordinieren, Vermitteln, Delegieren und wechselseitiges Beraten abstellt.

Organisationen leben in Umwelten, von denen sie bis zu einem gewissen Grade abhängig sind. Dem trägt – soweit vorhanden – das *Netzwerkdesign* Rechnung: Es dient, wenn man es hat und pflegt, der Einbettung in das Gefüge der Mitanbieter im Sinne auch der frühzeitigen Wahrnehmung von Weiterentwicklungen in Organisationen gleichen Typs; es ermöglicht sinnvolle Arbeitsteilung mit Partnern, befördert Interessensaustausch und -abgleich, im Fall der Schule z.B. mit Eltern, Abnehmern, Praxispartnern, Sponsoren, etc. Viele Schulen haben ein eher zufälliges und nicht systematisch gepflegtes Netzwerkdesign, auch weil i.d.R. die Wahrnehmung dieser Aufgabe im Organisationsdesign mit seinen Stellenformaten unberücksichtigt bleibt.

4   „Bilder der Organisation"

Wie eine Organisation als Ganze im Gefüge ihrer Designebenen funktioniert und agiert, ist im Konkreten wesentlich komplexer als die Beschreibung der Ebenen allein es sichtbar machen kann. Deshalb hilft es bei der Organisationsanalyse genauso wie bei der Konstruktion von Organisationen, für ihre gegebene oder gewünschte Funktionsweise eine bildhafte Vorstellung zu besitzen, die in der Lage ist, das innere Gefüge auf mögliche Begriffe zu bringen. Damit bin ich bei meinem nächsten Punkt: Metaphern oder Bildern für die Art des inneren Zusammenhalts von Organisationen. Hierzu ist zunächst mit Peter F. Senge ([7]1999) festzustellen, dass es die Fähigkeit zur Wahrnehmung der bestehenden internen und externen Abhängigkeitsbeziehungen ist, die eine Organisation in Stand setzt, ihre Wirklichkeit selbst einigermaßen angemessen wahrzunehmen. Dazu gehört nach Senge eine systemische Betrachtung, die z.B. verstehen hilft, warum Kommando-Ton und Nicht-Kommunikation der Mitarbeiter zwei Seiten derselben Medaille sein können. Senge nennt dies die Fähigkeit zum systemischen Denken, das erforderlich ist, wenn man als Organisation und Organisationsmitglied begreifen will, wie Voreinstellungen (Mentale Modelle), das Vorhandensein oder Fehlen von gemeinsamen Visionen, die Fähigkeit oder Unfähigkeit zum Team-Lernen und der Grad der Klarheit der Organisationsmitglieder über sich selbst (Personal Mastery) das prägen, was eine Organisation als quasi Organismus in einer Umwelt tut und vermag und wie sich deshalb auch die in ihr agierenden Mitglieder verhalten.

Nach Senge sollten Organisationen heute idealer Weise wie lernende Wesen agieren können und zwar nach innen und nach außen: nach innen, um ihre Potenziale in Gestalt ihrer Mitarbeiter für die Aufgabe der Organisation zu mobilisieren, nach außen, um der Beschleunigung in der Veränderung von Umweltbedingungen angemessen – im Sinne der Organisation – antworten zu können. Dieses Ideal der „lernenden Organisation" hat auch viele Schulen interessiert und sicher schon wichtige Anstöße dafür gegeben, in Prozesse der Selbstentwicklung einzutreten (vgl. die kritische Position von Tacke im vorliegenden Band).

Denkt man systemisch und liest Gareth Morgan (^{2}2000), dann lernt man, dass neben dem Bild der lernenden Organisation, die stark auf das einem Organismus verwandte erfolgreiche Überleben in einer sich schnell verändernden Umwelt abstellt, weitere implizite Verständnisse von der angemessenen Funktionsweise einer Organisation bestehen – auf drei davon werde ich nachfolgend eingehen.

Historisch am Anfang der bewussten Entwicklung von Organisationen steht – nach Morgan – das implizite Verständnis einer gut funktionierenden *Maschine*, in der alles „wie geschmiert" aufeinander abgestimmt läuft, um ein bestimmtes Ergebnis regelhaft zuverlässig und wirtschaftlich zu erzeugen. Hier haben Arbeitsteilung, Zuständigkeitsdenken, Unterordnung, Funktionieren und vor allem Outputorientierung eine große Bedeutung und entsprechend sind die Designebenen der Organisation im Sinne Baeckers ausgestaltet: Funktionen und Aufgaben werden in klare Beziehungen zu Entscheidungs- und Kontrollfunktionen aufgegliedert, die hierarchisch angeordnet sind und das gemeinte Produkt zuverlässig entstehen lassen. Die Kultur ist geprägt von Befehl und Gehorsam, von einer Einpassung in das Maschinenwerk der Organisation. Das Produktdesign bzw. das Aufgabenverständnis ruhen auf verteilter Fertigung auf, die Massenproduktion erlaubt. Maschinenartige Organisationen stehen unter dem Primat der verlässlichen Arbeitsteilung. Das Organisationsdesign ist bestimmt von Aufgabenteilung und getrennter Zuständigkeit. Leistungsfähig ist diese Struktur für Organisationen mit klar begrenzten Aufgaben bei geringen Bedingungsschwankungen im Organisationsumfeld und in den Organisationsprozessen. Man kann womöglich sagen, dass das Format der überkommenen Schule diesem Konzept durchaus nah ist. Vielleicht bestehen die heutigen Probleme gerade deshalb, weil sowohl die Aufgaben der Organisation plural und variant sind als auch die auf sie einwirkenden Umweltbedingungen. Dem kann eine Konstanz und Gleichförmigkeit unterstellende Organisation nicht angemessen gerecht werden.

Dies ist bei einer Organisation, die gemäß dem Bild eines *Organismus'* arbeitet, anders. Ihre Ausgestaltung unterscheidet sich von der Maschinenorganisation, weil organismusähnliche Organisationen sich über ihre Selbsterhaltungsbedürfnisse bestimmen, die sie in Relation zu ihrer Umwelt definieren und zu befriedigen suchen, um sich durch die Art ihrer Aktivitäten bestmöglichst zu erhalten. Organisationen, die so umweltorientiert agieren, sind prinzipiell bereit, die mit den von ihnen verfolgten Ergebnissen veränderten Erfordernissen relativ schnell anzupassen und dazu dann passend und abgeleitet ihre Organisationsstruktur und -kultur zu fassen und ggf. zu verändern. Organisationen, die sich im Sinne der Organismusmetapher eher als sozio-technische Systeme verstehen, gehen davon aus, dass Innovation eine Überlebensbedingung ist. Sie gehen deshalb bei der Klärung ihrer Aufgabe und ihres Produkts im Sinne Baeckers äußerst flexibel auf ihre Umwelt ein. Dazu ist ein gutes Netzwerkdesign zentral, das hilft, die Umweltveränderungen systematisch im Blick zu haben; Organisationsstruktur, Organisationskultur und Führungsverständnis sind mit Blick auf die beobachtete Umwelt und die dazu in Relation stehenden eigenen (Überlebens-) Bedürfnisse strategische Entscheidungen (vgl. Morgan [2]2000, S. 85), die umso erfolgversprechender sind, je stimmiger sie in sich und in Relation zur Organisationsumwelt ausfallen. Wenn man diese Organisationsoption für die Schule prüft, sieht man zweierlei: Erstens ist der Bestand der Schule nicht wirklich gefährdet, und deshalb mag sie es sich vermeintlich leisten können, die Veränderungen ihrer Umwelt nicht zum Anlass der Selbstveränderung zu nehmen. Zum anderen ist die Schule allerdings eine Organisation, die in sehr veränderungsintensiven Umwelten agiert, ohne dass sie darauf aktiv und konzeptionell antwortet. Allerdings antwortet sie indirekt und mit den verschiedensten Konzepten – je nach der Umweltsensibilität ihrer Mitarbeiter nämlich. Das führt i.d.R. notwendig zu einem nicht konsistenten Agieren, und auch das mag als eine brauchbare Erklärung der heutigen Probleme der Schule helfen: Sie beobachtet ihre Umwelt nicht systematisch und zieht aus den nicht vermeidbaren, aber sie betreffenden Umweltveränderungen uneinheitliche und eher zufällige Schlüsse, die sich in ihren Organisationsdesignebenen strategisch nicht auswirken. Man kann berechtigt vermuten, dass ein Selbstverständnis der Organisation Schule, das der Organismusmetapher entspräche, sicher einen wichtigen Beitrag dazu leisten könnte, zu einer konsistenteren Arbeitsweise in der Schule zu gelangen. Dass diese Vermutung auch von anderen angestellt wird, zeigen die Aufforderungen zu Schulprofilbildung – sie lassen sich, bezogen auf das Gesagte, als Aufforderungen zur Erhöhung von Konsistenz in der Wahrnehmung und Bearbeitung von Umweltbedingungen für das System Schule lesen.

Bisher wenig ausgearbeitet, aber in meinen Augen lohnend und attraktiv für die Selbstverständigung von Schulen über eine produktive Gestaltung ihrer Arbeitsweise erscheint eine weitere Organisationskonzeption, der zufolge eine Organisation wie ein *Gehirn* agiert. Das meint nach Morgan (^{2}2000, S. 107-154), dass jeder Teil der Organisation quasi das Ganze in sich repräsentiert und dass dadurch ein überaus flexibles Gebilde entsteht. Diese Flexibilität drückt sich in einer quasi kybernetischen Umgangsweise mit Umweltbedingungen aus, die eine Organisation dazu führen, nicht nur auf veränderte Anforderungen und Bedingungslagen zu *reagieren*, sondern auch die Art der eigenen Reaktion und deren sonstige Wirkungen zu betrachten, also, wie es auch anderswo heißt, in „Doppelschleifen" zu lernen (Morgan ^{2}2000, S. 125-134). Organisationen dieses Typs orientieren sich an freiwillig geteilten Zielen. Doch gilt ihre Aufmerksamkeit nicht nur dem Realisieren von Zielen, sondern sie richtet sich genauso darauf, erwartbare Beschränkungen ihrer Aktionsinteressen zu antizipieren und ggf. vorsorglich auszuräumen und dadurch Handlungsspielräume noch unbestimmt, also nicht nur zielorientiert, zu erweitern. Dadurch erschließt sich der Organisation und ihren Mitgliedern die Möglichkeit der ergebnisoffenen Selbstorganisation. Organisatorisch bedeutet das: Aufgabentausch zwischen den Organisationsmitgliedern, wechselseitige Vertretbarkeit, Anforderungsvielfalt, Offenheit aller Teilsysteme der Organisation zur Umwelt, Führung als eine fördernde und abstimmende Rolle, als Förderung ermöglichender Bedingungen für die Organisationsmitglieder und deren Selbstorganisation in einer von den Mitgliedern selbst ausgehenden Verabredung über geltende Werte und Orientierungen. Das alles in einer Kultur, die von Achtung, Freiwilligkeit, Dialogbereitschaft und Verantwortungsübernahme geprägt ist. Summierend charakterisiert Morgan solche Organisationen als welche, in denen die Organisationsmitglieder und die Organisation als Ganze zur Selbstorganisation fähig sind und darin durch die Gestaltung der Organisation ermutigt und gestützt werden, wenn und weil „Aktivität gegenüber Passivität, Autonomie gegenüber Abhängigkeit, Flexibilität gegenüber Rigidität, Kooperation gegenüber Konkurrenz, Offenheit gegenüber Verschlossenheit und demokratische Informationssammlung gegenüber Herrschaftswissen" (Morgan, ^{2}2000, S. 154) bevorzugt werden und die Ausgestaltung der Designebenen der Organisation prägen. Damit verbindet sich für viele Menschen die Zumutung einer Persönlichkeitsentwicklung, einer Entwicklung allerdings, die nach meinem Eindruck genau *die* Persönlichkeit und Aktionsweisen im Blick hat, die ich oben als pädagogisch „professionell" gekennzeichnet habe.

Bezieht man die Metapher des Gehirns auf die Organisation Schule, dann würde man eine Figur für das haben können, was eine Schule notwendig tut, ohne in ihrem bisherigen Formaten damit systematisch umgehen zu können: Sie schafft nämlich beständig selbst die Bedingungen, unter denen sie agiert, mit. Insofern stände ihr an, sich als von sich selbst lernende Einrichtung zu verstehen, in der Offenheit für Erkundung und Selbstkritik Priorität genießen. Sie wäre eine Organisation, die Umweltveränderungen und Selbstveränderungen so aufgreift, dass sie jeweils Anlass werden, sich selbst neu zu organisieren – als Ganze und in den zusammenwirkenden Teilen. Dabei ist sie mehr mit der Eröffnung von Möglichkeiten als mit dem Erreichen von vorab definierten Zielen beschäftigt. Das ist in der Sprache der Organisationsentwicklung ein Formulierungsversuch für pädagogische Konzepte wie: Anregung zur Selbstbildung, unbedingter Respekt vor dem sich bildenden Subjekt, Hilfe zur Selbsthilfe, die nicht nur Folgen heldenhaften pädagogischen Wirkens, sondern eben Früchte einer Organisation sind, die diese Wirkungsweise der Pädagogen und Pädagoginnen in ihr genauso unterstützt wie deren Wirkung auf die adressierten Schülerinnen und Schüler. Wenn es gelingt, Schule als Organisation so zu gestalten, wie es mit der Gehirnmetapher beschrieben ist, dann werden die Menschen, die in ihr arbeiten und die durch sie als Lernende hindurchgehen, anders sein können.

Genau das wollte ich mit meinem Ausflug in Konzepte der Organisationsbeschreibung und der Organisationsentwicklung zeigen, nämlich die Berechtigung vorstehender Überlegung und damit die Berechtigung der von mir formulierten Eingangsthese, die behauptet hat, dass das Organisationsformat einer Bildungsinstitution es Lehrenden mehr oder weniger gut erlaubt oder aber auch quasi verbietet, die von mir skizzierte Professionalität einer kompetenten Kommunikation mit der nachwachsenden Generation zu realisieren. Es scheint mir erwiesen, dass es lohnt, Organisationsformate zu suchen, zu entwickeln und zu realisieren, die in besonderer Weise geeignet sind, die gemeinte Professionalität unangestrengt und organisatorisch unterstützt zu leben. Mir scheinen Organisationsformen, die gemäß der Gehirnmetapher agieren, lassen theoretisch begründet erwarten, dass sie der Unterstützung von professioneller intergenerativer Kommunikation über relevante Aufgaben und Lösungen in der Welt besonders dienen können. Das gilt, weil solche Organisationen systematisch offen sein können für die Ergebnisse dieser Kommunikation mit Schülerinnen und Schülern. Als in dieser Hinsicht tragfähig im Organisationskonzept ist hier die organisatorische Förderung von Selbstorganisation innerhalb der Organisation. Sie bewirkt das Bemühen um die Sicherung von Entfaltungsmöglichkeiten für die Mitglieder und Adressaten der Organisation. Diesem Bemühen zu folgen meint auch, darauf verzichten können, Mitglieder und Adressaten auf vorab definierte Ziele – und noch problematischer – auf vorformulierte Wege festzulegen. Als Organisation so zu agieren, setzt deutlich veränderte Einstellungen und Wertvorstellungen bei den Organisationsverantwortlichen voraus, was auch für die Organisation als Ganze eine „Persönlichkeitsveränderung" bedeutet, die sich – so auch Morgans Einschätzung – „nur über einen angemessenen Zeitraum hinweg vollziehen kann" (Morgan [2]2000, S. 154). Dieser notwendige Zeitraum, den die Organisation Schule und ihre Akteure benötigen werden, um solch veränderte, nämlich ermöglichende und nicht zielorientiert herbeiführende „Persönlichkeiten" zu werden, wird in seiner Dauer und Wirksamkeit zwar auch von den Einstellungen und Wertvorstellungen der Professionellen abhängen, mehr jedoch – und damit komme ich auf Dewey und auf meinen Anfang zurück – wird die Möglichkeit der Veränderung von den Organisationsformaten abhängen, mit und in denen die Veränderungen angestrebt werden.

5 Eine beispielhafte Schule

Inzwischen habe ich in einer realen Schule gesehen, was ein Organisationsformat schaffen kann, das Lehrende ersichtlich darin trägt und unterstützt, mit der nachwachsenden Generation offen und vertrauensvoll über die Welt mit ihren Aufgaben und Lösungen zu kommunizieren. Das bestärkt mich darin vorzuschlagen, über die Entwicklung der Professionalität von Lehrerinnen und Lehrern sowie von Schule nur noch in der zwischen beiden bestehenden Abhängigkeit nachzudenken. Dafür gilt es das Potenzial der Organisationstheorie produktiv zu nutzen, um sicher zu stellen, dass wahrgenommen wird, welche Wirkung und Reichweite organisatorischen Entscheidungen bei der Veränderung pädagogischer Praxis tatsächlich zukommt. Dabei geht es um eine *analytische* Nutzung der Organisationstheorie – besonders die Analyse mit Hilfe der Metaphern für Organisationen –, die das Sehen und Einordnen organisationell veranlasster Wirkungen oft erst möglich macht. Wie sich das am Beispiel einer Schule, deren Konzept ich für zukunftsfähig halte, darstellt, möchte abschließend kurz berichten. Es ist ein Bericht zur Futurum-Schule in der schwedischen Gemeinde Habo bei Upsalla.

In dieser Schule verbringen Lehrende mit Grundschul- oder Sekundarschulqualifikation ihre schulische Arbeitszeit mit 35 von insgesamt 45 Wochenstunden Arbeitszeit (in den 45 Stunden ist ein Ferienausgleich inbegriffen) in den Räumen der Schule. Sie organisieren sich als Teams von jeweils 16 Mitgliedern. Diese Teams arbeiten in einem staatlich vorgegebenen curricularen Rahmenformat so, dass sie zu 16 Lehrenden gemeinsam für 160 Schülerinnen und Schüler im Alter zwischen 5 und 15 Jahren ein auf diese je individuell abgestimmtes Bildungsangebot machen können. Für dessen Bearbeitung stellt die Schule den Schülerinnen und Schülern eine gemeinsame Lernfläche zur Verfügung, die 12 Stunden am Tag mit Ansprechpartnern für diese gesamte Zeit genutzt werden kann. Lehrerinnen und Lehrer übernehmen individuell Verantwortung für i.d.R. 12 Schülerinnen und Schüler aus „ihrer" 160er Gruppe und beraten diese regelmäßig – mindestens zwei Mal pro Woche – zu deren individuellem Curriculum und Lernvorhaben. Die Beratung bezieht sich auf die Breite des gesamten Lehrplans. Dafür und für die, die eigene Lehrtätigkeit vorbereitenden Aufgaben und die erforderliche Kooperation mit den anderen Teammitgliedern stehen die Hälfte der in der Schule verfügbaren Arbeitszeit (17 Std.) sowie ein individueller Lehrerarbeitsplatz in einem Raum für das 16er Lehrerteam zur Verfügung, der in der Gesamtfläche der 160er-Gruppe liegt.

Die Folge dieser Organisationsstruktur ist, dass alle im Prinzip in alles, was die Schule tut, involviert und darüber informiert sind. Das Format führt dazu, dass jeder einzelne das Ganze kennt und kompetent darauf bezogen agieren kann, auch wenn es natürlich Arbeitsteiligkeit im Sinne der Fachmannschaft für bestimmte Fächer und für Altersgruppen gibt. Die umfassende Zuständigkeit für einzelne Schülerinnen und Schüler verschiedener Altersgruppen veranlasst dazu, mit anderen Fachleuten für andere Lehrgebiete und Altersgruppen kontinuierlich im Gespräch zu sein. Es entsteht für jeden Beteiligten ein Blick auf das Ganze, als ein Zusammenwirken von Bausteinen der einzelnen Lehrangebote in Hinsicht auf die individuellen Schülerinnen und Schüler. Das wiederum macht möglich, Individualität und Entwicklung derselben genauer wahrzunehmen und zu berücksichtigen. Umgekehrt sind in diesem Gefüge die Schülerinnen und Schüler Verantwortungsträger insofern, als sie die in der Beratung für ihren Lernweg verabredeten Schritte in großen Teilen eigenständig umsetzen. So entsteht auch für sie ein Verständnis des Gesamtgefüges, verbunden mit der Überantwortung und Übernahme einer eigenaktiven Rolle in der Organisation.

Die beschriebene Arbeitsweise hat eine bauliche Seite: Die Schule enthält sechs solcher sozialen Einheiten von ca. 160 Kindern und 16 Lehrenden, die sich innerhalb einer für ihre Tätigkeiten gestalteten Fläche von ca. 1000 qm selbst organisieren und verwalten. Die Teamsprecher jeder Einheit bilden das koordinierende Leitungsteam der Schule. Jeder Schüler hat auf dieser Fläche einen Schrank für persönliche Gegenstände und eine Schublade für Arbeitsunterlagen. Die Arbeitsplätze der Schülerinnen und Schüler variieren je nach ihren Tätigkeiten. Für alle Tätigkeiten gibt es für alle erreichbare Ausstattungen und – wo nötig – spezifische räumliche Bedingungen (Labore, Werkstätten, schalldichte Räume, Gruppenräume etc.).

Die Schule hat eine gemeinsame Rhythmik von verbindlicher Kernzeit für die Schülerinnen und Schüler, Pausen und Arbeitszeiten, eine Rhythmik, der alle von sich aus ohne Signale folgen. Arbeitsmaterial zum Curriculum, Computer mit Internetanschluß und eine Bibliothek sind für alle frei zugänglich. Es ist üblich, interessante Arbeitsergebnisse aus Einzel- und Gruppenarbeiten für die gesamte Lerngruppe zu präsentieren. Das ist jederzeit möglich und wird mindestens wöchentlich unanstrengend und unaufwändig praktiziert, weil in jeder Lernfläche eine dafür umfassend ausgestattete Bühne besteht.

Dieses Organisationsformat fördert erlebbar und spürbar die Selbstorganisation der Schülerinnen und Schüler genauso wie die der Lehrerinnen und Lehrer und führt z.B. zu immer neu formierten Arbeitsverbünden als Lerngruppen für den Unterricht, genauso wie zu Arbeitsgruppen der Lerner, die sich sach- und aufgabenbezogen jenseits von Jahrgängen organisieren. Das Format verlangt die Selbstorganisation aller in der vorhandenen Zeit, überlässt Verantwortung und ermöglicht Selbstkontrolle in dafür verbindlich verabredeten Formaten – zentral dem sog. Logbuch zur Dokumentation der wöchentlichen Arbeitsleistung der einzelnen Lernenden und deren Reflexion. Dieses Logbuch führen die Schülerinnen und Schüler selbst und es wird von den verantwortlichen Lehrenden sowie von den Eltern wöchentlich abgezeichnet.

Es herrscht in dieser Organisation eine Kultur der verbindlichen Anforderungen, verknüpft mit der Freiheit, diesen Anforderungen auf individuellen Wegen und in der eigenen Zeit und Schrittigkeit zu begegnen. Lehrerinnen und Lehrer sind hierbei Partner und Helfer, aber sie stehen nicht zwischen den Sachen und den Lernern. Führung ist hier wesentlich Selbstführung in Bezug auf eingegangene Verbindlichkeiten. Das gilt in allen Beziehungen zwischen Schülerinnen und Schülern, Lehrerinnen und Lehrern und auch im Miteinander beider Gruppen.

Mir scheint, man sieht schon mit Hilfe dieser kurzen Skizze: Hier „schafft" – im Sinne Deweys – eine Organisation eigenverantwortliche und selbstständige Schülerinnen und Schüler und Lehrende, die aktiv und neugierig, sensibel und verantwortlich, intellektuell anspruchsvoll und gründlich sein *können*, weil das Format sie nicht an entsprechenden Aktivitäten hindert, und nicht obwohl, sondern weil diese Aktivitäten nicht im Konkreten vorgeplant wurden. Wenn Lehrende in diesem Setting verlässliche und hilfreiche Kommunikationspartner für die nachwachsende Generation sind, dann sind sie es ohne besondere Anstrengung, sondern weil die Arbeitsweise im Gefüge ihnen diese Rolle zuspielt. Alle arbeiten über das, was das Curriculum vorschlägt, aber so wie das die jeweils Lehrenden und Lernenden sehen, aufgreifen und einbringen. Das ist ersichtlich in den sechs, sich doch organisatorisch völlig gleichenden Gruppen, verschieden – die Schulen in der Schule, aber auch Einzelne entwickeln und leben ihren jeweiligen Stil, der sich aber allen anderen auch wieder kommuniziert, weil im Prinzip allen alles zugänglich ist. Man ist auch deshalb notwendig daran interessiert und engagiert, zwischen allen eine kommunikative Basis zu erhalten und zu fördern, weil man ja immerhin 10 Jahre zusammen bleibt, so dass eine Basis so lange halten und tragen muss.

In dieser Schule erreichen ca. 85% der Schülerinnen und Schüler den erfolgreichen Übergang in die Sekundarstufe II, ca. 10% tun sich mit der zugemuteten Verantwortung schwer und ca. 20 von 1000 Schülern gelten als so schwierig, dass sie eine zusätzliche Betreuung erhalten.

Mein Eindruck ist: Diese Schule ist auch interessant, weil sie wirtschaftlich ist. Angesichts schrumpfender Jahrgänge und entsprechender Schulschließungen sowie angesichts der ungelösten Probleme der Kinderbetreuung für berufstätige Eltern, löst dieses Schulformat viele Probleme. Es erlaubt in einer Region oder in einem Stadtteil z.B. mit 32 Lehrenden – mit denen in jedem Fall alle Fächer/Fakultäten abzudecken sind –, eine Schule für alle Kinder der Vorschul-, Grund- und Sekundarstufe mit allen Abschlüssen anzubieten, die auch noch zeitliche und finanzielle Ressourcen durch die gute Erreichbarkeit spart und die für Netzwerkbildung natürlich viel bessere Voraussetzungen besitzt als stadtteil- oder ortsübergreifende Schulen mit weiten Wegen und notwendig viel mehr Anonymität.

Das pädagogisch Entscheidende ist, dass Organisationsstruktur, Kulturdesign, Netzwerkbildung und Führungsdesign konsistent auf Kommunikation und Kooperation hin angelegt sind. Diese muss nicht den Strukturen abgerungen werden, sondern sie ist in sie eingebaut. Es gibt für sie Zeiten, Räume, Anlässe. So ist gewährleistet, dass dieses Format allen Nutzern Kraft belässt und sogar gibt, weil es sie darin aktiv trägt, ihrer anspruchsvollen Aufgabe einer Beförderung der Kommunikation über relevante Fragen in einer gemeinsamen Welt tatsächlich gerecht zu werden und sich dabei dennoch weniger zu erschöpfen als in tradierten Formaten.

Und so lässt mich zum Schluss die nicht nur gedanklich, sondern sogar praktisch schon *erwiesene* Möglichkeit einer organisationsgestützten Professionalität von Schule und Lehrenden umso dringlicher fragen, welche Schritte von Wissenschaft, Administration und Politik zu tun sind, um Organisationen zu schaffen, welche die formulierte Professionalität von Lehrenden befördern und stützen, statt von Lehrerinnen und Lehrer weiterhin zu erwarten, dass sie quasi heldenhaft, aber ‚sisyphosgleich' das relativieren und ausgleichen, was die bestehende Schule in ihrem jetzigen Format – möglicherweise ungewollt, aber doch wirksam – an Chancen *nicht* bietet und an Fehlentwicklungen und Problemen schafft.

Literatur

Baecker, D. (1999): Organisation als System. Frankfurt a.M.: suhrkamp.

Dewey, J. (1920/1985): Die Erneuerung der Philosophie. Hamburg: Sammlung Junius (Original erschienen in: The Middle Works: Vol. 12: (1920) Reconstruction in Philosophy and Essays, Carbondale and Edwardsville: Southern Illinois University Press.

Girmes; R. (1995): Sich zeigen und die Welt zeigen. Bildung und Erziehung in posttraditionalen Gesellschaften. Opladen: Leske + Buderich.

Girmes; R. (2002): LernTRäume. „Häuser des Lernens" raumtheoretisch betrachtet. In: Lernende Schule 20, S. 24-29.

Girmes; R. (2002): Bildungsaufgaben und Aufgabenorientierte Didaktik als Antworten auf die Anforderungen einer Lern- und Wissensgesellschaft. In: Pädagogisches Handeln. 6. Jg. 2002, Heft 1, S. 29-37.

Girmes; R. (2004): [Sich] Aufgaben stellen. Seelze-Velber: Kallmeyer 2004.

Morgan, G. (^{2}2002): Bilder der Organisation. Stuttgart: Klett-Cotta.

Senge, P. (^{7}1999): Die fünfte Disziplin. Kunst und Praxis der lernenden Organisation. Stuttgart: Klett-Cotta.

III. Lehrerberuf und Schulorganisation

Arbeitsanalyse und Organisationsdiagnose in Schulen: Analyse psychischer Belastungen und Ressourcen von Lehrerinnen und Lehrern als Grundlage für Schulentwicklungsprozesse

Andreas Krause

Bislang liegen nur wenige arbeitspsychologisch fundierte Beiträge zur Arbeitsanalyse und Organisationsdiagnose in *Schulen* vor. Die einschlägigen Beiträge im Schulbereich stammen überwiegend von Vertretern anderer Disziplinen, etwa aus der Erziehungswissenschaft oder Schulpädagogik, und sind häufig der Schulentwicklungsforschung zuzuordnen. Schulentwicklung meint die Suche nach und Umsetzung von Maßnahmen zur Schulverbesserung. Die Verbesserungsmaßnahmen sollen „Schulen so ... verändern, dass Schüler dort günstige Lernbedingungen vorfinden, damit Lehr- und Lernziele effektiver und effizienter erreicht werden" (Huber 1999a). Angesichts der Fülle bereits vorliegender Beiträge zur Schulentwicklungsforschung (z.B. Huber 1999b) stellt sich die Frage, ob arbeitspsychologische Ansätze neue Impulse für die wissenschaftliche Erforschung und praktische Unterstützung von Schulentwicklungsprozessen erbringen können.

1 Arbeitspsychologie im Schulbereich

Arbeitspsychologische Untersuchungen beschäftigen sich mit der Analyse, Bewertung und Gestaltung von Arbeitstätigkeiten und Organisationsstrukturen (Hacker 1998; Schüpbach/Zölch 2004; Ulich 2001). Mit einer psychologischen *Arbeitsanalyse* werden Informationen über die Tätigkeit von arbeitenden Personen erhoben und bewertet, beispielsweise werden Aussagen zum vorhandenen Handlungs- und Entscheidungsspielraum und zu Kooperationserfordernissen ermöglicht (vgl. Dunckel 1999). *Organisationsdiagnose* meint die systematische Erfassung, Analyse und Darstellung des in einer Organisation regelhaft auftretenden Verhaltens und Erlebens ihrer Mitglieder einschließlich ihrer Wirkungszusammenhänge (Kühlmann/Franke 1989; vgl. auch Büssing 2004).

Die Arbeitswissenschaft integriert verschiedene Teildisziplinen wie Arbeitsmedizin, Industriesoziologie oder Arbeits- und Organisationspsychologie, die zwar unterschiedliche Schwerpunkte setzen, sich jedoch auf ein gemeinsames

Ziel einigen konnten: Arbeit ist so zu gestalten, dass die „arbeitenden Menschen in produktiven und effizienten Arbeitsprozessen

- schädigungslose, ausführbare, erträgliche und beeinträchtigungsfreie Arbeitsbedingungen vorfinden,
- Standards sozialer Angemessenheit nach Arbeitsinhalt, Arbeitsaufgabe, Arbeitsumgebung sowie Entlohnung und Kooperation erfüllt sehen,
- Handlungsspielräume entfalten, Fähigkeiten erwerben und in Kooperation mit anderen ihre Persönlichkeit erhalten und entwickeln können" (Luczak 1997, S. 12).

Arbeitsanalysen und Organisationsdiagnosen orientieren sich sowohl an der Produktivität und Qualität der Arbeitsprozesse (im Schulbereich u.a. das Erreichen von Lernzielen) als auch an der Frage, welche Rückwirkungen die Arbeit auf die arbeitenden Menschen hat. Entscheidend für diese Rückwirkungen sind in erster Linie Merkmale der Arbeitssituation (und nicht Merkmale der arbeitenden Personen). Zur Bewertung der Arbeitsbedingungen werden die oben angeführten Kriterien herangezogen. So sollte die Arbeitsausführung insbesondere keine physischen Schädigungen oder psychosozialen Beeinträchtigungen hervorrufen, und die Möglichkeit bieten, individuelle Potenziale zu entfalten.

Das Befinden und die Gesundheit von Lehrerinnen und Lehrern erscheint in mehrfacher Hinsicht auffällig: So gilt Burnout bei Lehrkräften als sehr verbreitet und gesundheitlich bedingte Frühpensionierungen aufgrund psychischer und psychosomatischer Erkrankungen treten überzufällig häufig auf (z.B. Ahrens/Leppin/Schmidt 2002; Weber 2003). Dies unterstreicht die Notwendigkeit, bei Organisationsdiagnosen an Schulen die Gesundheit der Lehrkräfte *explizit* im Blick zu haben und die angeführten arbeitswissenschaftlichen Kriterien zu berücksichtigen. Schulentwicklung sollte demnach sowohl erhöhter Leistungsfähigkeit und der Qualitätssteigerung dienen als auch (gleichzeitig) Aspekte der Gesundheitsförderung von Lehrerinnen und Lehrern beinhalten.

Allerdings ist die Anwendbarkeit bereits bestehender arbeitspsychologischer Konzepte zu prüfen. In den letzten Jahrzehnten hat sich die Arbeitspsychologie in erster Linie mit Industrietätigkeiten auseinandergesetzt, in den 80er und 90er Jahren wurden zunehmend Büroarbeitsplätze berücksichtigt. Erst in den letzten Jahren werden Dienstleistungsberufe intensiver analysiert (vgl. z.B. die Einzelbeiträge von Manser/Thiel/Wehner 2003; Rieder 1999).

2 Organisationsdiagnose an Schulen nach dem MTO-Ansatz

In Kooperation mit weiteren Forschungseinrichtungen beschäftigt sich die Arbeitsgruppe *Arbeits- und Organisationspsychologie* der Albert-Ludwigs-Universität Freiburg mit der Frage, wie Organisationsdiagnosen an Schulen durchgeführt werden können, die zu einer Verbesserung der Arbeitssituation führen. Der Zugang ist geprägt von einer Tradition, die sich bislang vor allem auf den Produktions- und Verwaltungsbereich konzentriert hat.

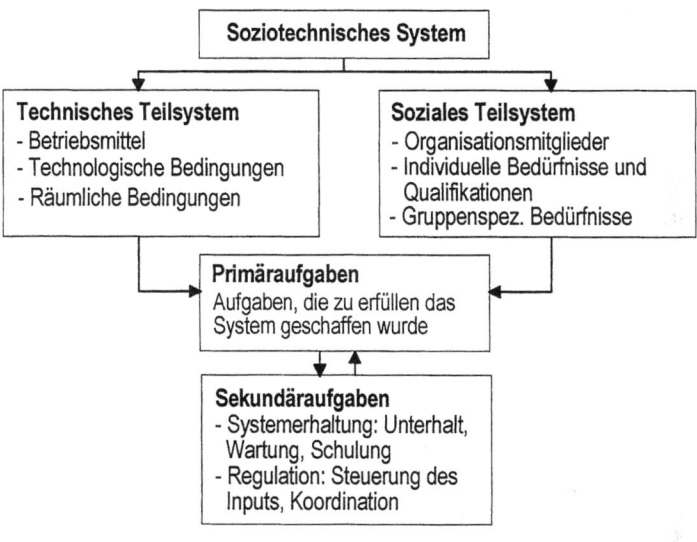

Abbildung 1: Soziotechnischer Systemansatz

Das Rahmenkonzept zur arbeitspsychologischen Unternehmensbewertung wird als *MTO-Ansatz* bezeichnet (Strohm/Ulich 1997a, b, 1999). Die Abkürzung MTO steht für *M*ensch, *T*echnik und *O*rganisation und bezieht sich auf den soziotechnischen Systemansatz (vgl. z.B. Emery 1993; Emery/Thorsrud 1982). Organisationen werden dabei analytisch in ein technisches und ein soziales Teilsystem unterschieden (vgl. Abbildung 1). Zum *technischen System* gehören an Schulen Computer, Geräte wie Kopierer oder Tafeln, schriftliche Unterlagen, die Aufbauorganisation und die räumlichen Bedingungen, etwa die Größe der Klassenzimmer oder die Schulhofgestaltung.

Das *soziale System* bezieht sich auf die individuellen Arbeitsstile und Bedürfnisse der Organisationsmitglieder, das soziokulturelle Gefüge im Kollegium und den Umgang zwischen Schulleitung, Lehrerinnen und Lehrern, Schülerinnen und Schülern und Eltern (Schulklima).

Ziel bei Gestaltungsmaßnahmen ist stets eine gemeinsame und gleichzeitige Optimierung des sozialen und des technischen Systems. Dreh- und Angelpunkt ist die Primäraufgabe; hiermit ist die Aufgabe gemeint, für die das System überhaupt geschaffen wurde und besteht. Im Schulbereich geht es insbesondere um die Vermittlung öffentlicher Bildung. Allerdings ist diese allgemein formulierte Aufgabe im Rahmen von Organisationsdiagnosen zu konkretisieren.

Ebene bzw. Schritt der Organisationsdiagnose	Methodik
1. Analyse auf der Ebene des Unternehmens	Dokumentenanalysen, Experteninterviews
2. Analyse von Auftragsdurchläufen	Dokumentenanalysen, Betriebsbegehungen, Experteninterviews, Gruppeninterviews
3. Analyse von Arbeitssystemen und von Arbeitsgruppen	Dokumentenanalysen, Experteninterviews, Gruppeninterviews
4. Bedingungsbezogene Analyse von Schlüsseltätigkeiten	Ganzschichtbeobachtungen, Beobachtungsinterviews, Experteninterviews
5. Personbezogene Arbeitsanalysen	Schriftliche Erhebung (Fragebögen)
6. Analyse der soziotechnischen Geschichte	Dokumentenanalysen, Experteninterviews

Tabelle 1: Ebenen der Organisationsdiagnose nach dem MTO-Ansatz (in Anlehnung an Strohm 1997a)

Die Schritte und Methoden einer MTO-Analyse werden in Anlehnung an Strohm (1997a) in Tabelle 1 skizziert und setzen an verschiedenen Ebenen an. Für die Analysen auf den verschiedenen Ebenen wurden teilweise spezifische Instrumente neu entwickelt, u.a. um auf der Ebene des Unternehmens strukturelle Merkmale wie die Personalstruktur, Qualitätssicherungssysteme oder das soziale Umfeld der Organisation über Experteninterviews zu erfragen (Escher/Leder/Troxler 1997). Zudem sollen Auftragsdurchläufe etwa über Betriebsbegehungen beschrieben (Schüpbach/Strohm/Troxler/Ulich 1997) und Arbeitssysteme und -gruppen über Gruppeninterviews analysiert werden (Strohm 1997b; Weber/ Kirsch/Ulich 1997). Für die detaillierte Analyse einzelner Schlüsseltätigkeiten werden bereits bestehende Instrumente übernommen (z.B. Oesterreich/Leitner/Resch 2000) und in der Regel in Verbindung mit Ganzschichtbeobachtungen eingesetzt (Troxler 1997). Auch zur Analyse der subjektiv geprägten Einstellungen und Werte der arbeitenden Personen kann meist auf bereits bestehende standardisierte Fragebögen zurückgegriffen werden.

Bei der Analyse der soziotechnischen Geschichte werden die Meilensteine der bisherigen Organisationsentwicklung herausgearbeitet (Strohm 1997c): Welche Maßnahmen wurden in der Vergangenheit erfolgreich durchgeführt, welche sind gescheitert? Hieraus sollen Erkenntnisse für zukünftige Vorgehensweisen in Veränderungsprojekten abgeleitet werden.

Erste Vorschläge zur Durchführung von Organisationsdiagnosen an Schulen nach dem MTO-Ansatz liegen inzwischen vor (Ulich/Inversini/Wülser 2002). Bei der Anwendung im Schulbereich erscheint es ratsam, die Erhebungsmethoden verstärkt den Besonderheiten des Bildungssystems anzupassen. Aus arbeitspsychologischer Sicht besteht die Notwendigkeit, reliable und valide Instrumente zu entwickeln, die an den verschiedenen Ebenen ansetzen. Im Folgenden soll der Stand zur derzeitigen Entwicklung von zwei Instrumenten aufgezeigt werden. Die Instrumente sollen als Bestandteil von Organisationsdiagnosen nach dem MTO-Ansatz eingesetzt werden können, aber auch getrennt im Kontext von Gefährdungsbeurteilungen und der Umsetzung des Arbeitsschutzgesetzes an Schulen hilfreich sein.

Im ersten Abschnitt wurde bereits betont, dass sich arbeitswissenschaftliche Instrumente sowohl an der Produktivität und Qualität der Arbeitsprozesse orientieren als auch Humankriterien aufgreifen und fragen, inwieweit eine menschengerechte Gestaltung der Arbeitstätigkeit vorliegt. Bestimmte Merkmale der Arbeitstätigkeit haben positive oder zumindest stressreduzierende Auswirkungen auf die arbeitenden Menschen, beispielsweise Zeitspielraum, Entscheidungs- und Handlungsspielraum, Kooperationserfordernisse und soziale Unterstützung, Anforderungsvielfalt, Kontrollierbarkeit und Durchschaubarkeit der Arbeitsprozesse, Rückmeldungen zu den Arbeitsergebnissen, Teilhabe an betrieblichen Entscheidungsprozessen (Partizipation), hohe und angemessene Qualifikationsanforderungen und ganzheitliche Aufgaben, die einen eindeutigen Anfang und ein sinnvolles Ende aufweisen. Diese Aspekte werden meist als *Ressourcen* bezeichnet und sollten möglichst hoch ausgeprägt sein.

Andere Aspekte wirken sich negativ aus, beispielsweise Zeitdruck, Hindernisse bei der Arbeitsausführung, soziale Konflikte, soziale Isolation, Rollenkonflikte, mangelhafte Werkzeuge und Materialien, fehlende Erholungspausen und einseitige Körperhaltungen. Hier kann von Fehlbelastungen oder Stressoren gesprochen werden, die in Organisationen reduziert werden sollten. Die Begriffe Fehlbelastungen und Belastungen werden im Folgenden synonym verwendet, da in der Arbeitspsychologie Belastungen negative Merkmale der Arbeitssituation kennzeichnen, wenngleich ingenieurwissenschaftlich orientierte Vertreter der Arbeitswissenschaft von einem neutralen Belastungsbegriff ausgehen (Oesterreich 2001).

Für MTO-Analysen und auch für Gefährdungsbeurteilungen werden sowohl grobe Screening-Instrumente (in Tabelle 1 die fünfte Ebene) als auch Feinanalyseinstrumente (die vierte Ebene) benötigt, um Belastungen und Ressourcen zu erheben. In Abschnitt 3 wird ein Screening-Instrument und in Abschnitt 4 ein Feinanalyseinstrument erörtert.

3   Beurteilung von Arbeitsbedingungen: Der Fragebogen zur Arbeitssituation an Schulen (FASS)

Um über Befragungen Belastungen und Ressourcen an Schulen ermitteln zu können, sollte ein Screening-Instrument schulspezifische Belastungen und Ressourcen berücksichtigen und reliabel und valide messen, d.h. hinsichtlich der Testgütekriterien überprüft werden. Im Folgenden werden Ergebnisse zur Überprüfung des *Fragebogens zur Arbeitssituation an Schulen* (FASS), der aus 95 Items und 23 Skalen besteht, vorgestellt.

In Tabelle 2 werden die Skalen des Fragebogens FASS aufgelistet. Enthalten sind bewährte arbeitspsychologische Dimensionen wie Zeitdruck oder Handlungsspielraum. Spezifika des Schulbereichs betreffen beispielsweise die Verhaltensweisen von Schülern für das Befinden von Lehrern. Entsprechend wurden neue Skalen aufgenommen wie *Unterstützung durch Schüler* und *Unterrichtsstörungen*. Die Skalen setzen sich jeweils aus mehreren Aussagen zusammen, z.B. werden *Unterrichtsstörungen* mit sieben Items wie „Im Unterricht sind ständig Ermahnungen notwendig" oder „Den SchülerInnen fällt es schwer, sich über mehrere Minuten im Unterricht zu konzentrieren" erhoben. Die Beantwortung der Aussagen erfolgt über eine 5-stufige Antwortskala von *trifft überhaupt nicht zu* bis *trifft völlig zu.*

Belastungen		Ressourcen	
organisational	**sozial**	**organisational**	**sozial**
• Unsicherheit • Zeitdruck • Fehlende Erholungspausen • Fehlende materielle Schulausstattung • Schlechte räumliche Situation	• Zwang zur Gefühlskontrolle • Unterrichtsstörungen • Soziale Konflikte im Kollegium • Konflikte mit Eltern	• Handlungsspielraum • Vielseitigkeit • Zeitspielraum in der Schule • Zeitspielraum zu Hause • Feedback aus der Aufgabe • Partizipationsmöglichkeiten • Unterstützende Konferenzen	• Unterstützung durch Schüler • Soziale Unterstützung durch Kollegen • Mitarbeiterorient. Führungsverhalten • Feedback durch Schulleitung • Gemeinsame pädagogische Vorstellungen • Anerkennung • Soziale Unterstützung außerhalb der Schule

Tabelle 2: Skalen des *Fragebogens zur Arbeitssituation an Schulen* (FASS)

FASS wurde in mehreren Schritten entwickelt und schrittweise optimiert; insgesamt haben sich bislang mehr als 500 Lehrkräfte an 24 Schulen in drei Bundesländern beteiligt (Tabelle 3).

Zur Überprüfung des Instruments wurden übliche Testgütekriterien herangezogen: So wurde die Einteilung der Skalen über eine Hauptkomponentenanalyse weitgehend bestätigt. Die Reliabilitäten – bestimmt über Cronbachs Alpha – waren bei 19 von 23 Skalen mit Werten zwischen .7 und .9 befriedigend bis gut.[1]

---

[1] Lediglich die Skalen *Feedback aus der Aufgabe, schlechte räumliche Situation, Vielseitigkeit* und *fehlende Erholungspausen* waren nicht ausreichend reliabel und sind entsprechend zu verbessern.

Studie	Beteiligte Schulen	Bundesland	Zeitraum	n	Rücklauf-quote
1	eine Hauptschule, vier Grund-& Hauptschulen und zwei Gymnasien	Schleswig-Holstein	Sommer 2002	123	51%
2	Sechs Realschulen	Baden-Württemberg	Herbst 2002	116	56%
3	drei Gymnasien	Baden-Württemberg	Frühling 2003	149	60%
4	eine Berufsschule	Hamburg	Sommer 2003	52	61%
5	sieben Grundschulen	Schleswig-Holstein	Herbst 2003	76	82%

Tabelle 3: Studien zur Entwicklung und Überprüfung des Fragebogens FASS

Zur Überprüfung der Validität sollten Zusammenhänge zu Krankheits- und Gesundheitsindikatoren nachgewiesen werden. Im Rahmen von Querschnittstudien wurden u.a. bivariate Korrelationen zwischen den Dimensionen des Fragebogens FASS und *emotionaler Erschöpfung* als zentralen Indikator des Burnout-Syndroms, erhoben mit dem MBI in der Übersetzung von Enzmann/Kleiber (1989), berechnet. In Schleswig-Holstein (Studie 1; Petersen 2003) und in Baden-Württemberg (Studie 2; Kaempf 2003) lagen die höchsten Korrelationen zur *emotionalen Erschöpfung* bei der Skala *Unterrichtsstörungen* vor. Sowohl in der ersten Studie mit $r = .53$ ($p \leq 001$) als auch in zweiten Studie mit $r = .51$ ($p \leq .001$) sind die Pearson-Koeffizienten mit Werten über .5 als hoch einzustufen. *Emotionale Erschöpfung* hing zudem hoch mit (fehlenden) *gemeinsamen pädagogischen Vorstellungen* und (fehlender) *Unterstützung durch Konferenzen* zusammen. Mittlere Zusammenhänge (zwischen .3 und .4) zeigten sich zu *Zeitdruck, fehlenden Erholungspausen, Unsicherheit, Zwang zur Gefühlskontrolle* und *fehlender materieller Ausstattung*. Die relative Bedeutung der Arbeitsmerkmale variierte durchaus in den verschiedenen Studien. Bei einer großen Schule mit fast 100 Lehrerinnen und Lehrern zeigte sich, dass das Nichtvorhandensein einer Ressource, der *Partizipationsmöglichkeiten*, der beste Prädiktor für Erschöpfung war. An dieser Schule war, das bestätigten auch andere Skalen, die

Zusammenarbeit zwischen Schulleitung und Teilen des Kollegiums beeinträchtigt. Solche Ergebnisse weisen bereits auf die Möglichkeit schulspezifischer Aussagen hin.

Da bei den angestrebten Organisationsdiagnosen Aussagen auf Schulebene getroffen werden sollen, muss das Instrument in der Lage sein, zwischen verschiedenen Schulen zu differenzieren. Ein wichtiges Kriterium zur Überprüfung der Eignung des Instruments bezog sich somit auf statistisch nachweisbare Unterschiede zwischen verschiedenen Schulen.

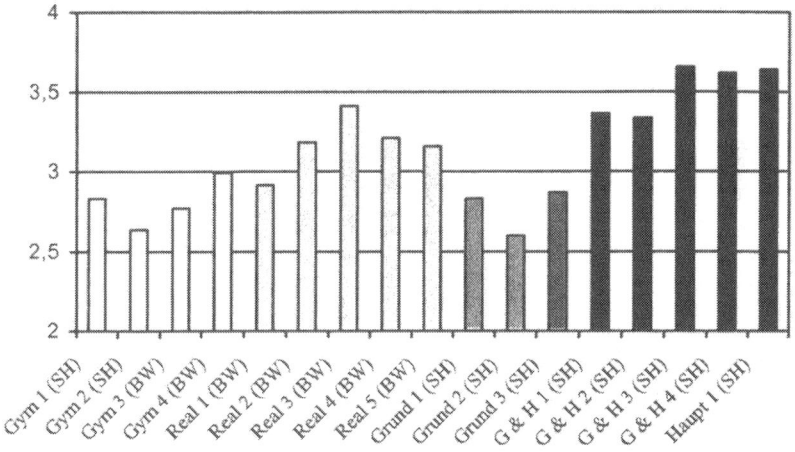

Abbildung 2: Ausprägung der Skala *Unterrichtsstörungen* an verschiedenen Schulen

Als Beispiel soll die Skala *Unterrichtsstörungen* dienen. In Abbildung 2 ist eine Auswahl von 17 der insgesamt 24 beteiligten Schulen auf der x-Achse angeführt, zunächst Gymnasien (Gym), dann Realschulen (Real), Grundschulen (Grund), integrierte Grund- und Hauptschulen (G + H) und eine Hauptschule (Haupt). An Gymnasien lagen die angegebenen Werte tendenziell unterhalb der Realschulen und diese wiederum niedriger als bei integrierten Grund- und Hauptschulen. Vergleichsweise niedrig waren die Werte bei Grundschulen. Hier deutet sich an, dass Grundschulen bereits Möglichkeiten nutzen, um auf die unterschiedlichen Bedürfnisse und Lernvoraussetzungen der Schülerinnen und Schüler einzugehen.

Die varianzanalytischen Auswertungen belegten, dass bei den meisten Variablen statistisch signifikante Unterschiede zwischen Schulen festzustellen waren, d.h. die Unterschiede zwischen den Schulen waren größer als die Unterschiede innerhalb der Schulen bzw. Kollegien. Das Instrument erlaubt somit Aussagen auf Schulebene. Die Schulunterschiede waren bei den sozialen Variablen wie *Konflikten im Kollegium* oder dem Führungsstil der Schulleitung (*mitarbeiterorientiertes Führungsverhalten*) besonders hoch ausgeprägt. Diese Skalen waren auch in der Lage, innerhalb homogener Grundgesamtheiten wie zwischen Realschulen einer Großstadt zu differenzieren. Nur geringfügige Unterschiede bestanden bei den zeitlichen Aspekten wie *Zeitspielraum* oder *fehlenden Erholungspausen*. Es ist ein schultypisches Phänomen, dass Zeitspielraum zu Hause hoch und in der Schule niedrig ist, dass Zeitdruck angegeben wird, während kaum Erholungspausen im Schulalltag bestehen. Allerdings zeigten sich bei Schulen, die eine Veränderung ihrer bisherigen Pausengestaltung umsetzten, leicht verbesserte Werte bei den Erholungspausen (Kaempf 2003).

Das vorgestellte Screening-Instrument FASS erlaubt eine Grobanalyse zahlreicher Belastungen und Ressourcen. Wenn die Datenerhebung nicht nur der groben Orientierung dienen soll, sondern detaillierte Informationen über bestimmte Belastungen oder Ressourcen erwünscht sind, ist der Einsatz von Feinanalyseinstrumenten angezeigt. Ein besonders guter Prädiktor für emotionale Erschöpfung waren die *Unterrichtsstörungen*. Im Folgenden wird ein Feinanalyseinstrument vorgestellt, das insbesondere der Bestimmung solcher Unterrichtsstörungen bzw. Regulationshindernisse im Unterricht dient.

4 Feinanalyse von Schlüsseltätigkeiten: Das Beobachtungsinstrument RHIA-Unterricht

Arbeitspsychologisch fundierte Feinanalyseinstrumente beruhen methodisch häufig auf Beobachtungen oder Beobachtungsinterviews (vgl. Dunckel 1999; Schüpbach/Zölch 2004). Beobachtungsinterviews kombinieren die Vorteile von strukturierten Beobachtungen des Arbeitsablaufs und von strukturierten Interviews mit den arbeitenden Personen. Grundlage der Datenerhebung ist das so genannte Beobachtungsmanual, das konkrete Anweisungen für die Beobachter enthält.

Im Folgenden wird ein Beobachtungsinstrument bzw. -manual vorgestellt, das externe Beobachter anleitet, auf Lehrer einwirkende psychische Belastungen im Unterrichtsfluss zu erheben (Krause 2002). Grundlage ist ein Konzept aufgabenbezogener psychischer Belastungen durch Regulationsbehinderungen in der Arbeit. Darauf basierende Beobachtungsmanuale werden als RHIA-Verfahren bezeichnet (Leitner u.a. 1993; Oesterreich/Leitner/Resch 2000). RHIA steht für

Regulationshindernisse in der Arbeit. Der Grundgedanke des Konzepts besteht in Folgendem (Lüders 1999): Jede Aufgabenerledigung erfolgt unter bestimmten organisatorischen Rahmenbedingungen. Diese Durchführungsbedingungen können in Widerspruch zur Zielerreichung geraten und damit Quelle psychischer Belastungen sein. Dies ist dann der Fall, wenn bei der Erledigung der Aufgabe Ereignisse auftreten, die die Zielerreichung behindern, ohne dass Ressourcen für einen effektiven Umgang mit der Situation zur Verfügung stehen. Eine Form solcher Regulationsbehinderungen sind so genannte Regulationshindernisse. Dies sind Ereignisse, die das Arbeitshandeln direkt beeinträchtigen und in deren Folge Zusatzaufwand geleistet werden muss, der betrieblicherseits eigentlich nicht vorgesehen ist.

Für das Beobachtungsinstrument *RHIA-Unterricht* ist die Aufgabe von Lehrerinnen und Lehrern im Unterricht Ausgangspunkt der Arbeitsanalyse. Die Aufgabe von Lehrenden wird über die Zielstellungen bestimmt und lässt sich folgendermaßen fassen (vgl. Krause 2002, 2003a, in Druck): Im Unterricht sollen Lernprozesse der Schülerinnen und Schüler ermöglicht werden. Diese kann man als Lehrkraft nicht direkt beeinflussen – lernen können Schüler nur selbst. Das Ziel und damit die Aufgabe des Lehrenden bezieht sich auf die *Bereitstellung von Lernsituationen, in denen Schüler etwas hinzulernen können* (vgl. auch Bromme 1997; Terhart 2000).

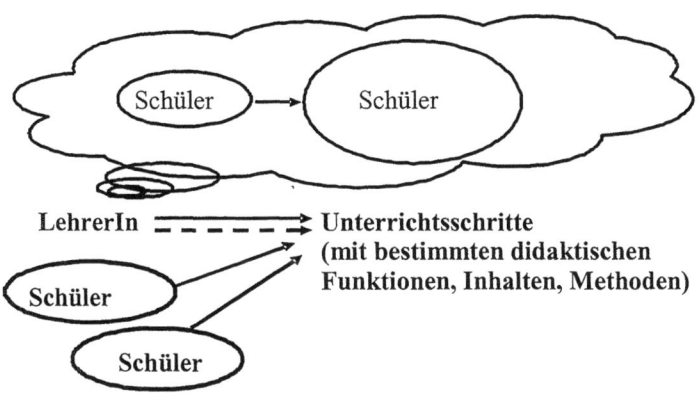

Abbildung 3: Aufgabe von Lehrerinnen und Lehrern im Unterricht

Abbildung 3 verdeutlicht das Aufgabenverständnis. Der geplante Ablauf der Lernsituationen wird durch die gestrichelte Linie dargestellt. Er soll Lernen er-

möglichen – symbolisiert durch die Gedankenwolke und die Weiterentwicklung
der Schüler. Der durchgezogene Pfeil in Richtung Unterrichtsstunde symbolisiert
die konkreten Aktivitäten, etwa die Ausgabe eines Arbeitsbogens. Die durchge-
zogenen Pfeile von den Schülern in Richtung Unterrichtsschritte beziehen sich
auf Aktivitäten der Schüler, die – im Idealfall – in Übereinstimmung mit dem
geplanten Ablauf mithandeln.

Bei der Betrachtung einer Unterrichtsstunde lassen sich in der Regel zahlreiche Aktivitäten von Schülern ausmachen, die nicht in Übereinstimmung mit dem
geplanten Unterrichtsablauf stehen und Störungen des kooperativen Prozesses
sind: Schüler unterhalten sich über Kinofilme, kommen zu spät in den Unterricht
usw. Solche Handlungen sind nicht per se Hindernisse wie z.b. unvollständige
Arbeitsinformationen innerhalb einer Sachbearbeitung. Zudem können Nebengespräche beispielsweise darauf hindeuten, dass Schüler über- oder unterfordert
sind.

Wenn der Lehrer jedoch aus zeitlichen oder methodischen Gründen – zu denen der Lehrplan, das Unterrichten im Klassenverbund, häufig im 45-Minuten-
Takt, gehören – keine Bewältigungsmöglichkeiten hat, werden solche Situationen zu (Regulations-)Hindernissen und sind aus arbeitspsychologischer Sicht als
Belastungen einzustufen.

Im Rahmen einer Studie zur Überprüfung des Verfahrens *RHIA-Unterricht*
wurden zehn Beobachter eine Woche lang im Umgang mit dem Beobachtungsmanual und der unterstützenden Software trainiert. Die Beobachter hatten die
Aufgabe, insgesamt sechsundvierzig Unterrichtsstunden an Laptops zu beurtei-
len. Jede Unterrichtsstunde wurde mit zwei Kameras aufgenommen und als Me-
diadatei aufbereitet. Die Beobachter erhielten vorab den Unterrichtsplan der
jeweiligen Lehrkraft, um Abweichungen im Unterrichtsgeschehen identifizieren
zu können. In Tabelle 4 sind zentrale Variablen des Verfahrens enthalten.

	Variablen	M	SD
Regulations- hindernisse (Rh)	Anzahl der Rh	20.3	11.9
	Zusatzaufwand	5 min 14 sec	2 min 50 sec
Regulations- überforderung	Laut	10 min 2 sec	9 min 16 sec
	Möglichkeit z. Abwenden	1 min 20 sec	2 min 35 sec
Unterrichtsanteile	z.B. fachlicher Unterricht	29 min 59 sec	8 min 30 sec

Anmerkungen: M = Mittelwert; SD = Standardabweichung.

Tabelle 4: Zentrale Variablen des Beobachtungsinstruments *RHIA-Unterricht*

Die vorherigen Erläuterungen bezogen sich auf die Regulationshindernisse: Beobachter identifizieren die Anzahl der Hindernisse sowie den damit verbundenen Zusatzaufwand in einzelnen Unterrichtsstunden. *Hindernisse* sind die beobachtbaren Unterrichtsereignisse, welche mit dem geplanten Unterrichtsablauf nicht vereinbar sind und beim Lehrer zu zusätzlichen Reaktionen führen (z.b. Nebengespräche und fehlende Aufmerksamkeit von Schülern während einer Unterrichtsphase, in der der Lehrer Instruktionen für die folgende Arbeitsaufgabe gibt); sie traten durchschnittlich alle zwei Minuten auf. *Zusatzaufwand* bezieht sich auf die beobachtbare zeitliche Dauer der zusätzlichen Reaktionen der Lehrkraft (im obigen Beispiel die Länge des Zeitintervalls, die der Lehrer benötigt, um die Schüler zur Aufmerksamkeit aufzufordern und seine Instruktion zu wiederholen). In der Pilotstudie wurden durchschnittlich mehr als fünf Minuten Zusatzaufwand pro Unterrichtsstunde identifiziert.

Ferner wurden Regulationsüberforderungen, z.b. der zeitliche Anteil lauter Geräusche im Unterricht, sowie Unterrichtsanteile erhoben. Bei den Unterrichtsanteilen geht es um die aktive Lernzeit und somit auch um die Effektivität des Unterrichts.

Die methodische Überprüfung des Manuals hat zufrieden stellende Ergebnisse erbracht – entsprechende Untersuchungen belegen beispielsweise, dass zwei unabhängige Beobachtende hinreichend übereinstimmen (Krause in Druck). Besonders relevant erschien die Frage, ob das von außen beobachtbare Belastungsniveau im Unterricht mit der Veränderung des subjektiven Befindens der Lehrkraft zusammenhängt. Dazu haben die beteiligten Lehrkräfte vor und nach dem Unterricht die Eigenzustandsskala von Nitsch (1976) ausgefüllt; die Differenzwerte geben ab, welche Veränderungen der Handlungsbereitschaft und -fähigkeit im Laufe der Unterrichtsstunde resultierten. Im Belastungskontext ist der Aspekt der Ermüdung und Erschöpfung (von Nitsch als *Defizienz* bezeichnet) besonders relevant. Wie sich zeigen lies, hing das über RHIA-Unterricht ermittelte Belastungsniveau hoch mit zunehmender Defizienz zusammen: Je höher das von außen beobachtbare Belastungsniveau, desto stärker verschlechtert sich das subjektive Befinden der Lehrkräfte. Beispielsweise korrelierte das Ausmaß der von den Beobachtern bestimmten *Anzahl der Hindernisse* zu $r = .58$ ($p < .05$) und der *zeitliche Anteil lauter Geräusche* sogar zu $r = .79$ ($p < .01$) mit der *Veränderung der Defizienz* (Krause 2003b).

Das Verfahren RHIA-Unterricht ist somit hinreichend reliabel und valide und wird zudem derzeitig auf Grundlage der Ergebnisse aus der Pilotstudie optimiert. Das Beobachtungsinstrument soll zum einen Detailinformationen über das Unterrichtsgeschehen im Rahmen einer MTO-Analyse liefern können, zum anderen eigenständig eingesetzt werden. Dies betrifft auch grundlagenwissen-schaftliche Forschung. Beispielsweise geht unsere Arbeitsgruppe derzeitig der Frage nach, inwieweit der Einsatz bestimmter Unterrichtsmethoden mit dem Belastungsniveau zusammenhängt. Es wird häufig die These vertreten, dass der in Deutschland verbreitete fragend-entwickelnde Unterrichtsstil stressinduzie-rend für die Lehrenden sei; dies wurde aber bislang empirisch noch unzureichend untersucht.

Das Verfahren RHIA-Unterricht kann zudem einen praktischen Nutzen auf-weisen und für eine Verbesserung der Arbeitssituation von Lehrerinnen und Lehrern eingesetzt werden. So führt die Betrachtung des eigenen Unterrichts unter Berücksichtigung psychischer Belastungen im Rahmen von Videokonfron-tationen zu einem erweiterten Blick. Derzeit evaluieren wir in einer Pilotstudie ein Beratungskonzept mit sechs Lehrenden eines Gymnasiums: Auf der Grund-lage von Unterrichtsaufnahmen und den Belastungsanalysen treffen sich die beteiligten Lehrenden zu moderierten kollegialen Beratungssitzungen, in denen Unterrichtsauschnitte videogestützt betrachtet und Handlungsmöglichkeiten diskutiert werden. Auf diese Weise sollen u.a. das Handlungsrepertoire erweitert und Prozesse der sozialen Unterstützung gefördert werden.

Ferner kann RHIA-Unterricht für eine Feinanalyse des Unterrichts im Rah-men von Gefährdungsanalysen genutzt werden. Über die Analysen wäre es mög-lich, besonders belastungsreiche Unterrichtsstunden zu ermitteln: Unterschiede innerhalb von Schulen und Jahrgangsstufen würden dabei auf die Notwendigkeit der Verhaltensprävention hinweisen, Unterschiede zwischen Schulen und Jahr-gangsstufen legen hingegen Maßnahmen der Verhältnisprävention nahe. Schulen mit einem höheren Belastungsniveau sollten mehr Ressourcen nutzen können. So kann beispielsweise die gezielte Reduzierung von Klassengrößen oder ein Zu-satzangebot von Sprachkursen für Schüler mit Sprachschwierigkeiten belas-tungsreduzierend wirken.

5   Ausblick und Fazit

Bislang liegen noch wenige *arbeitspsychologisch* fundierte Beiträge und Verfah-ren zur Arbeitsanalyse und Organisationsdiagnose speziell für den Schulbereich vor. Zwei arbeitspsychologisch fundierte, schulspezifische Analyseverfahren wurden in diesem Beitrag vorgestellt. Der *Fragebogen zur Arbeitssituation an Schulen* erlaubt eine grobe Analyse der bestehenden Belastungen und Ressour-cen aus Sicht der Lehrerinnen und Lehrer und kann eine Orientierung ermöglichen. Speziell zur Bestimmung von psychischen Belastungen im Unterricht liegt *RHIA-Unterricht* vor, so dass detaillierte Analysen und Rückmeldungen möglich werden. Die neu entwickelten Instrumente sollen in aktuellen und zukünftigen Projekten stärker in ein umfassendes Projektmanagement zur Schulentwicklung eingebunden werden, um zu prüfen, ob eine nachhaltige Verbesserung der Arbeitssituation erreicht werden kann. Für eine Analyse auf allen Ebenen einer Organisation bzw. einer Schule im Sinne des MTO-Ansatzes müssen noch weitere Analyseinstrumente zur Verfügung gestellt werden, beispielsweise um die häusliche Arbeitssituation zu berücksichtigen.

Da bereits eine umfangreiche Schulentwicklungsforschung besteht (Huber 1999b), stellt sich die Frage, welchen zusätzlichen Nutzen arbeitspsychologische Beiträge und Organisationsdiagnosen nach dem MTO-Ansatz liefern können. Ein wesentlicher Aspekt ist die Berücksichtigung von Humankriterien bei der Analyse und Bewertung der Ist-Situation sowie bei der Ableitung von Gestaltungsempfehlungen. Auf diese Weise wird die gleichzeitige und gleichberechtigte Berücksichtigung von Leistungs- und Gesundheitsaspekten möglich. Angesichts der kritischen Zahlen zu gesundheitlich bedingten Frühpensionierungen oder zur Verbreitung von emotionaler Erschöpfung bei Lehrerinnen und Lehrern ist eine stärkere Berücksichtigung von Belastungen und Ressourcen im Kontext von Veränderungsprozessen viel versprechend (vgl. auch Arnold u.a. 1999). Nach unseren Erfahrungen lässt sich das MTO-Konzept gewinnbringend auf den Schulbereich übertragen, um eine systematische Analyse der aktuellen Situation vorzunehmen und Impulse für eine Schulentwicklung zu geben, die die Gesundheitsförderung auch für Lehrerinnen und Lehrer ernst nimmt.

Eine Grundannahme bei dem vorgeschlagenen Vorgehen lautet, dass Interventionen auf Schulebene möglich und sinnvoll sind. Empirische Studien aus der Schulwirksamkeitsforschung belegen die Bedeutung von Merkmalen der einzelnen Schulen (vgl. z.B. Rutter/Maughan/Mortimore/Ouston 1980), d.h. die Kennzeichen einer Schule, verstanden als Arbeitsbedingung, wirken sich auf ihre Organisationsmitglieder aus. Die einzelne Schule als Organisation beeinflusst nicht nur Schüler, sondern auch die Lehrkräfte. Im Schulbereich werden gesundheitsförderliche Ressourcen (auf Schulebene) häufig noch zu wenig genutzt. Auf jeden Fall erscheint es im Rahmen der Schulentwicklung *nicht* ausreichend, einseitig Personenmerkmale zu betrachten (und Lehrerinnen und Lehrer in verschiedene Typen einzuteilen, die sich gesundheits- oder krankheitsförderlich verhalten) oder allein allgemeine gesellschaftliche Veränderungen (z.B. Medienkonsum) zur Erklärung der Belastungsthematik heranzuziehen. Vielmehr gilt es, den Einfluss der einzelnen Schule als Bedingung für das Handeln der Organisationsmitglieder zu verstehen und unter Beteiligung der Betroffenen gesundheitsförderlich zu gestalten. Im Schulbereich scheinen soziale Aspekte (verstanden als Bedingungen bzw. Merkmale der Schule, die nicht primär von der einzelnen Lehrkraft abhängen) besondere Bedeutung zu haben. Die Qualität der Zusammenarbeit im Kollegium und mit der Schulleitung, mit Schülerinnen und Schülern und deren Eltern, ist mit Belastungen verbunden (z.b. Unterrichtsstörungen oder soziale Konflikte bis hin zu Mobbing), kann andererseits stressreduzierende Wirkung haben (z.b. Rückhalt im Kollegium oder Partizipationsmöglichkeiten bei schulischen Entscheidungsprozessen). Im Schulbereich ist die individuelle Autonomie (z.b. bei der Unterrichtsvorbereitung und -durchführung) stark ausgeprägt und häufig mit einer Einzelkämpfer-Kultur verbunden („Ich und meine Klasse"). Eine stärkere Ausrichtung auf gemeinsames Arbeiten und auf Gruppenstrukturen (z.b. Einführung von Teamarbeit; gegenseitige Hospitationen; gemeinsame Klärung von Unterrichtszielen und Einigen auf gemeinsame pädagogische Vorstellungen) kann zu einer Einschränkung der persönlichen Entscheidungsmöglichkeiten führen. So entsteht im Kontext der Schulentwicklung ein Spannungsfeld zwischen individueller und organisationaler („kollektiver") Autonomie. Mit der Betonung der individuellen Autonomie ist das Risiko verbunden, dass Vorteile der sozialen Unterstützung nicht genutzt werden. Möglicherweise bietet ein Zugang, der Lehrkräfte einer Schule stärker als gemeinsames soziales System versteht, wesentliches Gestaltungspotenzial und Entlastungsmöglichkeiten: Stärkung der gegenseitigen sozialen Unterstützung, auch Abwehr gegen Angriffe von außen, Rückmeldung von qualifizierten Kollegen zum eigenen Unterrichtshandeln, Entwicklung eines gemeinsamen Aufgabenverständnisses usw.

Die arbeitspsychologisch fundierte Analyse, Bewertung und Gestaltung der Arbeitssituation und speziell der sozialen Aspekte im Arbeitsalltag soll die gleichzeitige und nachhaltige Erreichung von Leistungs- bzw. Qualitätszielen und von Gesundheitszielen ermöglichen. Schulentwicklung mit expliziter Berücksichtigung der Gesundheitsförderung von Lehrerinnen und Lehrern kann, so die Annahme, gleichzeitig mit einer Qualitätssteigerung einhergehen. Im Rahmen von Kooperationsprojekten und Evaluationsstudien soll diese Annahme zukünftig geprüft werden. Eine zu klärende Frage an jeder Schule wird dabei sein: Wie können wir als Kollegium und als einzelne Lehrkraft nicht noch mehr, sondern anders arbeiten und unsere Arbeitssituation gemeinsam verbessern?

Literatur

Ahrens, D./Leppin, A./Schmidt, B. (2002): Arbeitsunfähigkeit und Frühberentung bei Lehrern. In Badura, B./Litsch, M./Vetter, C. (Hrsg.): Fehlzeiten-Report 2001. Gesundheitsmanagement im öffentlichen Sektor. Berlin: Springer, S. 119-135.

Arnold, E./Bastian, J./Combe, A./Leue-Schack, K./Reh, S./Schelle, C. (1999): Schulentwicklung und Wandel der pädagogischen Arbeit. Arbeitssituation, Belastung und Professionalisierung von Lehrerinnen und Lehrern in Schulentwicklungsprozessen. In Buchen, S./Carle, U. (Hrsg.): Jahrbuch für Lehrerforschung, Band 2. Weinheim: Juventa, S. 97-122.

Bromme, R. (1997): Kompetenzen, Funktionen und unterrichtliches Handeln des Lehrers. In Weinert, F.E. (Hrsg.): Psychologie des Unterrichts und der Schule (Enzyklopädie der Psychologie, Themenbereich D, Serie I, Band 3). Göttingen: Hogrefe, S. 177-212.

Büssing, A. (2004). Organisationsdiagnose. In Schuler, H. (Hrsg.): Lehrbuch Organisationspsychologie. Bern: Huber, S. 557-599.

Dunckel, H. (1999): Handbuch psychologischer Arbeitsanalyseverfahren. Zürich: vdf.

Emery, F.E. (1993): Characteristics of socio-technical systems. In Trist, E./Murray, H. (Hrsg.): The social engagement of social science. A Tavistock anthology. Volume II: The socio-technical perspective. Philadelphia: University of Pennsylvania Press, S. 157-186.

Emery, F.E./Thorsrud, E. (1982): Industrielle Demokratie. Bern: Huber.

Enzmann, D./Kleiber, D. (1989): Helfer-Leiden. Stress und Burnout in psychosozialen Berufen. Heidelberg: Asanger.

Escher, O.P./Leder, L./Troxler, P. (1997): Analyse und Bewertung auf der Ebene des Unternehmens. In Strohm, O./Ulich, E. (Hrsg.): Unternehmen arbeitspsychologisch bewerten. Ein Mehr-Ebenen-Ansatz unter besonderer Berücksichtigung von Mensch, Technik und Organisation. Zürich: vdf, S. 71-106.

Huber, S.G. (1999a): School Improvement: Wie kann Schule verbessert werden? Schul-Management 30 (Heft 3), S. 7-18.

Huber, S.G. (1999b): Effectiveness & Improvement: Wirksamkeit und Verbesserung von Schule - eine Zusammenschau. Schul-Management 30 (Heft 5), S. 8-18.

Kaempf, S. (2003): Belastungen und Ressourcen im Lehrerberuf. Eine empirische Untersuchung zum Zusammenhang von Arbeit und Gesundheit an Schulen. Diplomarbeit, Universität Freiburg.

Krause, A. (2002): Psychische Belastungen im Unterricht – ein aufgabenbezogener Untersuchungsansatz. Analyse der Tätigkeit von Lehrerinnen und Lehrern. Dissertationsschrift, Universität Flensburg.

Krause, A. (2003a): Lehrerbelastungsforschung – Erweiterung durch ein handlungspsychologisches Belastungskonzept. Zeitschrift für Pädagogik 49, S. 254-273.

Krause, A. (2003b): Bedingungsbezogene Analyse psychischer Belastungen von Lehrerinnen und Lehrern – Zur Validität eines neuen Untersuchungskonzepts. Wirtschaftspsychologie 5, S. 132-134.

Krause, A. (in Druck): Erhebung aufgabenbezogener psychischer Belastungen im Unterricht - ein Untersuchungskonzept. Zeitschrift für Arbeits- und Organisationspsychologie.

Kühlmann, T.M./Franke, J. (1989): Organisationsdiagnose. In Roth, E. (Hrsg.): Enzyklopädie der Psychologie, Organisationspsychologie. Göttingen: Hogrefe, S. 631-651.

Leitner, K./Lüders, E./Greiner, B./Ducki, A./Niedermeier, R./Volpert, W. (1993): Analyse psychischer Anforderungen und Belastungen in der Büroarbeit. Das RHIA/VERA-Büro-Verfahren. Handbuch. Göttingen: Hogrefe.

Lüders, E. (1999): Analyse psychischer Belastungen in der Arbeit: Das RHIA-Verfahren. In Dunckel, H. (Hrsg.): Handbuch psychologischer Arbeitsanalyseverfahren. Zürich: vdf, S. 365-395.

Luczak, H. (1997): Kerndefinition und Systematiken der Arbeitswissenschaft. In Luczak, H./Volpert, W. (Hrsg.): Handbuch Arbeitswissenschaft. Stuttgart: Schäffer-Poeschel, S. 11-19.

Manser, T./Thiel, K./Wehner, T. (2003): Soziotechnische Systemanalyse im Krankenhaus - Eine arbeitspsychologische Fallstudie in der Anästhesiologie. In Ulich, E. (Hrsg.): Arbeitspsychologie in Krankenhaus und Arztpraxis. Arbeitsbedingungen, Belastungen, Ressourcen. Bern: Huber, S. 361-380.

Nitsch, J. R. (1976): Die Eigenzustandsskala (EZ-Skala) - Ein Verfahren zur hierarchisch-mehrdimensionalen Befindlichkeitsskalierung. In Nitsch, J.R./Udris, I./Allmer, H./Knobloch, J. (Hrsg.): Beanspruchung im Sport. Beiträge zur psychologischen Analyse sportlicher Leistungssituation. Bad Homburg: Limpert, S. 81-198.

Oesterreich, R. (2001): Das Belastungs-Beanspruchungskonzept im Vergleich mit arbeitspsychologischen Konzepten. Zeitschrift für Arbeitswissenschaft 55, S. 162-170.

Oesterreich, R./Leitner, K./Resch, M. (2000): Analyse psychischer Anforderungen und Belastungen in der Produktionsarbeit. Das Verfahren RHIA/VERA-Produktion. Handbuch. Göttingen: Hogrefe.

Petersen, J. (2003): Gefährdungsanalyse an Schulen - Entwicklung eines Screeningverfahrens zur Analyse psychischer Belastungen bei Lehrerinnen und Lehrern. Masterarbeit, Universität Flensburg.

Rieder, K. (1999): Zwischen Lohnarbeit und Liebesdienst. Belastungen in der Krankenpflege. Weinheim: Juventa.

Rutter, M./Maughan, B./Mortimore, P./Ouston, J. (1980): Fünfzehntausend Stunden. Schulen und ihre Wirkung auf Kinder. Weinheim: Beltz.

Schüpbach, H./Strohm, O./Troxler, P./Ulich, E. (1997): Analyse und Bewertung von Auftragsdurchläufen. In Strohm, O./Ulich, E. (Hrsg.): Unternehmen arbeitspsychologisch bewerten. Ein Mehr-Ebenen-Ansatz unter besonderer Berücksichtigung von Mensch, Technik und Organisation. Zürich: vdf, S. 107-134.

Schüpbach, H./Zölch, M. (2004): Analyse und Bewertung von Arbeitssystemen und Arbeitstätigkeiten. In Schuler, H. (Hrsg.): Lehrbuch Organisationspsychologie. Bern: Huber, S. 197-220.

Strohm, O. (1997a): Die ganzheitliche MTO-Analyse: Konzept und Vorgehen. In Strohm, O./Ulich, E. (Hrsg.): Unternehmen arbeitspsychologisch bewerten. Ein Mehr-Ebenen-Ansatz unter besonderer Berücksichtigung von Mensch, Technik und Organisation. Zürich: vdf, S. 21-37.

Strohm, O. (1997b). Analyse und Bewertung von Arbeitssystemen. In Strohm, O./Ulich, E. (Hrsg.): Unternehmen arbeitspsychologisch bewerten. Ein Mehr-Ebenen-Ansatz unter besonderer Berücksichtigung von Mensch, Technik und Organisation. Zürich: vdf, S. 135-166.

Strohm, O. (1997c): Analyse und Bewertung der soziotechnischen Geschichte. In Strohm, O./Ulich, E. (Hrsg.): Unternehmen arbeitspsychologisch bewerten. Ein Mehr-Ebenen-Ansatz unter besonderer Berücksichtigung von Mensch, Technik und Organisation. Zürich: vdf, S. 299-320.

Strohm, O./Ulich, E. (1997a): Unternehmen arbeitspsychologisch bewerten. Ein Mehr-Ebenen-Ansatz unter besonderer Berücksichtigung von Mensch, Technik und Organisation. Zürich: vdf.

Strohm, O./Ulich, E. (1997b): Unternehmen arbeitspsychologisch bewerten. Ein Mehr-Ebenen-Ansatz unter besonderer Berücksichtigung von Mensch, Technik, Organisation. Zeitschrift für Arbeitswissenschaft 51, S. 11-19.

Strohm, O./Ulich, E. (1999): Ganzheitliche Betriebsanalyse unter Berücksichtigung von Mensch, Technik, Organisation (MTO-Analyse). In Dunckel, H. (Hrsg.): Handbuch psychologischer Arbeitsanalyseverfahren. Zürich: vdf, S. 319-340.

Terhart, E. (2000): Perspektiven der Lehrerbildung in Deutschland. Abschlussbericht der von der Kultusministerkonferenz eingesetzten Kommission. Weinheim: Beltz.

Troxler, P. (1997): Psychologische Tätigkeitsablaufanalyse (Ganzschichtbeobachtungen). In Strohm, O./Ulich, E. (Hrsg.): Unternehmen arbeitspsychologisch bewerten. Ein Mehr-Ebenen-Ansatz unter besonderer Berücksichtigung von Mensch, Technik und Organisation. Zürich: vdf, S. 245-257.

Ulich, E. (2001): Arbeitspsychologie. Zürich: vdf.

Ulich, E./Inversini, S./Wülser, M. (2002): Arbeitsbedingungen, Belastungen und Ressourcen der Lehrkräfte des Kantons Basel-Stadt. Zürich: Institut für Arbeitsforschung und Organisationsberatung.

Weber, A. (2003): „Frühpension statt Prävention?" – Zur Problematik der Frühinvalidität im Schuldienst. Arbeitsmedizin Sozialmedizin Umweltmedizin 38, S. 376-384.

Weber, W.G./Kirsch, C./Ulich, E. (1997): Analyse und Bewertung von Arbeitsgruppen. In Strohm, O./Ulich, E. (Hrsg.): Unternehmen arbeitspsychologisch bewerten. Ein Mehr-Ebenen-Ansatz unter besonderer Berücksichtigung von Mensch, Technik und Organisation. Zürich: vdf, S. 167-199.

Führungskompetenz im Mitgliedschaftsdilemma.
Grenzen strategischen Schulmanagements
Doris Blutner

1   Einleitung

Die breite Rezeption der Pisa-Studien hat bei den politischen Akteuren in Deutschland bisher zu keiner richtungweisenden Neudefinition von Handlungsspielräumen für Schulen geführt. Die vielfältigen Versuche des Abrückens von zentralistischer Bevormundung der Schulen zugunsten einer erweiterten Selbstständigkeit bleiben in der Regel halbherzig und finden bestenfalls in länderspezifischen Experimentierklauseln ihren Niederschlag. Im Ergebnis dessen heften die landespolitischen Akteure solchen Dezentralisierungsbemühungen nicht nur das Etikett Abweichung an; darüber hinaus gelingt es ihnen dadurch immer wieder, die Dynamik dieser *buttom-up* Prozesse zu absorbieren. Dass gesellschaftlich geteilte Deutungen wirkungsmächtig sind (Berger/Luckmann 1994) und institutionell deklarierte Abweichungen den länderübergreifenden Konsens eher aushebeln als beflügeln, erklärt den Umstand nicht hinreichend, dass kooperatives Lehrerhandeln häufig nicht zum Schulalltag gehört.

Warum aktive Veränderungsbemühungen von Schulleitern oder Lehrern keins oder nur ein sehr halbherziges Mittun der Kollegen nach sich ziehen (Esslinger-Hinz 2003a), ist daher der Zweck folgender Analyse. Konkret wird eine problemorientierte Rekonstruktion des Mitgliedschaftsverhältnisses von Lehrern mit dem Ziel vorgenommen, das Anspruchsniveau und Scheiternspotential von Schulmanagements aus sozialwissenschaftlicher Perspektive zu bestimmen. Ausgangspunkt der Analyse bildet der Befund, dass das Mitgliedschaftsverhältnis von Lehrern sich gegenüber dem Land *und* der Schule, also zweifach, konstituiert. Infolge dessen ist die Realisierung von Führungsansprüchen in den Schulen mit dem Dilemma konfrontiert, dass unterrichtsbezogene Mitgliedschaftsleistungen aufgrund fehlender Anreizinstrumente als Leistungen nur unzureichend anerkannt werden können und dass Schulleiter *zusätzliche* freiwillige Beiträge einwerben müssen, um die Verfolgung fachverbindender oder unterrichtsunabhängiger Ziele zu ermöglichen. Freiwillige Kooperationsbemühungen besitzen jedoch nur geringe Erfolgschancen (Olson 1968), weil Aufwand-Nutzen-Abwägungen den einzelnen zum Trittbrettfahren verleiten. Die organisationssoziologische Bestimmung dieser Handlungsschwellen und die Möglichkeiten ihrer

Bearbeitung beschließt die Analyse. Dabei stütze ich mich auf Interviews mit Berliner Schulleitern und Lehrern, die ich im Rahmen der Evaluierung des Modellprojekts „Personalkostenbudgetierung an Schulen" durchgeführt habe.

2 Dominante und subdominante Orientierungen im Lehrerhandeln

Um das Wirkungsspektrum von Führungsoptionen in Schulen und die Erfolgschancen von Zielrealisierungsprozessen in Lehrerkollegien zu bestimmen, werden zunächst die Mitgliedschaftsbeziehungen von Lehrern aus ökonomischer und soziologischer Perspektive rekonstruiert. Das Mitgliedschaftsverhältnis des Lehrers konstituiert sich *dienstherrenrechtlich* gegenüber dem Bundesland und *formal-organisatorisch* gegenüber dem Schulleiter.

2.1 Im Spannungsfeld zwischen Mitglieder- und Organisationsinteressen

Der Abschluss relationaler Verträge zwischen Mitglied und Organisation bietet sich immer dann an, wenn die Mitgliedschaft auf Dauer gestellt werden soll und eine angemessene Kontrolle über die unterschiedlichen Handlungsprozesse gewährleistet werden muss. Diese Aussage gilt für Arbeitnehmer wie für Arbeitgeber, für das Land wie für den Lehrer. Es sind nicht nur die hohen Transaktionskosten (Williamson 1981), die bei einem täglichen Lehrerwechsel, d.h. bei einer täglichen Suche nach der optimalen Kombination von Unterrichtseignung und Kosten anfallen, und diese Vorgehensweise zu Recht als unpraktikabel und ungünstig erscheinen lassen. Es ist darüber hinaus die Unsicherheit über den künftigen Bedarf der Organisation und die Gefahr opportunistischen Verhaltens seitens des Lehrers, die relationale Verträge im Vergleich zu Marktbeziehungen eine höhere Effizienz versichern. Die Möglichkeit zum Opportunismus rührt aus der Informationshierarchie zwischen dem her, was der Schulleiter über die Bedingungen der Unterrichtserfüllung bzw. über die Ergebnisse des Lehrens weiß, und dem, was der einzelne Lehrer darüber weiß. Unter der Annahme eines täglichen Lehrerwechsels ist es wahrscheinlich, dass der Schulleiter spätestens nach einem halben Jahr feststellen muss, dass seine Schüler beträchtliche Wissenslücken und Fähigkeitsdefizite aufweisen, weil die Abstimmung zwischen den einzelnen Stundeninhalten fehlte bzw. die jeweils erbrachten Lehrerleistungen nicht zueinander passten. Dass aus diesem Blickwinkel die bezahlte Leistung nichts wert war, erfahren Schulleiter zu spät. Umgekehrt wissen die Lehrer ganz genau, dass die Qualität ihrer Arbeit nicht an demselben Tag überprüft werden kann. Wo solche Kontrolldefizite bestehen, wären auch Sanktionen nicht wirksam.

Relationale Arbeitsverträge bearbeiten dieses Problem in einer besonderen Weise. In solchen Verträgen werden nur Inhalte spezifiziert, ohne sie genau zu definieren. Es bleibt ungeregelt, was den Lehrer genau erwartet, d.h., in welcher Klassenstufe und mit welcher Fachkombination er künftig unterrichten wird. Die Landesschulbehörde als Arbeitgeber behält sich dies vor. Sie legt ausschließlich die Anzahl der insgesamt zu unterrichtenden Stunden fest. Auch wenn der Schulleiter der vertragsschließende Partner wäre, würde sich dieser Sachverhalt nicht ändern. Auch er kann nicht im Vorhinein wissen, welchen konkreten Unterricht der Lehrer künftig übernehmen muss. Die damit verbundene Asymmetrie, dass Vertragsinhalte mit sachlicher (unterrichtsbezogener), zeitlicher (stundenzahlbezogener) und sozialer (klientelbezogener) Elastizität zu Lasten des Lehrers ausgestattet sind, begründet die Notwendigkeit und den Sinn von relationalen Verträgen. Gibt er der Schulbehörde Gewissheit, bedeutet er für den Lehrer das Risiko einer unspezifisch definierten Leistung. Aus diesem Grund sind solche Vertragsverhältnisse immer unvollständig. Anstatt beidseitiger Leistungsspezifikationen werden Verfügungsrechte übertragen. Ein zweites wesentliches Merkmal von relationalen Verträgen ist, dass das Verfügungsrecht durch den Arbeitnehmer freiwillig eingeräumt und durch Lohnzahlungen plus anderen Gratifikationen ausgeglichen wird.

Deutschland steht hinsichtlich der transaktionskritischen Faktoren im Politikfeld Schule für eine radikale Lösung im zweifachen Sinne. Zum ersten erfolgt die Lehrerausbildung unter staatlicher Aufsicht, die in der Pflicht zum Ablegen von zwei Staatsexamen besonders deutlich wird. Die Berechtigung der Berufsausübung des Lehrers gründet sich auf eine Qualifikation, die durch das Examen erworben wird (Gehrmann 2003). Wer über diese formale Eignung nicht verfügt, kann in der Regel nicht in den Schuldienst eintreten. Zum zweiten hat die Mehrzahl der Länder die Bildungsaufgabe als hoheitliche und gemeinwohlorientierte Aufgabe definiert (Gehrmann 2003). Weil sich aus der Gemeinwohlorientierung die Versorgungspflicht seitens der Schulbehörde und der Versorgungsanspruch seitens der konkreten Schule ableiten, zeichnen sich die relationalen Verträge zwischen Land und Lehrer durch eine besonders große Elastizitätsspanne zu Lasten des Lehrers aus. Das freiwillig eingeräumte Verfügungsrecht der Lehrer bedeutet erstens den Verzicht auf Entscheidungsbeteiligung bei der Auswahl ihres zukünftigen Arbeitsortes sowie zweitens die Inkaufnahme zusätzlicher Unsicherheit hinsichtlich der Dauer ihrer Unterrichtstätigkeit an ein und derselben Schule. Im Ergebnis dessen dämmen die Schulbehörden mit einer solchen Vertragslösung nicht nur ihre Zukunftsungewissheit kräftig ein. Sie bearbeiten darüber hinaus die mögliche Opportunitätsanfälligkeit des Lehrers besonders nachhaltig, weil die Möglichkeit eines unerwünschten Schulwechsels keinesfalls unrealistisch ist und wie ein Damokles-Schwert über den Köpfen der Lehrer hängt (Interview 3, S.2).

Weil die Schulbehörde die alleinige Entscheidungskompetenz über den Eintritt in den Schuldienst, die Wahl des Dienstorts und die Vertragskonditionen besitzt, fungiert sie als Dienstaufsicht und Dienstherr gegenüber den Lehrern. In allen deutschen Bundesländern folgt aus dieser Funktion das Recht, jene Kriterien zu bestimmen, die einen Lehrerbewerber als geeignet zum Schuldienst ausweisen. Die Fächerkombination und der Listenplatz, der sich aus den Noten des Staatsexamens, den persönlichen Daten und der bisherigen Bewerberzeit ergibt, führen die Rekrutierungsentscheidung an, ohne sie jedoch zu determinieren, weil jede Einstellung ein Verhandlungsergebnis zwischen der Schulbehörde und den beteiligten Interessenverbänden darstellt. Die Vorstellungen des Schulleiters und die besondere Charakteristika der Schule bleiben dagegen weitestgehend unberücksichtigt (Blutner 2002).

Im Tausch für eingeräumte Verfügungsrechte erhalten die Lehrer Gehaltszahlungen und andere Gratifikationen. Organisationen funktionieren nur, wenn sie einen derartigen Tausch anbieten, d.h. ein angemessenes Verhältnis zwischen den Anreizen für die Organisationsmitglieder und den Beiträgen, die die Mitglieder leisten, herstellen. Genau dieses ökonomische Gleichgewicht von Anreizen und Beiträgen (Barnard 1938) hält Organisationen zusammen. Die Wirksamkeit dieser Anreize lässt sich nicht generell bestimmen; sie hängt von den subjektiven Nutzensdefinitionen der einzelnen Organisationsmitglieder ab. Dabei ist die Palette dieser materiellen und nichtmateriellen Nutzensdimensionen reichhaltig: Lohn, Gehalt, Spaß, Qualifikation, Sozialklima, Ansehen. Das Beitrag-Anreiz-Gleichgewicht ist nichts Feststehendes, sondern unterliegt Veränderungen. Besonders störanfällig ist es, wenn der Austritt aus der Organisation einem Organisationsmitglied aufgrund offen stehender Alternativen leicht fällt (Hirschman 1974). Dem Lehrer stehen in der Regel jedoch keine attraktiven Alternativen offen, weil ein mögliches Ausscheiden aus dem Schuldienst häufig der Verlust von Arbeitsplatzsicherheit und Versorgungsansprüchen bedeutet. Aus der Optionsarmut des Lehrers kann die konkrete Schule jedoch keinen Nutzen ziehen, weil sie Personalentscheidungen in eigener Regie nicht treffen kann. Ist ein Lehrer erst einmal Mitglied einer konkreten Schule, so bleibt diese aufgrund der sperrigen Vertragssituation von den persönlichen Motiven dieses Lehrers abhängig. Warum dies so ist, wird erst aus soziologischer Perspektive deutlich.

2.2   Von der Entscheidungsbedingtheit der Mitgliedschaft

Die ökonomische Analyse des Mitgliedschaftsverhältnisses zeigt, dass es sehr gute Gründe dafür gibt, warum Personen in Organisationen kooperieren, obwohl sie persönlich nichts miteinander zu tun haben. Für das soziologische Verständnis des Mitgliedschaftsverhältnisses ist entscheidend, dass Organisationen sich als soziale Systeme durch die Abgrenzung zur Umwelt bilden. Organisationsgrenzen sind sinnhafter Natur (Luhmann 1964). Ihre Konstitution beruht auf der Unterscheidung von Mitgliedschaft und Nicht-Mitgliedschaft (ebd.). Als hinreichende Funktionsbedingung ihrer Existenz muss die Organisation daher über Regeln der Mitgliedschaft verfügen, in denen Ein- und Austritt von Organisationsmitgliedern und Mitgliedschaftsbedingungen definiert sind (ebd.). Einer Organisation gehört man qua Entscheidung an (ebd.). Mit dem Eintritt in die Organisation übernimmt das neue Organisationsmitglied eine Mitgliedsrolle. Konkret bedeutet dies, dass der Einzelne nicht nur Vor- und Nachteile seiner potentiellen Mitgliedschaft abwägt, sondern gleichzeitig Möglichkeiten seines eventuellen Austritts bzw. alternative Optionen der Mitgliedschaft prüft (ebd.). In diese Abwägungen fließen bereits Gedanken ein, mit welchen Konsequenzen zu rechnen sind, wenn die Erwartungen der konkreten Organisation nicht erfüllt werden.

Lehrer können über ihren Eintritt in ein konkretes, soziales System Schule in der Regel nicht befinden. Der einzelne Lehrer kann ausschließlich Vor- und Nachteile hinsichtlich eines bestimmten Bundeslandes abwägen. Ansonsten bleibt ihm die Bekundung seiner konkreten Vorstellungen verwehrt, die sich auf kritische Faktoren seines Arbeitsfeldes wie Schulart, Schulprofil, Schülerschaft oder soziales Umfeld beziehen. Insofern bedeutet die Zustimmung des Bewerbers zum Arbeitsvertrag, der mit dem Bundesland geschlossen wird und eine konkrete Schule als Arbeitsort benennt, *zugleich* die individuelle Entscheidung für die Mitgliedschaft in einer konkreten Schule, ohne diese zu kennen. Dienstherrenrechtlich bleibt der Lehrer mit seinem Dienstantritt dem Bundesland unterstellt. Dem Schulleiter werden nach Vertragsabschluss keine dienstrechtlichen Kompetenzen übertragen. Er besitzt ausschließlich Entscheidungsbefugnisse, die die formal-organisatorische Strukturierung des Schulalltags (Stundenplanung, Vertretungsstunden, Konferenzteilnahmen) betreffen.

Der Umstand, dass Lehrer sich nur en passant zum Eintritt in eine konkrete Schule entscheiden können, zeitigt Folgen. Zum einen werden dem Lehrer weder Gründe noch Motive für seine en passant getroffene Entscheidung bewusst, weil diese erst ans Tageslicht kommen, wenn er die Erwartungen kennt, die sich an seine neue Mitgliedsrolle in der konkreten Schule knüpfen (Luhmann 1964). Zum andern kann die Schulleitung ihrerseits nur mutmaßen, welche individuellen Gründe maßgeblich für die Bewerbung des Lehrers gewesen sein könnten bzw. kann sie erst im Nachhinein erfragen. Schulleiter zeigen sich angesichts der situationsunspezifischen Definition der Erwartungen unzufrieden, weil der Rekurs auf bundeslandbezogene Rekrutierungskriterien die Anforderungen vor Ort unbeachtet lässt (Blutner 2002). Die wechselseitigen Erwartungen zwischen Schulleitung und dem neuen Lehrer werden erst intensiv ausgetauscht, *nachdem* der Eintritt in den Schuldienst vollzogen wurde. Dieser Punkt impliziert weitreichende Schlussfolgerungen: Unter der für Unternehmen oder Verwaltungen üblichen Voraussetzung, dass die Entscheidung zur Mitgliedschaft *unter Kenntnis* der Mitgliedschaftsbedingungen gefällt wird und dass das Mitglied *zuvor* seine Motive für die Mitgliedschaft prüft, kann die Organisation fortan die vielfältigen individuellen Motive der Organisationsmitglieder ignorieren. Das Bekenntnis zur Mitgliedschaft bedeutet die Anerkennung der Mitgliedsrolle. Im Fall des in den Schuldienst eintretenden Lehrers kann sich dieser wirkungsträchtige Integrationsmechanismus, der Mitglied und Organisation durch die Entscheidungsbedingtheit des Eintritts von unzähligen situativen Abstimmungen entlastet, nicht vollständig entfalten. Konkrete Motive und Wünsche des Lehrers, die Bildungsgang, Abiturverpflichtungen, Schülerklientel etc. betreffen können, müssen nun unter erschwerten Bedingungen Aufmerksamkeit erheischen.

Durch das Aufeinandertreffen mit den konkreten Erfordernissen vor Ort wird den Lehrern in der Regel erst bewusst, mit welchen Vorstellungen sie bisher ihren Beruf verbunden haben. In diesen Momenten des Entdeckens eigener Wünsche und Erwartungen bleibt nur noch wenig Raum für die Gestaltung des Mitgliedschaftsverhältnisses. Folgen der unvollständigen, wechselseitigen Erwartungsbestätigung sind, dass die Wünsche auf Seiten des Lehrers virulent bleiben und die Standardisierung der Erwartungen behindert wird, die konstitutiv für den Handlungsvollzug in Organisationen ist. Das Zusammenspiel zwischen den Lehrern und dem zwischen den Lehrern und der Schulleitung unterliegt daher ständigen Situationsdefinitionen. Je geringer der Grad der Erwartungsstandardisierung ausfällt, desto schwerer lernen Lehrer zwischen den Rollenanforderungen und ihrer „ganzen" Person zu unterscheiden. In Folge dessen kommt es zu keiner vollständigen Entpersönlichung von Beziehungen in Organisationen.

Diese ist aber hinreichende Funktionsbedingung für koordiniertes Handeln in Organisationen. In dem Maße, in dem Lehrer ihre Mitgliedsrolle nicht ausprägen können, ist die Schule wie der einzelne Lehrer gleichermaßen negativ betroffen. Die Organisation Schule kann nicht oder nur unvollständig mit erwartungsgerechtem Handeln rechnen. Dadurch entsteht dauerhaft das Problem, die Differenz zwischen den persönlichen Gründen der Mitgliedschaft des Lehrers und dem erwarteten Handeln seitens der Organisation ausbügeln zu müssen. Die vollständige Akzeptanz und Übernahme der Mitgliedschaftsrolle schließt aber ein, dass sich das Mitglied nicht bei seinen Kollegen für ihre Kooperationsbereitschaft bedanken muss und umgekehrt, weil alle gemäß ihrer Rolle miteinander kommunizieren und kooperieren. Jedem Lehrer muss daher per Definition unterstellt werden dürfen, dass er seiner Rolle entsprechend handelt und positiven wie negativen Vorbehalten und Gefühlen nicht nachgibt. Das ist die soziologische Antwort auf die Frage, warum Personen Beiträge leisten, obwohl ihre persönlichen Motive nicht dazu passen. Zugleich ist es eine Antwort darauf, warum Lehrer sich häufig persönlich betroffen fühlen, wenn Anforderungen an sie gerichtet werden, die über die reine Unterrichtstätigkeit hinausgehen. Anstatt diese als legitime Anfragen der Schule zu interpretieren, suchen Lehrer nach Indizien persönlicher Zuneigung oder Ablehnung (Feurle et al. 2003). In diesem Teufelskreis wechselseitigen Missverstehens müssen sich Lehrer wie Schulleiter täglich neu bewähren. Er baut sich in dem Moment auf, in dem es dem Lehrer verwehrt wird, sich unter Kenntnis der Bedingungen vor Ort, für eine Schule zu entscheiden. Er reproduziert sich genau dann, wenn es dem Lehrer nicht gelingt, Organisationserwartungen von persönlichen Motiven im Handeln zu differenzieren.

2.3   Kontra-intentionaler Effekt I: Der Lehrer als Einzelkämpfer

Während auf der einen Seite die Schulbehörde mit Vertragsschluss die professionsgebundenen und ökonomischen Bedingungen des Mitgliedschaftsverhältnisses definitiv klärt, bleibt auf der anderen Seite die Abstimmung der wechselseitigen Erwartungen zwischen Schule und Lehrer unvollständig. Tritt der Lehrer nun in den Schuldienst ein, so dienen ihm für sein noch unerfahrenes Handeln genau jene Kriterien, die durch das jeweilige Bundesland definiert wurden, als dominante Orientierungsangebote. Er unterrichtet auf der Grundlage seiner bisher erworbenen Kenntnisse und achtet dabei darauf, dass er gegenüber den Schülern seine professionstypische Rolle als Experte überzeugend ausübt. Im Hinblick auf seinen konkreten Arbeitsort, gibt ihm einzig sein Stundenplan verbindliche Orientierung. Die an den Lehrer darüber hinaus gerichteten Kooperations- oder Verhaltenserwartungen seitens des Schulleiters oder innerhalb des Lehrerkollegiums erlangen dagegen keinen verbindlichen Status. Sie sind weder Gegenstand des Vertrags zwischen Land und Lehrer, noch können sie durch eine bewusste Eintrittsentscheidung des zukünftigen Lehrers als Teil der Mitgliedschaftsrolle mit der Schulleitung vereinbart werden. *Kooperationsanfragen erfahren daher die Deutungen als optional, freiwillig und qua Herrschaftsposition nicht durchsetzbar.* In dem Moment, in dem der Lehrer dieses strukturelle Führungsproblem erkennt, wird er darin bestärkt, sich gänzlich auf *seine* Unterrichtstätigkeit zu konzentrieren. Die nur formal-organisatorische Einbindung des Lehrers in die Schule, das einsame Erleben seiner Bewährung vor der Klasse sowie der Umstand, dass sich das Unterrichtsgeschehen jeglicher Beobachtung und Kontrolle entzieht (Luhmann 2002), legt den Lehrer weitestgehend auf das Rollenhandeln eines Einzelkämpfers fest. Die wesentlichen Ressourcen seiner Selbstvergewisserung sind seine Profession und sein damit verbundener autonomer Status in der Schule. Kooperation gerinnt zur subdominanten Handlungsorientierung.

2.4 Kontra-intentionaler Effekt II: Der Lehrer als freier Mitarbeiter

Das Bild vom Lehrer als Einzelkämpfer erfasst den gesamten Sachverhalt der zweifachen Mitgliedschaft nur unzureichend. Der Schulleiter, der ausschließlich formal-organisatorische Weisungsbefugnisse gegenüber dem Lehrer besitzt, erfährt den Lehrer als freien Mitarbeiter. Seine Entscheidungskompetenz betrifft nur die Stundenplanung, den Vertretungsunterricht und die Konferenzteilnahmen. Trotz innehabender Führungsposition besitzt er bei der Rekrutierung eines Lehrers (Neueinstellung oder Lehrerversetzung) keinen wirkungsmächtigen Einfluss, um der konkreten Situation in seiner Schule gerecht werden zu können. Trotz Kontrollpflicht über das Unterrichtsgeschehen, verfügt er über kein wirksames Instrumentarium, um Nachlässigkeiten (z.B. Zuspätkommen) oder Verfehlungen (z.B. Unterrichten im alkoholisierten Zustand) von Lehrern kurzfristig und entschieden zu sanktionieren. Trotz Verantwortung für die Quantität und die Qualität von Schülerleistungen kann er auf keine positiven Sanktionen zurückgreifen, um Lehrer zum inhalts- und verantwortungsvollen Arbeiten zu motivieren. Die interne Hierarchie gleicht damit einer sehr lose gekoppelten *Principal-Agent*-Beziehung (Ebers/Gotsch 1999). Das *Principal-Agent*-Problem besteht darin, dass der Beauftragte (Agent/Lehrer) über einen größeren Handlungsspielraum und über die besseren Informationen verfügt als der Beauftragende (Principal/Schulleiter). Daraus folgt eine günstige Gelegenheit für den Beauftragten, auf Kosten anderer Gewinne zu erzielen bzw. Anstrengungen zu vermeiden. Es sind die Opportunismusversuchung und das Problem einer funktionierenden Koordination in Organisationen, die damit erneut zur Sprache kommen. Das Schulleiter-Lehrer-Verhältnis wird durch beide Probleme stark beeinträchtigt. Erstens geschieht Lehrerhandeln im Verborgenen. Es entzieht sich damit jeglicher Beobachtung im Klassenraum (Luhmann 2002) und ist daher weder transparent noch kontrollierbar. Das ermöglicht zweitens dem Lehrer, eigene Interessen und Gefühle in sein professionsgebundenes Handeln einfließen zu lassen und seine Beitragsanreizbilanz selbst zu seinem eigenen Vorteil zu verändern. Dieses Problem ist kein typisches Schulphänomen. Es ist jedoch in diesem Fall durch eine besonders tiefe Kluft zwischen Entscheidungskompetenz und Verantwortungskompetenz gekennzeichnet. Diese resultiert aus dem elastischen Mitgliedschaftsverhältnisses zwischen Land und Lehrer zugunsten des Landes und kehrt sich innerhalb der Organisation Schule auf Kosten der Führungskompetenz des Schulleiters um. Wesentliche Folge des zweifachen Mitgliedschaftsverhältnisses des Lehrers ist, dass der Lehrer innerhalb der Schule über Handlungsspielräume verfügt, denen durch hierarchische Entscheidungen vor Ort kaum Grenzen gesetzt werden können. Daher ist Lehrerhandeln aus der Sicht der Schulleitung durch wesentliche Merkmale freier Mitarbeiterschaft gekennzeichnet (Interview 1, S. 2).

3   Kooperatives Lehrerhandeln als Problem kollektiven Handelns

3.1   Struktureller Tausch vs. integrierte Kooperation

Gerade jene Lehrer, die mit ihren Fähigkeiten und Kompetenzen als Einzelkämpfer sehr gut bestehen können, stiften häufig ihre Kollegen zum Diskurs über neue Formen der Unterrichtsführung an, um die Kollegen an ihrem Wissen teilhaben zu lassen und um selbst ihr Wissen und Können zu erweitern (Interview 5, S.5). Nur wenige Lehrer folgen ihrem Beispiel, weil jedes kooperative Miteinander regelmäßig die Deutung als freiwillig und optional erfährt. Das gilt auch für jene Situationen, in denen der Kooperationsbedarf hoch ist. Die Gewährleistung der Vergleichbarkeit von Abituraufgaben oder das Erstellen eines Schulprogramms sind zwei Bespiele dafür. In der Regel ist die Zahl der Bereitwilligen meist zu gering und ihr Engagement häufig zu punktuell, um dem anvisierten Vorhaben den nötigen Schwung zu verleihen.

Das kooperative Miteinander der Lehrer betrifft vor allem strukturelle Kooperationen, die häufig den Tausch von individuell erarbeiteten Arbeitsmaterialien beinhalten (Esslinger-Hinz 2003b). Die Beschränkung auf reziprok angelegte Tauschgeschäfte ermöglicht dem einzelnen Lehrer, kooperativ zu handeln und zugleich seinen autonomen Status zu wahren. Die enge Orientierung an der Autonomiebewahrung kann durch zwei Aspekte motiviert sein. Erstens mag integrierte Kooperation in Gestalt der Wissensteilhabe (Hayek 1983, Klippert 2003) als Konkurrenzmodell zur professionstypischen, autonomen Berufsausübung wahrgenommen werden (Esslinger-Hinz 2003b), die durch die Vertragsschließung zwischen Land und Lehrer manifestiert wird. Zweitens wird das Autonomiebestreben des Lehrers aufgrund der nur unvollständigen Übernahme der Mitgliedschaftsrolle innerhalb der Schule nicht durch verbindliche Erwartungen integrierter Kooperationsbereitschaft auf ein angemessenes Maß begrenzt. Inwieweit die Orientierung an der Profession das Grundmotiv für die Kooperationshaltung darstellt oder eher als Katalysator dafür wirkt, wird im Folgenden diskutiert.

3.2   Von der Logik kollektiven Handelns

Die Theorie des kollektiven Handelns zeigt, dass die rationale Kooperation großer Gruppen nur eine geringe Erfolgschance besitzt, weil nicht alle Mitglieder der Gruppe aus rationalen Gründen bereit sind, ihren Beitrag für das gemeinsame Ziel zu leisten (Olson 1968). Diejenigen, die Kooperationsenthaltung üben, können nämlich zu Recht davon ausgehen, dass sie an dem Ergebnis der Bemühungen der anderen teilhaben können, weil es sich bei den verfolgten Zielen um die Erstellung von Kollektivgütern handelt, von deren Nutzung (z.B. des Schulprogramms) niemand ausgeschlossen werden kann. Um Bedingungen der Kollektivguterstellung genauer zu bestimmen, werden vier Situationen analysiert, in denen eine Person über seine Kooperationsbereitschaft in Abhängigkeit davon entscheidet, was die anderen Personen tun (Shepsle/Bonchek 1997). In jeder Situation muss die Person abwägen, ob sie ihren Beitrag leistet oder sich der Kooperation enthält. Diese Abwägung trifft der einzelne, in dem er die Kosten seiner eventuellen Beteiligung kalkuliert.

- In der ersten Situation weiß die Person, dass das Kollektivgut erstellt wird, weil *genügend viele* Personen ihren Beitrag leisten. Die Person entscheidet sich für die Kooperationsenthaltung. Sie maximiert ihren Nutzen, indem sie keinen Beitrag leistet. Dieses Verhalten entspricht dem klassischen Trittbrettfahrer-Verhalten.

- In der zweiten Situation weiß die Person, dass das Kollektivgut nicht erstellt wird, weil *zu wenige* Personen ihren Beitrag leisten. Die Person entscheidet sich für die Kooperationsenthaltung, weil bereits klar ist, dass das Kollektivgut nicht zustande kommt.

- In der dritten Situation weiß die Person nicht, ob das Kollektivgut erstellt wird, weil nur *einige* Personen ihren Beitrag leisten. Die Person entscheidet sich für die Kooperationsenthaltung, weil sie nicht sicher ist, ob mit ihrem Beitrag das Kollektivgut zustande kommt. Sie vermeidet Kosten aus Gründen der Risikokalkulation.

- In der vierten Situation weiß die Person, dass *genau ein Beitrag fehlt*, um das Kollektivgut zu erstellen. Allein in dieser Situation ist die Person aus rationalen Gründen motiviert, sich an der Kollektivguterstellung zu beteiligen. Sie wird dann ihren Beitrag leisten, wenn sie eindeutig identifizieren kann, dass genau ihr Beitrag noch fehlt. Über eine persönliche Ansprache kann ihre Kooperationsbereitschaft erhöht werden.

Demzufolge hängt das Gesamtresultat der Kooperation vor allem von den Entscheidungen der anderen und weniger von der Entscheidung des einzelnen ab. Für den einzelnen Akteur ist es unter Umständen rationaler, sich der Kooperation zu enthalten. Das Zustandekommen des Kollektivguts wird immer unwahrscheinlicher, wenn alle potentiell Beteiligten ihren Beitrag rational kalkulieren. Je mehr Personen für kollektives Handeln benötigt werden, desto stärker wird der Trittbrettfahreranreiz. Daher haben kleine Gruppen, deren Koordination über wechselseitige Absprache erfolgt und deren Organisationsaufwand gering ist, in der jeder geleistete Beitrag sichtbar ist und einen signifikanten Einfluss auf das Ergebnis hat, weitaus größere Erfolgschancen, ihre Zwecke zu erreichen, als große Gruppen, bei denen diese Kriterien nicht erfüllt sind (Olson 1968).

Die geringe Anzahl nachhaltiger Kooperationserfolge in Schulen (Feule et al. 2003, Esslinger-Hinz 2003b) bestätigt die Befunde der politikwissenschaftlichen Organisationsforschung nur teilweise. Während es Übereinstimmungen im Hinblick auf die Rekrutierung von Mitgliedschaftsbeiträgen in großen Gruppen gibt, lassen sich analoge Befunde in Bezug auf die kollektive Handlungsfähigkeit von kleinen Gruppen nicht feststellen. In Schulen gelingt es nämlich auch kleinen Gruppen (z.B. Fachkonferenzen) nur selten, Kollektivgüter bereitzustellen, die einer integrierten Kooperation entspringen, obwohl es Bereitschaften von Lehrern dazu gibt (Esslinger-Hinz 2003a, 2003b).

3.3 Chancen und Barrieren kollektiven Lehrerhandelns

In kleinen Gruppen stellt jedes Mitglied oder wenigstens eines von ihnen fest, dass sein persönlicher Gewinn aus dem Kollektivgut die Gesamtkosten seiner Bereitstellung übersteigt (Olson 1968, S. 32). Aus diesem Grund werden kleinen Gruppen gute Erfolgschancen zur Verwirklichung ihrer Ziele zugeschrieben, da einige oder alle Mitglieder einen Anreiz haben, ein mögliches Scheitern ihres gemeinsamen Vorhabens zu verhindern. Wechselseitige Absprachen zwischen den Gruppenmitgliedern ermöglichen darüber hinaus eine verbindliche Definition von Beitragsleistungen, die ihrerseits schon ein Kollektivgut darstellt. Sie kehrt die Bedeutung jedes einzelnen Beitrags hervor und sorgt gleichzeitig für dessen Sichtbarkeit, die soziales Druckpotential birgt. Erbringen einzelne Mitglieder ihre Beiträge nämlich nicht, so drohen ihnen aufgrund der Sichtbarkeit der Kooperationsenthaltung weniger materielle Sanktionen, sondern eher Reputations- und Prestigeverluste. Sowohl Befunde der Schulforschung (Esslinger-Hinz 2003a) als auch die Auswertung von Interviews mit Lehrern (Blutner 2002) zeigen jedoch, dass Lehrer keine Reputationsverluste durch unzureichende Kooperationsbereitschaft befürchten. Obwohl Lehrer Kooperationsbedarf haben (Feule et al. 2003), lehnen sie jegliche Einblicke in ihr Wissen und ihre Kompetenzen ab und scheuen vor dem Einfluss ihrer Kollegen auf ihre Arbeit zurück (Esslinger-Hinz 2003b). Es ist daher zu vermuten, dass die allzu enge Orientierung an Kriterien der Profession und die Ausprägung von Einzelkämpfermentalitäten integrierte Kooperationsformen wesentlich erschweren.

Diese Aussage gilt nur für die Mehrzahl der Lehrer. Es gibt auch Lehrer, die keine Kritik scheuen und eigene Ideen im kleinen Kreis der Fachkollegen vorstellen. Ihr Engagement ruft allerdings in den meisten Fällen negative Reaktionen hervor. Entweder begegnen sie ihrem Kollegen schweigend, wobei sich der vortragende Lehrer dann meist „wie ein Idiot fühlt", oder mit dem Vorwurf der Profilierungssucht, der ihn in den meisten Fällen selbst zum Schweigen bringt (Interview 5, S. 5). Nur wenige fühlen sich angesichts dieser Reaktionsweisen ermutigt, auf den Zug des Wissensaustauschs und der gemeinsamen Wissensgenerierung aufzuspringen, weil in diesen Situationen „der direkte Vergleich zwischen den Lehrern greift" (Interview 4, S. 8). Um diese Vergleichsmöglichkeit zu umgehen, kommt es häufig zur „Verlagerung der Diskussion auf verhaltensauffällige Schüler, um sich wechselseitig zu bestätigen, wie schlecht man eigentlich dran ist" (Interview 4, S. 8).

Integrierte Formen der Kooperation haben in der Regel nur gute Erfolgschancen, wenn Druck seitens der Schulbehörde durch Hospitationsanfragen seitens der Schulaufsicht aufgebaut wird. Dieser Befund deckt sich mit denen der Politikwissenschaft, der besagt, dass Anreize (Zwang oder Belohung) Menschen motivieren, kollektiv zu handeln (Olson 1968). Gleichzeitig demonstrieren diese Ergebnisse die Wirkungsmächtigkeit der dominanten Entscheidungsstruktur zugunsten der Schulbehörde und die Ohnmacht des Schulleiters.

Ein weiteres beachtenswertes Hindernis für kollektives Handeln stellen Vorbehalte von Lehrern gegenüber ihren Kollegen dar, die den zwischenmenschlichen Bereich betreffen (Esslinger-Hinz 2003a, Interview 5, S. 4). Integrierte Kooperationen scheitern, weil es den Lehrern nicht gelingt, gemäß ihrer Mitgliedschaftsrolle zu handeln. Stattdessen lassen sie sich von ihren Gefühlen leiten, wenn sie über ihre Kooperationsbereitschaft entscheiden. Im Ergebnis dessen bilden sich „Koalitionen, die ein soziales Klima innerhalb des Lehrerkollegiums schaffen, das durch fragmentierte Kommunikationsstränge gekennzeichnet ist" (Interview 5, S.2). Dieser Befund verweist nicht nur auf eine unzureichende Rollentrennung zwischen Mitgliedschaft und „ganzer" Person. Er dokumentiert darüber hinaus einen erheblichen Mangel an Distanzierungsfähigkeit des Lehrers gegenüber Kommunikationspartnern in seinem unmittelbaren Arbeitsumfeld. Dieser Mangel an Entpersönlichung und Distanzierungsfähigkeit behindert den formalen Koordinationsprozess, der in jeder Organisation anfällt und bewältigt werden muss, um deren Handlungsfähigkeit zu sichern.

Kollektives Handeln findet jedoch nicht nur aufgrund des rationalen Kostenkalküls, der Wisssenszurückhaltung oder der fehlenden Distanzierungsfähigkeit seine Grenzen. Der Zeitaufwand und die damit erlebte Arbeitsüberlastung, fehlende Kooperationskompetenz und nachhaltige Erfahrungen ineffektiver Zusammenarbeit komplettieren die Liste der Kooperationshürden (Feurle et al. 2003; Esslinger-Hinz 2003b; Klippert 2003). Diese Faktoren werden nicht im Weiteren nicht diskutiert, weil Kooperationsbarrieren im Mittelpunkt stehen, die durch die zweifache Mitgliedschaftsbindung begründet bzw. verfestigt werden.

3.4   Der Schulleiter als politischer Unternehmer

Ein rationales Mittel zur Unterstützung von kollektivem Handeln stellen Sanktionen dar, um die Organisationsmitglieder zur Beitragsleistung zu motivieren. Diese Anreize müssen im Gegensatz zum Kollektivgut die Eigenschaft haben, selektiv zu wirken (Olson 1968). Weder die Schule noch die Schulleiter verfügen jedoch über entsprechende Anreize, kollektives Handeln zu honorieren. Manchmal neigen Schulleiter deshalb dazu, jenen Lehrern graduell mehr Vertretungsstunden zu übertragen, deren Prinzip Kooperationsenthaltung ist (Interview 5,

S.6). Durch diese Vorgehensweise können Schulleiter ihren kooperationswilligen Lehrern institutionelle Unterstützung geben. Eine solche Vorgehensweise stößt allerdings rasch an ihre Grenzen, weil die Initiierung von Schulentwicklungsprozessen so wahrgenommen werden kann, dass sie auf Kosten anderer Kollegen erfolgt (Feurle et al. 2003, S.107). Im Ergebnis dessen ist nicht nur mit einer Wiederbelebung mikropolitischer Auseinandersetzungen zu rechnen; darüber hinaus kann es zur Unterhöhlung jener Ziele kommen, die Schulentwicklungsprozesse bezwecken: die Integration des Mitglieds in das soziale System Schule und das gemeinsame Schaffen eines anregenden Lernmilieus.

Kollektives Handeln setzt nicht nur die Zusammenlegung von Beiträgen voraus, sondern auch ihren koordinierten Einsatz (Elster 1989). Schulleiter übernehmen häufig beide Aufgaben. Sie definieren nicht nur mögliche Ziele und benötigte Beiträge; sie koordinieren zugleich den damit verbundenen Ressourceneinsatz und tragen Verantwortung für den gesamten Prozess. Indem Schulleiter die Rolle des kreativen Unternehmers (Schumpeter 1928) und die des Managers ausfüllen, leisten sie mehr, als gemeinhin mit dem Begriff des Unternehmertums verbunden wird. In Unternehmen werden Innovateuren grundsätzlich Manager zur Seite gestellt, die die Kontrolle und die Sanktionierung von Beitragsleistungen übernehmen (Beckert 1999). Schulleiter sind Innovateure und Manager zugleich. Ihrem Aktionsradius entspricht daher das Aufgabenset eines politischen Unternehmers (Shepsle/Bonchek 1997), der die entscheidenden Kooperationsbeiträge unter der Erwartung einer Kooperationsdividende leistet, die er erst zu einem späteren Zeitpunkt und nur bei der Erstellung des Kollektivguts einlösen kann. Schulleitern, die als politische Unternehmer agieren, bleibt daher zunächst jene Anerkennung als selektiv wirkender Anreiz versagt, die Personen in dem Moment erhalten, in dem sie ihren Beitrag zur Kollektivguterstellung leisten. Häufig provoziert ihr Engagement sogar Missfallen bei den Lehrern, weil ihre Anstrengungen mit der Deutung belegt werden, jene Machträume erobern zu wollen, die ihnen die Schulbehörde institutionell nicht einräumt. Daher reagieren Lehrer vorsichtig und skeptisch auf Kooperationsangebote von Schulleitern. Es geht ihnen nicht nur um die Vermeidung zusätzlicher Belastungen, sondern auch darum, mögliche negative Effekte des angebotenen Kooperationskurses im Hinblick auf ihre autonome Stellung auszuloten. Kooperationsangebote erfahren daher schnell die Zuschreibung als verordnete Innovationen. Dass dieser Eindruck nicht immer trügt, zeigt sich, wenn Schulentwicklungsprozesse aufgrund von neuen Gesetzesvorlagen initiiert werden.

4   Schluss

Das Mitgliedschaftsverhältnis des Lehrers ist zweifach. Es besteht gegenüber dem Bundesland und gegenüber der Schule. Alle wesentlichen Einstellungsentscheidungen werden durch die Schulbehörde auf der Basis professionsbezogener Kriterien getroffen. Die Erfordernisse der Schule und die Vorstellungen des Lehrers bleiben weitestgehend unberücksichtigt. In Folge dessen entsteht aus der Sicht des Schulmanagements eine Dilemmasituation. Diese besteht in der Kluft zwischen

- hoher Verantwortungskompetenz hinsichtlich der Bewertung und Kontrolle von Unterrichtleistungen sowie der Gewährleistung kooperativen Lehrerhandelns und
- unzureichender Entscheidungskompetenz, die sich durch Fehlen von wirksamen Kontroll- und Sanktionsinstrumenten sowie die Beschränkung auf formal-organisatorische Anweisungskompetenzen ausdrückt.

Die Definitionsmacht der Schulbehörde über Mitgliedschaftsregeln des Lehrers im Institutionensystem Schule und die Entscheidungsarmut der Schule bei Einstellungsverfahren bestärkt den einzelnen Lehrer darin, sich an professionstypischen Kriterien zu orientieren und Erwartungen der Schule sowie Belange des kooperativen Umgangs miteinander einem unverbindlichen Möglichkeitsstatus zuzuordnen. Aufgrund dessen, dass weder der Schulleiter noch der Lehrer sich für die konkrete Person bzw. die konkrete Schule entscheiden kann, entsteht eine Abstimmungslücke hinsichtlich der jeweiligen Erwartungen, die in einen unterdefinierten Mitgliedschaftsstatus des Lehrers mündet. Einzig seine formale Einbindung gibt dem Lehrer verbindliche Orientierung innerhalb seiner Schule. Das Problem kooperativen Lehrerhandelns gründet sich zuerst auf die klassische Versuchung des Trittbrettfahrens und verstärkt sich durch die Situation, dass bei Vertragsschließung zwischen Land und Lehrer keine verbindlichen Absprachen zwischen Lehrer und Schule getroffen werden. Integrierte Kooperation erfährt aufgrund dessen, dass es nicht zum Selbstverständnis der Institution Schule gehört, die Deutung als freiwillig und optional und wird dadurch aus der Perspektive der Schule zum schwer erreichbaren Gut.

Dennoch gibt es Lehrer und Schulleiter, die die hohen Kosten beginnender Kooperation übernehmen. Schulbezogenes, kollektives Handeln unterscheidet sich von anderen Versuchen der Kollektivguterstellung in diesem wichtigen Punkt nicht. Immer bedarf es eines oder mehrerer Aktivisten, die darauf setzen, dass andere Personen gute Gründe finden, an der Erstellung des Kollektivguts beizutragen, nachdem sie den Grundstein dafür gelegt haben. Dieser Prozess der

Ausweitung kollektiven Handelns auf viele Personen erweist sich aus drei Gründen als besonders schwer. Erstens wird Kooperation als Gegenentwurf zum autonomen Professionshandeln gedeutet und durch die institutionellen Formen der Mitgliedschaftsbindung manifestiert. Zweitens fürchten Lehrer Reputationsverluste, wenn sie ihr Wissen oder ihre Kompetenzen im Umgang miteinander anwenden müssen. Drittens verfügen Schulen über keine wirksamen Anreizinstrumente, um kollektives Handeln zu belohnen bzw. Kooperationsenthaltung zu bestrafen.

Die Führung einer Schule bedeutet heute, keinen aktiven und offenen Einfluss auf die Personalentwicklung nehmen zu können und gleichzeitig auf wirksame Führungsinstrumente verzichten zu müssen. Das gilt sowohl für unterrichtsbezogene Führungsaufgaben als auch für die Ermöglichung von Kooperationsarrangements, die sich auf freiwillige Beitragsleistungen gründen. Angesichts dieser Ressourcenarmut nutzen aktive Schulleiter die Teilnahme an Modellprojekten, um ihre Lehrerkollegen zum gemeinsamen Lernen und Arbeiten aufzufordern. Diese Führungsweise darf keineswegs mit strategischem Schulmanagement verwechselt werden. Genau genommen demonstriert es konsequentes Führungsgeschick im Umgang mit sich überraschend bietenden Gelegenheiten. Ein erster Schritt zu mehr Kontinuität würde die konsequente Dezentralisierung von Entscheidungskompetenzen im Rahmen von Neueinstellungen und Lehrerversetzungen zugunsten der Schule bedeuten.

Literatur

Barnard, C. (1938): The Functions of Executive. Cambridge: Harvard University

Beckert, J. (1999): Agency, Entrepreneur and Institutional Change. In: Organizational Studies 20, H. 5, S. 777-799

Berger, P.L./Luckmann, T. (1969/1994): Die gesellschaftliche Konstruktion der Wirklichkeit. Eine Theorie der Wissenssoziologie. Frankfurt/M.: Fischer

Blutner, D. (2002): Personalkostenbudgetierung an Schulen. Evaluationsbericht im Auftrag des Berliner Senats für Schule, Jugend und Sport, Berlin, 50 Seiten.

Ebers, M./Gotsch, W. (1999): Institutionenökonomische Theorien der Organisation. In: Kieser, A.,(Hrsg.) (1999): Organisationstheorien. Mannheim: Kohlhammer, 3. erweiterte Auflage

Esslinger- Hinz, I.(2003a): Kooperative Kompetenzen für Lehrerinnen und Lehrer. Professionelle Zuständigkeiten dürfen nicht geteilt werden. In: Die Deutsche Schule 95, H.1, S. 86-98

Esslinger- Hinz, I. (2003b): Kooperation ist nicht gleich Kooperation. In: Schulmanagement H.2, S. 14-17

Elster, J. (1989): Nuts and Bolts for the Social Sciences. Cambridge: Cambridge University Press

Feurle, G./Lenk, K./Wäcken, M. (2003): Kollegiale Supervision. Methode, Erfahrungen in der Praxis und ein Fortbildungskonzept. In: Die Deutsche 95, H.1, S. 99-109

Gehrmann, A. (2003): Der professionelle Lehrer: Muster der Begründung - Empirische Rekonstruktion. Opladen: Leske + Budrich.

Hayek, F.A. (1937/1983): The Use of Knowledge in Society. In: American Economic Review, 58, S. 519-530

Hirschman, A.O. (1974): Abwanderung und Widerspruch. Tübingen: Mohr

Klippert, H. (2003): Teamentwicklung im Kollegium. In: Schulmanagement, H. 2, S. 8-11

Luhmann, N. (1964): Funktionen und Folgen formaler Organisation. Berlin: Duncker & Humblot

Luhmann, N. (2002): Das Erziehungssystem der Gesellschaft. Frankfurt/M.: Suhrkamp

Olson, M. (1968): Die Logik des kollektiven Handelns. Tübingen: J.C.B. Mohr

Schumpeter, J.A. (1928): Unternehmer. In: Elster, L./Weber,A./Wieser,F., Handwörterbuch der Staatswissenschaften, Jena: Fischer, S. 476-487

Shepsle, K.A.; Bonchek, M.S. (1997): Analyzing Politics. Rationality, Behavior, and Institutions, New York, London: Norton & Company

Wiesenthal, H. (1993): Akteurskompetenz im Organisationsdilemma. Grundprobleme strategisch ambitionierter Mitgliederverbände und zwei Techniken ihrer Überwindung. In: Berliner Journal 3, H.1, S. 3-18)

Williamson, O.E. (1981): The Economics of Organization: The Transaction Cost Approach. In: American Journal of Sociology 87, S.548-577

Die erweiterte Entscheidungskompetenz von Schulen bei der Besetzung von Lehrerstellen: Welchen Stellenwert hat das Schulprogramm?

Christine Schaefers

1 Das neue Lehrerrekrutierungsverfahren: Kontext und Zielsetzung

Im Rahmen einer erweiterten Selbstständigkeit von Schule wurden in den letzten Jahren in den verschiedenen Bundesländern Deutschlands unterschiedlich weitreichende Kompetenzen und Verantwortlichkeiten in Bezug auf organisatorische, finanzielle, pädagogische sowie personelle Gestaltung an die Einzelschule übertragen. Die erweiterten Zuständigkeiten bei der Rekrutierung ihres Personals stehen im Fokus dieses Beitrags.

Jahrzehntelang wurden den Schulen neue Kolleginnen und Kollegen durch die Bezirksregierungen zugewiesen. Grundlage für die Besetzung einer freien Lehrerstelle war auf Seiten der Schule der anerkannte Bedarf in den jeweiligen Fächern, auf Seiten der Bewerber entschieden Fächerkombination und Listenplatz (bestimmt über eine aus Staatsexamensnoten sowie persönlichen Daten errechnete Punktzahl) über die Einstellungschance. Im besten Fall erhielt dann die Schule eine neue Lehrkraft mit der – qua möglichst guter Staatsexamensnoten nachgewiesenen – Unterrichtsbefähigung in den zuvor unterversorgten Fächern. Dies sogenannte Listenverfahren, bei dem eine Stellenbesetzung ohne Ansehen der Person bzw. ohne Berücksichtigung einer ‚Passung' von Schule und Lehrkraft hinsichtlich Persönlichkeit, Interessen oder Bedarf an Zusatzqualifikationen erfolgte, hat in Nordrhein-Westfalen seit der Einführung eines neuen Lehrerrekrutierungsverfahrens 1997 (vgl. Goebel/Schenk 1997; Schmidt/Albers 2002) zunehmend an Bedeutung verloren. Nachdem zunächst nur ein geringer Anteil der zu vergebenen Stellen durch das neue Verfahren besetzt wurde, hat die stetige Ausweitung dieses Anteils dazu geführt, dass gegenwärtig für *alle* freien Lehrerstellen geeignete Kandidaten über das Ausschreibungsverfahren gesucht werden. Gelingt hierüber keine Einstellung, greift nachgeordnet das alte Listenverfahren.

Was hat es mit dem neuen Rekrutierungsverfahren von Lehrkräften – früher ‚schulscharfes' Verfahren, heute Ausschreibungsverfahren genannt – auf sich?

Entsprechend dem Zugeständnis einer erweiterten Autonomie im Personalbereich ist es nun die einzelne Schule, die eine freie Stelle ausschreibt – wobei
neben dem entsprechenden Lehramt und der gesuchten Fächerkombination spezifische schuleigene Anforderungen und Erwartungen hinsichtlich der Qualifikation des Bewerbers in den Ausschreibungstext einfließen sollen. Die Bewerber
ihrerseits können sich orientieren, ob Stellen- und Schulprofil ihren Wünschen
und Qualifikationen entsprechen. Bei Interesse an einer Stellenausschreibung
richten neu ausgebildete oder bereits angestellte bzw. verbeamtete Lehrer ihre
Bewerbung an die jeweilige Schule und an die zuständige Bezirksregierung.
Diese erstellt aus den eingegangenen Bewerbungen eine Rangliste, wobei der
Rangplatz des einzelnen Bewerbers wie im Listenverfahren in erster Linie durch
die Fächerkombination und seine aus Staatsexamensnoten und weiteren individuellen Einflussfaktoren errechnete Punktzahl bestimmt wird.

Die Schulen halten sich in der Regel bei der Einladung geeigneter Kandidaten an die von der Bezirksregierung vorgegebene Rangliste, sodass die ersten
acht bis zehn Bewerber zum Vorstellungsgespräch gebeten werden. Will die
Schule darüber hinaus mehr Kandidaten begutachten, steht ihr das frei – bleiben
dabei allerdings Kandidaten zugunsten eines schlechter platzierten Bewerbers
unberücksichtigt, muss dies der Bezirksregierung schriftlich begründet werden.
Das Vorstellungsgespräch wird von einer Auswahlkommission in der Regel
bestehend aus Schulleitung, Lehrer- und Elternvertreter geführt.[2] Im Anschluss
an alle Vorstellungsgespräche erstellt die Kommission eine Liste aller Bewerber
mit dem Wunschkandidaten an Platz eins und begründet ihre Entscheidung
schriftlich. Die Einstellung erfolgt nach wie vor durch die zuständige Bezirksregierung.

Die Zielsetzung des Ausschreibungsverfahrens berücksichtigt eine zentrale
Argumentation im Rahmen der Schulautonomie-Debatte: „Wenn von Schulen
die Entwicklung eines eigenen Profils und die Fixierung einer Entwicklungsperspektive durch ein Schulprogramm gefordert wird [...], so hat die Umsetzung
dieser Vorgabe notwendig Konsequenzen auch für den personellen Bereich: die
Schulen benötigen Lehrer und Lehrerinnen, die willens und auch bereit sind, im
Sinne der Profilbildung und der programmatischen Ausrichtung an der Weiterentwicklung der jeweiligen Schule mitzuarbeiten." (Füssel 1997, S.23)

Das in Nordrhein-Westfalen praktizierte Ausschreibungsverfahren soll den
Schulen eine Form der Personalrekrutierung ermöglichen, bei der eine möglichst
optimale ‚Passung' zwischen Stellenbewerber und Schule bzw. ihrem jeweiligen

---

[2]   Ein Vertreter der Bezirksregierung kann anwesend sein. An Gymnasien und Gesamtschulen kann
      auch ein volljähriger Schülervertreter Mitglied der Auswahlkommission sein.

Schulprofil und Schulprogramm und der individuellen, über die Unterrichtsbefähigung hinausreichenden Qualifikation des Bewerbers erzielt wird. Dies wird als wichtige Voraussetzung für künftige Personal- und Organisationsentwicklung eingeschätzt (vgl. Bellenberg/Böttcher/Klemm 2001).

Wie wird das Ausschreibungsverfahren in den Schulen umgesetzt? Wie wird es von den beteiligten schulischen Akteuren eingeschätzt und bewertet? Und schließlich: Wird die zentrale Zielsetzung des Verfahrens realisiert?

Um empirisch fundierte Antworten auf diese Fragen geben zu können, erhielten im Rahmen eines Forschungsprojektes[3] im Frühjahr 2002 alle 1140 Schulen in Nordrhein-Westfalen, die eine oder mehrere freie Stellen ausgeschrieben hatten, drei Fragebögen. Einer war für den Schulleiter oder die Schulleiterin bestimmt, einen erhielt die Lehrkraft, die Mitglied der Auswahlkommission war, der dritte Fragebogen richtete sich an den erfolgreichen Bewerber, der über das Ausschreibungsverfahren zum Schuljahr 2002/2003 eingestellt wurde. Damit wurden insgesamt 3420 Fragebögen versandt. Im Frühjahr 2003 erfolgte eine weitere, wiederum schriftlich-postalische Befragung derselben Personen.

Ich werde im Folgenden zentrale Ergebnisse unserer Befragungen präsentieren[4], wobei ich mich im Rahmen dieses Beitrages auf die Antworten der Schulleitung sowie der Mitglieder der Auswahlkommission beschränke.[5] Anhand ihrer Innenperspektive als in der Regel langjährige Organisationsmitglieder soll deutlich werden, wie die Schulen das neue Lehrerrekrutierungsverfahren umsetzen und welche Effekte dabei erzielt werden.[6] Die Ergebnisse werden dann abschließend aus organisationstheoretischer Sicht – genauer: aus Sicht des soziologischen Neo-Institutionalismus – beleuchtet und interpretiert.

---

[3] Das Forschungsprojekt „Die Mitwirkung von Schulen bei der Einstellung von Lehrerinnen und Lehrern: Erfahrungen und Wirkungen" unter der Leitung von Prof. Dr. E. Terhart (Westfälische Wilhelms-Universität Münster) wird vom Ministerium für Wissenschaft und Forschung NRW gefördert (2002-2003).

[4] Ich danke den beiden Mitarbeiterinnen im Projekt Jutta Hercher und Eva Treptow für ihren arbeitsreichen Einsatz bei der Dateneingabe und -auswertung.

[5] Vgl. in anderer Perspektive Schaefers/Terhart (2003).

[6] Um den Rahmen dieses Beitrages nicht zu sprengen, werde ich nicht näher auf vorhandene Schulformunterschiede sowie Differenzen im Antwortverhalten dieser beiden Befragtengruppen eingehen.

2   Das neue Lehrerrekrutierungsverfahren in der Praxis –
die Perspektive der Schulleiter sowie der Lehrervertreter in der
Auswahlkommission

2.1   Ergebnisse der Befragung 2002

Um eine summarische Bewertung vorweg zu stellen: Die Befragten stehen insgesamt dem Ausschreibungsverfahren sehr positiv gegenüber. Sowohl Schulleiter als auch Lehrer begrüßen die Idee dieser Rekrutierungsform und wünschen
sich über den Status quo hinaus eine Erweiterung der Einflussmöglichkeiten der
Einzelschule auf die Einstellung neuer Kollegen.

Die Auswahl geeigneter Kandidaten sollte nach Meinung der Mehrheit der
Befragten in Zukunft weitgehend der Verantwortung der Einzelschule unterstellt
werden und damit möglichst unabhängig sein von den Ranglistenvorgaben der
Bezirksregierung.

Der Arbeits- und Organisationsaufwand für das neue Verfahren wird vor allem von den Schulleitern deutlich höher bewertet als für das alte Listenverfahren.
Von entscheidender Bedeutung für die Bewertung dieser Aussage ist allerdings
die Beurteilung des Verhältnisses von Aufwand und Resultat seitens der befragten schulischen Akteure.

Antworten der Schulleiter und Mitglieder der Auswahlkommission 2002			
	Häufigkeit	**in %**	**kum. %**
1 vollständige Zustimmung	129	18,5	18,5
2	267	38,2	56,7
3	159	22,7	79,4
4	101	14,4	93,8
5 vollständige Ablehnung	43	6,2	100,0
Gesamt	699	100,0	

Tabelle 1: Das Resultat steht in einem angemessenen Verhältnis zum Aufwand

Ein höherer Arbeits- und Zeitaufwand scheint gerechtfertigt, wenn über das
Ausschreibungsverfahren eine bedarfsgerechte Personalgewinnung gelingt. An

den meisten Schulen wird tatsächlich der Wunschkandidat der Auswahlkommission eingestellt.[7] Dementsprechend bestätigen denn auch 79% der Schulleiter und 80,4% der Lehrer, dass über das neue Lehrereinstellungsverfahren in vollem bis weitgehendem Umfang eine bedarfsgerechte Personalrekrutierung erzielt wird. Gegenüber dem Ausschreibungsverfahren wird allerdings überraschenderweise das alte Listenverfahren weniger stark in seiner Leistungsfähigkeit abgewertet als bei der überwältigenden Zustimmung zum neuen Verfahren zu erwarten gewesen wäre.

Antworten der Schulleiter und Mitglieder der Auswahlkommission 2002			
	Häufigkeit	in %	kum. %
1 vollständige Zustimmung	197	28,4	28,4
2	164	23,6	52,0
3	194	28,0	80,0
4	112	16,1	96,1
5 vollständige Ablehnung	27	3,9	100,0
Gesamt	694	100,0	

Tabelle 2: Das Listenverfahren kann eine bedarfsgerechte Personalgewinnung nicht leisten

Worin liegen dann Vorteile des Ausschreibungsverfahren gegenüber dem Listenverfahren? Lässt sich der deutliche Mehraufwand durch diese Vorteile rechtfertigen?

Die Mehrheit der Befragten ist der Meinung, dass es im Rahmen des Ausschreibungsverfahren gelingt, einen Kandidaten zu gewinnen, der aufgrund seiner Persönlichkeit und seiner Qualifikation eine optimale Wahl für Schule und Kollegium darstellt. So sind es denn auch an erster Stelle der persönliche Eindruck, dicht gefolgt von der passenden Fächerkombination, die über die Auswahl und Einstellung eines Bewerbers entscheiden. Demgegenüber ist ein weiteres Auswahlkriterium von überraschend geringer Bedeutung angesichts der Zielsetzung des Ausschreibungsverfahren: die Übereinstimmung von persönlichem Profil und Schulprogramm bzw. die ‚Passung' des neuen Kollegen zum Programm der Einzelschule. Die Bedeutung des Schulprofils und Schulprogramms für die Findung eines optimal geeigneten Kandidaten tritt in der Umsetzung des Ausschreibungsverfahren in den Hintergrund.

---

[7]   Dies geben 70,9% der befragten Lehrer und 66,7% der befragten Schulleiter an.

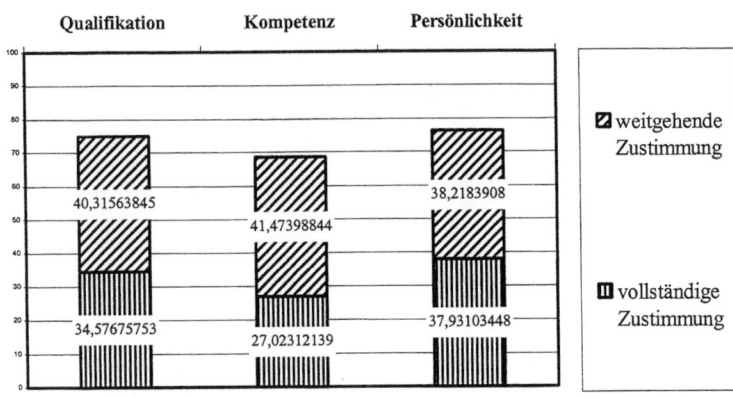

Abbildung 1: Das Auswahlverfahren hat den Vorteil, dass die Schulen genau den Bewerber auswählen können, der das Kollegium auf Grund seiner Qualifikation, Kompetenz und Persönlichkeit
optimal unterstützt (Antworten Schulleiter und Mitgl. der Auswahlkommission 2002)

Dieser Eindruck bestätigt sich, wenn man nach den Gründen für die Ausschrei-
bung der konkreten Stelle fragt. Nur 11% der Schulleiter und 7,3% der Mitglieder der Auswahlkommission geben an, die Stelle sei ausgeschrieben worden, um
das Schulprofil zu unterstützen. Nach den Inhalten des Auswahlgesprächs befragt, schätzt eine deutliche Mehrheit der Befragten die Erfassung der persönlichen Eignung, sowie der pädagogischen und methodisch-didaktischen Kompetenz als sehr wichtig bis wichtig ein. Wesentlich geringer ist der Anteil der
Schulleiter und Lehrer, die der Erfassung der Bereitschaft zur Umsetzung des
Schulprogramms eine solche Bedeutung im Auswahlgespräch einräumen.

Ein weiterer, bei der Einführung des Ausschreibungsverfahrens häufig her-
ausgestellter Aspekt wird im Schulalltag bedeutungslos: Schulen könnten – so
die Hoffnung – über das Ausschreibungsverfahren Lehrer rekrutieren, die neben
ihrer Unterrichtsbefähigung über Zusatzqualifikationen verfügen, die der schulischen Weiterentwicklung dienen. Nur 13% der Schulleiter und 15,8% der Lehrer
geben demgegenüber an, dieser Aspekt sei im Auswahlgespräch sehr wichtig
gewesen, 30% bzw. 27,8% stufen ihn als eher unwichtig bis unwichtig ein.

Auf der Grundlage der Ergebnisse unserer Befragung 2002 lässt sich folgendes Fazit ziehen: Der entscheidende Vorteil des Ausschreibungsverfahrens gegenüber dem Listenverfahren liegt in der Möglichkeit des persönlichen Kennenlernens geeigneter Kandidaten. Eine Einstellungsentscheidung beruht nicht länger auf formalen und ‚anonymen' Kriterien der Fächerkombination sowie des

Listenplatzes, sondern wird durch den persönlichen Eindruck des Bewerbers ergänzt. Demgegenüber tritt die ursprüngliche Zielsetzung einer Verklammerung von pädagogischer und personeller Autonomie in den Hintergrund. Die verpflichtende Vorgabe der Profilbildung und Erarbeitung eines Schulprogramms hat im konkreten Vollzug des Ausschreibungsverfahrens wenig Konsequenzen für die Personalrekrutierung.

2.2 Ergebnisse der Befragung 2003

Die im Frühjahr des Jahres 2003 durchgeführte Befragung derselben Personen zielte auf die Erhebung der Einschätzung des Ausschreibungsverfahrens und seines Erfolges im Rückblick sowie der Beurteilung des neuen Kollegen nach fast einjähriger ‚Probezeit'.

Auch diese Daten spiegeln eine breite Zufriedenheit der Schulleiter sowie der Mitglieder der Auswahlkommission mit der neuen Lehrerrekrutierungsform wieder. Die Mehrheit der Befragten bestätigt auch im Rückblick, dass über das Ausschreibungsverfahren eine bedarfsdeckende Personalgewinnung in vollem oder zumindest weitgehendem Umfang gelingt. Die Schulleiter sehen mehrheitlich in der Folge des Ausschreibungsverfahrens eine schnellere Integration der neuen Lehrkraft in das Kollegium gegeben. Dies bestätigen allerdings nur 41,9% der Lehrer. Insgesamt wird allerdings von der überwältigenden Mehrheit aller Befragten die Integration des neuen Kollegen als gut bis sehr gut eingestuft. Dies schlägt sich in Lehrerkooperationen bei der Planung von Fachunterricht sowie hinsichtlich der Leistungsbewertung nieder. 75,1% der Schulleiter und 76,6% der Lehrer würden sich auch nach fast einjähriger Zusammenarbeit wieder für diesen Kollegen entscheiden.

Die positive Beurteilung des neuen Lehrers betrifft in erster Linie die persönliche und fachliche Seite. Der Kollege fügt sich nach Ansicht des Großteils der Befragten aufgrund seiner fachlichen Kompetenz sowie seiner Persönlichkeit in den Schulalltag ein. Dies deckt sich mit dem Befund, dass neben der Fächerkombination und der vermuteten fachlichen Kompetenz vor allem der persönliche Eindruck ein entscheidendes Einstellungskriterium im Rahmen des Ausschreibungsverfahrens ist. Die Daten aus 2003 zeigen noch deutlicher den zentralen Unterschied zwischen Ausschreibungs- und Listenverfahren: 96,2% der Schulleiter und 95,9% der befragten Lehrer geben an, dass der Vorteil des Ausschreibungsverfahrens in der Möglichkeit des persönlichen Kennenlernens der Bewerber liegt!

Entsprechend der geringen Bedeutung des Schulprofils und -programms bei der Auswahl und Einstellung einer neuen Lehrkraft über das Ausschreibungsverfahren resultiert die große Zufriedenheit mit dem neuen Kollegen nicht aus dessen Engagement im Zusammenhang mit der Schulprogrammarbeit. Nur 21,9% der Schulleiter und 35,8% der Lehrer geben an, dass sich dieser aktiv an der Schulprogrammarbeit beteiligt. Danach befragt, ob der neu Eingestellte insgesamt die Erwartungen hinsichtlich seiner Mitarbeit am Schulprogramm erfüllt, bejahen dies nur 34,9% der Schulleiter und 32,2% der Mitglieder der Auswahlkommission. Auch die geringe Bedeutung von Zusatzqualifikationen wird durch die Ergebnisse der zweiten Befragung untermauert. Nur ein kleiner Anteil der Befragten (12,9% der Schulleiter und 15,7% der Lehrer) kann bestätigen, dass die neue Lehrkraft aufgrund ihrer Zusatzqualifikationen zum Schulprogramm passt bzw. sich daher besonders gut in den schulischen Alltag einfügt.

Als Fazit lässt sich festhalten: Der Zufriedenheitsgrad der befragten Schulleiter und Lehrer mit dem neu eingestellten Kollegen erweist sich als unabhängig von dessen Qualifikationen, Leistungsbereitschaft und Engagement im Zusammenhang mit der Umsetzung und Weiterentwicklung des Schulprogramms. Daher schlägt sich die geringere Zufriedenheit mit der Arbeit des neuen Kollegen in diesem Bereich nicht auf dessen Gesamtbeurteilung nieder. Dass Programm und Profil einer Schule nur geringen Einfluss auf Einstellung und Beurteilung eines neuen Lehrers haben, entspricht offensichtlich den Interessen und Bedürfnissen der schulischen Akteure.

3   Diskussion – ein Interpretationsversuch aus Sicht des soziologischen Neo-Institutionalismus

Trotz der bedeutenden Stellung der neo-institutionalistischen Ansätze in der internationalen sowie in der nationalen organisationstheoretischen Diskussion bleibt ihr Potenzial bislang in den Erziehungswissenschaften weitgehend ungenutzt. Um das Potenzial des soziologischen Neo-Institutionalismus[8] bei der Erforschung und Analyse schulischer Organisationen ansatzweise aufzuzeigen (vgl. Schaefers 2002), werden im Folgenden einige neo-institutionalistische Argumentationen und Einsichten zur Interpretation der referierten Forschungsergebnisse zum neuen Lehrerrekrutierungsverfahren herangezogen.

---

[8]   Neo-institutionalistische Theorieansätze finden sich in den Wirtschaftswissenschaften, den Politikwissenschaften und der Soziologie. Hier geht es um den soziologischen Neo-Institutionalismus, dessen Wurzeln in der US-amerikanischen Organisationsforschung liegen. Zu Zuordnungs- und Systematisierungsversuchen vgl. Scott (1995), Göhler/Kühn (1999), Jansen (2000).

Neo-Institutionalisten lenken den Blick auf die Notwendigkeit der *aktiven* Verarbeitung institutioneller Vorgaben (vgl. Hasse/Krücken 1999). Diese werden nicht bruchlos in die Formal- und Aktivitätsstruktur der Schulorganisationen übernommen, sondern in je spezifischer Weise wahrgenommen, interpretiert und umgesetzt. Darüber hinaus verweist die mikroinstitutionalistische Perspektive (Zucker 1988) auf die Bedeutung organisationsintern etablierter Deutungs-, Problemlösungs- und Handlungsmuster bei der Umsetzung von Vorgaben in die Aktivitätsstruktur einer Organisation. Organisationsinterne Routinen und Habitualisierungen (vgl. Hasse/Krücken 1999) sowie die Bedeutung von ‚taken-for-granted'-Annahmen stehen einer bruchlosen Umsetzung entgegen und lassen es höchst fraglich erscheinen, ob sich die intendierten Effekte einer Reform auch realisieren lassen.

Was bedeuten diese organisationstheoretischen Überlegungen im Zusammenhang einer erweiterten Mitbestimmung der Schulen bei ihrer Personalauswahl?

Für die schulorganisationsinternen Abläufe und Routinen spielt weniger das spezifische Profil einer Schule oder ihr Programm eine Rolle als vielmehr in erster Linie die Versorgung von Schülern mit Fachunterricht durch qualifiziertes Lehrpersonal. Daher kann das Ergebnis unserer Befragungen, dass die Fächerkombination sowie die fachliche Qualifikation eines Lehrers sich als entscheidende Einstellungskriterien erweisen, nicht überraschen. Gleichzeitig wird von Schulleitern und Lehrern geschätzt, einen neuen Kollegen rekrutieren zu können, dessen Persönlichkeit ihnen zusagt – der sich eben aufgrund dieser Persönlichkeit in den schulischen Alltag und damit in die bereits langjährig bestehenden organisationsspezifischen Routinen, Deutungs- und Handlungsmuster einfügt. Insofern ist es aus neo-institutionalistischer Sicht sinnvoll, im konkreten Auswahlverfahren auf andere Beurteilungs- und Einstellungskriterien zurückzugreifen als das Schulprofil bzw. Schulprogramm. Daher dokumentiert sich auch ein hoher Zufriedenheitsgrad der schulischen Akteure mit dem neuen Lehrerrekrutierungsverfahren, obwohl gegenüber dem mit wesentlich geringerem Arbeits- und Organisationsaufwand verbundenen Listenverfahren im wesentlichen nur die persönliche Begutachtung der Bewerber die traditionellen Einstellungskriterien ergänzt.

Der aktive Umgang der Schulen mit den institutionellen Vorgaben im Zusammenhang mit dem Ausschreibungsverfahren führt dazu, dass das Schulprogramm zwar im Ausschreibungstext erwähnt wird, solange dies die Bezirksregierungen (noch) fordern. Im konkreten Vollzug des Verfahrens ist es jedoch relativ bedeutungslos. In der Folge kann auch die Einschätzung der Arbeit des neuen

Kollegen rund um das Schulprogramm kein zentrales Kriterium für dessen Beurteilung sein. In Übereinstimmung mit den organisationsinternen Anforderungen und Routinen gewinnen andere Kriterien an Bedeutung.

Nun ließe sich argumentieren, es sei doch positiv zu bewerten, dass die Schulen die Vorgaben von Politik und Bürokratie im Rahmen des Ausschreibungsverfahrens in einer Weise umsetzen, die den Abläufen und Anforderungen ihrer Organisation sowie den Bedürfnissen und Interessen der schulischen Organisationsmitglieder entsprechen. Schließlich resultiert daraus eine breite Akzeptanz des neuen Verfahrens. In den Augen der schulischen Akteure gelingt eine bedarfsdeckende Personalgewinnung über das Ausschreibungsverfahren, da der Bedarf der Schule eben in erster Linie über die benötigte Fächerkombination bestimmt wird – und nicht wie von den Reformbefürwortern angenommen über zusätzliche Qualifikationen und Kompetenzen, die der Umsetzung des Schulprogramms und der Weiterentwicklung der Schule dienen könnten.

Ist es dann von Bedeutung, dass sich die Annahmen und Argumentationen der Schulpolitik sowie der Schulautonomietheoretiker im Zusammenhang mit der Einführung des neuen Verfahrens in seiner Umsetzung als relativ unwichtig herausstellen? Spielt es eine Rolle, dass die ursprüngliche Zielsetzung des Verfahrens verloren geht?

Einerseits wird zwar zur Zufriedenheit wichtiger schulischer Akteure entsprechend ihren organisationsinternen Anforderungen und Routinen ein Kollege eingestellt, der sich aufgrund seiner fachlichen Unterrichtsbefähigung und seiner Persönlichkeit gut in die schulische Organisation integriert und so zum möglichst reibungslosen Ablauf des Schulalltags beitragen kann. Andererseits jedoch ist deutlich erkennbar, dass mit dem Verlust der ursprünglichen Zielsetzung im konkreten Verlauf des Ausschreibungsverfahrens die mit dieser umwälzenden Reform verbundenen intendierten Effekte sich allenfalls vereinzelt und zufällig einstellen können. Mit diesem Verlust wird die Chance einer sinnvollen Verbindung zwischen pädagogischer Autonomie und Personalautonomie vertan. Impulse für eine breite Schulentwicklung durch die Beteiligung der Einzelschule an ihrer Personalauswahl sind kaum zu erhoffen.

Literatur

Bellenberg, G./Böttcher, W./Klemm, K. (2001): Stärkung der Einzelschule. Neue Ansätze der Ressourcen Geld, Zeit und Personal. Neuwied: Luchterhand.

Füssel, H.-P. (1997): Von den Schwierigkeiten im Umgang mit der „Schulautonomie" – ein Versuch, sich einem komplizierten Gegenstand zu nähern. In: Döbert, H./Geißler, G. (Hrsg.): Schulautonomie in Europa. Baden-Baden: Nomos, S.11-25.

Goebel, H.-H./Schenk, F.W. (1997): Lehrereinstellungsverfahren in Nordrhein-Westfalen. Schulscharfes Ausschreibungsverfahren. In: Schulverwaltung NRW 12, S.323-326.

Göhler, G./Kühn, R. (1999): Institutionenökonomie, Neo-Institutionalismus und die Theorie politischer Institutionen. In: Edeling, T./Jann, W./Wagner, D. (Hrsg.): Institutionenökonomie und Neo-Institutionalismus. Überlegungen zur Organisationstheorie. Opladen: Leske + Budrich, S.17-42.

Hasse, R./Krücken, G. (1999): Neo-Institutionalismus. Bielefeld: transcript.

Jansen, D. (2000): Der neue Institutionalismus. Antrittsvorlesung an der Deutschen Hochschule für Verwaltungswissenschaften Speyer. Juni 2000.

Schaefers, Ch. (2002): Der soziologische Neo-Institutionalismus. Eine organisationstheoretische Analyse- und Forschungsperspektive auf schulische Organisationen. In: Zeitschrift für Pädagogik 48, S. 835-855.

Schaefers, Ch./Terhart, E. (2003): The Participation of Schools in Recruitment of Teachers: Contexts, Experiences and Effects. Paper presented at the Conference of the ISATT (International Study Association on Teachers and Teaching), University of Leiden/NL, June 2003.

Schmidt, K.-D./Albers, Th. (2002): Lehrereinstellung in Nordrhein-Westfalen. Das Ausschreibungs- und das Listenverfahren. In: Schulverwaltung NRW 1, S.15-18.

Scott, W.R. (1995): Institutions and Organizations. Thousands Oaks: Sage.

Zucker, L.G. (1988): Where do Institutional Patterns came from? Organizations as Actors in Social Systems. In: Zucker, L.G. (Hrsg.): Institutional Patterns and Organizations. Culture and Environment. Cambridge: Ballinger, S.23-49.

IV. Schulentwicklung

Management des Wandels.
Die Theorie des Change Managements und die schulpolitische Praxis.
Michaela Brohm

Das Schulsystem sieht sich derzeit mit zwei Befunden konfrontiert: zum einen mit dem dynamischen Umbau moderner Gesellschaften durch die Innovationssprünge in der Informationstechnologie sowie den damit entstehenden globalisierten Arbeitsmärkten, zum anderen mit den Befunden zur mangelnden Leistungsfähigkeit deutscher Schüler/innen im internationalen Vergleich. Wenn man von dem Anspruch ausgehen, dass zukünftige deutsche Schüler/innen in den sich immer stärker international ausrichtenden Arbeitsmärkten die Möglichkeit haben sollen, chancengleich mit anderen europäischen Schüler/innen zu agieren, verweisen beide o.g. Befunde auf die Notwendigkeit einer umfassende Schulreform.

Die PISA-Resultate initiieren derzeit reges Treiben bei den Bildungsverantwortlichen; viele einschlägige aktuelle Aktivitäten treten mit dem Anspruch auf, ein Bildungssystem zu reformieren, das sich über Jahrzehnte hinweg als eher wandlungsresistent erwiesen hat. Ganztagsschulen werden beispielsweise derzeit nach kurzer Diskussion bundesweit eingerichtet, Standards und Evaluationen sollen zügig implementiert werden. Richtet sich der Fokus in dieser Situation auf Impulse aus anderen Disziplinen, die evtl. die Wandlungsmaßnahmen im Schulwesen unterstützen könnten, so fällt das im betriebswirtschaftlichen Kontext angesiedelte Change Management in den Blick.

Ausgangspunkt der nachfolgenden Überlegungen ist die Frage, inwiefern Instrumente des Change Managements für Wandlungsprozesse im Bildungsbereich hilfreich sein können. Dabei nähere ich mich dieser Frage aus zwei Perspektiven: Wie werden idealtypisch Wandlungsprozesse im Konzept des Change Management gestaltet? Was wären die Konsequenzen einer Übertragung der Methoden des Change Management auf den Wandel im Bildungsbereich?

1   Professionelle Wandlungsprozesse in der Wirtschaft

Professionelle Wandlungsprozesse werden in der Wirtschaft durch zwei ineinandergreifende Prozesse gefördert. Der Wandlungsprozess selbst bezieht seine Struktur und seine Instrumente aus dem Change Management, derweil die Kommunikation während des Prozesses durch Instrumente des Marketings unterstützt wird.

1.1   Change Management

Ausgehend von der klassischen Organisationsentwicklung sucht die Betriebswirtschaftslehre seit Mitte der 80er-Jahre in einer unter dem Stichwort 'Change Management' psychologische, soziologische und ökonomische Komponenten bündelnden Teildisziplin nach strategisch ausgerichteten Konzepten sowie Umsetzungsimpulsen, die Wandel von Organisationen generieren sollen. Das Change Management soll nachhaltige und effektive Wandlungsprozesse initiieren, implementieren und stabilisieren (vgl. Gattermeyer/Al-Ani 2001, S. 14f.). Idealiter ist Change Management „die zielgerichtete Analyse, Planung, Realisierung, Evaluierung und laufende Weiterentwicklung von ganzheitlichen Veränderungsmaßnahmen in Unternehmen" (Vahs 1997, S. 252). Es wird dabei zwischen dem Wandel erster Ordnung (geringe Intensität, Denken und Handeln der Mitarbeiter fast unverändert, begrenzter Bereich) und dem Wandel zweiter Ordnung (umfassender, intensiver, neuer Bewusstseinszustand der Mitarbeiter bzgl. Denk- und Handlungsweise) unterschieden. Letzterer wird als „tiefgreifender Wandel, Restrukturierung, Transformation oder Reorganisation bezeichnet" (Kling 2003, S. 12f.). Das Change Management befasst sich mit dem Wandel zweiter Ordnung.

Im Change Management haben sich verschiedene theoretische Ansätze und praxisorientierte Handlungsmodelle herausgebildet. Im folgenden soll das Orientierungsmodell nach Krüger (2002, S. 20) dargestellt werden, da es zum einen als exemplarisch gelten kann, zum anderen Anhaltspunkte für das konkrete Vorgehen im Wandlungsprozess anbietet.

Wandlungsbedarf, Wandlungsfähigkeit und Wandlungsbereitschaft bilden nach Krüger die Rahmenbedingungen zwischen denen sich Unternehmenswandel bewegt. Entsprechend nennt er sein Modell ‚3W-Modell'.

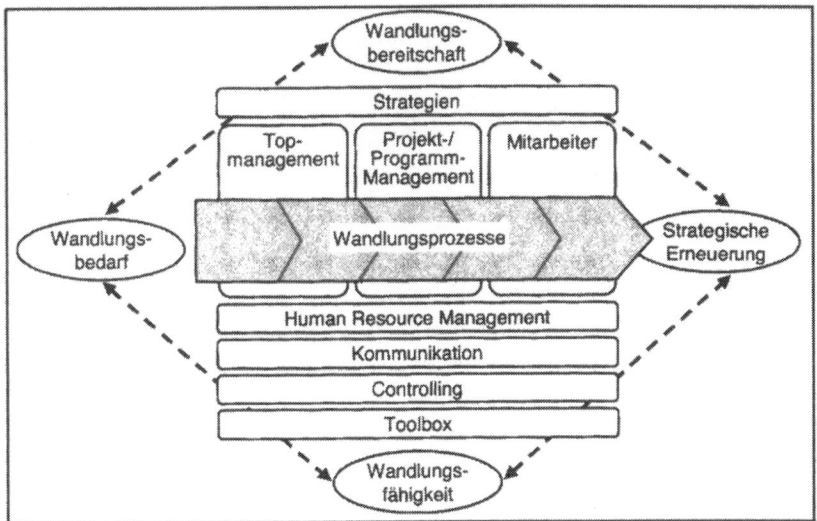

Abb. 1: Orientierungsmodell der strategischen Erneuerung (3W-Modell), aus: Krüger 2002, S. 20.

- Die Grundlage des Wandlungsprozesses liegt seines Erachtens im *Wand-lungsbedarf.* Dieser wird als das „Ausmaß der sachlich notwendigen Verän-derungen der Unternehmung, ihrer Teilbereiche und Mitglieder sowie ihrer externen Kopplungen mit marktlichen und außermarktlichen Anspruchs-gruppen" (ebd., S. 20) definiert. Krüger geht von einem permanent existie-renden Wandlungsbedarf aus, der bestenfalls proaktiv, also den Wandlungs-bedarf im Vorhinein erkennend und bearbeitend, angegangen werden soll. Reaktiv eingeleitete Maßnahmen erweisen sich häufig als verspätete Ant-worten auf Wandlungsbedarfe. Der Wandlungsbedarf muss von den Prota-gonisten des Wandels gegenüber allen Akteuren transparent gemacht wer-den, um die Wandlungsbereitschaft der am Wandel Beteiligten zu unterstüt-zen.

- Damit wäre eine zweite wesentliche Voraussetzung für erfolgreiche Wand-lungsprozesse erfüllt: die *Wandlungsbereitschaft.* Krüger bezieht sie auf die Einstellungen aller am Wandel Beteiligten „gegenüber den Zielen und Maß-nahmen des Wandels" (ebd., S. 21). Wesentlich sei es, einen „sense of ur-gency" (ebd., S. 22) zu erzeugen.[1]

---

[1] Krüger hält es für statthaft, „dass die Situation zugespitzt oder überspitzt kommuniziert wird, die Krise also als unmittelbar drohend oder bereits eingetreten dargestellt und empfunden wird. Auch

- Die *Wandlungsfähigkeit* schließlich „bezeichnet die auf geeignetem Wissen
  und Können beruhende Möglichkeit eines einzelnen bzw. einer Organisati-
  onseinheit oder der Unternehmung insgesamt, Wandlungsprozesse erfolgreich durchzuführen" (ebd.). Daher sollen Wissen und Können des Managements und der Mitarbeiter durch eine innovations- und wandlungsorien-
  tierte Strategie und Kultur des Unternehmens getragen werden. In diesem
  Zusammenhang verweist Krüger auch auf „flankierende Systemunterstüt-
  zung (z.B. Anreizsysteme)" (ebd., S. 23), die er für geeignet hält, den Wandel zu fördern.

Krüger gliedert den Prozessverlauf in fünf Phasen: der Initialisierung und Konzipierung folgen Mobilisierung, Umsetzung und Verfestigung der Erneuerung
(vgl. zum Folgenden S. 49f). Während der Initialisierungsphase gelte es, den
Wandlungsbedarf festzustellen sowie die Wandlungsträger zu aktivieren. Die
Ziele und Maßnahmen werden in der folgenden Konzipierungsphase festgelegt.
Die Mobilisierung soll insbesondere durch das Kommunizieren der Wandlungs-
konzepte und die Unterstützung von Wandlungsfähigkeit und Wandlungsbereitschaft hergeleitet werden. Anschließend werden, so der Autor, die Wandlungs-
vorhaben durchgeführt (Umsetzungsphase) und die Wandlungsergebnisse veran-
kert (Verfestigung). In Krügers Modell werden die Wandlungsprozesse durch
Topmanagement, mittlere Führungsebene und Mitarbeiter angegangen und durch
Personalmanagement (Human Resource Management z.B. als Mitarbeiter-
Fortbildungen u.ä.), Kommunikation, Controlling und ausgewählte weitere Un-
terstützungstechniken (Tools) getragen.

Die strategische Ausrichtung bezieht Krüger auf den Abbau, Umbau oder
Aufbau neuer Geschäftsfelder (vgl. ebd., S. 99). Er führt diesbezüglich aus, dass
seinem Modell ein marktorientierter Kernkompetenz-Ansatz zugrunde liege (vgl.
ebd., S. 27) und stellt die dementsprechenden strategischen Möglichkeiten dar.
Diese Perspektive lässt die nicht-marktorientierte strategische Erneuerung außer
Acht. Daher scheint es für die bildungspolitische Praxis des Wandels ergiebiger,
an dieser Stelle den Ansatz von Doppler/Lauterburg zu verfolgen, der differenziert die terminologischen Grundlagen des Strategieentwicklungsprozesses darstellt (Doppler/Lauterburg 2002, zum Folgenden vgl. S. 46f und S. 170ff.). Folgen wir den Autoren, so findet sich eine – hier vereinfacht dargestellte – Einbettung der Strategieentwicklung in vor- und nachgeschaltete Schritte: Die Entwick-

---

diese Art der ‚Krisendialektik' kann Teil des erforderlichen *Managements von Bewusstseinslagen*
(Hervorhebung im Original) sein" (ebd., S. 22). Im Gegensatz dazu kann aber angenommen werden, dass Führungskräfte durch solcherart Kommunikation das Vertrauen der Mitarbeiter verlieren. Dieses Kommunikationsverhalten erscheint in ethischer und prozessualer Hinsicht – bezogen
auf den aktuellen und die nachfolgenden Wandlungsprozesse – problematisch.

lung einer Unternehmensvision ist Grundlage aller weiteren inhaltlichen und strategischen Entscheidungen. Sie wird als „eine allgemein gehaltene, positive Vorstellung vom Unternehmen in der Zukunft" verstanden und ist als eine Realutopie angelegt, die grundsätzlich erreicht werden kann. Die Vision wird durch das *Leitbild* konkretisiert, da dieses das Ideal der Selbst- und Fremdwahrnehmung des Unternehmens zusammenfasst. Aus Vision und Leitbild werden dann die *Ziele* abgeleitet. Ziele sind „die Basis unternehmerischen Handelns schlechthin". Die Autoren verweisen auf drei Eigenschaften von Zielen: sie sollten den Zielzustand möglichst konkret, überprüfbar und mit einer definierten zeitlichen Vorstellung behaftet beschreiben. Wie diese Ziele erreicht werden sollen wird durch die *Strategie* festgelegt. Sie bezeichnet einen möglichst effektiven und effizienten Weg vom Ist- zum Sollzustand. Auch mögliche Widerstände, Engpässe oder sonstige beeinflussende Faktoren werden hier per 'worst case' antizipiert, um in Fällen negativer Entwicklung die Handlungsfähigkeit aufrecht erhalten zu können. Das Ganze wird schließlich zu einem Plan mit konkreten *Maßnahmen* ausgearbeitet.

1.2   Marketing unterstützt den Prozess

Wirtschaftsunternehmen verfügen in der Regel über einen professionellen Change Management-Background: Personalabteilungen, strategische, oft externe Stäbe und, das scheint besonders wesentlich, eine Führung, die durch geschultes Management Wandel erzeugen könnte. Dennoch werden nur wenige Wandlungsprozesse als gänzlich erfolgreich bewertet (vgl. Kling 2003, S 2ff).

Es lohnt sich, die Ursachen im Einzelnen anzusehen. Woran liegt es, dass Reorganisationsprozesse scheitern?

Die Gründe für das Scheitern sind zwei Dimensionen zuzuordnen (zum Folgenden vgl. Welge/Al-Laham 2001, S. 615ff; Kling 2003, S. 30f): Die erste Dimension bezieht sich auf den *suboptimalen Einsatz der Modelle* insbesondere im organisatorischen Bereich (Fehler bei der Ableitung konkreter Maßnahmen aus der Strategie, generelle Planungsfehler, unklare Zuständigkeiten), die zweite Dimension bezieht sich auf verhaltensbezogene Durchsetzungsprobleme: ein überwiegender Anteil der Reorganisationsprozesse scheitert *am Widerstand der Mitarbeiter* (Welge/Al-Laham 2001, S. 615ff; Kling 2003, S. 30f). Gegenargumentation, Vorwürfe, Drohungen, Polemik, sturer Formalismus, Unruhe, Streit, Intrigen, Gerüchte, Cliquenbildung usw. sind als aktive Widerstandsäußerungen deutbar. Schweigen, Bagatellisieren, Blödeln, ins Lächerliche ziehen, Unwichtiges tun, Unaufmerksamkeit, Müdigkeit, Fernbleiben, innere Emigration oder Krankheit beispielsweise können als passive Formen des Widerstands gedeutet werden (vgl. Doppler/Lauterburg 2002, S. 326). Durch beide Verweigerungsformen zeigen Mitarbeiter deutlich, dass sie das Neue nicht akzeptieren. Tendenziell verharren sie im alten Verhalten, da dieses einen homöostatischen Zustand für das Individuum zu sichern scheint.

Wenn die Mitarbeiter befragt werden, *warum* sie den Wandel ablehnen, können die Antworten in zwei Kategorien geteilt werden: einerseits wird das *Unverständnis für die Vision, die Veränderungsziele, -hintergründe und -motive* thematisiert, andererseits die *Angst vor dem Übergewicht negativer Folgen für die eigene Person* angeführt (vgl. Kling 2003, S. 30).

Diese Befunde haben dazu geführt, dass einem in den Wandlungsprojekten neuen Werkzeug zunehmend mehr Gewicht gegeben wird: dem Marketing. Eigene, auch manchmal externe Stäbe werden mit der Kommunikation der Innovation an die Mitarbeiter betraut, um Vision, Veränderungsziele, -hintergründe und -motive transparent zu machen. Durch diese Transparenz soll den Beteiligten die Notwendigkeit des Wandels bewusst gemacht werden. Im Krüger'schen Modell wäre dies als Unterstützung der Wandlungs*bereitschaft* der Mitarbeiter (s.o.) deutbar, um im Phasenverlauf nach Initialisierung und Konzipierung des Wandlungsvorhabens einen Beitrag zur Mobilisierung zu leisten. Erst nach gelungener Mobilisierung können die Umsetzungs- und Verfestigungsphase folgen.

Marketing unterstützt demnach die Mobilisierung der Mitarbeiter, wobei Marketing hier jedoch nicht in seiner klassischen Definition als die Gesamtheit der absatzsteigernden Aktivitäten für Güter und Dienstleistungen (Haufe 2003, S. 215) verstanden wird. Statt dessen bezieht sich das Change Management auf das als Gegengewicht zu den klassischen Marketingansätzen seit den frühen 70er Jahre entstandene 'Generic Concept of Marketing'. Marketing wird hier als eine generelle 'Transaktion' – insbesondere als ein „Austausch von Werten zwischen zwei Parteien" (Kuß 2003, S. 24) verstanden. Kotler/Bliemel (2001) erläutern dieses folgendermaßen:

„Im Grunde will der 'Vermarkter', im folgenden als Marketer bezeichnet, aktiv auf den Austauschprozess einwirken; er will einer anderen Person eine bestimmte *Verhaltensreaktion* (Hervorhebung im Original) entlocken. Das Wirtschaftsunternehmen wünscht sich eine Reaktion namens 'Kauf', ein Politiker, der für ein Amt kandidiert, will eine Reaktion, die sich 'Wählerstimme' nennt, eine Kirche will 'Schäfchen um sich sammeln' und eine bestimmte Interessensgruppe oder Bürgerinitiative will die 'Akzeptanz einer Idee'. Zur Vermarktung gehört alles, das dem Ziel dient, eine Zielgruppe zu einer gewünschten Reaktion im Hinblick auf ein bestimmtes Objekt zu bewegen" (Kotler/Bliemel 2001, S. 17).

Der Fokus liegt in der unternehmerischen Praxis insbesondere auf zwei Ansätzen des Generic Concept of Marketing: dem Internen und dem Social marketing. Das Interne Marketing entspricht einer organisationsbezogenen Perspektive und kommuniziert die Ziele, Instrumente, Inhalte und Auswirkungen der Veränderung nach innen, also an die Mitarbeiter, die als Kunden betrachtet werden. Von der schlichten Information der Mitarbeiter z.b. über das 'Schwarze Brett' oder die Mitarbeiterzeitung wird dabei Abstand genommen. Es soll eine Interaktion, demnach ein *beidseitiger Kommunikationsprozess* angestoßen werden, der evtl. Vorbehalte abarbeitet.

Während das Interne Marketing auf Transparenz und 'Vermarktung' des Wandlungsvorhabens abzielt, befasst sich der Social-Marketing-Ansatz mit der Unterstützung von Ideen und der Beeinflussung von (nicht kommerziellen) Verhaltensweisen (vgl. Kuß 2003, S. 22). Dieser Ansatz intendiert demnach im Zusammenhang mit dem Change Management eine Bewusstseinsänderung bei den Mitarbeitern. Typische Beispiele für intendierte Bewusstseinsänderungen sind die Kampagnen für Umweltschutz, Mülltrennung und gegen Drogen oder AIDS. Es ist ein spezifisch geplanter Kommunikationsprozess mit dem Ziel, bei der Zielgruppe eine bestimmte Verhaltensadaption herbeizuführen. Produkt ist beim Social Marketing nicht eine Dienstleistung oder Ware (obwohl sich der Kondomabsatz in den achtziger Jahren nach der Social-Marketing-Kampagne gegen AIDS verdoppelte), sondern Produkt ist die eigentliche Verhaltensänderung. Innovationen in Organisationen erfordern in der Regel innovatives Verhalten. Die im Change Management intendierten Verhaltensänderungen zu Gunsten der Innovation sollen durch den Einsatz der den Marketingansätzen entsprechenden spezifischen Marketinginstrumente unterstützt werden.

2 Übertragbarkeit der Methoden des Change Management auf den Wandel im Bildungsbereich

Bei der Frage nach der Übertragbarkeit der geschilderten Change Management-Ansätze ergeben sich aus erziehungswissenschaftlicher Sicht ein theoretischer und ein praxisrelevanter Zugang. Zunächst wird die organisationstheoretische Verortung der Ansätze hinterfragt, um anschließend auf die Praxisrelevanz der Modelle für die pädagogischen Reformvorhaben einzugehen.

2.1   Organisationstheoretische Perspektive des Wandlungsmanagements

Wir können davon ausgehen, dass die Beziehung zwischen Organisationstheorie und Pädagogik lange Zeit durch pädagogische Vorbehalte belastet, und auch heute noch gelegentlich als getrübt empfunden wird. Terhart führte 1986 in einem mit 'Organisation und Erziehung – Neue Zugangsweisen zu einem alten Dilemma' überschriebenen Artikel aus, dass im pädagogischen Denken die These von der Unvereinbarkeit von Erziehung und Organisation eine lange Tradition habe, gleichwohl die Erziehungs- und Bildungsinstitutionen fester Bestandteil moderner Gesellschaften seien (Terhart 1986, S. 205).

Diese 'Aversion' speist sich tatsächlich aus pädagogisch fundierten Argumenten. So scheint gerade im Erziehungsverhältnis selbst ein Hindernis zu liegen, Mechanismen der Steuerung von Organisationen für 'pädagogisch-relevant' zu halten. Schließlich sei der Kern der Interaktion zwischen Schüler/in und Lehrer/in nicht, oder nur bedingt durch feste Ziel-Mittel-Zuordnungen steuerbar – demnach allenfalls begrenzt technologisierbar (vgl. z.B. Krüper im vorliegenden Band, sowie Rolff 1993, S. 121ff). Dieses Argument gilt aber nur, wenn davon ausgegangen wird, das technologische Bearbeiten von Prozessen sei Strukturmerkmal von Organisationen.

Um wie viel deutlicher wird die Ablehnung, wenn erziehungswissenschaftliche Ansätze sich mit ökonomischen Steuerungsmodellen für Organisationen befassen. Im Bewusstsein der o.g. Grenzen hat sich die Erziehungswissenschaft mittlerweile zwar den organisationssoziologischen und organisationsökonomischen Perspektiven geöffnet,[2] gleichwohl kann aber davon ausgegangen werden, dass Zugriffe der Erziehungswissenschaft auf betriebswirtschaftliche Zugangsweisen der Organisationsentwicklung auch heute noch einer Rechfertigung bedürfen. Der Grund mag darin liegen, dass diese betriebswirtschaftlichen Organisationsentwicklungsmodelle dezidiert intendieren, über die deskriptiv-analytischen soziologischen Ansätze hinaus, in das organisierte Geschehen unter den Paradigmen von Effektivität und Effizienz einzugreifen.[3] Diese Zugangsweise scheint – zumal aus erziehungswissenschaftlicher Sicht – das Individuum in der Organisation unberücksichtigt zu lassen. Um das Verhältnis von Individuum und Organisation im Kontext des Change Managements aufzuzeigen, werden im

---

[2]   Terhart verwies 2001 auf die diesbezüglichen Änderungen durch die „sozialwissenschaftliche Orientierung der modernen Erziehungswissenschaft", stellte aber gleichzeitig fest, dass die Auseinandersetzungen mit den institutionellen und organisatorischen Rahmenbedingungen des pädagogischen Geschehens vielfach zu kurz komme bzw. mit Blick auf die erzieherische Interaktion „im Grunde immer störend" erscheine (Terhart 2001, S. 54).

[3]   Die Frage nach der Autonomie der pädagogischen Interaktion im institutionellen Kontext kann in diesem Zusammenhang nicht weiter verfolgt werden.

Folgenden einige grundlegende Tendenzen in der Entwicklung der organisationstheoretischen Hintergründe des Change Management dargelegt.

Die bisher dargestellten Change-Ansätze scheinen, zumal aus pädagogischer Sicht, in ihrer Grundgestalt auf systemtheoretische Funktionsmodelle (Maschinenmodelle) zurück zu gehen, die nach dem Schema von Reiz und Reaktion eher lineare Kausalbezüge hinsichtlich der Wirksamkeit von Interventionen suggerieren. In ökonomischen Modellen sind häufig Regelkreise und Rückkopplungstechniken dargelegt, die in der Tat auf einen ursprünglich technischen Systemansatz zurückgeführt werden können. Analog zu kybernetischen Systemen setzen diese in- und outputsteuernd an. Aus erziehungswissenschaftlicher Perspektive mag z.b. der o.g. Marketing-Ansatz die unbegrenzte Steuerbarkeit des Individuums suggerieren. Es scheint, als bliebe unberücksichtigt, dass es sich in den zu wandelnden Organisationen um *soziale* Systeme handelt, deren Kernelemente Individuen sind.

Dieser sozio-technische Ansatz hat jedoch auch heute schon in der Ökonomie kaum noch Gewicht. Böttcher verweist auf diverse neuere organisationstheoretische Ansätze, die sich auf die Ideen von Chaos und Autopoiesis beziehen (beispielsweise ‚Organisation als Analogie zur Natur', ‚Organisation als Gehirn', ‚Organisation als Kultur', ‚Organisation als Unterdrückungsinstrument' oder ‚Organisation als Flux und Transformation'). Er führt weiter aus, dass es nicht nur grundlegend für modernere Organisationskonzepte sei, „dass sie unterschiedliche Bilder von Organisationen entwickeln und sie unter verschiedenen Perspektiven analysieren. Zentral ist die analytische Konstruktion von Organisationen als *mehrdimensionale* (Hervorhebung im Original) soziale Systeme" (Böttcher 2002, S. 42). Dieses gilt auch für Organisationsmodelle, die in ökonomischen Kontexten genutzt werden. Diese integrieren zunehmend das eigenverantwortliche Individuum, das im Sinne des Handlungsmodells selbstreflektiert innerhalb seines spezifischen Systems handelt und interaktiv innerhalb des Systems (z.B. der Organisation) mit anderen Individuen verknüpft ist. Damit wird das System zu einem sozialen System handelnder Personen.

Für klassische Organisationsentwicklung und Change Management gelten, was König/Volmer über die systemische Organisationsberatung feststellen: „Systemische Organisationsberatung greift explizit auf den Systembegriff in der Tradition von Bateson zurück, indem soziale Systeme handelnder Personen definiert werden, wobei das Verhalten eines sozialen Systems von den Personen, dem Bild, das sie sich von der Wirklichkeit machen, aber auch von den Regeln und den auf dieser Basis entstehenden Regelkreisen abhängig ist" (König/Volmer 2000 S. 35). Soziale Systeme sind damit durch Personen als Elemente, die subjektiv deuten, gemeinsame Regeln besitzen, Interaktionsstrukturen prägen, in eine Systemumwelt eingebettet sind und auf Veränderung angelegt sind, geprägt. Da Organisationen u.a. dadurch charakterisiert sind, dass sie als offene *soziale* Systeme gelten, haben die Wirtschaftswissenschaften in den vergangenen Jahrzehnten zunehmend das Individuum mit seinen für die Organisation nutzbaren Stärken in den Mittelpunkt der Betrachtung gerückt. Human Resource Management, Netzwerksysteme in Eigenverantwortlichkeit statt starrer, weisungsgebundener Hierarchien sowie Potentialanalyseinstrumente bei Einstellungen und Teambildung etc. zeugen davon. Auch wenn diese Tendenz aus Effektivitätserwägungen heraus Einlass in das ökonomische Denken fand, muss dennoch konstatiert werden, dass jenes, von Pädagogen und Soziologen gelegentlich noch der Betriebswirtschaftslehre angelastete Funktionsmodell (als Begründung zur Ablehnung ökonomischer Denkungsart) in der Betriebswirtschaftslehre selbst als veraltet gilt.

2.1.1   Praxisrelevanz der Modelle für die Schulreform

Das Verhalten der Mitarbeiter ist den o.g. Befunden zum Scheitern von Wandlungsprozessen sowie auch dem persönlichen Erfahrungswissen nach wesentlich für Erfolg oder Misserfolg von Wandel. Um wie viel wichtiger als in kommerziell ausgerichteten Produktionsprozessen sind dann die Mitarbeiter im Bildungsbereich! Bildungsorganisationen sind äußerst personalintensiv, weshalb im Weiteren darauf Bezug genommen wird, dass Menschen die wichtigste und teuerste Ressource in Organisationen des Bildungswesens sind. Das Verhalten der Lehrenden ermöglicht oder verhindert die Weiterentwicklung der Organisationen des Bildungswesens.

Damit kehre ich zu meiner Ausgangsfrage zurück: Welche Anhaltspunkte liefert die Auseinandersetzung mit Change-Management-Theorien für die anstehende Schulreform? Welche Impulse können evtl. von der Wirtschaft aufgenommen werden?

Wenn davon ausgegangen wird, dass das Change Management notwendige Bedingungen für Wandel beschreibt, fallen für die leitende Fragestellung insbesondere zwei Aspekte in den Blick: zum Einen hat die wenn auch knappe Darstellung des Change Management auf die grundlegenden Spezifika verwiesen: Wandel zu implementieren ist ein äußerst komplexer Prozess, der professionell angegangen werden muss, damit Reform glückt. Auch wenn man nicht von *dem* Change Management sprechen kann, sondern unterschiedliche Positionen und

Methoden existieren, so kann doch davon ausgegangen werden, dass alle Change Management-Verfahren *systematisch und prozessorientiert* vorgehen; die jeweiligen Schritte sind auf Kohärenz hin angelegt. Zum Zweiten kann festgehalten werden, unter welchen Bedingungen Reformvorhaben wenig Chancen auf Implementation und/oder Nachhaltigkeit haben: Reformen gelingen nicht, wenn Mängel in der systemischen und/oder methodischen Kohärenz bezüglich der Wandlungsprozesse sowie der Integration der Mitarbeiter in ebendiese Prozesse bestehen. Neben der Stringenz ist die *größtmögliche Einbeziehung der Mitarbeiter* in den Prozess eine der wichtigsten Erfolgsvoraussetzungen (s.o.).

2.1.2 Aktuelle bildungspolitische Maßnahmen

Das Bundesministerium für Bildung und Forschung befasst sich derzeit mit diversen Vorhaben, die den schulischen Bildungsbereich reformieren sollen. Die Internetseite (bmbf.de) gibt Aufschluss über die aktuellen Arbeitsschwerpunkte: Ganztagsschulen, Begabtenförderung, Benachteiligtenförderung, Entwicklung von Innovationsprogrammen, Bildungsstandards und deren Evaluation, Bildungsberichterstattung durch Sachverständigenrat sowie Schulen ans Netz.

Das diesen Vorhaben zu Grunde liegende Ziel ist es, einen Kurswechsel in der Bildungspolitik herbei zu führen (vgl. bmbf.de). Dieses entspricht einem intendierten Wandel zweiter Ordnung – einer grundlegenden Umstrukturierung im Sinne des Change Management. „Unser Schulsystem muss", laut Aussage des Bundesministeriums, „zu einem höheren Leistungsniveau und mehr Kinder und Jugendliche zu höheren Bildungsabschlüssen führen" (bmbf.de/de/1076.php). An diesem Ziel gemessen greife ich zwei derzeit aktuelle Beispiele heraus: die Einrichtung von Ganztagsschulen, sowie die Einführung von nationalen Bildungsstandards.

2.1.3 Beispiel Ganztagsschule

In Folge der PISA-Ergebnisse hat das Bundesministerium für Bildung und Forschung das Programm ,Zukunft Bildung und Betreuung' ausgearbeitet, dass die Länder beim Auf- und Ausbau von Ganztagsschulen mit vier Milliarden Euro unterstützt. „Es ist das größte Schulprogramm, das es in Deutschland je gab. Damit wird eine moderne Infrastruktur im Ganztagsschulbereich geschaffen und der Anstoß für ein bedarfsorientiertes Angebot in ganz Deutschland gegeben" (bmbf.de).

Beleuchten wir dieses bildungspolitische Wandlungsprojekt aus der Perspektive des Wandlungsmanagements, so wird zugleich die Problematik des derzeitigen Vorgehens deutlich. Die Einführung von Ganztagsschulen ist nach dem erläuterten Phasenmodell von Doppler/Lauterburg als Maßnahme zu definieren. Sie stünde demnach im Wandlungsablauf an letzter Stelle. Vision, Leitbild, Ziele und Strategieentwicklung müssten der Maßnahme vorausgehen. Wo finden wir die zugrunde liegenden Ziele für diese Schule, die den Kriterien Konkretheit, Überprüfbarkeit, Terminiertheit (nach Doppler/Lauterburg) genügen? Selbst falls wir den o.g. proklamierten Zweck „unser Schulsystem muss zu einem höheren Leistungsniveau und mehr Kinder und Jugendliche zu höheren Bildungsabschlüssen führen" (bmbf.de) als Zieldefinition betrachten würden, stünde dies beispielsweise bezogen auf Nordrhein-Westfalen im offenkundigen Gegensatz zu den jüngst erhobenen Daten. Im kommenden Schuljahr (2004/05) werden für die 2,3 Millionen nordrhein-wesfälischen Schüler/innen 11.696 Plätze in 235 offenen Ganztagsschulen gefördert. Den Schulen steht es frei, die über die Kommunen beantragten Mittel in Form von Lehrerstellen und/oder als Festbetragsförderung anzufordern. Wenn wir uns an dieser Stelle noch einmal das mit der Maßnahme intendierte höhere Leistungsniveau für Schüler/innen sowie das Ziel vor Augen halten, mehr Kinder und Jugendliche zu höheren Bildungsabschlüssen führen zu wollen, so mag es in Erstaunen versetzen, dass „für das kommende Schuljahr insgesamt 8 Lehrerstellen (landesweit, M.B.) beantragt" wurden (Landesregierung 08.09.2003, S. 2). Ohne zur Verfügung stehende Ressourcen müsste die Wandlungsfähigkeit einer Organisation nach dem Krügerschen Modell stark in Frage gestellt sein. Wenn es zutrifft, dass die Schulträger an einer möglichst kostengünstigen Lösung interessiert sind, stellt sich die Frage, ob eine *Betreuung* der Kinder durch Ehrenamtliche, Eltern, Senioren und Studierende dem o.g. Ziel der Ganztagsschule gerecht würde. Aus der Perspektive des referierten Modells muss hier auf offenkundige Defizite im ‚Human Resource Management' verwiesen werden.

In diesem Zusammenhang scheint auch der Hinweis der Landesregierung wesentlich, dass die Einstellung des nicht lehrenden Personals dem Schulträger obliege. „Die Landesregierung erhebt nicht, wer für die außerunterrichtlichen Angebote der Ganztagsschule eingestellt wird. Diese Angaben ergeben sich auch nicht aus den Bewilligungsunterlagen" (ebd., S. 3). Dies mag eine im Umfeld der Schulautonomiedebatte sicher nachvollziehbare Entscheidung sein. Jedoch müsste aus der Perspektive des referierten Krüger-Modells zumindest ein begleitendes

Controlling – im Sinne einer Evaluation der generierten Effekte – stattfinden, eine Überprüfung, die eventuelle Kursabweichungen frühzeitig in den Blick nimmt.

Kritisch müsste aus dem Blickwinkel des Wandlungsmanagements angemerkt werden, dass vier Milliarden Euro in eine Maßnahme fließen sollen, der es an den notwendigen Schritten zur Sicherstellung von Stringenz und Kohärenz des Wandlungsprozesses fehlt, da sie weder zielgerichtet eingebunden noch an Leitbildern festgemacht noch bzgl. des ‚Human Resource Management' (s.o.) konsequent vorbereitet zu sein scheint. Ausgehend von Krügers skizziertem Modell wären daher Wandlungsfähigkeit und Wandlungsbereitschaft fraglich. Zudem würde der Wandlungsprozess mit der vorletzten Phase, also mit der ‚Umsetzung' beginnen. Initialisierung, Konzipierung und Mobilisierung scheinen aus dieser Perspektive heraus übersprungen. Vielleicht mag ein Hinweis auf der Internetseite des Bundesministeriums für Bildung und Forschung auf den Grund verweisen: „Wenn es nach der deutlichen Mehrheit der Deutschen geht, dann kann es mit dem Ausbau von Ganztagsschulen gar nicht schnell genug gehen" (bmbf.de).

2.1.4 Beispiel Bildungsstandards

Mit Blick auf ein zweites Beispiel aus der aktuellen Bildungspolitik können wir zu vergleichbaren Feststellungen gelangen: Die Kultusministerkonferenz hat sich mit dem Beschluss vom 04.12.2003 zur Einführung von nationalen Bildungsstandards für den Mittleren Schulabschluss entschlossen. Laut Aussage der KMK sollen die Standards die Qualität schulischer Bildung, die Vergleichbarkeit schulischer Abschlüsse sowie die Durchlässigkeit des Bildungssystems sichern helfen (vgl. kmk.org). Die Bildungsstandards sollen allgemeine Bildungsziele aufgreifen und Kompetenzen benennen sowie fachliche und fachübergreifende Basisqualifikationen formulieren. Darüber hinaus zielen sie auf Persönlichkeitsentwicklung und Weltorientierung ab (vgl., ebd.).

Die Standards wurden zunächst für die Fächer Deutsch, Mathematik und Erste Fremdsprache definiert und verstehen sich als „abschlussbezogene Regelstandards" (ebd.).

Letzteres bedeutet, dass die Standards für unterschiedliche Anforderungsniveaus definiert sind, und *in der Regel* erreicht werden sollen.

Diese Tendenz zu Bildungsstandards antizipierend griff Böttcher im Oktober 2003 die Schwachstellen dieses Ansatzes auf (Böttcher, 2003). Problematisch erscheint ihm, dass die Standards lediglich als Rahmenvorgaben akzeptiert werden. Der Hang zur ‚Rahmung' führe zu unklaren Standards z.B. ‚Schüler können Informationen nutzen', sie sollen ‚kritisches Denken pflegen' etc. (ebd., S. 50). Zudem werde man die Standards wahrscheinlich „als Selektionsinstrument nutzen wollen", da vermutlich „keine Fördermaßnahmen für diejenigen etabliert werden, die Standards möglicherweise nicht erreichen". Im Weiteren verweist Böttcher darauf, dass die Standards nicht für alle Schüler/innen gleichermaßen gelten würden, da in unserem dreigliedrigen Schulsystem die Vorstellung vorherrsche, Standards müssten schulartspezifisch entwickelt werden. Mangelnde Hinweise auf systematisch an den Standards ausgerichtete Lehrer(fort)bildung und Lehrerarbeit, sowie die unklare systemische Einbettung der vermeintlichen Steuerungsmaßnahme lassen Böttcher zu dem Schluss kommen, dass – wenn seine Prognosen zuträfen – die Etablierung von Standards problematische Konsequenzen haben würde (ebd., S. 51).

Unter Beachtung der Grundsätze des Change Management sprechen die aufgeworfenen Probleme für die Annahme, dass sich in den derzeitigen Diskussionen die mangelnde Transparenz von Leitbild und Zielen spiegelt. Es ergeben sich zahlreiche Fragen bezüglich der Stringenz in der Ableitung der Maßnahme ‚Standards' aus dem postulierten Ziel die „Qualität schulischer Bildung, die Vergleichbarkeit schulischer Abschlüsse sowie die Durchlässigkeit des Bildungssystems sichern" zu wollen (kmk.org). Um nur ein Beispiel zu nennen: Wie soll die Durchlässigkeit des Bildungssystems durch Standards gefördert werden, die unterschiedliche Leistungsniveaus festschreiben? Werden die unterschiedlichen Niveaus nicht viel eher dazu führen die Undurchlässigkeit festzuschreiben? Kohärenz und Stringenz scheinen angesichts der mangelnden Förder- und Fortbildungsmaßnahmen, unklarer inhaltlicher Definitionen und unklarer systemischer Einbettung äußerst fraglich. All diese Anmerkungen sowie auch die fundamentale Frage nach Regel- oder Minimalstandards verweisen zumindest auf einen Diskussionsbedarf, der *im Vorfeld* der Maßnahme alle Beteiligten durch eine öffentliche Aushandlung (Böttcher 2003, S. 51) hätte einbeziehen müssen. Die von der Sicherung der Standards zentral Betroffenen, nämlich die Lehrer/innen, sind offenbar nicht ausreichend auf den Weg mitgenommen worden. Wie oben erläutert ist es nach den empirischen Erhebungen zum Change Management ein 'klassischer' Grund für das Scheitern von Wandlungsprozessen, wenn es auf der operativen Basisebene an Verständnis fehlt. Dubs stellt bezüglich der derzeit ebenfalls in der Verabschiedungsphase befindlichen Schweizer Leistungsstandards fest: „Wie nicht anders zu erwarten, tragen Lehrkräfte viele Einwände gegen die Leistungsstandards vor." Er führt aus, dass viele dieser

Argumente entweder auf Missverständnissen beruhen oder auf eine mögliche falsche Handhabung der Standards zurückgeführt werden könnten (vgl. Dubs 2003). Dubs bezieht sich zwar auf die Schweiz, aber werden nicht ähnliche Missverständnisse oder Handhabungsfehler in der deutschen Diskussion deutlich?

Aus der Perspektive der betroffenen Lehrer/innen und der interessierten Öffentlichkeit mag die Einführung von Ganztagsschulen und Standards an das von Doppler/Lauterburg (2002, S. 83) in dem Kapitel ,Die Psycho-Logik des Misslingens - Alles Gute kommt von oben' skizzierte Szenario erinnern: „In einigen Unternehmen gilt im oberen Management die Devise: ,*Ohne uns läuft nichts'* (Hervorhebung im Original). Nicht Führung ist angesagt, sondern Sachbearbeitung auf hohem Niveau. Kommt ein solches Unternehmen in die Krise, behält sich dieser Personenkreis ihre Bearbeitung exklusiv vor. Die so genannten Manager hasten von einem Meeting ins andere. Hektische Betriebsamkeit macht sich breit – allerdings ausnahmslos hinter verschlossenen Türen. Alle sind gezeichnet von zur Schau getragener Bedeutsamkeit, geprägt vom Stolz, zur elitären Gruppe der Eingeweihten, der rettenden Helden zu gehören. Man umgibt sich mit der Aura des Geheimnisvollen. Man kostet die Macht aus, die eigentlich Betroffenen mit kleinen Andeutungen auf Distanz zu halten, ihnen die Lösung so lange vorenthalten zu können, bis sie endgültig feststeht. Ihre Bekanntmachung wird zum Großereignis einer Verkündigung hochstilisiert. In dieser feierlichen Zelebration sind die Rollen klar verteilt: die Manager als aktive Retter, die Mitarbeiter als ausführende Hilfsorgane. Dankbarkeit wird dafür verlangt, dass ,oben' alles geregelt wird. Ganz wie Politiker, die hinter verschlossenen Türen die Probleme der Menschen ,draußen im Lande' zu lösen glauben" (Doppler/Lauterburg 2002, S. 83).

Doppler/Lauterburg weisen auf die Folgen dieses ,Kaltstarts' hin, u.a. folgern sie, dass in einer derart provokativen Selbstinszenierung des Managements als Problemlöser den Mitarbeitern logischerweise die komplementären Rollen von Wasserträgern, Messdienern und staunenden Beobachtern zugedacht seien. Die ,Attraktivität' dieser *Zuschauerrolle* – zumal wenn man wisse, dass die eigene Haut mitverhandelt werde – bedürfe keines Kommentars (vgl. ebd., S. 84).

3   Fazit

Die genannten Beispiele stehen für die – auf der Basis ökonomischer Wand-
lungsmodelle – primär ins Auge fallenden elementaren Unterschiede zwischen
idealtypischem Modell und der Realität von Schulwandel. Aus den genannten
Beispielen wird deutlich, dass derzeit im Bildungsbereich kein Wandel zweiter
Ordnung durchgeführt wird, der im Sinne des Change Managements eine zielgerichtete Analyse, Planung, Realisierung, Evaluierung und laufende Weiterentwicklung von ganzheitlichen Veränderungsmaßnahmen (vgl. Vahs 1997, S. 252)
erfordert hätte.

Selbst wenn die genannten strategischen, partizipativen und inhaltlichen
Probleme zu Gunsten einer systematischen und nachhaltigen Schulreform angegangen würden, bliebe immer noch ein strukturelles Problem, da in Schulen noch
ein weiteres Moment eine Rolle spielt: Wenn die Instrumente des Change Managements konsequent auf das öffentliche Bildungssystem angewendet würden,
müsste auch ein Scheitern der Wandlungsprozesse und damit eine Konsequenz
des Scheiterns für die Ausführenden möglich sein. In der Wirtschaft hat das
Scheitern erhebliche Konsequenzen für das Unternehmen und das Individuum.
In Unternehmen ist die Qualitätsfrage existentiell: existentiell für das Unternehmen und auch – und das ist besonders wichtig – existentiell für jeden einzelnen
Mitarbeiter. Auch in der sozialen und durch Subventionen entschärften Markt-
wirtschaft regulieren sich die Mechanismen nach den Qualitätskriterien weitgehend selbst; ineffektive Unternehmen werden durch das Marktgeschehen ausge-
sondert, effektive durch das Konsumentenverhalten gestützt. Im Bildungsbereich
bleiben bisher Schulen, universitäre Einrichtungen, Kindertagesstätten u.a. bestehen, ohne dass sie ihre Effektivität nachweisen müssen. Die Qualitätsfrage ist
in öffentlichen Bildungseinrichtungen abgekoppelt von der Existenzfrage der
Organisation und des Mitarbeiters in dieser Organisation. Im ökonomischen
Kontext ist die Existenzsicherung ein wichtiges Motiv um Wandel zu unterstützen. Die Akteure lassen sich insofern leichter ‚mitnehmen'. Im Bildungsbereich
fällt dieses Motiv weg, wodurch eher der Widerstand verstärkt wird.

Wie lassen sich im Blick auf diese grundlegenden Unterschiede bezüglich
der Arbeitsplatzsicherheit Lehrer/innen dazu bewegen, beispielsweise Wandel zu
unterstützen, der aus ihrer Perspektive zu negativen Konsequenzen für die eigene
Person führen würde (z.B. ungünstigere Arbeitszeiten durch Nachmittagsunter-
richt in Ganztagsschulen)? Verfügen wir derzeit über die Mittel (also im Sinne
des Change Management über die Wandlungsfähigkeit), die tradierten Komfort-

zonen im Bildungsbereich aufzubrechen, um tiefgreifenden Wandel zu ermöglichen und auch gegen Individualinteressen durchzusetzen?

Unter der Annahme, das Change Management beschreibe die notwendigen
Bedingungen für Wandel, kann man zusammenfassend festhalten, dass derzeit
keine substanzielle und nachhaltige Schulreform durchgeführt wird. Grundlegende Prämissen des Managements von Wandel scheinen in der derzeitigen
bildungspolitischen Praxis schlicht missachtet zu werden, wodurch das Gelingen
der Bildungsreform zweifelhaft bleibt. Zusätzlich belasten tradierte Sicherungs-
systeme sowie fehlendes ‚Controlling' (vor allem aber die fehlenden Konsequenzen bei negativen Evaluationsergebnissen) die Wandlungsbereitschaft der
Lehrer/innen.

Wohl vorrangig aus der Grundannahme der Unvereinbarkeit von ‚Organisation' einerseits und ‚Einzigartigkeit der pädagogischen Begegnung' andererseits
hat sich die Erziehungswissenschaft im Gegensatz zu Organisationssoziologie
und Ökonomie bisher nur am Rande oder widerstrebend mit Organisation und
Organisationsentwicklung beschäftigt. Vielleicht muss in diesem Zusammenhang gefragt werden, ob das derzeitige Handeln der Bildungsverantwortlichen
auch Ausdruck dieser nur marginalen Auseinandersetzung der Erziehungswissenschaften mit Inhalten der Organisationsentwicklung ist. Vermutlich wäre es
sinnvoll, sich den Wissensvorsprung der Wirtschaftswissenschaften in diesem
Bereich nutzbar zu machen, damit Reformvorhaben Schulen zukünftig auch
wirklich nachhaltig verändern.

Literatur

Böttcher, W. (2002): Kann eine ökonomische Schule auch eine pädagogische sein? Wein-
    heim/München: Juventa.
Böttcher, W. (2003): Besser werden durch Leistungsstandards? Eine bildungspolitische Polemik auf
    empirischem Fundament. In: Pädagogik 4/03, S. 50-52.
Doppler, K./Lauterburg, Ch. (^{10}2002): Change Management. Frankfurt/New York: Campus.
Dubs, R. (2003): Wenn die Gesellschaft Bildungsinhalte definiert. Vom Sinn nationaler Leistungs-
    standards. In: Neue Zürcher Zeitung 30.September 2003.
Gattermeyer, W./Al-Ani, A. (Hrsg.) (^{2}2001): Change Management und Unternehmenserfolg. Wies-
    baden: Gabler.
Haufe-WirtschaftsLexikon kompakt (o.V.) (^{3}2000). Freiburg/Berlin/München: Haufe.
Kling, L. (2003): Change Marketing. Marketingbasierte interne Kommunikation im Change Mana-
    gement. Aachen: Shaker.
König, E./Volmer G. (^{7}2000): Systemische Organisationsberatung. Weinheim: Deutscher Studien
    Verlag.
Kotler, Ph./Bliemel, F. (^{10}2001): Marketing Management. Stuttgart: Schäffer Poeschel.
Krüger, W. (^{2}2002): Excellence in Change. Wege zur strategischen Erneuerung. Wiesbaden: Gabler.
Kuß, A. (^{2}2003): Marketing-Einführung. Grundlagen, Überblick, Beispiele. Wiesbaden: Gabler.

Landesregierung Nordrhein-Westfalen: Drucksache 13/4207 vom 08.09.2003. Antwort auf die Kleine Anfrage der FDP. In: Mitarbeiter-Informationsdienst der Gewerkschaft Erziehung und Wissenschaft Nordrhein-Westfalen. Tätigkeiten von Lehrerinnen und Lehrern in der offenen Ganztagsschule B/I/27/2003.

Rolff, H.-G. (1993): Wandel durch Selbstorganisation. Theoretische Grundlagen und praktische Hinweise für eine bessere Schule. Weinheim/München: Juventa.

Terhart, E. (1986): Organisation und Erziehung. Neue Zugangsweisen zu einem alten Dilemma. In: Zeitschrift für Pädagogik 32, H. 2, S. 205-222.

Terhart, E. (2001): Die Veränderung pädagogischer Organisationen. In: Liebau, E./Schuhmacher-Chilla, D./Wulf, Ch. (Hrsg.): Anthropologie pädagogischer Institutionen. Weinheim: Deutscher Studien Verlag.

Vahs, D. (⁴2003): Organisation. Einführung in die Theorie und -praxis. Stuttgart: Schäffer- Poeschel.

Welge, M.K./Al-Laham, A. (³2001): Strategisches Management. Wiesbaden: Gabler.

Internetzugänge

bmbf.de: Internetseite des Bundesministerium für Bildung und Forschung.
kmk.org: Internetseite der Kultusministerkonferenz.

Neue Governance und Wissensmanagement:
Elemente zur Überführung der schulischen Profession in Organisation
Thomas Brüsemeister

In der gegenwärtigen Modernisierung der Schule (vgl. Brüsemeister/Eubel 2003) wird unter dem Begriff der Governance erörtert, dass die Einzelschule zu einer operativen Entscheidungsinstanz im Sinne einer Qualitätsorganisation aufgewertet werden soll. In einer Übersicht (1.) skizziere ich zunächst den Wechsel von der bisherigen zur neuen Governance mit der Einführung einer Qualitätsorganisation Schule und der Überführung der bisherigen Orientierung der Lehrkräfte an Profession in eine Orientierung an Organisation im Zentrum. Anschließend (2.) erörtere ich mit Hilfe des Begriffs des Wissensmanagements Binnendimensionen einer Qualitätsorganisation Schule. So lassen sich operative Fähigkeiten von Lehrkräften nachweisen, die es jetzt schon im Berufsfeld gibt, ohne jedoch bislang als solche kommuniziert worden zu sein. In einem dritten Schritt (3.) gehe ich auf Basis einer eigenen qualitativen Befragung von Lehrkräften auf Schwierigkeiten, aber auch Möglichkeiten der Umsetzung einer neuen Governance und einer Qualitätsorganisation Schule ein. Meine Überlegungen berühren in allen drei Punkten Forschungsdimensionen, die weiter ausgearbeitet werden müssen.[1]

1 Modernisierung der Governance

Wie wird der Leistungsbereich des staatlichen Schulsystems bislang reguliert? In der Literatur wird hierbei zunächst die Orientierung der einzelnen Lehrkraft an einer Profession herausgestellt. Professionen haben sich auf die „Bearbeitung von Inklusionsproblemen", in unserem Fall die Einbeziehung von Schülern, spezialisiert (Kurtz 2000: 169; vgl. auch Kurtz im vorliegenden Band). Diese Probleme werden face to face, in der professionell betreuten Interaktion zwi-

---

[1] Die hier aufgeworfenen Perspektiven gehen auf meine Habilitationsschrift zurück (vgl. Brüsemeister 2003).

schen Lehrer und Schüler bearbeitet. Der eigentliche Leistungsbereich des staatlichen Schulsystems liegt damit im Interaktionsbereich.

Im Organisationsbereich konnte sich das staatliche Schulsystem bislang auf
eine bloße Verwaltung, das heißt z.b. die Verteilung von Ressourcen, die Festle-
gung von Prüfungen, Lehrplänen und Lehrmitteln sowie die Zuordnung von
Lehrkräften beschränken (Fend 2001: 45). Nach dem Zweiten Weltkrieg wurde
so ein flächendeckendes Inklusionsangebot von „oben", durch immer neue Zu-
wendungen ausgebaut, auf der Ebene der Einzelschule reichte eine „mehr oder
weniger gute Verwaltungstätigkeit aus" (Krainz-Dürr 2000: 129). Für die Lehrkräfte wurde deshalb kein Kollegium als eine kollektive Entscheidungsinstanz
benötigt, da die staatliche Schulbürokratie, mit Ausnahme des Unterrichts, alle
relevanten Rahmenbedingungen entscheidet. Bislang gibt es damit eine Organisation Schule nur als bürokratische Schulverwaltung, die nur lose an den professionellen Leistungsbereich des Unterrichts gekoppelt ist.[2]

Die gegenwärtige Modernisierung von Schule beinhaltet demgegenüber, die
Einzelschule als eine Qualitätsorganisation der Lehrkräfte zu entwickeln (vgl.
Kempfert/Rolff 2000), in der die Betreffenden weitgehend autonom operative
Entscheidungen treffen sollen. Diese neue organisationale Leitorientierung beinhaltet für die Lehrkräfte das Versprechen, durch Kollektiventscheidungen entlastet zu sein: Es gäbe gemeinsame Mitgliedschaftsregeln einer eigenen Schulorganisation statt der Allein- und Allzuständigkeit des einzelnen Lehrers innerhalb
einer Orientierung an seiner Profession; es wäre eine corporate identity möglich,
die vor Außenerwartungen schützt und versucht, in der Umwelt eigene Rationali-
tätsstandards durchzusetzen – während jetzt der einzelne Lehrer sämtliche Ansprüche an das Schulsystem, die gesellschaftlich kursieren, allein verarbeiten
muss; es gäbe systematische Feedbacks im Rahmen von Qualitätsmanagements
und damit die Chance für das kontinuierliche Fortentwickeln von Entscheidungen, die im Kollegium bei Fragen des eigenen Personals, des Unterrichts und der
Organisation für relevant gehalten werden.

Eine solche Qualitätsorganisation der Lehrkräfte ist im neuen Governance-
Modell des New Public Management (NPM) – als dem derzeit in Europa vor-
herrschenden Modell für die neue Governance – vorgesehen (vgl. Sched-

---

[2]   Vgl. zum Überblick immer noch grundlegend: Terhart 1986. Korrespondierend dazu die Sicht
      von Lehrkräften: „Es besteht an Schulen ein latenter Widerwille, sich mit Organisation als solcher
      zu beschäftigen oder auseinander zu setzen. ... Dieses mangelnde Interesse an organisatorischen
      Dingen führt häufig zu einer gewissen Ahnungslosigkeit über ... Aufgaben und Möglichkeiten
      von Organisation. Organisation wird mit Administration und ‚lästigem Kleinkram' gleichgesetzt"
      (Krainz-Dürr 2000: 129).

ler/Proeller 2000). Unter Governance sind Regelungsstrukturen zu verstehen, die die „Verfügungsrechte zum Treffen von Entscheidungen" (Braun 2001: 247) zwischen verschiedenen Akteuren organisieren. Gemäß dem NPM beinhaltet dies, dass Lehrkräfte (Mikro-Ebene des Schulsystems) sowie die Einzelschule (Meso-Ebene) eng an strategische Rahmbedingungen, die auf der Makro-Ebene von Politik und Bildungsverwaltung festgelegt werden, gebunden werden. Die Qualitätsorganisation der Einzelschule hat dann explizit operative Freiheiten für die Umsetzung der Ziele.

In der Modernisierung der Schule ist damit die Frage aufgeworfen, ob der Modus der Leistungsausübung wie bisher die Profession, oder ob er künftig auf einer Organisation basieren soll. Diesem Punkt wende ich mich nun zu, zunächst für die Ebene der Lehrkräfte und der Einzelschule, und zwar mit Hilfe des Begriffs „Wissensmanagement" (2.). Anschließend blicke ich erneut – diesmal aus empirischer Perspektive (3.) – auf den größeren Kontext der Governance.

2 Theoretische Perspektiven der Überführung: Wissensmanagement

Organisationen haben die Möglichkeit, kollektiv entscheiden zu können, welche Kommunikationen, die es im Inneren auf der Vorder-, Hinter- und Unterbühne gibt, gegenüber der Umwelt sichtbar gemacht werden.[3] Dabei können sie sich auch auf Darstellungsmaterialen stützen, die die Relevanz interner Operationen für die Umwelt herausstellen. Zudem tauschen sich viele gesellschaftliche Teilsysteme untereinander über ihre Organisationen aus (Luhmann 1997: 843). Diese Möglichkeiten haben Professionen per Definition weniger, denn sie sind ein nach innen gerichteter Begründungszusammenhang für Berufsarbeit, der darum bemüht ist, Domänen zu wahren sowie Einfluss und Kontrollpotenziale auszuweiten (vgl. Schimank/Volkmann 1999: 18). Und dies geht erstens immer auf Kosten von Sachverhalten, die in der Umwelt als unprofessionelle markiert werden müssen. Folge ist, dass Kommunikationen mit der Umwelt erschwert sind.[4] Nach Stichweh geht dies sogar so weit, dass eine Profession immer weniger an einem innergesellschaftlichen Status interessiert ist; stattdessen erfolgt eine Konzentration nach innen, im Sinne einer „professional purity" (Stichweh 1994: 304).

---

[3] Dies ergibt sich aus Entscheidung und Mitgliedschaft als den Kernprinzipien von Organisationen gemäß Luhmann (2000).
[4] Ich meine damit ausdrücklich nicht Aktivitäten von Verbänden, sondern die innere Vollzugslogik einer professionellen Tätigkeitsausübung.

Zweitens kann man sagen, dass der Zugewinn an Autonomie bedeutet, einen Ausschnitt der sozialen Wirklichkeit neu definieren zu können (Heidenreich 1999: 47). Insofern wird Komplexität nicht reduziert, sondern gesteigert. Im Berufsfeld von Lehrkräften kann sich dies z.B. so zeigen, verschiedenste Interaktionen für pädagogisch relevant zu erklären, was dann im Erleben von Lehrkräften dazu führen kann, sich überall zuständig zu fühlen. Sylvia Buchen (1991) z.B. spricht für Grundschulpädagogen von einem „Ich bin immer ansprechbar". Der Raubbau an der Person und Burnout sind dann nicht mehr weit.

Umgekehrt würden in einer Qualitätsorganisation der Schule nur noch begrenzte Spezialrollen ausdifferenziert sein. Solche Rollen sind zum Teil jetzt schon an der einzelnen Schule informell präsent, z.B.

- bei der Computerexpertin
- bei der Schulforscherin, die sich um die wissenschaftliche Einbindung von Schulprojekten und Begleitstudien kümmert
- bei der Verhandlungsführerin mit der Schulbehörde
- bei den Unterrichtsexperten verschiedener Fächer und Schulstufen, die sich um überfachliche Koordination bemühen
- bei Karriereberatern
- bei der Einstellung neuer Lehrkräfte
- bei der internen Mittelverteilung
- bei der Erarbeitung von Profilbildern
- bei Lehrkräften, die ihre Schule in der Öffentlichkeit vertreten.

Mit dem Begriff „Wissensmanagement" würden solche in der Schulpraxis vorkommenden, aber kaum systematisch beobachteten Funktionsrollen besser aufgegriffen werden können. Der Begriff beschreibt voneinander abgrenzbare operative Rollen-Tätigkeiten statt der professionellen Allzuständigkeit. Zudem werden die Tätigkeiten mit kollektiv verbindlichen Entscheidungen in einer Organisation Schule verbunden, statt allein dem einzelnen Lehrer Entscheidungen anzulasten. Damit ließe die Beschreibungssprache des Wissensmanagements den Lehrberuf insgesamt näher an eine Organisation Schule heranrücken.

Der Begriff „Wissensmanagement" kommt aus der Organisationssprache (vgl. Schütt 2000) und bearbeitet drei Problemfelder; es geht um

1. aktuelle Problemlösungen für eine Organisation
2. die Überführung individuellen Wissens der Mitarbeiter in kollektives Wissen einer Organisation
3. das grundsätzliche Interesse, wie neues Wissen von Individuen generiert wird und künftig für die Organisation genutzt werden kann.

Ein instrumentelles Interesse der Organisation an einer starken Einbeziehung der Individuen (Lehrkräfte) wird hier überdeutlich. Der Begriff Wissensmanagement macht jedoch auch das Individuum in der Organisation stark – und stellt Lehrerarbeit begrifflich von individuellen Entscheidungen eines Einzelnen innerhalb einer Profession auf kollektiv verbindliche Entscheidungen eines Kollegiums und einer Organisation Schule um, die mit Teams arbeitet.

Für die Berufsarbeit der Lehrer könnte es sich als ein entscheidender Vorteil erweisen, dass in einer Organisation Schule der Lehrer stärker über die Teamarbeit eingebunden ist, was dem Lehrerindividualismus entgegengesetzt wäre (Terhart 2001: 50). Andererseits würde die Lehrkraft weniger als ‚ganze Person' eingebunden sein, weil nicht mehr professionelle Allzuständigkeit dominiert, sondern abgrenzbare Rollenaufgaben in einer Organisation. Dies allerdings schützt womöglich vor dem ungesteuerten Raubbau an der Ressource Person, der innerhalb des Professionalisierungsdiskurses deutlich wird und in der schulischen Realität nachweisbar ist.

Anders als in diesem Diskurs, der ein bestimmtes inhaltliches Wissen als professionelles Wissen ausweisen und dies gegenüber einem „nichtprofessionellen" Umwelt-Wissen abgrenzen muss, ist Wissensmanagement auf operative „Verzahnungen" gerichtet. Das Umgehen mit Wissen – eine operative Fähigkeit – kann in der gesamten internen und externen Umwelt beobachtet und übernommen werden. Dies soll der Lernentwicklung der Schule als qualitätsbasierter Organisation zugute kommen.

Was wird verzahnt? Hier lassen sich zunächst biographische Wissenselemente erkennen, die der Selbst-Prozessierung des Individuums in der funktional differenzierten Gesellschaft dienen. Diese operativen Fähigkeiten wirken sich auch auf das Ergreifen des Lehrberufes aus. Es kommt z.B. darauf an, wie sich die Lehrkraft biographisch in den Beruf einsozialisiert, was für ein Coping sie in ihrem Beruf zeigt, ob es Belastungen durch kritische Lebensereignisse gibt und wie sie verarbeitet werden.[5] Im Diskurs von Profession und Professionalisierung wird dabei die Umwelt der Lehrkraft potentiell als Belastung gedeutet, die professionelle Ausübung des Berufs darf nicht mit Dingen aus der Umwelt vermischt sein. In operativer Hinsicht lässt sich dagegen sagen, dass es gerade Belastungen – allgemeiner formuliert: Umwelten – sind, an denen sich operative Fähigkeiten entfalten. In diesem Kontext sind eine Reihe von Befunden zur be-

---

[5] Der Lehrberuf wird mittlerweile häufiger in seinen biographischen Dimensionen gesehen, vgl. nur Terhart 1995, Reh/Schelle 1999.

ruflichen Sozialisation von Lehrkräften plötzlich positiv, wenn man sie mit der Brille eines operativen Wissensmanagements liest; ich nenne exemplarisch:

- informelle Qualifizierungen für den Beruf, z.B. den Umgang mit eigenen Kindern (was gerade für die Lehrerbildung bemerkt wird, vgl. Händle 1997)
- das Organisieren beruflicher Aus- und Wiedereinstiege
- das Organisieren von Stellenreduktion (Teilzeitbeschäftigungen)
- das Organisieren von befristeten Wechseln von Unterricht zu Fachvertretungen
- der Wechsel von höheren zu niederen Schulformen, um damit die berufsbiographische Zufriedenheit zu erhöhen.

Während innerhalb des Professionsdiskurses hier leicht Misstrauen gegenüber den fachlichen Ambitionen einer Lehrkraft wach werden, bedeuten die gleichen Handlungen unter einem Wissensmanagement gesehen operative Kompetenz. Man könnte im Anschluss daran auch für die Einstellungs- und Beurteilungspraxis von Lehrkräften überlegen, ob nicht gerade diejenigen Personen für den Lehrberuf interessant sind, die in Sinnfeldern außerhalb des Berufes operative Fähigkeiten entwickeln. Während von Schulbehörden diese Praxis z.B. durch „Sabbatjahre" zwar gewährt, aber kaum positiv sanktioniert wird, und während gleichzeitig in der informellen Beurteilungspraxis die zurückkehrenden Lehrkräfte sehr wohl anerkannt werden, eben weil sie sich offensichtlich durch ein Mehr an operativen Fähigkeiten auszeichnen, fehlt der Schulverwaltung noch eine Beschreibungssprache, wie es sie mit dem operativen Wissensmanagement geben könnte.

Auch im Unterricht zeigen sich jetzt schon Fähigkeiten des Wissensmanagements von Lehrkräften, die von der Profession kaum systematisch erfasst sind. Ich nenne wiederum exemplarisch:

- das „Umswitchen" zwischen Lehrplanvorgaben und situativen Unterrichtserfordernissen
- Unterrichtsmaterialien aus der eigenen privaten Umwelt werden in den Unterricht einbezogen
- es werden Grenzen überschritten, um Schüler (und deren Eltern) wegen bestimmter Schulschwierigkeiten auch außerhalb der Schule anzusprechen
- es werden Entscheidungen ohne Letztbegründungen, auf der Basis vom implizitem Wissen getroffen (Polanyi 1958; Schütt 2000: 79).

Letzteres bedeutet, dass man in Drucksituationen entscheiden kann, sein Handeln aber nicht erklären können muss. Für den Lehrberuf ist vermutlich ebenfalls *auch* stilles Wissen bedeutsam, insofern die Kernaufgabe darin besteht, in hoch-

variablen Interaktionsbereichen, dem Unterricht, unter Druck laufend pädagogisch angemessen zu entscheiden. Gerade mit „Ablaufsprachen" der Unterrichts-
organisation, wie sie in der universitären Lehrerbildung vermittelt werden, sind
jedoch aus der Wissenschaft abgeleitete Sollens-Forderungen eingeführt, die die
freie Beobachtung operativer Praxisabläufe beschneiden. Das biographische
Können, etwas zu organisieren, wird aus der Ausbildung radikal ausgegrenzt –
um dann ungesteuert spätestens nach dem ersten Praxisschock, nachdem auf eine
Klasse mit stillem Wissen reagiert werden muss, wieder eingeführt zu werden.

Organisationen haben derzeit offensichtlich ein starkes Interesse daran, operative Fähigkeiten von Individuen zu nutzen (vgl. Weber 2000). Dies lässt sich
zum Beispiel in der Reform der Lehrerbildung in Hamburg erkennen (Keuf-
fer/Oelkers 2001). Man will bei Individuen gleichsam abgucken, wie sie verschiedene Erfahrungen und Wissenselemente diachron miteinander verzahnen.
Die Lehrerbildung in Deutschland hat hier erhebliche organisatorische Defizite.
Der werdende Lehrer wird durch Passagen geschleust, die organisational kaum
miteinander zusammenhängen: Berufswahl, Studienbeginn, Praxiselemente,
Referendariat, Berufseinstieg und Erstplatzierung, berufliche Etablierung, Fort-
und Weiterbildung. Bislang ist die Verzahnung der verschiedenen Bereiche einzig der einzelnen Lehrkraft überantwortet. Es gibt kaum eine organisationale
Unterstützung. Folge ist, dass berufsbiographische Verläufe der Kontingenz
ausgeliefert sind.

Zudem ist ersichtlich, dass das Wissensmanagement der Lehrkräfte zusammen mit ihren Trägern gleichsam stirbt, da die Fähigkeiten an biographisches
Kapital gebunden sind. Während der Berufspraxis werden diese Fähigkeiten
nicht systematisch von einer Organisation aufgegriffen und anderen Organisationsmitgliedern zugeführt; und es wird nicht institutionell dafür gesorgt, dass das
individuelle Wissensmanagement nach der Berufspraxis vererbt wird. Im Diskurs des Wissensmanagements werden dagegen operative Kompetenzen einzelner Lehrer zu bearbeitbaren Unterschieden einer Organisation. Von der Bearbeitung würden alle Mitglieder der Organisation etwas haben. Und in der Einzelschule könnten nacheinander kollektive Probleme, die das Kollegium hinsichtlich Unterricht, Personal und Organisation auserkoren hat, bearbeitet werden.

3   Praktische Perspektiven der Überführung: Governance

Vorangehend habe ich innere Dimensionen einer Qualitätsorganisation Schule angedeutet. Ich möchte nun abschließend überschwenken auf Schwierigkeiten, eine solche Organisation im Schulsystem zu implantieren. Ich stützte mich dabei auf je 20 qualitative Interviews mit Lehrkräften aus Bayern, Hamburg und dem Kanton Zürich. Die Daten lassen „Modernisierungsreaktionen" erkennen, die auf den Umbau der jeweiligen Governance zurückgehen.[6]

a) Bayern: Schwache Intensität einer neuen Governance

In den Interviews bestätigt sich die Vorannahme der Untersuchung, dass der Umbau der schulischen Governance in Bayern am schwächsten von allen drei Erhebungsorten ist. Von den Lehrkräften selbst wird wenig über entsprechende Modernisierungsimpulse berichtet. Diese sind allenfalls auf der Ebene des „talk" sichtbar, d.h. man hat davon gehört, kennt jedoch so gut wie keine Auswirkungen für die eigene Schule und die Berufspraxis.[7]
Im Einzelnen lässt sich feststellen,
*   dass die Schulverwaltung in Bayern im Vergleich zu Hamburg und dem Kanton Zürich bislang nicht oder erst in schwachen Ansätzen in Richtung neuer Steuerungsmodelle des NPM geht. Das Bayrische Kultusministerium setzt vor allem auf „innere Schulentwicklungen", d.h. die einzelne Schule darf mit einer Unterrichts-, Personal- und Organisationsentwicklung beginnen. Es gibt jedoch keine einheitliche Regelungsstruktur, die nach dem Modell des NPM die verschiedenen Ebenen des Schulsystems miteinander verbinden will. Insbesondere nimmt sich das Kultusministerium – abgesehen von semantischen Umstellungen[8] – von der Modernisierung aus, erwartet aber von den Schulen, sich zu modernisieren.

---

[6]   Für die Untersuchung („Biographische Modernisierungsreaktionen von Lehrkräften in Deutschland und der Schweiz", vgl. Brüsemeister 2004) hat sich freundlicherweise Prof. Jürgen Oelkers (Universität Zürich) als Kooperationspartner zur Verfügung gestellt; die Untersuchung verantworte ich jedoch allein. Sie dauerte vom Sommer 2001 bis zum Sommer 2002.

[7]   Zur Unterscheidung von talk/action vgl. Brunsson (1989).

[8]   Siehe allein den Internetauftritt des Bayrischen Staatsministeriums für Unterricht und Kultus (www.stmuk.bayern.de). Zu den vergleichsweise (in Relation zum Kanton Zürich sowie Hamburg) schwachen Bemühungen in Bayern, das Schulsystem in Richtung NPM oder neuer Steuerungsmodelle umzugestalten, vgl. den Überblick über die Verwaltungsmodernisierung in Bayern bei Konzendorf (1998: 10-13), Bogumil (1999), Noe (1999).

- In den Schulen gibt es kaum ein „organisationales" Kollegium als Teil einer qualitätsbasierten Schulorganisation. Beziehungen zwischen den Akteuren verbleiben im Rahmen traditioneller Schulkulturen.

- Von Ausnahmen abgesehen, die in einer durch verschiedene Schulkulturen diversifizierten Schullandschaft immer wieder, jedoch nicht systematisch vorkommen, wird die Schulleitungsposition nicht in ihren Managementfunktionen aufgewertet.

- Eltern können nicht systematisch, wie es schulische Qualitätsmanagements vorsehen (vgl. Kempfert/Rolff 2000), an der Beobachtung und Ausformulierung schulischer Leistungen teilhaben.

- Schließlich sind Lehrkräfte allein gelassen, Projekte, die auf die Erhöhung der Qualität des Unterrichts zielen, zu realisieren – oder auch nicht.

Die schulische Inklusion bleibt damit innerhalb der bisherigen bürokratischen Governance verankert. In dieser ist die Einzelschule nicht in ihren operativen Entscheidungsfähigkeiten aufgewertet und ein Kollegium als qualitätsbasierte Organisation entwickelt. In diesem Rahmen diversifizieren sich Schulkulturen je nach der Einzelschule; die Schulkulturen beinhalten manchmal gute, manchmal weniger gute Beziehungen zwischen den Akteuren. Entscheidend ist, dass die Kulturen nicht durch einen dezidierten Impuls negativ oder positiv herausgefordert werden, d.h. es gibt für die Lehrkraft so gut wie keinen Anlass, ihre Aufmerksamkeit anders zu gestalten, als sie es bislang in der eigenverantwortlichen Justierung ihrer Berufsbiographie gewohnt ist. Es gibt vor allem keine Unterstützung, sich innerhalb eines Kollegiums intensiver als im Rahmen von zufälligen Schulkulturen über schulische Standards zu unterhalten, wie man es z.B. bei den Interviewpartnern aus Hamburg sehen kann. Statt stärkere Verbindungen zwischen verschiedenen Ebenen des Schulsystems zu suchen, wie es mit den neuen Governance-Modellen gewollt wird, dominiert im Rahmen stark streuender Schulkulturen Kontingenz.

b) Hamburg: Neue Governance in mittlerer Intensität und mit hohen Wirkungen

In Hamburg dagegen sind Lehrkräfte im Rahmen eines modernisierten Kollegiums aktiv. Es ist durch ein „privat" verwendetes Modernisierungsmedium, den Computer, mehr zusammengewachsen. Einzelne Lehrkräfte nutzen seit längerer Zeit ausgehend von ihren Hobbys dieses Medium für ihren Unterricht, was nun von der Schulbehörde unterstützt wird. Man kann sagen, dass diese einzelnen

Lehrkräfte beiläufig eine bottom-up Modernisierung begonnen haben. Die Betreffenden haben zweitens ein Interesse daran, andere Kollegen an Innovationen teilhaben zu lassen, d.h. die Kommunikation im Kollegium wird schrittweise verbreitert. Drittens kommt die Hamburger Schulbehörde hinzu, um Erfahrungen einzelner Kollegien teilweise für alle Schulen zu verallgemeinern.[9] Damit ist die Modernisierung der Behörde der dritte Schritt, der zeitlich gesehen zwei Schritten der Selbstorganisation des Kollegiums nachfolgt. Sachlich gesehen zielt die Entwicklung in den Kollegien darauf, Unterricht im Rahmen einer Qualitätsorganisation Schule auszugestalten.

Zwei Modernisierungsmedien spielen hierfür eine wichtige Rolle. Erstens wird von Seiten der Schulverwaltung die verbindliche Erarbeitung von Schulprogrammen eingeführt (Maritzen 1998). Zweitens lässt sich die Verwendung von Computern beobachten, was zum einen ebenfalls von der Schulverwaltung, z.B. durch Weiterbildung und mediendidaktische Beratung, gefördert wird. Zum anderen nutzen Lehrkräfte Computer aus eigenen Initiativen heraus, was dann wiederum Verzahnungsmöglichkeiten mit der Schulverwaltung eröffnet.

Wie ist der Prozess aus Sicht der InterviewpartnerInnen abgelaufen? Etwa Mitte der 1980er Jahren bringen einzelne Hamburger Lehrkräfte aus privaten Interessen heraus erste Computer mit in die Schule. Darüber kommen einzelne Kollegen miteinander in intensiveren Kontakt, wobei es darum geht, den Computer im Unterricht einzusetzen. Die KollegInnen tauschen sich insbesondere darüber aus, welche Sachthemen beim Thema Computer für bestimmte Schülerstufen und Fächer geeignet sind. Es geht den engagierten Lehrkräften auch darum, wie sie andere Kollegen an ihren Erfahrungen teilnehmen lassen können. In der Sprache des Qualitätsmanagements ist dies der Beginn von Teambildung als Teil einer sich entwickelnden Schule als Organisation.

Relativ unerfahrene KollegInnen lassen sich dabei zeigen, was man im Unterricht mit dem neuen Medium tun kann. Dies lässt sich so erklären, dass der Computer als ein Leitmedium anerkannt wird, weil man sieht, dass andere Kollegen ihren Unterricht damit gestalten – und weil auch in der Umwelt Computer als eine effiziente, moderne Technologie gelten. Tatsächlich ist gerade in der Umwelt von Schule der Einsatz von Computern sinnfällig. Man „versteht" auch von dort aus – in Anlehnung an Luhmanns Begriff von Verbreitungsmedien formuliert[10] –, wenn sich Lehrkräfte damit beschäftigen. Der pädagogische Sinn

---

[9]   Zur Modernisierung aus Sicht der Hamburger Schulbehörde und begleitender Wissenschaftler vgl. Tillmann/Vollstädt (2001).
[10] Luhmann betont hierbei, dass mit diesen Verbreitungsmedien (weltweit operierende) Netzwerke des „Sammelns, Auswertens und Wiederzugänglichmachens von Daten" möglich sind (Luhmann

des Computereinsatzes trifft sich mit außerhalb der Schule vorhandenen Leitmedien, die Computer zum Inbegriff der technischen und sozialen Modernisierung auserkoren haben (vgl. Degele 2000). Deshalb ist es Mitte der 1990er Jahre leicht möglich, dass Bildungsbehörde und Politik in Hamburg die Bemühungen einzelner Schulen, deren Kollegien mittlerweile stärker Computer in den Unterricht integriert haben, unterstützen.

Angestoßen durch die Arbeit mit Computern sprechen die KollegInnen mittlerweile im Sinne einer „pädagogischen Qualitätsentwicklung" verstärkt über Unterrichts-, Personal- und Organisationsbelange, d.h. zum Beispiel über Leistungsstandards für einzelne Schülerjahrgänge. In dieser Weise überführen sich die Betreffenden größtenteils eigenständig von einer Orientierung an Profession zu einer Orientierung an Organisation. Förderliche Bedingung dafür ist, dass die Schulverwaltung als verbindliches Element einer neuen Governance Schulprogramme einfordert.

c) Kanton Zürich: Neue Governance in hoher Intensität, aber nur mittleren Wirkungen

Die Interviews mit engagierten Lehrkräften aus dem Kanton Zürich zeigen, dass die Entwicklung auch anders verlaufen kann.

Zunächst sind die starken Steuerungsbemühungen der Bildungsdirektion des Kantons Zürich (Kultusministerium) im Sinne des NPM auffällig, die sich nicht nur auf ein einziges Element – wie in Hamburg die verbindlich gemachten Schulprogramme – erstrecken.[11] Die Schulverwaltung gestaltet sich dabei selbst im Sinne einer wirkungsorientierten Verwaltung im Sinne des NPM um, und sie dehnt die damit verbundenen Vorstellungen einer organisationalen Steuerung systematisch auf Schulen aus. Diese neue Governance zeigt sich im Einzelnen

- an eben dieser Einführung eines Qualitätsmanagements zwischen der Bildungsverwaltung und der Einzelschule,
- zudem – im Projekt der „Teilautonomen Volksschule (TaV)" – in der Ermöglichung der operativen Autonomie der Einzelschule[12],

---

1997: 304), und dass vor Ort eine Vernetzung unmittelbarer Kontakte, damit heterarchische im Gegensatz zu hierarchischen Ordnungen möglich seien (ebd., 312). Luhmann spricht damit wie Degele (s.u.) soziale Effekte der Technologie an.

[11] Maßgeblich verantwortlich ist dabei Ernst Buschor als Bildungsdirektor (Kultusminister) des Kantons; vgl. Buschor (1998).

[12] Nach Auskunft der Bildungsdirektion (Mitteilung per Email) ist etwa ein Drittel der Schulen des Kantons Zürich im Projekt TaV. Vgl. zur Evaluierung dieses Projekts: Rhyn u.a. (2002).

- des Weiteren, zusammen mit TaV, in der Einführung einer Schulleitungsposition, die es zuvor nicht gab und
- in der Einführung einer professionellen Schulaufsicht, welche die bisherige Laienaufsicht auf der Ebene der Landkreise (Bezirksschulpflege) ablösen soll.[13]

Insgesamt kann man davon sprechen, dass im Kanton unter einer großflächigen Perspektive ein intensiver Umbau der Governance erfolgt.[14]

Gegenüber diesen (top-down) Bemühungen fallen in den Interviews engagierte Lehrkräfte auf, die (bottom-up) eigene Projekte dagegen halten. Zentrale Kontextbedingung dafür ist die Existenz überschaubarer lokaler Schulkulturen. Es wird nicht systematisch durch fachliche Einrichtungen und organisationale Feedbacks unterstützt, jedoch wohlwollend von der Ortsgesellschaft honoriert, wenn sich die einzelne Lehrkraft an ihrer Schule engagiert. Man kann sagen, dass sich das professionelle Engagement im Rahmen von individuellen Verhandlungen in lokalen Schulkulturen in *sozialer Hinsicht* verankert. Und an Stelle organisationaler Maßnahmen berichten die älteren Lehrkräfte von individuellen Projekten, die darauf zielen, eigene Feedbackeinrichtungen zu schaffen, welche die Laienaufsicht der Schulpflege nicht bieten. Die engagierten Befragten tun dies zum Beispiel, indem sie sich neben der Schule regelmäßig mit anderen Kolleginnen und Kollegen austauschen oder indem sie ein Lehrstellenforum ins Leben rufen. Es gibt hierbei jedoch kein einheitliches Leitmedium, wie es in Hamburg der Computer darstellt, über das Kollegien beiläufig miteinander ins Gespräch kommen. Stattdessen dominiert „nur" die Verhandlungsfähigkeit der einzelnen Lehrkraft. Zudem müssen in den individuellen Projekten auch je spezifische Umsetzungsschwierigkeiten bearbeitet werden; dafür steht ebenfalls nicht wie in Hamburg ein organisationales Medium (ein Kollegium) zur Verfügung.

---

[13] Im Kanton Zürich unterteilte sich die Schulaufsicht bislang in eine a) Fachaufsicht der Schulbehörde sowie b) in eine politische Aufsicht durch die Schulpflege der Gemeinde (wobei die Gemeinde der Träger der Schulen ist) sowie der Bezirksschulpflegen (der Bezirke eines Kantons). Schulpflege und Bezirksschulpflege bestehen aus gewählten Laien-Vertretern.

[14] In der Volksabstimmung am 24. November 2002 lehnte jedoch die Mehrheit im Kanton Zürich einerseits die Einführung eines großen Reformvorhabens für die kantonale Volksschule bzw. das zu Grunde liegende Volksschulgesetz ab. Der Umbau der Volksschule hätte etappenweise zwischen 2004 und 2012 erfolgen sollen. Andererseits wurde mit dem Volksentscheid der Änderung der Kantonsverfassung zugestimmt und die damit mögliche Abschaffung der Bezirksschulpflege gut geheißen. An Stelle einer Laienschulaufsicht auf der Ebene des Bezirks kann eine professionelle Schulaufsicht treten. Entsprechende Projekte (Audit-Teams, die die Schulen alle 4 Jahre besuchen) wurden zuvor erprobt; vgl. als externe Evaluation den Bericht von Binder/Trachsler 2002. Vgl. zur Erfolgseinschätzung der bisherigen Reformen: Oelkers (2003: 78-80); Maag Merki/Büeler (2002: 145-157).

Schwierigkeiten sind darüber hinaus entstanden, als die individuellen bottom-up Modernisierungen der engagierten Lehrer mit den top-down Modernisierungen der Bildungsdirektion des Kantons Zürich konfrontiert wurden. Im Modernisierungspfad (Zapf 1996) dominieren damit Konflikte zwischen „denen da oben" und „ich hier unten", wobei ein Kollegium als organisationales Objekt und Vehikel der Modernisierung, welches Konflikte würde abpuffern können, kaum vorhanden ist. Damit kann auch die Bildungsdirektion nicht mit einer Schulorganisationen, einem Kollegium, kommunizieren, wie es für sie als Organisation am besten wäre (vgl. Luhmann 1997: 834), sondern muss gleichsam jeden Einzelnen überzeugen, dass ihre Vorschläge der Reorganisation sinnhaft sind.

4   Fazit

Neben der Möglichkeit, in theoretischer Hinsicht den Begriff des Wissensmanagements zu verwenden, um jetzt schon vorhandene operative Fähigkeiten von Lehrkräften und entsprechende Funktionsrollen im Berufsfeld zu markieren, lassen sich empirisch auch unterschiedliche Wege erkennen, wie neue Formen der Governance – mit einer qualitätsbasierten Einzelschule im Zentrum – errichtet werden. Wissensmanagement und Governance lassen sich dabei grundsätzlich als Elemente zur Überführung der schulischen Profession in Organisation verstehen.

Bezüglich der Governance lässt sich festhalten: Während sich in Hamburg ein Kollegium als zentrales Element einer Qualitätsorganisation Schule zu entwickeln beginnt, sind Lehrkräfte im Kanton Zürich nach wie vor am Modell Profession orientiert. Letzteres ist dadurch begründet, dass die Bildungsdirektion Zürich im Vergleich zur Hamburger Schulbehörde sehr viele stärkere Steuerungsbemühungen zeigt, was dann ungewollt die Autonomie der Profession herausfordert. Oder anders gesagt: Der Profession wird, anders als in Hamburg, wenig Raum für eine Selbstorganisation in Richtung einer kollektiven Entscheidungsinstanz gelassen, sondern diese Selbstorganisation wird durch gut gemeinte, „von oben" kommende Steuerungsimpulse verbaut. Widerstände der Lehrkräfte sind diesbezüglich „transintentionales" Produkt des Steuerungshandelns der Bildungsverwaltung.

Literatur

Bähr, K.: Die Rolle von Schulleistungstests für das Qualitätsmanagement im Bildungswesen, in Schulen und Klassenzimmern. In: T. Brüsemeister/K.-D. Eubel (Hrsg.): Zur Modernisierung der Schule. Leitideen – Konzepte – Akteure. Bielefeld 2003, S. 217-224.

Bayer, M./Carle, U./Wildt, J. (Hrsg.): Brennpunkt: Lehrerbildung. Strukturwandel und Innovationen im europäischen Kontext. Opladen 1997.

Below, S.: Bildungssysteme und soziale Ungleichheit. Das Beispiel der neuen Bundesländer. Opladen 2002.

Binder, H.M./Trachsler, E.: wif! – Projekt "Neue Schulaufsicht an der Volksschule". Externe Evaluation. Luzern, 6. Mai 2002, Ms.

Bogumil, J. (Hrsg.): Modernisierung der Landesverwaltung. Polis Nr. 42, Arbeitspapiere aus der FernUniversität Hagen 1999.

Borchert, J.: Die konservative Transformation des Wohlfahrtsstaates. Frankfurt a.M./New York 1995.

Braun, D.: Regulierungsmodelle und Machtstrukturen an Universitäten. In: Erhard Stölting, Uwe Schimank (Hrsg.): Die Krise der Universitäten. Leviathan Sonderheft 20. Wiesbaden 2001, S. 243-262.

Brüsemeister, T.: Schulische Inklusion und aktuelle Modernisierung. Differenzierungs- und akteurtheoretische Betrachtung zur Sicht von Lehrkräften. Habilitationsschrift, Hagen 2003, Ms.

Brüsemeister, T.: Das andere Lehrerleben. Lehrerbiographien und Schulmodernisierung in Deutschland und der Schweiz. Bern/Stuttgart/Wien 2004.

Brüsemeister, T./K.-D. Eubel (Hrsg.): Zur Modernisierung der Schule. Leitideen – Konzepte – Akteure. Ein Überblick. Bielefeld 2003.

Brunsson, N.: The Organization of Hypocrisy: Talk, Decisions and Actions in Organizations. Chichester 1989.

Buchen, S.: "Ich bin immer ansprechbar". Gesamtschulpädagogik und Weiblichkeit. Weinheim 1991.

Buschor, E.: Schulen in erweiterter Verantwortung – Die Schweizer Anstrengungen und Erfahrungen. In: Avenarius, H./Baumert, J./Döbert, H./Füssel, H.-P. (Hrsg.): Schule in erweiterter Verantwortung. Positionsbestimmungen aus erziehungswissenschaftlicher, bildungspolitischer und verfassungsrechtlicher Sicht. Beiträge zur Schulentwicklung. Neuwied 1998, S. 67-88.

Degele, N.: Informiertes Wissen. Eine Wissenssoziologie der computerisierten Gesellschaft. Frankfurt a.M./New York 2000.

Fend, H.: Bildungspolitische Optionen für die Zukunft des Bildungswesens. Erfahrungen aus der Qualitätsforschung. In: Zeitschrift für Pädagogik, 43. Beiheft. Weinheim/Basel 2001, S. 37-48.

Händle, C.: Qualifizierung für den Beruf in formeller Lehrerbildung und anderen Handlungsfeldern. In: Bayer, M./Carle, U./Wildt, J. (Hrsg.): Brennpunkt Lehrerbildung. Strukturwandel und Innovationen im europäischen Kontext. Opladen 1997, S. 93-120.

Heidenreich, M.: Berufskonstruktion und Professionalisierung. Erträge der soziologischen Forschung. In: Apel, H.J./Horn, K.-P./Lundgreen, P./Sandfuchs, U. (Hrsg.): Professionalisierung pädagogischer Berufe im historischen Prozeß. Bad Heilbrunn 1999, S. 35-58.

Kempfert, G./Rolff, H.-G.: Pädagogische Qualitätsentwicklung. Ein Arbeitsbuch für Schule und Unterricht. Weinheim/Basel 2000.

Keuffer, J./Oelkers, J.: Reform der Lehrerbildung in Hamburg. Weinheim/Basel 2001.

König, K.: Institutionelle Aspekte der Modernisierung - die Sphäre der öffentlichen Verwaltung. In: Hill, H. (Hrsg.): Modernisierung - Prozess oder Entwicklungsstrategie? Frankfurt a.M. 2001, S. 263-290.

Konzendorf, G.: Verwaltungsmodernisierung in den Ländern. Überblick und Einblicke. Speyerer Forschungsberichte Nr. 187. Speyer 1998.

Krainz-Dürr, M.: Wie Schulen lernen. Zur Mikropolitik von Schulentwicklungsprozessen. In: Krüger, H.H./Wenzel, H. (Hrsg.): Schule zwischen Effektivität und sozialer Verantwortung. Opladen 2000, S. 125-140.

Kurtz, T.: Moderne Professionen und gesellschaftliche Kommunikation. In: Soziale Systeme. Zeitschrift für soziologische Theorie (6) 2000, S. 169-194.

Luhmann, N.: Die Gesellschaft der Gesellschaft. Frankfurt a.M. 1997.

Luhmann, N.: Organisation und Entscheidung. Wiesbaden 2000.

Maag Merki, K./Büeler, X.: Schulautonomie in der Schweiz. Eine Bilanz auf empirischer Basis. In: Rolff, H.-G./Holtappels, H G./Klemm, K./Pfeiffer, H./Schulz-Zander, R. (Hrsg.): Jahrbuch der Schulentwicklung. Daten, Beispiele und Perspektiven. Band 12. Weinheim/München 2002, S. 131-161.

Maritzen, N.: Schulprogramm und Rechenschaft – eine schwierige Beziehung. In: Ackermann, H./Wissinger, J. (Hrsg.): Schulqualität managen. Von der Verwaltung der Schule zur Entwicklung von Schulqualität. Neuwied 1998, S. 135-145.

Noe, T.: Modernisierung der Landesverwaltung in Bayern. In: Bogumil, J. (Hrsg.): Modernisierung der Landesverwaltung. Polis Nr. 42, Arbeitspapiere aus der FernUniversität Hagen 1999, S. 14-28.

Oelkers, J.: Wie man Schule entwickelt. Eine bildungspolitische Analyse nach PISA. Weinheim u.a. 2003.

Polanyi, M.: Personal Knowledge. Chicago 1958.

Reh, S./Schelle, C.: Biographieforschung in der Schulpädagogik. Aspekte biographisch orientierter Lehrerforschung. In: Krüger, H.-H./Marotzki, W. (Hrsg.): Handbuch erziehungswissenschaftliche Biographieforschung. Opladen 1999, S. 373-390.

Rhyn, H./Widmer, T./Roos, M.: Leistungen und Ressourcen in Zürcher Volksschulen mit und ohne Teilautonomie (TaV). Zürich 2002, Ms.

Schedler, K./Proeller, I.: New Public Management. Bern u.a. 2000.

Schimank, U./Volkmann, U.: Gesellschaftliche Differenzierung. Bielefeld 1999.

Schütt, P.: Wissensmanagement. Niedernhausen/Ts. 2000.

Stichweh, R.: Wissenschaft, Universität, Profession. Soziologische Analysen. Frankfurt a.M. 1994.

Terhart, E.: Organisation und Erziehung. Neue Zugangsweisen zu einem alten Dilemma. In: Zeitschrift für Pädagogik 32 (1986), S. 205-223.

Terhart, E.: Lehrerbiographien. In: König, E./Zedler, P. (Hrsg.): Bilanz qualitativer Forschung. Band 2. Weinheim 1995, S. 225-264.

Terhart, E.: Lehrerberuf und Lehrerbildung. Forschungsbefunde, Problemanalysen, Reformkonzepte. Weinheim/Basel 2001.

Tillmann, K./Vollstädt, W. (Hrsg.): Politikberatung durch Bildungsforschung. Das Beispiel: Schulentwicklung in Hamburg. Opladen 2001.

Weber, S.: „Fördern und Entwickeln". Institutionelle Veränderungsstrategien und normalisierendes Wissen. In: Zeitschrift für Erziehungswissenschaft 3 (2000), S. 411-428.

Zapf, W.: Die Modernisierungstheorie und unterschiedliche Pfade der gesellschaftlichen Entwicklung. In: Leviathan 24 (1996), S. 63-77.

Schulentwicklung und Organisationstheorie:
Welche Erklärungskraft besitzt die Bürokratietheorie heute?
Hans-Werner Fuchs

1 Einführung

Wie andere komplexe Systeme auch können Schulen als soziale Organisationen betrachtet und als solche unter einer organisationstheoretischen Perspektive analysiert werden. Hinter dem Terminus »Organisationstheorie« verbirgt sich allerdings kein singulärer Ansatz, mit dem der Gegenstandsbereich umfassend abzudecken wäre, sondern eine Fülle von Konstrukten und theoretischen Annäherungen an den Topos »Organisation«, die sowohl hinsichtlich der Bezugsdisziplin als auch hinsichtlich der Analyseebene nicht unerheblich variieren (vgl. Kieser 2001; Walter-Busch 1996; Scherer 2001, S. 2). Im Zusammenhang mit dem Thema Schule und Organisation werden zwei der Ansätze, die sich unter »Organisationstheorie« subsumieren lassen, besonders häufig als Analyseraster genutzt. Es sind dies die »Bürokratietheorie« nach Max Weber und die auf Karl E. Weick zurück gehende Theorie »lose gekoppelter Systeme«. Mit diesen beiden Theoriekonstrukten wird vielfach zugleich ein Paradigmenwechsel im Sinne einer Ablösung des älteren, Weberschen durch den neueren, Weickschen Ansatz verbunden. Mit Weber gelten moderne Organisationen als bürokratisch strukturiert, wobei sich gerade hierin ihre Leistungsüberlegenheit gegenüber nichtbürokratischen Organisationen ausdrücke. In den 1970er Jahren habe sich jedoch ein Paradigmenwechsel dergestalt vollzogen, dass sich „gegenüber der traditionellen Vorstellung von Organisation als monolithischem Block die von Karl Weick ausgehende Erkenntnis durch(setzte), dass komplexe Systeme ihre Überlebensfähigkeit und Elastizität entscheidend dadurch sichern, dass sie intern sogenannte lose gekoppelte Subsysteme ausbilden, die verhältnismäßig unabhängig voneinander existieren und je eigene Subkulturen ausbilden können" (Rolff 1995, S. 25; vgl. Gehrmann 2003, S. 49f., S. 66ff.; Bormann 2002, S. 36).

Im Folgenden geht es darum, zu untersuchen, ob das Verhältnis der beiden Theorien zueinander als Paradigmenwechsel zutreffend beschrieben und die Webersche Bürokratietheorie damit als obsolet anzusehen ist. Den weiteren Ausführungen ist die These vorangestellt, dass die ausschließliche Deutung der – deutschen – Schule im Sinne der Theorie lose gekoppelter Systeme die Realität nicht angemessen widerspiegelt. Hingegen ist davon auszugehen, dass neben Elementen loser Koppelung, die sich vor allem auf der Mikroebene der Einzelschule finden lassen, bürokratische Prägungen in erheblichem Maße zumindest auf der Meso- und Makroebene (weiter) bestehen.[1] Insofern wäre eine angemessenere Betrachtungsweise diejenige, die im Schulwesen neben Elementen loser Koppelung nach wie vor existierende bürokratische Strukturen in Rechnung stellt. Dies soll an einem Beispiel verdeutlicht werden. Hierzu wird nach Hinweisen zum Thema Organisationstheorie und Schule sowie zum Weickschen Konstrukt loser Koppelung (2) die Bürokratietheorie Max Webers erläutert (3). Im Anschluss an eine Skizze des gewählten Beispiels – der Reform der gymnasialen Oberstufe (4) – ist darzulegen, dass die gymnasiale Oberstufe und ihre Neuordnung vielfältige Muster einer bürokratischen Organisationsreform aufweisen (5). Abschließend wird die Frage diskutiert, ob Bürokratie und lose Koppelung sich wechselseitig ausschließende Betrachtungsweisen des Systems Schule darstellen (6).

2   Organisationstheorie und Schule

„In der Ausbildung, bei der Arbeit (...) sowie in vielen anderen Lebensumständen erlebt sich der Mensch als Teil einer Organisation, sieht sich als Individuum den Möglichkeiten und Zwängen einer Organisation ausgesetzt. Menschen erleben Organisationen als Systeme von impliziten und expliziten Regeln, die auf einen (oftmals unausgesprochenen) Zweck gerichtet sind und Erwartungen sowohl an Organisationsmitglieder als auch an Nichtmitglieder kommunizieren, sich in einer bestimmten Art und Weise zu verhalten. Diese Regeln dienen der Koordination von Handlungen zur Erfüllung bestimmter Zwecke, die für ein Individuum in alleiniger Anstrengung in vielen Fällen nicht erreichbar sind. Oftmals können allerdings die Individuen an der Zwecksetzung oder an der Regelfestlegung gar nicht teilhaben, sondern finden diese schlicht vor. Jedenfalls erleben wir immer wieder, dass die Chancen, die Ziele einer Organisation zu bestimmen, deren Regeln festzulegen und sich denselben zu unterwerfen oder zu entziehen, ungleich verteilt sind" (Scherer 2001, S. 1). Das Zitat ist einem Standardwerk zur Organisationstheorie entnommen, das bezeichnender Weise im Raum der Betriebswirtschaftslehre angesiedelt ist. Im Gegensatz z.B. zu den angelsächsischen Ländern haben organisationstheoretische Analysen im deutsch-

---

[1]   Zur Unterscheidung in Mikro-, Meso- und Makroebene des Schulsystems vgl. Bormann 2002, S. 35ff.

sprachigen Raum noch immer ihren Schwerpunkt im Bereich der wirtschaftsna-
hen Fächer und werden insbesondere dort fortentwickelt.[2] Organisationstheoretische Untersuchungen zur Schule sind hingegen selten vorzufinden; gleiches gilt
auch für Bemühungen um die Entwicklung originär schulorganisationstheoreti-
scher Ansätze (vgl. Rolff 1995, S. 26). Dies bedeutet gleichwohl nicht, dass
organisationstheoretische Ansätze nicht auch für den Bereich der Organisation
Schule gewinnbringend adaptiert und genutzt werden könnten. So wäre das Zitat
durchaus auch als Kommentar einer Lehrkraft zu einer durch das zuständige
Ministerium dekretierten Organisationsreform lesbar, wie sie aktuell z.B. im
Zusammenhang mit Themen wie Vergleichsarbeiten, Standards und Zentralabi-
tur diskutiert werden. Zu achten ist auf die Mehrdeutigkeit des Organisationsbe-
griffs, der sich sowohl auf die Institution als auch auf Strukturmuster und Verhal-
tensgrundsätze in dieser beziehen kann. Bei der organisationstheoretischen Betrachtung der Schule können grundsätzlich drei Verständnisse von Organisation
unterschieden werden: ein *institutionales* (»Schule ist eine Organisation«), ein
instrumentales (»Schule hat eine Organisation«) und ein *funktionales* (»Schule
wird organisiert«). Zwischen den angesprochenen Elementen besteht ein enger
Zusammenhang; Veränderungen eines Elements rufen zumeist auch Veränderungen der anderen hervor. So berührt z.B. die Neuorganisation von Unterrichts-
prozessen (funktionale Ebene) zugleich auch die instrumentale Ebene der Schulorganisation (vgl. Bessoth 1978/2001, S. 6).

Neben der Bürokratietheorie, auf die noch näher einzugehen sein wird, ist
der in der Schulorganisationsforschung gegenwärtig am stärksten verbreitete und
rezipierte Ansatz das auf Karl E. Weick zurück gehende Konstrukt der »losen
Koppelung«. Dem gemäß werden Bildungseinrichtungen als Systeme weitgehend loser Verbindungen beschrieben, in denen „Ziele und zielführende Handlungen lediglich schwach aufeinander bezogen sind und Kausalitäten wie z.B.
Prozess- bzw. Handlungs-Ergebnisbeziehungen (...) nicht per se gegeben sind"
(Bormann 2002, S. 36; allgemein vgl. Weick 1976; 1985, S. 163ff.). Für die
Organisation und ihren Strukturaufbau relevante Variablen wie Akteure, deren
Handlungen und die in der Organisation verfolgten Ziele seien nur schwach
miteinander verbunden. Schwache Bindungen innerhalb der Organisation wiederum förderten die Autonomie der Organisationsangehörigen – hier: der Lehrkräfte, und Autonomie führe zu großer Verhaltenskonstanz und damit zur Möglichkeit, innerorganisatorische Veränderungen abzuwehren (vgl. Bormann ebd.).

---

[2]   Dies wird z.B. durch den Umstand unterstrichen, dass die Autorinnen und Autoren des zitierten,
      von Kieser herausgegebenen Werkes (vgl. Kieser (Hrsg.) 2001) ausnahmslos im Bereich der Be-
      triebswirtschaftslehre tätig sind.

Blickt man z.b. auf die Binnenkommunikation in der Einzelschule, findet sich für diesen Ansatz, wie ihn Weick exemplarisch beschrieben hat, ein hohes Maß an Plausibilität (vgl. Weick 1976).

Während die Einzelschule in organisationstheoretischer Sicht gegenwärtig vor allem unter dem Blickwinkel »loser Kopplung« wahrgenommen und analysiert wird, existiert, so die These, nach wie vor ein Raum fester, ja starrer Kopplung, der Schulen und den in ihnen Tätigen wenig Handlungsspielräume und Entscheidungsmöglichkeiten lässt. Dieser Raum kann als Bürokratie zutreffend beschrieben werden und ist mittels eines Ansatzes, in dem bürokratische Strukturen und Handlungsabläufe in den Mittelpunkt der Analyse gestellt werden, zutreffend zu interpretieren. Ein solcher theoretischer Rahmen ist die Bürokratietheorie nach Max Weber.

3 Bürokratietheorie und Schulsystem

Das Webersche Bürokratiemodell zählt zu den Klassikern der Organisationstheorie. Weber entwickelte den Ansatz zu Beginn des vergangenen Jahrhunderts; bereits aus diesem Grund erscheint es durchaus legitim, zu fragen, ob diese Theorie in der Gegenwart noch als angemessenes Erkenntnisinstrument dienen kann. Im Folgenden soll an einem Beispiel gezeigt werden, dass das Konzept noch immer Erklärungskraft für Analysen auch im Bereich des Bildungswesens besitzt. Walter-Busch weist darauf hin, dass das von Weber konzipierte Bürokratiemodell nach wie vor und „sehr zu Recht (...) zum eisernen Bestand der weitaus meisten organisationswissenschaftlichen Lehrbücher" (Walter-Busch 1996, S. 93) gehöre. Weber ordnete Bürokratisierung dem langfristigen Trend einer Rationalisierung der modernen – okzidentalen – Lebensverhältnisse zu, denen des weiteren Professionalisierung, Technisierung, Ökonomisierung und Verwissenschaftlichung der Lebensverhältnisse zuzurechnen sind (vgl. ebd., S. 95ff.)

Basis der Bürokratietheorie Webers sind seine Betrachtungen zur Herrschaftssoziologie. Hier entwirft er die weithin bekannte Typologie legitimer Herrschaft, im Rahmen derer er traditionale, charismatische und rationale Herrschaft unterscheidet (vgl. Weber 1985, S. 122ff.). Die letztgenannte wiederum, die er auch als legal-rationale Herrschaft bezeichnet, basiert vor allem auf dem Wirken bürokratischer Verwaltungsstäbe. Zu den idealtypischen Kennzeichen bürokratischer Organisationen zählen folgende Merkmale: (1) eine feste, hierarchische Struktur, (2) formalisierte Kommunikation (»Dienstweg«), (3) funktionale Spezialisierung, feste Kompetenzen und ein hohes Maß an Fachwissen, (4) ein detailliertes System von Regeln, Vorschriften und Abläufen, die für alle Organisationsmitglieder gelten – Ziele sind Willkürvermeidung, Gleichbehandlung und Objektivität, (5) »Aktenmäßigkeit« der Verwaltung und die Dokumentation des Verwaltungshandelns in »Vorgängen«, (6) die Trennung von Amt und Person – Ämter sind festgelegt, Personen sind austauschbar, (7) Loyalität, die dem Amt, nicht der Person gilt, (8) Entgelte, die sich vor allem nach hierarchischem Rang und »Standesgemäßheit«, weniger nach tatsächlicher Arbeitsbelastung bemessen, (9) Kompetenz und Leistung als Voraussetzung für Auslese und Beförderung, (10) die »zweckrationale« Orientierung des Handelns der Organisationsmitglieder an festgelegten Zielen, Regeln und Abläufen, und (11) eine strenge einheitliche Amtsdisziplin und Kontrolle (vgl. Weber 1985, S. 124ff.; Walter-Busch 1996, S. 98f.; Rolff 1995, S. 26f.; Vahs 2003, S. 25). Nach Weber bildete die bürokratische Verwaltung in allen Feldern von der staatlichen Ebene über die Wirtschaft bis hin zur Kirche die Basis für die Entwicklung moderner Staaten; er begründete dies mit deren technischer Überlegenheit gegenüber allen anderen Formen der Herrschaftsausübung. Das preußisch dominierte Deutschland wiederum galt ihm als »Virtuose« in dieser Hinsicht (vgl. Walter-Busch 1996, S. 98ff.).

Es zählt zu den historisch gewachsenen Besonderheiten Deutschlands, dass das Bildungssystem im 19. Jahrhundert als ein Kernelement staatlicher Herrschaftsausübung entstand. Im 20. Jahrhundert weiter ausdifferenziert und systematisch ausgestaltet, war und ist Bildung in Deutschland bis heute ein vor allem staatlich verantwortetes und reguliertes Handlungsfeld. Fend hat dieses Spezifikum im Zusammenhang mit anderen Überlegungen herausgearbeitet und kommt zu dem Schluss: „Das deutsche Bildungswesen ist eine Bürokratie im Sinne der klassischen Formulierung von Max Weber" (Fend 2003, S. 4; vgl. ebd.). Er führt eine Reihe von Merkmalen an, in denen sich *bis heute* der bürokratische Charakter des deutschen Bildungssystems manifestiere. Deren wichtigste seien (1) die umfassende, nahezu vollständige staatliche Verantwortung für die Ordnung und Neuordnung des Bildungswesens und seiner Einrichtungen, (2) eine zunehmende Verrechtlichung bei Zugangsbedingungen, Angebotsmerkmalen und Berechtigungen, (3) die hierarchische Vorgabe und Kontrolle bei Zielvorgaben, bei der Ressourcenzuteilung und bei Prüfungsanforderungen, (4) die Steuerung von Programmen primär über Inhalte, (5) die grundsätzliche Bindung von Bildungsgängen an Leistungskriterien (»Abschlüsse«, »Berechtigungen«), sowie (6) die Regelung, der gemäß Abschlüsse jeweils zum Besuch weiterführender Bildungsgänge berechtigen – Fend kennzeichnet sie als »terminale Struktur« des Schulsystems (vgl. Fend 2003, S. 4). Diese Interpretation des deutschen Schulsystems als bürokratisch ist, so die These, nach wie vor angemessen, was anhand der nachfolgenden Skizze verdeutlicht werden soll.

4   Reform der gymnasialen Oberstufe[3]

Der zur Prüfung der Bürokratietheorie exemplarisch gewählte Gegenstand ist der Umbau der Sekundarstufe II an allgemeinbildenden Schulen – präziser gesagt: die Neuordnung der zur Hochschulreife führenden Bildungsgänge. Die Oberstufenreform gilt in der Rückschau als weitest gehender Eingriff in die Struktur des Gymnasiums im gesamten 20. Jahrhundert oder gar seit der Humboldtschen Gymnasialreform (vgl. Westphalen 1979, S. 51). Zugleich ist sie bis heute umstritten, was zur mehrmaligen »Re-Reform« der neugestalteten Oberstufe führte, wobei jedoch die grundlegenden strukturellen Gestaltungsmerkmale unangetastet blieben.

Die heute in den zur Hochschulreife führenden Bildungsgängen vorfindliche gymnasiale Oberstufe ist mit Blick auf Aufbau und Struktur in ihren wesentlichen Elementen fixiert in der später so genannten »Bonner Vereinbarung« der Kultusministerkonferenz (KMK) vom Juli 1972, deren Text ungeachtet mehrfacher Adjustierungen bis heute gültig ist (vgl. Kultusministerkonferenz 1972). Sie war und ist die Grundlage unter anderem für die Gliederung der Oberstufe in Pflicht- und Wahlbereich sowie in Grund- und Leistungskurse, die Zusammenfassung der Fächer in Aufgabenfeldern, die Leistungsbewertung in Form eines Punktesystems und die Vorgabe, dass neben den im Abitur erzielten Leistungen Halbjahresnoten aus festgelegten Kursen in die Gesamtbeurteilung einfließen. Insgesamt betrachtet stellt sich die Neuordnung der gymnasialen Oberstufe vor allem als tief greifende Struktur- bzw. Organisationsreform dar.

Die Motive für die Oberstufenreform waren vielfältig. Im Vordergrund standen ein ökonomischer Aspekt – die dauerhafte Sicherung eines ausreichenden und hoch qualifizierten Nachwuchses – sowie ein gesellschaftspolitischer Ansatz. Dieser wurde seiner Zeit und wird bis heute vor allem unter dem Postulat der Chancengleichheit kommuniziert. Das nach wie vor ungelöste Problem mangelnder Chancengleichheit im Bildungswesen wurde im Rahmen der PISA-Debatte erneut in das öffentliche Bewusstsein gerückt (vgl. Deutsches PISA-Konsortium 2001, S. 351ff.; Deutsches PISA-Konsortium 2002, S. 163ff.). Wei-

---

[3]   Angesichts des vorgegebenen Rahmens kann es an dieser Stelle lediglich darum gehen, einige zentrale Befunde zu präsentieren. Umfassend zur Reform der gymnasialen Oberstufe, ihrer Hintergründe und Wirkungen vgl. Fuchs 2004, S. 305ff.

tere Ziele waren die Stärkung der traditionell schwachen naturwissenschaftlichen Fächer im gymnasialen Bildungsprogramm, eine generelle Erweiterung des Fächerspektrums bis hin zu solchen mit Bezug zur beruflichen Bildung, die Erhöhung der Absolventenquote in den zur Hochschulreife führenden Bildungsgängen und schulorganisatorische Aspekte wie die als notwendig angesehene strukturelle Modernisierung des Oberstufenunterrichts. Diese wurde über das veränderte Benotungssystem, vor allem aber über das Kurssystem realisiert. Kern der Oberstufenreform war der Umbau der Jahrgangsklassen mit festem Fächerkanon zu einem System von Kursen mit einer breiten Palette niveau- und inhaltsverschiedener Angebote. Dies galt zwar als weit gehender Schritt, der aber in den KMK-Gremien sowie bei den sonstigen beteiligten Akteuren im Verlauf des Diskussionsprozesses Akzeptanz fand. Wie die Entwicklung nach dem Beschluss der Vereinbarung bis in die jüngste Zeit zeigt, war diese Akzeptanz allerdings nicht von langer Dauer. Die grundlegenden Prinzipien der Oberstufenorganisation sind zwar bis heute unangetastet. Die zunächst geschaffenen Optionen der Wahl und Abwahl von Fächern, oder, zugespitzt: die mit der Vereinbarung 1972 gewährten Freiheitsspielräume, wurden jedoch in den 1980er und 1990er Jahren in mehreren Schritten sukzessive zu Gunsten einer Stärkung des obligatorischen Bereichs reduziert (vgl. Kultusministerkonferenz 1995; Kultusministerkonferenz 2003).

Von Anbeginn war die Neuordnung der gymnasialen Oberstufe eng auch mit Steuerungsaspekten verbunden – Steuerung hier verstanden im Sinne eines erweiterten Zuganges zum Abitur und damit zur Hochschule. Bereits in den 1950er Jahren, lange vor Georg Picht und der von ihm prognostizierten »Deutschen Bildungskatastrophe« (vgl. Picht 1964), lagen empirische Analysen vor, aus denen der zukünftig erhöhte Bedarf an akademisch ausgebildeten Arbeitskräften, vor allem an Lehrkräften, klar hervorging. Diese Analysen waren Anlass zu Überlegungen, wie durch Veränderungen bei den bestehenden und den Aufbau neuer Gymnasialformen die Abiturientenzahl insgesamt gesteigert werden könne. Insofern betraf die Oberstufenreform nicht nur die Normalform-Gymnasien, sondern daneben auch gymnasiale Sonderformen wie Wirtschaftsgymnasien, Technische Gymnasien und weitere.

Zusammenfassend lässt sich zur Oberstufenreform festhalten: Die Neuordnung der gymnasialen Oberstufe manifestierte sich zunächst als grundlegende Umgestaltung zentraler Struktur- und Organisationsmerkmale. Voraussetzung für die Weiterentwicklung der bestehenden Schulorganisation war auch eine partielle Neubestimmung des Verständnisses von gymnasialer Bildung. Allgemeine Ziele waren die Modernisierung des gymnasialen Bildungsprogramms mit

Blick auf Inhalte, Niveaudifferenzierung, Kursprinzip, Modularisierung und Notengebung sowie die Erhöhung der Abiturientenquote, die ökonomisch als notwendig galt und gesellschaftspolitisch erwünscht war. Während die grundlegenden Strukturmerkmale der neugestalteten Oberstufe bis heute weitgehend unumstritten sind, gab und gibt es anhaltende Kontroversen um das Verhältnis von Wahlfreiheit und Obligatorik, die zur mehrmaligen Rücknahme zunächst gewährter Freiheitsspielräume führten.

5   Die Oberstufenreform – ein bürokratischer Akt

Obgleich sie eine Veränderung großer Reichweite in der bestehenden Organisationsstruktur des Gymnasiums darstellte, konnte die Neuordnung der gymnasialen Oberstufe umgesetzt werden, weil, so die These, im Schulbereich nach wie vor ein Raum fester Kopplung existiert und weil sie in diesem Raum »von o-ben«, d.h. von der politischen (KMK, Länderregierungen und -parlamente) über die administrative Ebene (Länderschulverwaltungen) in die Schulen hinein dekretiert werden konnte. Detailgenaue Anweisungen z.B. zur Kursstruktur, zur Leistungsbeurteilung und zu Prüfungsabläufen ließen den Schulen und den dort Agierenden nur geringe Handlungsspielräume und ebenso geringe Interpretationsmöglichkeiten. So sehr dies einerseits für die auf der Mikroebene autonomiegewohnten Akteure in den betroffenen Schulen, d.h. für Lehrkräfte und Schulleitungen, einen Eingriff in eben diese Handlungsautonomie bedeutete, kann andererseits vermutet werden, dass gerade die vergleichsweise strikten Vorgaben wesentlich dazu beitrugen, die mit der Oberstufenreform verbundenen Veränderungen schnell und dauerhaft zu realisieren. Analysiert man die Oberstufenreform und ihre bis heute fortdauernden Wirkungen unter Zuhilfenahme der von Fend genannten Merkmale, die das deutsche Schulwesen als Bürokratie ausweisen, zeigt sich folgendes:

1. Staatliche Detailplanung und -steuerung:
Typisch für die Steuerung von Schulen bzw. von Schulentwicklungsprozessen in Bürokratien ist, dass diese Steuerung entlang der Hierarchiestufen verläuft. Auch die Neuordnung der Oberstufe erfolgte bürokratisch, d.h. zentral und von oben – als Top-Down-Prozess. Die Schulen erhielten detaillierte organisatorische, inhaltliche und zeitliche Vorgaben durch die Schulverwaltung, die im wesentlichen ohne eigene Gestaltungsspielräume umzusetzen waren. Das relevante Regelungsinstrument war der Text der Oberstufenvereinbarung (vgl. Kultusministerkonfe-

renz 1972), dessen Bestimmungen vor ihrer Realisierung auf dem Gesetzes- oder Erlassweg in Länderschulrecht zu transformieren waren. Neben der Steuerung durch Zuweisung von Mitteln und/oder Personal zeigt sich ein nahezu lückenloses Bildungsrecht als zentrales Steuerungsmedium auch im Bereich des Schulwesens.

2. Justiziabilität und Verrechtlichung:
Die Bildungssysteme im deutschsprachigen Raum sind vor allem verfahrensorientiert; das richtige Vorgehen steht im Vordergrund. Kennzeichnend ist ferner „die hochgradige *Verrechtlichung* aller Vorgänge. Um die Akteure gegen Ansprüche und Widersprüche durch die Nutzer abzusichern, ist das Unterrichtsgeschehen hochgradig reguliert (wie z.b. Hausaufgaben zu geben sind, wie Prüfungen zu gestalten sind, wie zu benoten ist, wie Jahreszeugnisse zustande kommen)" (Fend 2003, S. 4; Hervorh. i. Orig.). Diese Diagnose Fends trifft nicht nur auf die Neuordnung der gymnasialen Oberstufe selbst, sondern bereits auf die Diskussions- und Entstehungsphase der Bonner Vereinbarung in den Jahren 1969 bis 1972 zu. Das Bemühen um Schaffung bürokratisch korrekter Regelungen war bereits für die Vorphase der Oberstufenreform kennzeichnend. Auf die eigentliche Vereinbarung folgte dann ein weiterer Verrechtlichungsschub insbesondere mit Blick auf den Bereich des Abiturs. In den Folgejahren wurde ein dichtes Netz von Regelungen zur Ausgestaltung der Oberstufe, zur Prüfungsdurchführung, zur Zeugnisgestaltung u.a.m. erlassen, über das eine weitgehend vereinheitlichte Gestaltung des Oberstufenunterrichts und der Abschlussprüfungen mit Blick sowohl auf die Länder als auch auf die unterschiedlichen Gymnasialschularten gesichert werden sollte. Hinzu traten die »Einheitlichen Prüfungsanforderungen in der Abiturprüfung« (EPA) mit ihren z.T. außerordentlich umfangreichen Inhalts- und Durchführungsbestimmungen für diejenigen Fächer, in denen Abiturprüfungen abgelegt werden können (vgl. Fuchs 2001, S. 143ff.; Kultusministerkonferenz 2002).

3. Hierarchische Vorgabe und Kontrolle von Zielvorgaben und Prüfungsanforderungen:
Dieser Aspekt korrespondiert mit dem zuvor Genannten. Die mit der Oberstufenreform verbundenen Ziele und Inhalte wurden auf der obersten Strukturebene, der der Kultus- und Bildungsminister, diskutiert und beschlossen. Nachgeordnete Ebenen und externe Akteure wurden zwar in die Diskussion, nicht aber in die Entscheidungsfindung eingebunden. Dies gilt sowohl für die im Rahmen der

Oberstufenreform vorgenommene Zieldefinition als auch für die Detailformulierung der Abiturprüfung nach Form, Inhalten und Dokumentation.

4. Programmsteuerung über Inhalte:
Verwaltungshandeln im Schulbereich ist bis heute durch das Verfahren geprägt, über ein engmaschiges Netz von Vorgaben Bildung und Schule umfassend zu regulieren. Sie folgt dem Prinzip der Inputsteuerung, die sich ebenso sehr auf inhaltliche Detailvorgaben, z.b. Curricula, erstreckt wie auf strukturell-organisatorische Elemente. Mit Blick auf die inhaltliche Ebene der Oberstufenreform gilt dies z.b. hinsichtlich der Aufgabenfelder, der für Grund- und Leistungskurse vorgegebenen Stundenzahlen und nicht zuletzt der inhaltlichen Vorgaben für die Abiturprüfung, von denen eine starke steuernde Wirkung auch auf den vorausgehenden Fachunterricht ausgeht. Während insbesondere in den Staaten des angelsächsischen Sprachraumes mit dem Prinzip der Outputsteuerung die Kontrolle der *Ergebnisse* von Bildungs- und Erziehungsprozessen vorherrscht, ist das deutsche Schulwesen noch immer durch die Steuerung über Inhalte, z.b. durch Rahmenlehrpläne, geprägt. Ob die gegenwärtige Diskussion über Bildungsstandards (vgl. Deutsches Institut für internationale pädagogische Forschung 2003) zu einem Paradigmenwechsel von der Input- zur Outputsteuerung führen wird, ist offen.

5. Grundsätzliche Bindung von Bildungsgängen an Leistungskriterien
(»Abschlüsse«, »Berechtigungen«):
Das Hochschulreifezeugnis kann als der »klassische« Berechtigungsnachweis mit Vorbildwirkung auch auf andere Ebenen (»Mittlere Reife«) angesehen werden. Die Struktur der gymnasialen Oberstufe, ja des gesamten gymnasialen Bildungsganges ist primär von seinem »berechtigenden« Abschluss her definiert. Nicht zuletzt aus diesem Grunde besitzt das Abiturzeugnis neben seiner faktischen Bedeutung eine hohe symbolische Aufladung (vgl. Wolter 1989, S. 49ff.). Zwar wurde in die Verhandlungen um die Bonner Vereinbarung der Vorschlag eingebracht, künftig auf die Abiturprüfung und das Reifezeugnis als zentrale Zugangsvoraussetzungen zur Hochschule zu verzichten. Dass dieser Vorschlag jedoch zu keiner Zeit eine Chance auf Verwirklichung hatte, unterstreicht diesen Aspekt des Schulwesens als einer Bürokratie.

6. Terminale Struktur:
Terminale Struktur bedeutet, dass die jeweils abgebende Institution ein Urteil ausstellt, das für den Besuch weiterer bzw. weiterführender Institutionen von

entscheidender Bedeutung ist. Dies gilt für den Übergang von der Grundschule in die Einrichtungen der Sekundarstufe I ebenso wie für die Abschlüsse am Ende der Sekundarstufe I und II, und es gilt auch und gerade für das Abiturzeugnis, dem nicht nur in der Wahrnehmung der Abnehmer (Schüler, Eltern), sondern auch faktisch viel mehr die Bedeutung eines Berechtigungs- als die eines Befähigungsnachweises zukommt.

In diesem Zusammenhang ist von Interesse, dass nicht zuletzt die Beschäftigungsstruktur des öffentlichen Dienstes mit seinem starren, an den Nachweis von Berechtigungen gebundenen Laufbahnsystem im 19. und 20. Jahrhundert »stilbildend« wirkte und nach wie vor wirkt. Gerade auch im Hinblick auf das gewählte Beispiel ist von Bedeutung, dass bis in die 1970er Jahre der öffentliche Dienst Hauptabnehmer akademisch qualifizierter Arbeitskräfte war und bis heute Hoch- und Fachhochschulabsolventen in nicht unerheblichem Maße hier Beschäftigung finden.

6   Bürokratisches System und lose Koppelung: Ein Paradigmenwechsel?

Über das Bemühen hinaus, im Sinne der Tagungsthematik die Erklärungskraft von Organisationstheorien für den Bereich des Bildungswesens zu prüfen, ging es im vorliegenden Fall darum, zu untersuchen, ob das bürokratietheoretische Modell Max Webers auch heute noch analytisches Potenzial besitzt. Untersuchungsgegenstand war mit der Reform der gymnasialen Oberstufe ein Prozess umfassender Neuordnung eines Schulsystemelements an der Gelenkstelle zwischen Schule und Hochschule. Die umfassende Reform der gymnasialen Oberstufe gilt als eines der wenigen erfolgreichen Schulreformprojekte in der jüngeren westdeutschen Bildungsgeschichte.[4]

Angesichts der Ergebnisse der voranstehenden Analyse kommt der These, dass die Beschreibung des Bildungssystems als Bürokratie im Sinne der Theorie Webers nach wie vor zutreffend ist, ein hohes Maß an Plausibilität zu. Schule in Deutschland ist noch immer in erheblichem Maße bürokratisch reguliert. In die bestehenden Strukturen und die Verfahren bildungspolitischer, bildungsrechtlicher und bildungsadministrativer Steuerung sind Schulen ungeachtet der Bestrebungen um eine Übertragung weitergehender Gestaltungsspielräume an die einzelne Einrichtung fest eingebunden. Sie sind – als staatliche Schulen – selbst Teil dieser Administration und damit einer Bürokratie, die angesichts einer Vielzahl

---

[4]   Vgl. Was die Schule lähmt. Interview mit Jürgen Baumert und Kai S. Cortina. In: Die Zeit Nr. 43 v. 16.10.2003, S. 75.

vorgegebener Handlungsanweisungen nach wie vor durch marginale Interpretationsspielräume geprägt ist. Im übrigen ist zu beachten, dass Weber sein Modell bürokratischer Herrschaft idealtypisch entworfen hat. Schon insofern ist nicht zu erwarten, dass die dort skizzierten Ausprägungen von Bürokratie in *einer* Organisation, so z.b. in einer Schule, in toto, in reiner Form und kumuliert beobachtet werden könnten und das Vorhandensein anderer als bürokratischer Strukturen damit ausgeschlossen wäre (vgl. Vahs 2003, S. 25). Zudem erscheint die Vermutung unzutreffend, Bürokratien seien statisch und damit kaum zur Veränderung fähig. Auch sie sind in der Lage, sich an eine veränderte Umwelt anzupassen, wobei diese Anpassung jedoch vor allem als Top-Down-Prozess erfolgt – durch Anordnung, auf »dem Dienstweg«, weitgehend »von oben« kontrolliert und reguliert – mit einem Wort: bürokratisch. Allerdings ist bei Top-Down-Reformen die Akzeptanz »verordneter« Veränderungen erschwert; überdies werden auf diesem Weg Wissen und Handlungskompetenzen der Akteure vor Ort kaum fruchtbar gemacht – beides Gründe, die außerhalb Deutschlands in den vergangenen Jahren dazu führten, in verstärktem Maße Kompetenzen und Gestaltungsfreiräume an die Einzelschulen und die in ihnen Tätigen abzugeben.

Schließlich ist von „heute drastisch veränderten Rahmenbedingungen" (Vahs 2003, S. 25) auszugehen, durch welche die Annahme Webers, Bürokratie führe zu universeller Effizienz und erweise sich aus diesem Grunde anderen Herrschaftsformen als überlegen, in Frage zu stellen ist (vgl. ebd.). Mehr und mehr zeigt sich, dass eine ausschließlich oder vorwiegend bürokratisch strukturierte Organisation ungeachtet ihrer unbestreitbaren Leistungsmerkmale (Objektivität, Rationalität, Effizienz, Handlungskompetenz, kumuliertes Wissen etc.; s.o.) den Anforderungen an eine moderne Schule immer weniger gerecht wird. Insofern ist die in Deutschland noch immer starke bürokratische Prägung des Schulwesens prekär, wie auch Fend urteilt: „Moderne Betriebspsychologen (...) sehen in der derzeitigen Gestalt des Bildungssystems längst ein Produkt des 19. Jahrhunderts, das mit neueren Erkenntnissen einer optimalen Betriebsführung nicht mehr übereinstimmt. Das bestehende Bildungswesen wird als hochgradig bürokratisiert und reguliert gesehen" (Fend 2003, S. 8).

Bis heute ist Schule in erheblichem Maße durch bürokratische Muster im Sinne der Weberschen Bürokratietheorie gekennzeichnet. Ungeachtet der laufenden Autonomiedebatte, die *in der Praxis* bislang zu kaum mehr als ersten Ansätzen vorsichtig erweiterter, zugleich aber verwaltungsseitig kontrollierbarer und kontrollierter Handlungsspielräume für einzelne Einrichtungen führte, ist nicht zu übersehen, dass im Hinblick auf vorbestimmte, regulierte Abläufe, auf inhaltliche Vorgaben und auf sonstige Handlungsanweisungen für die Arbeit von

Lehrkräften und Schulleitungen bürokratische Elemente im Schulalltag eine
große Rolle spielen. Zudem verweist Fend neben den skizzierten auf weitere
Merkmale des deutschen Schulwesens, die dessen bürokratische Struktur belegen. So werde u.a. die Öffentlichkeit nur in außerordentlich geringem Maße an
der Qualitätskontrolle der Bildungseinrichtungen und ihrer Arbeit beteiligt (vgl.
Fend 2003, S. 5). Auch dies unterstützt die Ausgangsthese, dass die bürokratietheoretische Betrachtung der Schule und ihrer Entwicklung noch immer ertrag-
reich ist.

Damit wird jedoch keineswegs in Abrede gestellt, dass sich bei der Analyse
der Organisation Schule Elemente einer losen Koppelung im Sinne Weicks (vgl.
Kap. 2) identifizieren lassen, dies insbesondere im Zusammenhang mit dem
Lehrerhandeln im Klassenraum und dem Verhältnis von Lehrkräften und Schulleitung oder von Schulleitung und Schulaufsicht (vgl. Gehrmann 2003, S. 66ff.;
Biewer 1994, S. 131ff.). Dies verweist auf die Beobachtung, dass der Schulalltag
vieler Akteure und ihre Wahrnehmung von Schule heute durch ein scheinbar
widersprüchliches Nebeneinander von bürokratischer (Über-) Regulierung und
gleichzeitig existierenden Freiräumen im schulischen Alltag bestimmt sind. Insofern kann angenommen werden, dass die Organisation Schule durch ein Spannungsfeld zugleich loser und fester Koppelung geprägt ist (vgl. Bormann 2002,
S. 36). Vergleichbares gilt für das Nebeneinander der beiden hier in Rede stehenden theoretischen Ansätze. Angesichts des Schulwesens in seiner gegenwärtigen Gestalt erscheint es insofern unzutreffend, von einem Paradigmenwechsel
im Sinne einer Ablösung der alten, Weberschen durch die neue, Weicksche Theorie auszugehen. Vielmehr besitzen beide ihren Wert für die organisationstheoretische Analyse des Systems Schule. Die scheinbar paradoxe Parallelität zweier
konkurrierender Erklärungsansätze spiegelt die Widersprüchlichkeit von Schule
heute wider. Und wer ergründen will, warum viele der aktuellen auf Autonomie,
also letztlich auf einen Abbau bürokratischer Strukturen im Schulbereich zielen-
den Reformen zunächst einmal faktisch zu *mehr* Bürokratie führen – auch der
findet vielleicht in dieser Parallelität eine Erklärung. Das bei der organisationstheoretischen Analyse des Schulsystems aufscheinende Nebeneinander von loser
und fester Koppelung evoziert Folgen und schulische Alltagsprobleme – und
damit ein weites Feld für weitergehende Untersuchungen.

Literatur

Bessoth, R. (1978/2001): Schulorganisation: Von der Lernfabrik zum Haus des Lernens. In: Bessoth, R./Schmidt, H.-J. (Hrsg.): Schulleitung – ein Lernsystem. Neuwied: Luchterhand (Band 1; 18. Aktualisierung vom Oktober 2001), Leitzahl 17.01.

Biewer, W. (1994): Steuerung und Kontrolle öffentlicher Schulen. Neuwied: Luchterhand.

Bormann, I. (2002): Organisationsentwicklung und organisationales Lernen von Schule. Eine empirische Untersuchung am Beispiel des Umweltmanagements. Opladen: Leske + Budrich.

Buchen, H./Horster, L./Rolff, H.-G. (Hrsg.) (1995): Schulleitung und Schulentwicklung. Ein Reader. Stuttgart u.a.: Raabe.

Deutsches Institut für internationale pädagogische Forschung (DIPF) (2003): Zur Entwicklung nationaler Bildungsstandards – eine Expertise. Frankfurt am Main: DIPF.

Deutsches PISA-Konsortium (Hrsg.) (2001): PISA 2000 – Basiskompetenzen von Schülerinnen und Schülern im internationalen Vergleich. Opladen: Leske + Budrich.

Deutsches PISA-Konsortium (Hrsg.) (2002): PISA 2000 – Die Länder der Bundesrepublik Deutschland im Vergleich. Opladen: Leske + Budrich.

Fend, H. (2003): Beste Bildungspolitik oder bester Kontext für Lernen? In: TiBi (Trends in Bildung International) Nr. 6, S. 1-11.

Fuchs, H.-W. (2001): Reform der gymnasialen Oberstufe. In: Döbert, H./Ernst, C. (Hrsg.): Basiswissen Pädagogik. Aktuelle Schulkonzepte. Band 3: Schulen in staatlicher und freier Trägerschaft. Baltmannsweiler: Schneider, S. 133-154.

Fuchs, H.-W. (2004): Gymnasialbildung im Widerstreit. Die Entwicklung des Gymnasiums seit 1945 und die Rolle der Kultusministerkonferenz. Frankfurt am Main u.a.: Peter Lang.

Gehrmann, A. (2003): Der professionelle Lehrer. Muster der Begründung – Empirische Rekonstruktion. Opladen: Leske + Budrich.

Kieser, A. (Hrsg.) (2001): Organisationstheorien. 4. Aufl. Stuttgart u.a.: Kohlhammer.

Kultusministerkonferenz (1972): Vereinbarung zur Neugestaltung der gymnasialen Oberstufe in der Sekundarstufe II. Mit einem einführenden Bericht am 7. Juli 1972 von der Ständigen Konferenz der Kultusminister der Länder in der Bundesrepublik Deutschland beschlossen. Neuwied: Luchterhand.

Kultusministerkonferenz (1995): Weiterentwicklung der Prinzipien der gymnasialen Oberstufe und des Abiturs. Abschlussbericht der von der Kultusministerkonferenz eingesetzten Expertenkommission. Kiel: Schmidt und Klaunig.

Kultusministerkonferenz (2002): Vereinbarung über Einheitliche Prüfungsanforderungen in der Abiturprüfung. Beschluss der Kultusministerkonferenz vom 1.6.1979 i.d.F. vom 24.5.2002. In: Sammlung der Beschlüsse der Ständigen Kultusministerkonferenz. 3. Aufl. Neuwied: Luchterhand (Loseblattsammlung), Leitzahl 195.

Kultusministerkonferenz (2003): Vereinbarung zur Gestaltung der gymnasialen Oberstufe in der Sekundarstufe II. Beschluss der Kultusministerkonferenz vom 7.7.1972 i.d.F. vom 16.6.2000 – Anlagen nach dem Stand der Fortschreibung vom 23.5.2003. In: Sammlung der Beschlüsse der Ständigen Kultusministerkonferenz. 3. Aufl. Neuwied: Luchterhand (Loseblattsammlung), Leitzahl 176.

Picht, G. (1964): Die deutsche Bildungskatastrophe. Freiburg: Olten.

Rolff, H.-G. (1995): Schule als soziale Organisation. In: Buchen, H./Horster, L./Rolff, H.-G. (Hrsg.) 1995, S. 26-36.

Scherer, A. G.: Kritik der Organisation oder Organisation der Kritik ? Wissenschaftstheoretische Überlegungen zum kritischen Umgang mit Organisationstheorien. In: Kieser, A. (Hrsg.) 2001, S. 1-37.

Vahs, D. (2003): Organisation. Einführung in die Organisationstheorie und -praxis. 4. Aufl. Stuttgart: Schäffer-Poeschel.

Walter-Busch, E.: Organisationstheorien von Weber bis Weick. Amsterdam: Fakultas 1996.

Westphalen, K. (1979): Gymnasialbildung und Oberstufenreform. Donauwörth: Auer.

Weber, M. (1985): Wirtschaft und Gesellschaft. 5. Aufl. Tübingen: Mohr.

Weick, K. E. (1976): Educational Organizations as Loosely Coupled Systems. In: Administrative Science Quarterly 21, S. 1-19.

Weick, K. E. (1985): Der Prozess des Organisierens. Frankfurt am Main: Suhrkamp.

Wolter, A. (1989): Von der Elitenbildung zur Bildungsexpansion. Zweihundert Jahre Abitur. Oldenburg: Bibliotheks- und Informationssystem der Universität Oldenburg.

Implementation von Eigenverantwortung an beruflichen Schulen in Baden-Württemberg: Auftrag und Realisierung

Ute Clement/Jochen Wissinger

1 Einleitung

Im Mai 2001 hat Baden-Württemberg den Startschuss für ein landesweites Projekt mit dem Namen STEBS gegeben. STEBS steht für „Projekt zur Stärkung der Eigenständigkeit Beruflicher Schulen", das mittelfristig die Einführung der operativ eigenständigen Schule verfolgt. Das Projekt sieht Veränderungen in vier Handlungsfeldern der Schule vor: Schulorganisation, Schulprofil, Personalmanagement und Qualitätsmanagement. Alle beruflichen Schulen waren aufgefordert, sich um eine Beteiligung zu bewerben. Es lag bei den Schulen selbst, ein Handlungsfeld und max. zwei darin verankerte Entwicklungsprojekte zur Bearbeitung vorzuschlagen und in Zielrichtung, Organisation und Ausgestaltung (Geschwindigkeit und Intensität) zu bestimmen. Unterstützung bekommen die Projektschulen auf vier Ebenen: der operativen Ebene, der Fortbildung, der Medien und der Ressourcen.

Mit Blick auf das STEBS-Projekt steht der vorliegende Beitrag im Kontext eines international geführten Autonomie-Diskurses, der sich mit schulischer Steuerung beschäftigt und im deutschsprachigen Raum seit Anfang der 90er Jahre die öffentliche wie fachöffentliche Vorstellung einer „Modernisierung der Schule" (hierzu Brüsemeister/Eubel 2003) dominiert. In jüngerer Zeit leiten auch andere Bundesländer mit unterschiedlichem Anspruch und unterschiedlicher Intensität Maßnahmen zur Reform schulischer Steuerung ein, die durch das sogenannte New Public Management-Modell (vgl. Dubs 1996) inspiriert sind und eine größere Eigenständigkeit der Einzelschule zum Ziel haben. Die Erwartungen an diese Reform sind groß. Nicht nur in organisations- und verwaltungstechnischer Hinsicht, sondern auch im Hinblick auf die Qualität schulpädagogischer Arbeit scheint sie Verbesserungen zu versprechen. So heißt es z.B. im Bericht des Landes Baden-Württemberg: „STEBS soll die Gestaltungsfreiräume auf den verschiedenen Ebenen des Systems ‚Schule' erweitern. Dieser offene Schulentwicklungsprozess ist verbunden mit einer größeren Verantwortung für die Sicherung und Weiterentwicklung der Qualität jeder einzelnen Schule. STEBS stärkt die pädagogische und fachliche Erstverantwortung der Schule" (MKJS B.-W. 2003, S. 6).

Vom Standpunkt einer Theorie der Schule und ihrer Entwicklung ist angesichts derartiger Reformen und Zielperspektiven von Interesse zu erfahren, was während des Prozesses der Übertragung größerer Eigenverantwortung an die Schule, der zugleich eine Veränderung der schulischen Organisations- und Führungsstrukturen mit sich führt, passiert. Die Implementation derartiger Reformen ist bislang noch wenig untersucht, und es mangelt an empirischen Wissen darüber, „welche Wirkungen das eine oder andere Steuerungsmodell für die Qualität der inneren Schularbeit hat" (Ekholm 1997, S. 600). Diese Forschungslücke wird im Folgenden nicht geschlossen werden können. Bescheiden im Anspruch soll mit Blick auf das STEBS-Projekt ein heuristischer Zugang zu Fragen der Implementation von Eigenverantwortung gefunden werden.

2   Forschungsstand

Die Idee einer Erweiterung schulischer Eigenverantwortung, d.h. einer Reform schulischer Steuerung geht in Deutschland auf die 70er Jahre des vorigen Jahrhunderts, auf die Kritik an der „verwalteten Schule" sowie in der Folge auf die Kritik an der Leistungsfähigkeit der Bildungsverwaltung zurück (dazu Markstahler/Steffens 1997, S. 217ff.; auch Wirries 2002). Gemessen an den Plausibilitäten, die nicht erst die jüngere Autonomiedebatte hervorgebracht hat, sondern die bereits die Vorschläge des Deutschen Bildungsrates (1973) enthielten, ist in Deutschland das empirisch gesicherte Wissen um die Bedeutung einer erweiterten schulischen Eigenverantwortung sowie um Fragen der Implementation, der Bedingungen und Folgen einer Reform der schulischen Steuerung schmal.

Die Untersuchung einer Reform schulischer Steuerung kann von zwei verschiedenen Perspektiven auf den Gegenstand aus angegangen werden: von einer *Außenperspektive* – das ist die Perspektive von Gesellschaft, Politik und Bildungsverwaltung – und von einer *Innenperspektive* – das ist die Perspektive der schulischen Akteure, also derjenigen, die den Reformauftrag realisieren sollen. Denn schulischer Wandel wird im Falle einer bildungspolitisch gewollten Erweiterung schulischer Eigenverantwortung durch Machtausübung der Bildungsverwaltung durchgesetzt. Machtausübung kann – das ist eine Frage der Strategie – „in Widerstreit zu den konkret Handelnden geraten, die die Innovationen letztlich umsetzen und tragen sollen: zu ihren Werten und Motiven, Kenntnissen, Erfahrungen und Fertigkeiten, ihren Routinen und Orientierungen" (Holtappels

1995, S. 329). Die Untersuchung der Erweiterung schulischer Eigenverantwortung liegt, wenn man sie vor diesem Hintergrund lokalisieren wollte, im Schnittfeld von Implementationsforschung, Schulentwicklungsforschung und Professionalisierungsforschung (Lehrer- und Schulleitungsforschung).

Der vorliegende Beitrag zur Implementation von Eigenverantwortung an beruflichen Schulen in Baden-Württemberg fokussiert angesichts der Komplexität des Untersuchungsgegenstandes und geleitet durch die Frage, wie sich – bezogen auf das bildungs- und steuerungspolitische Ziel – schulischer Wandel vollzieht, auf die Innenperspektive und rekurriert damit auf drei zentrale Erkenntnisse der Bildungsforschung der vergangenen dreißig Jahre:

- Erstens, dass Reformen, die die Qualität der Schule im Auge haben, weniger beim Schulsystem als vielmehr bei der einzelnen Schule und deren Arbeit ansetzen müssen, weil sich Schulen in der Ausgestaltung ihrer Aufgaben und im Ergebnis ihres Tuns unterscheiden (vgl. Leschinsky 1992).

- Zweitens, dass die einzelne Schule anders, als es die Schulgesetzgebung in Deutschland definiert, nicht so sehr als Behörde zu begreifen ist, sondern – für sich betrachtet und im Sinne der jüngeren Organisationstheorie – als eine System- und Handlungseinheit (Fend 1986), die in ihrer Norm- und Verhaltensstruktur weniger dem Weberschen Bürokratie-Modell als vielmehr dem Mintzbergschen Modell der „professional bureaucracy" (Scheerens 1997) verpflichtet ist.

- Drittens, dass die einzelne Schule, verstanden als spezifische soziale Organisation, fähig und in der Lage ist zu lernen (Rolff 1992) und ein Zusammenhang unterstellt werden darf zwischen "School-Based Management", der Qualität des Unterrichts und den Lernleistungen der Schüler (vgl. Briggs/Wohlstetter 2003).

Mit der Entscheidung für die Binnenperspektive und der Orientierung auf Fragen, die die Veränderung der Organisations- und Führungsstrukturen einer Schule zum Gegenstand haben, rückt die Implementations- und Schulentwicklungsforschung in den Mittelpunkt der Aufmerksamkeit. Sie untersucht eine schulische Praxis, die einem Verständnis von Reform bzw. von Schulentwicklung folgt, das norm- und zielbezogen ist und auf rational gesteuerte Interaktions- und Kommunikationsprozesse setzt. Anders als Bildungspolitik und schulische Praxis muss eine Untersuchung der Veränderung von Organisations- und Führungsstrukturen dagegen jene Erkenntnis der Implementationsforschung zur Kenntnis nehmen, „dass die von oben angezielten, konzipierten und in Gang gesetzten Innovationen über die verschiedenen Implementationsebenen vielfach gebrochen und selten so wie intendiert umgesetzt werden" (Holtappels 1995, S. 330).

Zwei Zugänge zu Fragen innerschulischer Steuerung, die im Rahmen der Implementation von Reformen und von Schulentwicklung thematisch werden, lassen sich vor diesem Hintergrund ausmachen: ein *normativer*, auf praktische Anwendung ausgelegter Zugang und ein *forschungsorientierter* Zugang. Der normative, auf praktische Anwendung ausgelegte Zugang arbeitet mit einem sehr weiten Verständnis von Schulentwicklung und thematisiert alle denkbaren Aspekte der Verbesserung von Schule und Unterricht – von der Selbstorganisation und Selbstentwicklung über die didaktisch-methodische Verbesserung des Unterrichts bis hin zur Verbesserung der zwischenmenschlichen Beziehungen zwischen Schülern sowie Schülern und Lehrern etc. Er ist durch eine Literatur repräsentiert, die Konzepte und Modelle zur Schulentwicklung zum Gegenstand hat (z.B. Bildungskommission NRW 1995), die Leitfäden für die Schulentwicklung anbietet (z.B. Dalin/Rolff/Buchen 1995) oder mit dem Ziel, Beispiele und Vorbilder zu geben, aus der Schulentwicklungspraxis berichtet (z.B. Bertelsmann-Stiftung u.a. 1999). Ein speziellerer Zugang, der sich mit Fragen innerschulischer Steuerung beschäftigt und in den vergangenen Jahren die Diskussion sehr stark bestimmt hat, ist an der Organisationstheorie orientiert und versteht Schulentwicklung als Organisationsentwicklung (Dalin 1986; Dalin/Rolff/Buchen 1995). Diese Ausrichtung hat ihr Kritik sowohl von pädagogisch-praktischer Seite eingebracht (z.B. Bastian 1998) als auch von jener empirisch arbeitenden Schulqualitätsforschung, die auf den Unterricht als Ansatzpunkt der Verbesserung und Entwicklung der Schule fokussiert (z.B. Ditton 2000). Der zentrale Kritikpunkt lautet, dass sich Vorstellungen von Schulentwicklung wie auch am OE-Ansatz ausgerichtete Prozesse im schulischen Alltag zu sehr auf Organisations- und Führungsstrukturen konzentrierten und darüber die pädagogische Seite der Schule sowie den Unterricht als Zentrum schulischer Entwicklung aus den Augen verlieren würden.

Der forschungsorientierte Zugang ist empirisch ausgerichtet und untersucht aus der Vielfalt der Fragestellungen, die sich mit Schulentwicklung verbinden, auch solche, die die Veränderung der innerschulischen Steuerung zum Gegenstand haben. Dabei kommt die Erkenntnis zum Tragen, dass Innovationen über die verschiedenen Ebenen und Stadien der Implementation gebrochen umgesetzt werden. Auffallend ist in diesem Zusammenhang, dass die meisten Studien mit qualitativen Methoden arbeiten, und dass es sich sehr häufig um Fallstudien handelt. Gründe für diese Ausrichtung sind zum einen im Gegenstand, in der Forschungslage, der Sensibilität des Forschungsfeldes sowie in der Fragestellung zu suchen, zum anderen im Selbstverständnis vieler (Lehrer-) Forscherinnen und Forscher. Sie wenden sich wissenschaftskritisch gegen objektivierende Verfahren, haben sich der praktischen Schulentwicklung verschrieben (z.b. Krainz-Dürr/Schratz/Steiner-Löffler 1997) und sehen ihre wissenschaftstheoretischen Ansprüche in der Aktionsforschung umgesetzt (z.b. Altrichter/Lobenwein/Welte 1997). Da, wo der Anspruch der Aktionsforschung nicht oder nicht explizit verfolgt wird, es aber gleichwohl um die praktische Unterstützung schulischer Reformen sowie deren Legitimation gegenüber den „Betroffenen" geht (z.b. Avenarius/Döbert 1998), handelt es sich häufig auch um sogenannte Schulbegleitforschung (Horstkemper 1997).

Die Komplexität des Gegenstandes lässt es sinnvoll erscheinen, bei der Untersuchung der Reform schulischer Steuerung, konkret: der Umsetzung erweiterter schulischer Eigenverantwortung drei Beschreibungs- und Analyseebenen zu unterscheiden: die Ebene der *Akteure*, die Ebene der innerschulischen *Interaktion* und die Ebene des *Systems* (Einzelschule). Auf der Basis dieser Suchfolie lassen sich auf das allgemeinbildende oder auf das berufsbildende Schulsystem bezogen Studien ausmachen, die individuelle und/oder institutionelle Bedingungen von Schul- bzw. Organisationsentwicklung in den Blick nehmen.

Aus dem Blickwinkel individueller Bedingungen von Schulentwicklung widmet sich eine Gruppe von Untersuchungen der Frage, wie Lehrpersonen oder Schulleiterinnen und Schulleiter über Schulentwicklung allgemein, insbesondere aber über eine Reform schulischer Steuerung, hier die Erweiterung schulischer Eigenverantwortung, denken und urteilen (z.b. Böttcher 1995; Riedel 1998; Söll 2002). In dieses Feld gehören auch Untersuchungen, die sich für die Umsetzung von Bildungsreformen interessieren und Erfolg bzw. Misserfolg an der Persönlichkeit, am Denken und Verhalten, an Fähigkeiten und Fertigkeiten, am Wissen und Können insbesondere der professionellen Mitglieder der Schule festmachen (Dubs 1994; Philipp 2000; Rauscher 1995). Im Zusammenhang mit der Implementation von Reformen, insbesondere von neuen Steuerungsmodellen ist da zunächst die Schulleitungsforschung zu nennen, die davon ausgeht, dass die Schulleitung qua Funktion und Rolle die Implementation verstärkter schulischer Eigenverantwortung garantiert (Leithwood/Duke 1999, S. 59ff.). Ein US-amerikanischer Schwerpunkt, der sich mit „School-Based Management" beschäftigt, zeugt davon. Aber auch in der School Effectiveness und School Improvement-Forschung gilt die Leitung der Schule als Motor der Schulentwicklung (z.b. Fullan 1991, 1996; Mortimore 1993; Bonsen/van der Gathen/Iglhaut/Pfeiffer 2002). Trotz der Bedeutung, die der Schulleitung beigemessen wird, spiegelt sie nur eine Seite pädagogischer, soziologischer und psychologischer Arbeiten wider, die die Ebene der Akteure bedienen. Eine zweite Gruppe richtet die Aufmerksamkeit auf Lehrpersonen und problematisiert deren

Verhalten gegenüber Innovationsanforderungen. „Innovationsbereitschaft wird
dabei als positiv konnotiertes Konstrukt begriffen. Fehlt sie, dann wird ein Mangel festgestellt oder das Verhalten als Widerstand, Boykott, Unterlaufen von
Innovationsabsichten interpretiert. Die Orientierung an der Umsetzung von In-
novationszielen führt dazu, dass die Beteiligten vor allem hinsichtlich ihres Beitrags zu deren Umsetzung wahrgenommen werden" (Esslinger 2002, S. 14). Von
Zugängen, die auf die Innovationsbereitschaft von Lehrpersonen abstellen, unterscheidet sich bewusst eine jüngere Studie. Sie widmet sich der Bedeutung des
Berufsverständnisses von Lehrerinnen und Lehrern an Realschulen in Baden-
Württemberg vor und im Verlauf des Schulentwicklungsprozesses in der Annahme, dass „Passungen zwischen den Berufsauffassungen und den Tätigkeits-
feldern von Schulentwicklung (...) deren Implementation (erleichtern)" (Esslinger 2002, S. 13).

Von ganz anderer Art sind Untersuchungen, die institutionelle Bedingungen
von Schulentwicklung thematisieren. Da sind einerseits Studien zu nennen, die
die Schule als Arbeitsplatz verstehen und ihrem Einfluss auf Implementations-
und Schulentwicklungsprozesse unter dem Gesichtspunktspunkt z.B. von Zeit
nachgehen (z.B. Combe/Riecke-Baulecke 1997). Da finden sich andererseits
Studien, die auf der Basis des mikropolitischen Ansatzes in der Organisationstheorie – auch „Arena-Ansatz" genannt – (vgl. Altrichter/Salzgeber 1996) die
Ebene der institutionalisierten, innerschulischen Interaktion bedienen und
zugleich eine Brücke zur Untersuchung der Interessen und des Handelns der
beteiligten Akteure in der Schule schlagen. Zu Forschungen dieses Feldes gehören im deutschsprachigen Raum die Studien der Gruppe um Herbert Altrichter
und Peter Posch (Altrichter/Posch 1996), die im Rahmen eines Innovationspro-
jektes mikropolitische Prozesse in Kollegien berufsbildender Schulen in Österreich analysieren und in diesem Zusammenhang auch „Chancen und Gefahren
einer weitergehenden Autonomisierung des Schulwesens sowie Möglichkeiten
ihrer Umsetzung" eruieren (ebd., S. 2).

3   Eigenverantwortung als Zumutung und Handlungsanforderung

Die Entwicklung erweiterter schulischer Eigenverantwortung befindet sich in
Deutschland erst am Anfang. Dieser Sachverhalt liegt zum einen daran, dass eine
Erweiterung schulischer Eigenverantwortung das spezifische Verhältnis zwischen Schule und Staat berührt (Avenarius 1994) und, gemessen an der Größe
des deutschen Schulsystems und dessen Verwaltung, ein größeres „Unterneh-

men" darstellt. Er liegt zum anderen darin begründet, dass zunächst einmal lange und ausgiebig das Für und Wider einer schulischen Autonomie resp. einer erweiterten Eigenverantwortung in ihren Facetten, Zielsetzungen, Prämissen, Bedingungen und Folgen diskutiert wurde. Eine mittlerweile reiche Literaturlage zeugt davon (vgl. z.B. Ahrens 1996; Altrichter 1992; Avenarius u. a. 1998; Beetz 1997; Daschner/Rolff/Stryck 1995; de Lorent/Zimdahl 1993; Döbert/Geißler 1997; Fischer/Rolff 1997). Der Autonomie-Diskurs bezieht sich auf vier Ebenen schulisch-eigenständiger Entscheidungen, die im Kontext von Reformprojekten wie STEBS mehr oder weniger angesprochen und für Lehr- sowie Leitungspersonen in unterschiedlicher Weise relevant werden: die Ebene pädagogischer Entscheidungen, die Ebene organisatorischer Entscheidungen, die Ebene der Personalentscheidungen und die Ebene der Finanzentscheidungen (vgl. Döbert 1997, S. 127).

Aufseiten der Einzelschule sind mit der Erweiterung der Eigenverantwortung Impulse ganz unterschiedlicher Qualität verbunden. Theoretisch, d.h. unter dem Gesichtspunkt der Professionalisierung bietet der angestrebte Wandel der Bildungsorganisation Schule, ihren Lehrkräften wie Leitungspersonen neue Entwicklungsspielräume und Entwicklungschancen. Praktisch sind mit der Erweiterung schulischer Eigenverantwortung Zumutungen und Handlungsanforderungen verbunden, die, bezogen auf die Lehrpersonen wie auch die Schulleitung, erhebliche Folgen für die Auffassung der beruflichen Rolle, die Verteilung von Aufgaben und Verantwortlichkeiten sowie für die Qualifizierungsbedarfe haben (vgl. Chapman/Sackney/Aspin 1999, S. 78ff.; auch Bellenberg/Böttcher 2002; Bonsen 2002; Esslinger 2002; Miller 2001; Wissinger 1996, 2000, 2002), die eine Verunsicherung bedeuten und sowohl als konstruktive Irritation und Anregung erlebt als auch als problematisch erfahren werden können (vgl. Herzmann 2001). Gleichzeitig sind mit der Reform der schulischen Steuerung, die, von ihrer Beschlusslage aus betrachtet, nicht von unten (bottom up), sondern von oben (top down) erfolgt (vgl. Hutmacher 1998), Ansprüche politischer Art verbunden, die das Handeln vor Ort nicht notwendigerweise verbessern (vgl. z.B. Ekholm 1997). Gerade die Diskussion um eine Reform schulischer Steuerung und ihre politische Durchsetzung ist aus unterschiedlichen Diskursen – dem pädagogischen, dem politikwissenschaftlichen, dem rechtswissenschaftlichen, dem soziologischen, dem verwaltungswissenschaftlichen sowie dem wirtschaftswissenschaftlichen Diskurs – genährt, deren Zielvorstellungen vielfältig und widersprüchlich sind (vgl. Weishaupt/Weiß 1997, S. 27ff.) und mit den Fragen und Problemen professionellen Handelns vor Ort konfligieren können.

4   Vom Umgang mit Reformanforderungen – das Beispiel STEBS

Vor diesem Hintergrund stellt sich die grundsätzliche Frage, wie Systeme, in diesem Fall die einzelne schulische Handlungseinheit und die in ihr beruflich tätigen Akteure mit Reformanforderungen umgehen, die auf eine vom bisherigen, historisch gewachsenen Modell abweichende Steuerung des gesamten Bildungssystems zielen. Der zentrale Punkt ist darin zu sehen, dass eine Veränderung der Außensteuerung der Schule eine Veränderung der Binnensteuerung der einzelnen Schule in sich trägt. Die Veränderung der schulischen Binnensteuerung ist insofern von schul- und steuerungstheoretischem Interesse, als mit ihr ein Verständnis schulischer Selbstorganisation einhergeht, welches das Zentrum pädagogischer Verantwortung vom Unterricht in die Schule sowie vom einzelnen Lehrer hin zur Handlungseinheit verlagert. Das bedeutet, dass unter der Leitlinie der Eigenverantwortung eine Managementstruktur aufgebaut werden soll, die der historisch gewachsenen Organisationskultur der Schule zunächst einmal fremd sein muss (vgl. z.B. Altrichter/Posch 1999).

Ein auf dem Modell der „professional bureaucracy" basierende Analyse geht sogar davon aus, dass die Institution Schule gegen organisatorische Veränderungen resistent sei (vgl. Scheerens 1997, S. 84). In eine ähnliche Richtung weisen auch systemtheoretische Überlegungen. Sie machen auf die Schwierigkeiten aufmerksam, die mit Versuchen externer Beeinflussung von Sozialsystemen verbunden sind.[1] So scheint die organisatorische Binnenstruktur in der Schule wenig differenziert und die Kommunikation unter den professionellen Mitgliedern nur locker gekoppelt zu sein. Entsprechend argumentiert die schulbezogene Organisationstheorie (vgl. z.B. Corwin/Borman 1986) im Rückgriff z.B. auf das Modell des „Loosely Coupled System", dass das eigentliche Kerngeschäft von Schule – die pädagogischen Interaktionen zwischen Lehrenden und Lernenden – bürokratischer Kontrolle weitgehend entzogen blieben. Zur strukturschwachen Organisation gehört der „semi-professionelle" (Terhart 1992) Status von Lehrerinnen und Lehrern, so dass sich, zusammengenommen, eine Ausgangssituation für die Außensteuerung der Schule wie für Reformen ergibt, die durch eine relative Autonomie der Lehrerinnen und Lehrer im Unterricht gekennzeichnet ist.

In diesem Problemzusammenhang stehen erste, explorative Erkenntnisse eines Pilotprojektes. Das Projekt wurde an 10 beruflichen Schulen in Baden-Württemberg durchgeführt, die sich freiwillig an STEBS beteiligen; sie waren willkürlich ausgewählt. Es sollten Aufschlüsse über Handlungsstrategien einzel-

---

[1]   „Über fremde System/Umwelt-Beziehungen kann jedoch kein System ganz verfügen, es sei denn durch Destruktion" (Luhmann 1994, S. 37)

ner Akteure, aber auch einzelner Organisationen in Bezug auf die Implementation neuer Steuerungsverfahren gewonnen werden, die auf eine Veränderung der innerschulischen Organisations- und Führungsstrukturen zielen. Pro Schule wurden drei Personen befragt: ein Mitglied der Schulleitung, mindestens ein Mitglied des Projektteams sowie eine am Projekt nicht weiter beteiligte Lehrkraft. In insgesamt 35 leitfadengestützten Interviews konnten Motive, Einstellungen und Implementationsstrategien in Bezug auf das STEBS-Projekt erhoben werden. Einerseits wurde der Verlauf von Reformmaßnahmen und die dadurch ausgelösten Veränderungen in der Organisation Schule thematisiert, andererseits die eigene Teilhabe an diesem Veränderungsprozess.

Zwei Annahmen haben die Studie geleitet: Erstens, dass berufliches Handeln von Lehr- und Leitungspersonen abhängig ist von Normen, eigenen Interessen, Gefühlen und Identitätskonstrukten (vgl. Schimank 2002); zweitens, dass Schulen mit Fremd- wie mit Selbstanforderungen unterschiedlich umgehen, d.h. je eigene Strategien im Umgang mit Reformanforderungen entwickeln würden. Entsprechend wurden mit dem Interviewleitfaden diejenigen normativen Voraussetzungen, persönlichen Interessenlagen, Gefühle und Identitätskonstrukte zu erheben versucht, die Lehr- und Leitungspersonen auf den drei Ebenen Schulleitung, Projektgruppe und Kollegium mit den Reformen verbinden. Zugleich wurden die genannten Dimensionen des Umgangs mit Reformen jeweils auf solche Aspekte der Projektarbeit bezogen, die mit Problemdruck, Kommunikations- und Entscheidungsstrukturen sowie mit Ressourcen in Verbindung stehen.

Fragen aus dem Leitfadeninterview waren beispielsweise die folgenden (Auszug):

* Was war der Anlass für Ihre Schule, sich an STEBS zu beteiligen?
* Wie sind Aufgaben und Verantwortung im Projekt verteilt? Wie verbindlich ist die Teilnahme an der Projektarbeit?
* Wie werden Belange des Projektes im Projektteam und innerhalb des Kollegiums kommuniziert?
* Warum arbeiten Sie im Projekt mit? Wie wird Ihr Engagement von den übrigen Kolleginnen und Kollegen wahrgenommen?
* Welche Aspekte des Projektes gehen über die zentralen Aufgaben einer Lehrerin/eines Lehrers hinaus?
* Welche Ihrer ursprünglichen Erwartungen haben sich bestätigt, welche wurden enttäuscht?

Die 30-60minütigen Interviews wurden auf Tonband aufgenommen und verschriftlicht. Nach der Transkription der Interviews suchten wir zunächst nach auffälligen Passagen, die in der 4-köpfigen Projektgruppe auf ihre Bedeutung befragt und verhandelt wurden. Aus diesem Diskussionsprozess heraus konnten bestimmte Aspekte zu Untersuchungsvariablen verdichtet werden, anhand derer die Interviews dann mit Hilfe des Auswertungsprogramms WinMaxPro noch einmal gründlicher durchgegangen und codiert wurden. Bei diesem Vorgehen zeigte sich, dass die Lehrkräfte zum Teil ähnliche, zum Teil aber auch ganz unterschiedliche Aussagen zu den einzelnen Aspekten machten. So wurde z.b. relativ einheitlich zu dem Code „zeitlicher Aufwand" berichtet, die Projektarbeit nehme unerwartet viel Zeit in Anspruch. Andererseits wurden zu dem Code „Verbindlichkeit der Projektarbeit" ganz unterschiedliche Positionen deutlich, die von einer relativen Beliebigkeit der Teilnahme bis hin zu ausgefeilten Mitgliedschaftsregeln oder auch institutionell in z.B. Abteilungsleitersitzungen eingebundenen Formen der Projektarbeit reichten.

Auf dieser Folie theoretisch fundierter Leitkategorien entstand durch Ausdifferenzierungen ein ganzes Netz von Codierungen, mit dessen Hilfe in der weiteren, computergestützten Auswertung der Interviews *kritische Momente* des Implementationsprozesses identifiziert werden konnten. Wenngleich Schulen innerhalb des Reformprozesses recht unterschiedlich agieren, so scheinen doch ähnliche bzw. vergleichbare Friktionen und Entscheidungssituationen aufzutreten, die sich mit Hilfe des beschriebenen Verfahrens identifizieren ließen. Zu diesen kritischen Momenten gehören unserem Erkenntnisstand nach z.B.

- *Problemorientierung*: Wie konkret bezieht sich die Projektarbeit auf einen bestimmten Teilaspekt (z.B. Einstellung von Personal, Schularchitektur) bzw. wie offen ist sie auf innere Schulentwicklung als Ganze ausgerichtet?
- *Entscheidungsmodi*: Wer trifft formal, aber auch informal-substanziell Entscheidungen, die mit dem Projekt zusammenhängen und auf welche Weise werden diese Entscheidungen transportiert und legitimiert?
- *Ressourcenverteilung*: Wer verteilt die mit dem Projekt zusammenhängenden Deputatsstunden und vor welchem legitimatorischen Hintergrund?
- *Verbindlichkeit*: Wie verbindlich ist die Teilnahme an Projektarbeit im Kollegium und wie wird die Arbeit verteilt?
- *Entscheidungskompetenz*: Welche Entscheidungskompetenzen bzw. Weisungsbefugnisse erwachsen den Mitgliedern der Projektgruppen aus ihrer Arbeit? Verfügen sie über die Mittel, Entscheidungen auch durchzusetzen?
- *Belastung*: Wie wird die Belastung, die mit dem Projekt verbunden ist, unter den Kolleginnen und Kollegen verteilt? Wie wird sie subjektiv erfahren?
- *Gratifikationen*: In welchem Ausmaß ist Projektarbeit mit materiellen (Deputatsstunden) und immateriellen (Anerkennung, Kompetenzentwicklung)

Gratifikationen verbunden? Wie erleben die Betroffenen selbst, aber auch die Außenstehenden diese Gratifikationen?

- *Arbeitszufriedenheit*: Trägt die Arbeit dazu bei, die Zufriedenheit im Kollegium zu steigern? Warum bzw. warum nicht?
- *Distanz zum Kollegium*: Inwiefern verändert sich durch die Teilhabe an Projektarbeit, d.h. auch an der Übernahme von Verantwortung für Angelegenheiten der Schule das Verhältnis zu den am Projekt nur indirekt beteiligten Kolleginnen und Kollegen? Welche Friktionen, Befürchtungen und Hindernisse treten hier auf?
- *Rollenauffassung*: Wie verändert sich durch Projektarbeit die eigene Auffassung von Lehrerarbeit? Welche Aufgaben werden als Kern-, welche als Randgeschäft empfunden?
- *Selbstwirksamkeitserfahrung*: Wie erleben Lehrkräfte die Projektarbeit in Bezug auf reale Veränderbarkeit ihres Arbeitsalltags? Welche Veränderungen nehmen sie wahr und wie setzen sie diese Veränderungen zu ihrem eigenen Handeln in Bezug?

Diese kritischen Momente bei der Implementation von Reformen zur erhöhten Selbstständigkeit von Schulen, die den Interviewtexten entnommen wurden, stellen unserer Ansicht ein ausgesprochen spannendes Spektrum alltagsnaher Erfahrungen und Problembereiche dar, die die Reformarbeit auf der Implementationsebene beeinflussen. Auf der schmalen empirischen Grundlage unserer Untersuchung können nun keineswegs abschließende Aussagen zu diesen Punkten getroffen werden. Sie öffnen vielmehr die Perspektive für weitere Forschungsaktivitäten.

Die hier dargestellten Überlegungen zusammenfassend lässt sich eine Forschungsperspektive entwickeln, die folgende Anforderungen umfasst:

Erstens sollte der Fokus bei der Untersuchung von Implementationsmaßnahmen zur erhöhten Selbständigkeit von Schulen verstärkt auf der Binnenperspektive von Schulen liegen. Im Zentrum der Aufmerksamkeit sollte – zweitens – nicht der Erfolg bzw. Misserfolg eines Projektes stehen, sondern zunächst wertfreier die Frage nach unterschiedlichen Strategien und Erfahrungen in der Auseinandersetzung mit Reformzumutungen.

Literatur

Ahrens, J.-R. (1996): Schulautonomie – Zwischenbilanz und Ausblick. In: Die Deutsche Schule 88, S. 10-21.

Altrichter, H. (1992): Autonomie der Schule als Chance zukunftsorientierter Schulentwicklung. In: Erziehung und Unterricht 142, S. 558-568.

Altrichter, H. (2000): Konfliktzonen beim Aufbau schulischer Qualitätssicherung und Qualitätsentwicklung. In: Zeitschrift für Pädagogik 41. Beiheft, S. 93-110.

Altrichter, H./Lobenwein, W./Welte, H. (1997): PraktikerInnen als ForscherInnen. Forschung und Entwicklung durch Aktionsforschung. In: Friebertshäuser, B./Prengel, A. (Hrsg.): Handbuch Qualitative Forschungsmethoden in der Erziehungswissenschaft. Weinheim: Juventa, S. 640-660.

Altrichter, H./Posch, P. (Hrsg.) (1996): Mikropolitik der Schulentwicklung. Förderliche und hemmende Bedingungen für Innovationen in der Schule. (Studien zur Bildungsforschung und Bildungspolitik Bd. 13). Innsbruck: StudienVerlag.

Altrichter, H./Posch, P. (1999): Wege zur Schulqualität: Studien über den Aufbau von qualitätssichernden und qualitätsentwickelnden Systemen in berufsbildenden Schulen. Innsbruck: StudienVerlag.

Altrichter, H./Salzgeber, S. (1996): Zur Mikropolitik schulischer Innovation. Wie Schulen durch das Handeln verschiedener Akteure mit unterschiedlichen Interessen Struktur gewinnen und sich entwickeln. In: Altrichter, H./Posch, P. (Hrsg.): Mikropolitik der Schulentwicklung. Förderliche und hemmende Bedingungen für Innovationen in der Schule. Innsbruck: StudienVerlag, S. 96-169.

Avenarius, H. (1994): Schulische Selbstverwaltung – Grenzen und Möglichkeiten. In: Recht der Jugend und des Bildungswesens 42, Heft 2, S. 256-269.

Avenarius, H./Baumert, J./Döbert, H./Füssel, H.-P. (Hrsg.) (1998): Schule in erweiterter Verantwortung. Positionsbestimmungen aus erziehungswissenschaftlicher, bildungspolitischer und verfassungsrechtlicher Sicht. Neuwied: Luchterhand.

Avenarius, H./Döbert, H. (Hrsg.) (1998): „Schule in erweiterter Verantwortung". Ein Berliner Modellversuch (1995 bis 1998). Abschlußbericht der wissenschaftlichen Begleitung. Frankfurt am Main: GFPF/DIPF.

Bastian, J. (1998): Pädagogische Schulentwicklung. Von der Unterrichtsreform zur Entwicklung der Einzelschule. In: Bastian, J. (Hrsg.): Pädagogische Schulentwicklung. Hamburg: Bergmann und Helbig, S. 29-43.

Beetz, S. (1997): Autonome öffentliche Schule – Diskussion eines Auftrags zur Schulentwicklung. In: Zeitschrift für Pädagogik 43. Jg., Nr. 1, S. 149-164.

Bellenberg, G./Böttcher, W. (2002): Personalrekrutierung und Personalbeurteilung - Erfahrungen mit einem neuen Handlungsfeld der Schulleitung. In: Wissinger, J./Huber, S. G. (Hrsg.): Schulleitung – Forschung und Qualifizierung. Opladen: Leske+Budrich, S. 97-107.

Bertelsmann Stiftung/Ministerium für Schule und Weiterbildung, Wissenschaft und Forschung NRW (Hrsg.) (1999): Führungs- und Organisationsstrukturen in berufsbildenden Schulen – Abschlußbericht. Gütersloh: Bertelsmann.

Bildungskommission NRW (1995): Zukunft der Bildung – Schule der Zukunft. Denkschrift der Kommission „Zukunft der Bildung – Schule der Zukunft" beim Ministerpräsidenten des Landes Nordrhein-Westfalen. Neuwied: Luchterhand.

Bonsen, M. (2002): Schulleitungshandeln aus Lehrersicht – Einschätzungen zu schulentwicklungsbezogenen Handlungsdimensionen. In: Wissinger, J./Huber, S. G. (Hrsg.): Schulleitung – Forschung und Qualifizierung. Opladen: Leske+Budrich, S. 63-77.

Bonsen, M./von der Gathen, J./Iglhaut, C./Pfeiffer, H. (2002): Die Wirksamkeit von Schulleitung. Weinheim: Juventa.

Böttcher, W. (1995): Autonomie aus Lehrersicht. In: Daschner, P./Rolff, H.-G./Stryck, T. (Hrsg.): Schulautonomie – Chancen und Grenzen. Impulse für die Schulentwicklung. Weinheim: Juventa, S. 55-82.

Briggs, K. L./Wohlstetter, P. (2003): Key Elements of a Successful School-Based Management Strategy. In: School Effectiveness and School Improvement Vol. 14, No. 3, pp. 351-372.

Brüsemeister, T/Eubel, K.-D. (Hrsg.) (2003): Zur Modernisierung der Schule. Leitideen, Konzepte, Akteure – Ein Überblick. Bielefeld: transcript.

Chapman, J. D./Sackney, L. E./Aspin, D. N. (1999): Internationalization in Educational Administration: Policy and Practice, Theory and Research. In: Murphy, J./Louis, K. S. (Eds.): Handbook of Research on Educational Administration. Second Edition. A Project of the American Educational Research Association. San Francisco: Jossey-Bass, pp. 73-97.

Combe, A./Riecke-Baulecke, T. (Hrsg.) (1997): Aufbruch in neue Zeiten. Schulreform durch Veränderung der Lehrerarbeitszeiten? Weinheim.

Corwin, R. G./Borman, K. M. (1988): School as Workplace: Structural Constraints on Administration. In: Boyan, N. J. (Ed.): Handbook of Research on Educational Administration. New York, pp. 209-237.

Deutscher Bildungsrat: Empfehlungen der Bildungskommission. Zur Reform von Organisation und Verwaltung im Bildungswesen. Teil 1 (1973): Verstärkte Selbständigkeit der Schule und Partizipation der Lehrer, Schüler und Eltern. Stuttgart: Klett.

Dalin, P. (1986): Organisationsentwicklung als Beitrag zur Schulentwicklung. Paderborn.

Dalin, P./Rolff, H.-G./Buchen, H. (1995): Institutioneller Schulentwicklungsprozeß. 2., völlig neu bearbeitete Auflage. Soest: Verlag für Schule und Weiterbildung.

Daschner, P./Rolff, H.-G./Stryck, T. (Hrsg.) (1995): Schulautonomie - Chancen und Grenzen. Impulse für die Schulentwicklung. Weinheim: Juventa.

De Lorent, H.-P./Zimdahl, G. (Hrsg.) (1993): Autonomie der Schule. Hamburg.

Ditton, H. (2000): Qualitätskontrolle und Qualitätssicherung in Schule und Unterricht. In: Zeitschrift für Pädagogik 41. Beiheft, S. 73-92.

Döbert, H. (1997): Deutschland (Schulautonomie in ausgewählten europäischen Staaten). In: Döbert, H./Geißler, G. (Hrsg.): Schulautonomie in Europa. Baden-Baden: Nomos, S. 117-145.

Döbert, H./Geißler, G. (Hrsg.) (1997): Schulautonomie in Europa. Baden-Baden: Nomos.

Dubs, R. (1994): Die Führung einer Schule. Leadership und Management, Stuttgart: Franz Steiner

Dubs, R. (1996): Schule, Schulentwicklung und New Public Management. St. Gallen.

Ekholm, M. (1997): Steuerungsmodelle für Schulen in Europa. Schwedische Erfahrungen mit alternativen Ordnungsmodellen. In: Zeitschrift für Pädagogik 43. Jg., Nr. 4, S. 597-608.

Esslinger, I. (2002): Berufsverständnis und Schulentwicklung: ein Passungsverhältnis? Eine empirische Untersuchung zu schulentwicklungsrelevanten Berufsauffassungen von Lehrerinnen und Lehrern. Bad Heilbrunn/Obb.: Klinkhardt.

Fend, H. (1986): "Gute Schulen - schlechte Schulen": Die einzelne Schule als pädagogische Handlungseinheit. In: Die Deutsche Schule 3, S. 275-293.

Fischer, D./Rolff, H.-G. (1997): Autonomie, Qualität von Schulen und staatliche Steuerung. In: Zeitschrift für Pädagogik 43. Jg., Nr. 4, S. 537-549.

Fullan, M. (1991): The New Meaning of Educational Change. New York.

Fullan, M. (1996): Leadership for change. In: K. Leitwood/J. Chapman/O. Corson/P. Hallinger/A. W. Hart (Eds.): International Handbook of Educational Leadership and Administration, Part 2. Dordrecht/NL, pp. 701-722.

Herzmann, P. (2001): Professionalisierung und Schulentwicklung. Opladen: Leske+Budrich.

Holtappels, H. G. (1995): Innovationsprozesse und Organisationsentwicklung. In: Rolff, H.-G. (Hrsg.): Zukunftsfelder von Schulforschung. Weinheim: Deutscher Studien Verlag, S. 327-354.

Horstkemper, M. (1997): Schulische Reformen unterstützen: Konzepte und Methoden der Schulentwicklungsforschung. In: Friebertshäuser, B./Prengel, A. (Hrsg.): Handbuch Qualitative Forschungsmethoden in der Erziehungswissenschaft. Weinheim: Juventa, S. 769-784.

Hutmacher, W. (1998): Strategien der Systemsteuerung. Von der Systemexpansion zum Systemumbau. In: Schulleitung und Schulaufsicht. Neue Rollen und Aufgaben im Schulwesen einer dynamischen und offenen Gesellschaft. Herausgegeben vom Bundesministerium für Unterricht und kulturelle Angelegenheiten. Innsbruck: StudienVerlag, S. 49-92.

Krainz-Dürr, M. (1999): Wie kommt Lernen in die Schule? Zur Lernfähigkeit der Schule als Organisation. Innsbruck: StudienVerlag.

Krainz-Dürr, M./Schratz, M./Steiner-Löffler, U. (1997): Was bewegt Schulen? Eine Annäherung. In: Krainz-Dürr, M./Schratz, M./Steiner-Löffler, U. (Hrsg.): Was Schulen bewegt. Sieben Blicke ins Innere der Schulentwicklung. Weinheim: Beltz, S. 14-30.

Leithwood, K./Duke, D. L. (1999): A Century's Quest to Understand School Leadership. In: Murphy, J./Louis, K. S. (Eds.): Handbook of Research on Educational Administration. Second Edition. A Project of the American Educational Research Association. San Francisco: Jossey-Bass, pp. 45-7.

Leschinsky, A. (1992): Dezentralisierung im Schulsystem der Bundesrepublik Deutschland. In: Arbeitsgruppe Entwicklung des Bildungswesens der Deutschen Gesellschaft für Erziehungswissenschaft: Strukturprobleme, Disparitäten, Grundbildung in der Sekundarstufe I. Herausgegeben von Peter Zedler. Weinheim: Deutscher Studien Verlag, S. 21-40.

Luhmann, N. (1994): Soziale Systeme. Grundriß einer allgemeinen Theorie, 5. Aufl., Frankfurt am Main: Suhrkamp.

Markstahler, J./Steffens, U. (1997): Von der bürokratisch organisierten zur teilautonomen Schule – zur Qualitätsevaluation und Qualitätsentwicklung der Schule in der Bundesrepublik Deutschland. In: Posch, P./Altrichter, H.: Möglichkeiten und Grenzen der Qualitätsevaluation und Qualitätsentwicklung im Schulwesen. Innsbruck: StudienVerlag, S. 205-262.

Miller, S. (2001): Schulleiterinnen und Schulleiter. Eine empirische Untersuchung an Grundschulen Nordrhein-Westfalens. Hohengehren: Schneider.

Ministerium für Kultus, Jugend und Sport Baden-Württemberg (MKJS B.-W.) (2003): Projekt Stärkung der Eigenständigkeit Beruflicher Schulen. Erste Ergebnisse. Stuttgart.

Mortimore, P. (1993): School Effectiveness and the Management of Effective Learning and Teaching. In: School Effectiveness and School Improvement 4, pp. 290-310.

Philipp, E. (2000): Teamentwicklung in der Schule. Konzepte und Methoden, 3. Auflage, Weinheim

Rauscher, H. (1995): Innovationen – eine Aufgabe für die Schulleitung. Schulleiter-Handbuch Bd. 75. Braunschweig: SL Verlag.

Riedel, K. (1998): Schulleiter urteilen über Schule in erweiterter Verantwortung. Ergebnisse einer empirischen Untersuchung. Neuwied: Luchterhand.

Rolff, H.-G. (1992): Die Schule als besondere soziale Organisation - Eine komparative Analyse. In: Zeitschrift für Sozialisationsforschung und Erziehungssoziologie 12. Jg., Heft 4, S. 306-324.

Scheerens, J. (1997): Models of coordination in educational organizations. In: Harris, A./Bennett, N./Preedy, M. (Eds.): Organizational effectiveness and improvement in education. Buckingham: Open University Press, pp 80-84.

Schimank, U. (2002): Handeln und Strukturen. Einführung in die akteurtheoretische Soziologie. Weinheim: Juventa.

Söll, F. (2002): Was denken Lehrer/innen über Schulentwicklung? Eine qualitative Studie zu subjektiven Theorien. Weinheim: Beltz.

Terhart, E. (1992): Lehrerberuf und Professionalität. In: Dewe, B./Ferchhoff, W./Radtke, F.-O. (Hrsg.): Erziehen als Profession. Zur Logik professionellen Handelns in pädagogischen Feldern. Opladen: Leske+Budrich, S. 103-131.

Weishaupt, H.; Weiß, M. (1997): Schulautonomie als theoretisches Problem und als Gegenstand empirischer Bildungsforschung. In: Döbert, H./Geißler, G. (Hrsg.): Schulautonomie in Europa. Baden-Baden: Nomos, S.27-45.

Wirries, I. (2002): Die Gute Staatsschule. Problemanalyse und Modernisierungskonzeption aus schulpädagogischer und organisationstheoretischer Sicht. Herbozheim: Centaurus

Wissinger, J. (1996): Perspektiven schulischen Führungshandelns. Weinheim: Juventa.

Wissinger, J. (2000): Rolle und Aufgaben der Schulleitung bei der Qualitätssicherung und -entwicklung von Schulen. In: Zeitschrift für Pädagogik 46. Jg., Nr. 6, S. 851-865.

Wissinger, J. (2002): Schulleitung im internationalen Vergleich – Ergebnisse der TIMSS-Schulleiterbefragung. In: Wissinger, J./Huber, S. G. (Hrsg.): Schulleitung – Forschung und Qualifizierung. Opladen: Leske+Budrich, S. 45-61.

V. Außerschulische Jugendbildung

Netzwerke als Form pädagogischer Institutionen –
Schilderungen am Beispiel eines Projektes in der Jugendberufshilfe
Harm Kuper

1 Einleitung

Das Thema ‚Netzwerke' erfreut sich auf verschiedenen Feldern der pädagogischen Praxis einer zunehmenden Beliebtheit. Besonders herausragend ist in dieser Hinsicht die Weiterbildung (vgl. die Beiträge in Hoß/Schrick 2001). Deren institutionelle Struktur ist seit geraumer Zeit Gegenstand einer Diskussion, die deskriptive und normative Aspekte in sich vereint. Kennzeichnend sind die immer wieder erbrachten Hinweise auf die plurale Struktur der Finanziers, Anbieter, Träger und Nutzer der Weiterbildung. Sie gilt einerseits als sehr anpassungsfähig, aber zeigt andererseits auch Mängel der Koordination auf. Die Semantik der Weiterbildung reflektiert diese Situation mit Beschreibungsformen, die im Interesse der Vollständigkeit von Angeboten, des optimierten Ressourceneinsatzes, der Transparenz und Chancengerechtigkeit für die Interessenten eine lose Verkopplung zwischen den Anbietern in den Fokus ihrer Aufmerksamkeit nehmen bzw. als Konzept der Gestaltung von Systemstrukturen vorschlagen. Einschlägig ist in dieser Hinsicht die von Faulstich (vgl. Faulstich/Zeuner 1999, S.179ff.) formulierte Idee einer mittleren Systematisierung der Weiterbildung. Sie kombiniert die Autonomie einzelner Anbieter mit der Installation eines wechselseitigen Informationsaustauschs und koordinierender Mechanismen ohne Anschlusszwang. Damit sollen individuelle Entscheidungen der Anbieter ermutigt werden, ohne in die Fallstricke einer Regulation der Weiterbildung durch den Markt zu geraten. Gleichzeitig sollen Entscheidungskalküle im Interesse eines Gemeinwohls gelenkt werden, ohne durch die Rigidität einer bürokratischen Steuerung eingeschränkt zu werden. Weiterbildung beansprucht ein Zwischenreich der Regulation. Eine besondere Spielart der Netzwerksemantik hat sich bezüglich der beruflichen Weiterbildung in den neuen Bundesländern entwickelt (vgl. Sauer 2002). Hier wird der Netzwerkgedanke mit Regionalentwicklung kombiniert. Dabei wird das Ziel verfolgt, durch eine Koordination der Aktivitäten von Weiterbildungsanbietern, Arbeitgebern und staatlichen Einrichtungen Qualifizierung zu einem Baustein für den Aufbau wirtschaftlicher Strukturen zu machen.

Vergleichbare Tendenzen finden sich auch auf pädagogischen Praxisfeldern, die traditionell über eine festere institutionelle Struktur und einen höheren Organisationsgrad verfügen.

In der Sozialpädagogik findet der Begriff des sozialen Netzwerks Verwendung als Synonym für soziale Wirklichkeit und als Kontextbegriff zur Beschreibung sozialer Wirklichkeit (vgl. Fuchs 1997). Er verweist damit auf eine enge Verkopplung sozialpädagogischer Arbeit mit den Entstehungskontexten ihrer Bezugsprobleme. Praktisch zielen Netzwerke auf die Mobilisierung nicht-professioneller Akteure in diesen Kontexten. Die sozialpädagogische Arbeit erhält über die Aktivierung der sozialen Bezüge ihrer Klientel eine präventive Ausrichtung bzw. versucht nach dem Motto der „Hilfe zur Selbsthilfe" ihre Wirksamkeit über den engeren Rahmen ihrer Institutionen hinaus zu erweitern (Lammers 1992).

In der Schulpädagogik werden Netzwerke als Konzepte der sozialen Einbettung einzelner Schulen verstanden. Sie ergänzen damit die Bestrebungen für die Stärkung der Autonomie einzelner Schulen in verschiedener Hinsicht. So können Netzwerke ebenso der Öffnung einzelner Schulen gegenüber ihrem sozialen Umfeld dienen, wie dem Informationsaustausch zwischen Schulen, der Entwicklung schulübergreifender Initiativen der Qualitätssicherung und der Programmentwicklung (vgl. die Beiträge in Pädagogische Führung 2001).

Bereits dieser grobe Überblick gibt zu erkennen, dass hinter der Verwendung des Begriffs Netzwerk in der Pädagogik kaum ein einheitliches Konzept steht. Der Prominenz des Netzwerkgedankens in den verschiedenen Bereichen entspricht kaum ein gesicherter theoretischer Diskussionsstand in der Erziehungswissenschaft. Vielmehr werden mit ihm allgemeine Ideen der Kooperation, der Verkopplung pädagogischer Institutionen mit den Lebenswelten ihrer Klienten sowie der Verbreitung von Information lanciert.

In diesem Beitrag sollen mögliche Anknüpfungspunkte für die Systematisierung dieses Themas „Netzwerke" angeboten werden. Dazu werden zunächst einige Gründe für die Attraktivität der Netzwerkidee in der Pädagogik dargestellt (2.), anschließend werden einige begriffliche Rahmungen aus der soziologischen Diskussion um Netzwerke als soziale Steuerungsmechanismen referiert (3.), um abschließend anhand einer explorativen Fallstudie einen Plausibilitätstest dieses theoretischen Rahmens für ein Beispiel aus der pädagogischen Praxis vorzunehmen (4.).

2 Anschlussstellen der Netzwerkidee in der erziehungswissenschaftlichen Diskussion

Die sozialen Beziehungen bzw. die Muster sozialer Beziehungen in Netzwerken sind schwer charakterisierbar, weil sie in Abgrenzung zu sozialwissenschaftlich ausführlicher beschriebenen Formen sozialer Beziehungen bestimmt werden. So verfügen Netzwerke nicht über so starke Kräfte sozialer Kohäsion wie Organisationen, weil ihnen die verbindlichen Mitgliedschaftsregeln fehlen; gleichzeitig sind die in ihnen bestehenden sozialen Kopplungen allerdings stärker und nachhaltiger als die von Märkten, weil in ihnen Formen der Rücksichtnahme eingefordert werden, die für rein marktliche Beziehungen untypisch sind. Das Eigentümliche von Netzwerken bleibt dabei oft in der Diffusität eines weder/noch verborgen (siehe Absatz 3.), die noch dadurch gesteigert wird, dass Anlässe und Absichten der Bildung von Netzwerken stark variieren.

Die Diffusität der sozialen Form von Netzwerken lässt sich allerdings durchaus als funktional betrachten, insofern sie ein hohes Maß an Adaptivität mit einem Mindestmaß an Verbindlichkeit vereint. Als solche sind Netzwerke eine leere Form, die unter Bezugnahme auf unterschiedliche Zwecke gestaltet werden bzw. sich entwickeln können. Für die Pädagogik sind sie interessant, weil sie Raum für die Bearbeitung des unbestimmten Verhältnisses zwischen pädagogischem Handeln und seiner organisatorischen bzw. institutionellen Rahmung geben.

Konkret lassen sich drei Anschlussstellen der Netzwerkidee in der erziehungswissenschaftlichen Diskussion benennen:

a) Pädagogisches Handeln ist durch organisatorische Maßnahmen nur in sehr eingeschränktem Maße optimierbar. In einer langen Tradition des Nachdenkens über die Wirksamkeit von Erziehung und Unterricht ist immer wieder die Einsicht bekräftigt worden, dass es hauptsächlich die organisatorisch nicht verfügbaren Umstände pädagogischer Interaktion sind, von denen der Erfolg des pädagogischen Handelns abhängt. Das gilt für reformpädagogische Überlegungen zu Beginn des 20. Jahrhunderts (vgl. Herrmann 2000) ebenso wie für die aktuellen Ergebnisse empirischer Unterrichtsforschung (vgl. Arnold 2002). Freilich wird der Faktor „Organisation" damit nicht irrelevant, weil über ihn die Rahmenbedingungen für die Interaktion gesetzt werden und weil er für die Koordination von Reflexionsleistungen maßgeblich ist. Letztlich bleibt jedoch das Verhältnis zwischen der organisatorischen Form und der pädagogischen Interaktion sowie deren Wirkungen hochgradig kontingent. Im Rückgriff auf eine systemtheoretische Argumentation lässt sich das als Folge der diffusen Technologie pädagogischer Praxis erklären (Luhmann/Schorr 1982). Pädagogische Interaktion ist nicht als organisatorische Einheit begrenzbar, weil in sie fortlaufend die komplexen Voraussetzungen hineinspielen, mit denen die Beteiligten in sie eintreten, und weil sie dem Legitimationsdruck gegenüber den von außen an sie gerichteten Erwartungen gerecht werden muss. Beides begünstigt Ideen, in denen die mehr oder weniger losen Verbindungen pädagogischer Interaktion zu ihrer Umwelt betont werden.

Für die praktische Bewältigung der technologischen und organisatorischen Diffusität hat sich die Handlungsform der Professionalität bewährt. Mit ihr wird das Gelingen pädagogischer Interaktion vom Austausch und kollegialer Reflexion abhängig, die wiederum laterale Formen der Kommunikation erfordern. Da diese Kommunikation zwar ebenfalls durch Organisation gerahmt wird, aber kaum durch Organisation substituierbar ist, können auch hier Netzwerkideen anschließen.

b) Für die Regulierung von Bildungsinstitutionen werden zwei Steuerungsmodelle diskutiert, die beide in der Erziehungswissenschaft gleichermaßen Skepsis hervorrufen – die staatliche und die marktwirtschaftliche Regulation. Beiden wird eine hohe Wahrscheinlichkeit des Versagens angesichts der spezifischen Regulationsanforderungen des Bildungssystems attestiert (vgl. Kell 1996). Die Steuerungsmöglichkeiten des Staates werden dabei in einem Spannungsverhältnis zwischen extensiver und restriktiver Bildungspolitik gesehen. Diese unterliegt dem Verdacht, pädagogische Initiative „vor Ort" durch Bürokratie zu unterbinden; jene, die öffentliche Verantwortung für die Ausstattung und Gestaltung des Bildungssystems zu vernachlässigen. Gegen den Markt als Regulationsinstanz richtet sich der Zweifel, ob für Bildung überhaupt adäquate Modelle der Preisbildung entwickelt werden können und die Kritik, dass die über Märkte eröffnete Autonomie von Bildungseinrichtungen mit einer bildungspolitisch inakzeptablen Selektivität von Bildungschancen bezahlt würde.

Die in der Erziehungswissenschaft übliche Semantik schlägt angesichts dieses Dilemmas Mischformen der Regulation vor. Die definitorische Ansiedlung von Netzwerken in einem Reich zwischen Markt und Staat findet damit ein normatives Gegenstück.

c) Seit einigen Jahren wird in der Erziehungswissenschaft eine Diskussion um die Entgrenzung pädagogischen Handelns geführt (vgl. Kade/Lüders/Hornstein 1991). In ihr erfolgt eine Auseinandersetzung mit der Annahme, dass pädagogisches Handeln nicht ausschließlich in den Institutionen des Bildungssystems stattfindet, sondern sich in vielfacher Weise mit Institutionen

anderer Gesellschaftsbereiche – hauptsächlich Wirtschaft, Kultur und Frei-
zeit – vermischt. Die These der Entgrenzung ist nicht nur eine Reaktion auf
die Tatsache, dass Lernprozesse und die Aneignung von Bildung selbstverständlich auch außerhalb von Schulen, Universitäten oder anderen pädagogischen Einrichtungen möglich sind. Vielmehr reflektiert sie die Ausweitung
pädagogisch motivierter Handlungen und pädagogischen Wissens in nicht
pädagogische Kontexte und die Adressierung pädagogischer Erwartungen an
diese. Sie beschreibt einen Prozess, der einer funktionalen Differenzierung
des Bildungssystems entgegenläuft. Mit ihr korrespondiert die Idee, derzu-
folge sich pädagogisches Handeln in Netzwerken, die Akteure aus verschiedenen Funktionssystemen verkoppeln, institutionalisieren lässt.

3 Netzwerke als Mechanismen der sozialen Steuerung

Die Schwierigkeiten einer definitorischen Bestimmung von Netzwerken lassen
sich an geradezu paradox gebauten Beschreibungsformeln erkennen, wie sie
beispielsweise Sydow (1992) verwendet. Er charakterisiert Netzwerke durch
„lose Kopplung", „kontrollierte Autonomie" oder als „verschwommen begrenztes System". Möglichkeiten der Analyse von Netzwerken bieten soziologische
Ansätze, die Alternativen der sozialen Steuerung zu Märkten und Organisationen
thematisieren. Entscheidend ist dabei der Hinweis darauf, dass Netzwerke eine
eigenständige Form der sozialen Steuerung darstellen, die – wie bereits durch
den Titel eines bekannten Aufsatzes signalisiert – weder durch Merkmale von
Märkten noch durch die von Organisationen hinreichend erklärt werden kann
(vgl. Powell 1990). Diese Position bricht dichotomisierende Betrachtungsweisen
– bspw. durch den Transaktionskostenansatz – auf. Diesem zufolge spannt sich
zwischen Märkten und Organisationen ein Kontinuum, auf dem Merkmale beider Regulierungsformen in Abhängigkeit von den in Austauschrelationen anfal-
lenden Transaktionskosten variieren. Märkte sind in diesem Modell die Orte
punktueller Tauschhandlungen zwischen Akteuren, die einem individuellen
Rationalitätskalkül folgen; Organisationen entstehen unter der Bedingung zunehmender Spezifität der für das Zustandekommen eines Austauschs erforderlichen Voraussetzungen, wie bspw. dem Wissen, die eine zeitlich stabile Form der
Koordination erfordern. Ebenfalls auf einem Kontinuum dargestellt werden die
Vor- und Nachteile dieser beiden Regulationsformen hinsichtlich ihrer Flexibilität und Kohäsionskraft. Es wird davon ausgegangen, dass sich praktisch Balan-
cen zwischen ihnen ergeben, die aber letztlich eine Abgrenzbarkeit von Organisationen als Inseln in einem Meer von Marktbeziehungen nicht in Frage stellen.

Einwände gegen dieses Modell berufen sich auf soziale Strukturen, in die auch Tauschrelationen auf Märkten eingebettet sind. So gibt es neben politischer und rechtlicher Regulation auch kulturelle Traditionen, die Einfluss auf die Gestaltung von Märkten nehmen, und Kooperationsformen zwischen Organisationen, die das Bild der individualisierten Akteure inadäquat erscheinen lassen. Ebenso können in Organisationen marktförmige Verbindungen bspw. durch die Einrichtung von Profit-Center oder die Regulation des internen Leistungsaustauschs über Preise beobachtet werden. Es sind somit Grenzbereiche der beiden Regulationsformen, in denen der Bedarf nach einem neuen theoretischen Modell entsteht, weil es in ihnen sowohl zu Durchmischungen als auch zu eigenständigen Formen der Regulation kommt. Powell (a.a.O., S.301) sieht insbesondere bei Austauschrelationen, bei denen die Qualität des zu tauschenden Gutes nur schwer bewertet werden kann, und bei zeitlich relativ stabilen Beziehungen zwischen den Tauschpartnern, die wiederholt aktiviert werden können, günstige Bedingungen für die Entstehung von Netzwerken. Das macht dieses Konzept attraktiv für die Analyse von Institutionen des Erziehungssystems, weil in ihnen üblicherweise stabile soziale Strukturen aufgebaut werden, um die Arbeit an Zielen mit eingeschränkter Objektivierbarkeit und Technisierbarkeit zu gewährleisten.

Im analytischen Fokus des Netzwerkansatzes liegen Beziehungen zwischen autonomen, aber gleichwohl interdependenten Akteuren. Entsprechend sind die fraglichen Koordinationsmechanismen nicht Preise, wie auf Märkten, oder Routinen bzw. Formalisierungen, wie in Organisationen, sondern reziproke, wechselseitige Formen der Unterstützung. Die Funktion von Netzwerken basiert damit zu erheblichen Teilen auf der Herstellung von Vertrauen, das Voraussetzungen für einen zuverlässigen Austausch von Informationen schafft. Damit ist ein eigenständiges Regulationsmedium benannt. Es gewinnt an Bedeutung einerseits dort, wo die Vorteile der Flexibilität von Marktbeziehungen durch seine Nachteile – vorrangig die begrenzte Involviertheit der Akteure – konterkariert werden, und andererseits dort, wo die Vorteile von Organisationen bei der zuverlässigen Koordination komplexer Vorgänge nicht mehr gegenüber ihrem Nachteil der begrenzten Autonomie von Akteuren dominieren.

In Netzwerken variiert die Stärke der sozialen Relationen und damit der Grad der Interdependenz, die zwischen einzelnen Akteuren besteht. Dabei hängen die Funktionalität und die Leistungsfähigkeit von Netzwerken nicht linear von der Stärke ihrer internen Relationen ab. Vielmehr erweisen sich gerade schwache Verbindungen oft als sehr wichtig, weil sie eine Verkopplung von Akteuren über große Distanz ermöglichen (vgl. Granovetter 1978). Schwache

Verbindungen erhöhen die Wahrscheinlichkeit der Koordination zwischen Akteuren, die sich in Situationen mit einem höheren Anforderungsgehalt nicht aufeinander abgestimmt hätten bzw. gar nicht erst aufeinander getroffen wären. In der Folge dieser Überlegung muss auch das Vertrauen als eine Variable angesehen werden.

Die Variabilität von Vertrauen ist auch einer Analyse Wiesenthals (2000) zu entnehmen, in der geschildert wird, dass die drei Medien sozialer Steuerung – Preise, Formalität und Vertrauen – faktisch immer nur in Kombination auftreten. Realtypisch lassen sich dann regulative Mechanismen als Hybridformen identifizieren, die mehr oder weniger große Anteile der idealtypisch identifizierbaren Formen enthalten. Wiesenthal geht davon aus, dass Markt, Organisation und Gemeinschaft faktisch immer nur in Realisationsformen zu beobachten sind, die ihren idealtypischen Definitionen teilweise entgegenlaufen. Dabei betont er die Funktionalität dieser Mischformen, da die Reinformen jeweils für sich genommen problematisch sind. Sie drohen an den ihnen eigenen Dysfunktionalitäten bzw. Risiken an Funktionalität einzubüßen. So können Leistungsmaxima jeweils nur in spezifischen, von der Art der zu erbringenden Leistung abhängigen Kombination der Regulationsmechanismen erwartet werden.

Die folgende Tabelle stellt die idealtypischen Definitionen und die realtypischen Formen sowie die Leistungen und Risiken der Regulationsmechanismen einander gegenüber.

	Markt	Gemeinschaft	Organisation
Idealtypus	Atomistische Konkurrenz & rationale Wahl	Askriptive Mitgliedschaft & spontane Solidarität	Autorität & Proze-duralisierung/ Sanktionen
Realtypus	Unvollständige Konkurrenz; Institutionen	Reziprozität, Vertrauen als leistungssteigerndes Additiv	Interne Märkte, kompetitive Mechanismen
Leistung	Innovation	Bindung	Zuverlässigkeit
Risiko	Opportunität	Endogener Sinn	Trägheit

Tabelle 1: Typen von Regulationsmechanismen und ihre Leistungen und Risiken

Märkte fördern Innovation durch die Konkurrenz der Akteure, begünstigen aber gleichzeitig ein opportunistisches, an kurzfristigen individuellen Interessen orientiertes Handeln, das durch Institutionalisierungen eingeschränkt wird. Gemeinschaften erzeugen eine hohe Bindung der Akteure durch Zugehörigkeit und Solidarität, engen aber damit die Sinngrenzen interner Kommunikation ein, was

wiederum durch die Betonung des wechselseitigen Nutzens der Beziehungen in
Gemeinschaften aufgebrochen wird. Organisationen schließlich zeichnen sich
durch eine hohe Zuverlässigkeit der Kommunikation aus, die allerdings das Risiko der Trägheit birgt, wenn nicht kompetitive Mechanismen dem entgegenwir-
ken.

Stellt man die Analyse von Netzwerken, die als hybride Formen im Span-
nungsgefüge dieser Leistungen und Risiken konzipiert werden, vor den Hintergrund einer Theorie funktionaler Differenzierung, so können die spezifischen
Leistungen in drei Richtungen untersucht werden: Bei der Konstruktion von
Netzwerken geht es dann erstens um Veränderungen auf institutionellen Feldern,
zweitens um Verkopplungen von Leistungen zwischen Funktionssystemen und
drittens um die Eröffnung von zuverlässigen Möglichkeiten des Informationsaustauschs innerhalb von Funktionssystemen.

Aus diesen Überlegungen leiten sich drei Fragen ab, die im Folgenden entlang einer explorativen Fallstudie über ein Netzwerk mit pädagogischen Zielsetzungen behandelt werden.

Welche Bedeutung hat das Netzwerk für die Entwicklung und Verbreitung pädagogischer Innovation?

Wie lassen sich in dem Netzwerk Zentren der Verantwortung und konzeptionellen Führerschaft konstruieren, in denen Erwartungen an und Möglichkeiten des
pädagogischen Handelns balanciert werden?

Welche Arten der Kopplung entstehen im Netzwerk und welche Risiken bzw.
Möglichkeiten der Risikoverarbeitung sind mit ihnen verbunden?

4 Ergebnisse aus einer explorativen Fallstudie über ein Netzwerk in der Jugendberufshilfe

Die hier geschilderten Ergebnisse beziehen sich auf eine Fallstudie, in der sich
die Möglichkeit bot, die Begründung, Entstehung und Konsolidierung eines
Netzwerkes in einem pädagogischen Handlungsfeld über einen Zeitraum von
drei Jahren zu begleiten. Ursprünglich war die Fallstudie als Evaluation konzipiert (vgl. Kuper 2001; Kuper/Dreyer 2002). Freilich sind Ergebnisse aus derartigen Einzelfallbetrachtungen – zumal bei einer „gelegentlichen" Stichprobe –
nicht von generalisierbarer Bedeutung. Sie bieten allerdings in einem bislang
kaum empirisch bearbeiteten Themenfeld die Chance, theoretische Konzepte auf
ihre Anwendbarkeit und Plausibilität hin zu überprüfen. Darüber hinaus können
mit ihnen Erweiterungen für die Theorie gewonnen werden, die sich einer breite-
ren empirischen Überprüfung zuführen lassen.

Innovation kann sich aus einer zielgerichteten Veränderung ebenso ergeben, wie aus einem explorativen, die Absichten der Innovation mit den Möglichkeiten ihrer Realisierung schrittweise abwägenden Vorgehen. Bei Netzwerken – gerade im Kontext von Regionalentwicklung – werden oftmals Innovationspfade betont, die von endogenen Entwicklungspotentialen ausgehen, die erst im Prozess Form und Richtung finden können. Selbstverständlich können auch diese Prozesse nur anlaufen, wenn es einen Impuls für Innovation gibt, der aber zunächst sehr unspezifisch bleiben kann.

Entsprechendes konnte auch in der Fallstudie beobachtet werden. Das in ihr untersuchte Modellprojekt wurde im Rahmen eines Bundesprogramms mit dem Titel „Arbeitsweltbezogene Jugendsozialarbeit" in den Jahren 1998 – 2001 durchgeführt. Die generelle Zielsetzung des Bundesprogramms lag in der Minderung von Jugendarbeitslosigkeit insbesondere bei Jugendlichen, die Risikogruppen angehören. Damit war ein Bezugsproblem definiert, das weder hinsichtlich der Ursachenzuschreibungen noch der denkbaren Lösungsstrategien eindeutig an ein Funktionssystem, geschweige denn an einen bestimmten Akteur adressierbar gewesen wäre. Das Phänomen der Jugendarbeitslosigkeit erweist sich als zu komplex, um es ausschließlich pädagogischen, wirtschaftlichen, politischen oder anderen Ansätzen zur Bearbeitung zu überlassen. Entsprechend sollte eine innovative arbeitsweltbezogene Jugendsozialarbeit durch das Bundesprogramm nicht in einem dieser Bereiche implementiert werden, sondern das Programm sollte die Initiative verschiedener „vor Ort" ansässiger Akteuren in diesen Bereichen wecken, um Maßnahmen gegen die Jugendarbeitslosigkeit zu entwickeln. Der durch das Bundesprogramm gesetzte Impuls legte damit die Gründung von Netzwerken nahe. Damit ließ sich neben dem primären Ziel der Senkung von Jugendarbeitslosigkeit auch ein sekundäres Ziel benennen - die Erprobung der Innovationspotentiale von Institutionen, die bereits im Bereich der Jugendberufshilfe aktiv sind. Mit dieser Ausdifferenzierung von Zielebenen ergaben sich auch unterschiedliche Bewertungskriterien für die Arbeit von Netzwerken, die einmal Bezug auf die operativen Ziele nehmen, darüber hinaus aber auf die Erkundung von Formen der Kooperation zwischen Institutionen gerichtet sein können. So lassen sich unter Umständen selbst Netzwerken, die ihre operativen Ziele nicht erreichen, noch Erfolge bescheinigen, sofern sie Erkenntnisse über zukünftig nutzbare Anknüpfungspunkte für den Aufbau von Netzwerken erbringen.

Auch bei dem in der Fallstudie begleiteten Modellprojekt war ein Teil des Innovationsanspruchs unmittelbar mit der Netzwerkgründung verbunden. Das Netzwerk sollte dabei weniger der Dissemination eines innovativen Modells gegen Jugendarbeitslosigkeit dienen, sondern die netzwerkförmige Arbeit selbst enthielt bereits Innovationscharakter. Im Zentrum der Netzwerkgründung stand ein Träger von Maßnahmen der Jugendberufshilfe in einer ostdeutschen Stadt mittlerer Größe, dessen Projektantrag im Rahmen des Bundesprogramms bewilligt wurde. Im Kern stand dabei die Idee, örtlich ansässige Akteure an eine Maßnahme zu binden, mit der die betriebliche Ausbildung von benachteiligten Jugendlichen gefördert wird. Damit lag die Richtung der Operationalisierung für den Umgang mit dem Bezugsproblem Jugendarbeitslosigkeit fest, deren konkrete Umsetzung allerdings mit der Konstitution eines Netzwerkes gewissermaßen einem Realexperiment überantwortet wurde. Dafür mussten erstens relevante Akteure definiert und zweitens zueinander in Relation gestellt werden. Die Identifikation der Akteure ergab sich aus deren bisheriger Leistung für die Bearbeitung des Problems Jugendarbeitslosigkeit. Darunter fielen Akteure und Institutionen aus dem dualen System der beruflichen Ausbildung – das sind Ausbildungsbetriebe, Kammern und Berufsschulen; und unter Berücksichtigung der Zielgruppe benachteiligter Jugendlicher die sozialstaatlichen Institutionen der Jugendberufshilfe – das sind Arbeitsamt, Jugendamt und Sozialamt. Absicht der Netzwerkgründung war es, die bislang getrennten und teilweise gar nicht auf die Ausbildung Benachteiligter bezogenen Aktivitäten dieser eigenständigen Akteure zu verkoppeln. Im Sinne des Sekundärzieles der Erprobung von Innovationspotentialen lässt sich die damit verbundene Anforderung auch in der Kategorie der Anpassungseffizienz beschreiben: Erforderlich waren Balancierungen von Interessen und Beteiligungsbereitschaften, um zuverlässige punktuelle Kooperationen zwischen Akteuren, die ansonsten in einem Verhältnis der Indifferenz oder bisweilen sogar Konkurrenz standen, zu etablieren.

Freilich bedurfte es dazu einer Verdichtung von Absichten und Handlungsmodellen, um den Aktivitäten der Akteure im Netzwerk einen Bezugspunkt zu geben. Der Netzwerkgründung in dem Modellprojekt lag ein Programm zugrunde, das die Integration benachteiligter Jugendlicher in betriebliche Ausbildung in erster Linie als pädagogisches Problem definierte, dabei aber auch wirtschaftliche Parameter einbezog. Als benachteiligt wurden Jugendliche angesehen, die aufgrund mangelnder schulischer Leistungen oder psycho-sozialer Auffälligkeiten verminderte Chancen auf einen Ausbildungsplatz im dualen System hatten. Für diese Zielgruppe gab es Angebote der überbetrieblichen Ausbildung – bspw. unter der Trägerschaft des Arbeitsamtes – die allerdings im Programm hinsichtlich ihrer stigmatisierenden Wirkungen und ihrer eingeschränkten fachlichen Tauglichkeit bemängelt wurden. Damit war ein Ausgangspunkt für den Aufbau netzwerkförmiger Relationen gelegt, die eine Verlagerung der Ressourcen aus der überbetrieblichen Ausbildung in die betriebliche Ausbildung vorsahen.

Durch das Angebot einer sozialpädagogischen Begleitung der Ausbildungsverhältnisse und die Zahlung eines Produktivitätsverlustausgleiches sollten Ausbildungsbetriebe motiviert werden, das erhöhte Risiko der Ausbildung benachteiligter Jugendlicher einzugehen. Damit war neben der Pädagogisierung des Problems gleichzeitig ein Schritt gegen die ungünstigen wirtschaftlichen Bedingungen betrieblicher Ausbildung beabsichtigt.

Aus analytischer Sicht ist in dieser Phase der Gründung eines Netzwerkes von Interesse, dass eine Definition von Relationen zwischen einzelnen Akteuren gesucht wurde, von der die Handlungslogiken der einzelnen Akteure unbeeinflusst bleiben sollten. Es war nicht beabsichtigt, durch das Netzwerk neue Prämissen des Handelns für die Beteiligten zu setzen, sondern durch ein neues Arrangement ihrer bestehenden Handlungsprämissen Spielräume für veränderte Problemlösungen zu generieren. Damit war der Schwerpunkt des Innovationsanspruchs abermals auf die Möglichkeiten gelegt, programmgemäße Vereinbarungen zwischen den Akteuren zu finden und nicht darauf, die Akteure im Sinne des Programms zu verändern. Diese Konstellation eröffnete eine Arena, auf der sowohl Zustimmung als auch Ablehnung und damit letztlich die Bereitschaften zur Beteiligung an dem Netzwerk ausgetragen werden konnten. Dabei entstanden – entsprechend der unterschiedlichen Handlungslogiken der Akteure – durchaus spannungsreiche Relationen. So konnten bspw. Ausbildungsbetriebe dem Programm weitgehend vorbehaltlos zustimmen, weil sowohl die pädagogische Begleitung als auch die finanzielle Unterstützung für sie eine Minderung der Risiken von Ausbildung bedeutete; dagegen befürchteten die Kammern Mitnahmeeffekte bzw. die Förderung von Subventionsmentalitäten bei den Betrieben und das Arbeitsamt monierte die Verdrängung nicht-benachteiligter Jugendlicher aus den betrieblichen Ausbildungsverhältnissen.

In Hinblick auf Innovation bedeutet das: In einem Netzwerk können isoliert voneinander bearbeitete Probleme (Jugendarbeitslosigkeit, Benachteiligung bestimmter Zielgruppen auf dem Ausbildungsstellenmarkt, Konjunkturschwäche als Grund für den Mangel an Ausbildungsplätzen) und Problemlösungen (Pädagogische Begleitung, finanzielle Förderung) aufeinander bezogen werden. Das schafft neben akzeptierten Gelegenheiten der Kooperation auch Gelegenheiten für Dissense, die beide ohne Netzwerk nicht verhandelt würden. Aber genau darin kann auch der innovationsförderliche Impuls eines Netzwerkes bestehen.

Konstitutiv für Netzwerke ist die Reziprozität von Leistungsbeziehungen, die ein egalitäres Moment mit sich bringt. Gleichwohl bedarf es zentralistischer Elemente, sofern die Bindung des Netzwerks an ein bestimmtes Bezugsproblem gesichert und das Netzwerk nicht als bloße Option von Kontakten in Anspruch genommen werden soll.

In dem untersuchten Modellprojekt war durch das Programm eine Linie der Orientierung vorgegeben, auf die hin die Leistungen der unterschiedlichen Akteure gebündelt werden sollten, ohne sie in ihrer Autonomie zu begrenzen. In dieser Konstellation kann eine führende Position nicht in dem Sinne ausgefüllt werden, dass Vorgaben für das Handeln im Netzwerk gemacht werden; wohl aber ist Führerschaft im Sinne einer konzeptionellen Verantwortung denkbar, die eine Anpassung des Programms an die Beteiligungsbereitschaft der Akteure vornimmt und/oder ein Mindestmaß an Kohärenz der Akteure in Hinblick auf die Realisierung des Programms sichert.

In dem Modellprojekt nahm eine vom Projektträger eingesetzte Steuerungsgruppe diese Position ein – sie bestand aus einer Personalstelle für die Projektleitung und zwei Stellen für pädagogische Mitarbeiter. Nach der Anlage des Netzwerkes lagen die Leistungen der Steuerungsgruppe vorrangig in der Generierung, Verarbeitung und Kanalisierung von Informationen, die für eine pädagogische Bearbeitung des Bezugsproblems im Sinne des Programms erforderlich waren. Das bedeutete auch, Anschlussfähigkeit für die Leistungen von Akteuren zu schaffen, deren Bindungen zu dem Netzwerk nicht primär unter pädagogischen Gesichtspunkten bestanden. Deutlich wurde das bei den Kontakten, die von der Steuerungsgruppe zum dualen System der beruflichen Ausbildung und namentlich zu den Ausbildungsbetrieben gehalten wurden. Innerhalb dieses Systems wird Ausbildung primär im Rahmen wirtschaftlicher Leistungen bilanziert; wohlfahrtsstaatliche Ideen der Förderung einer Klientel benachteiligter Jugendlicher sind dem fremd. Aus betrieblicher Sicht sind Krisen des dualen Ausbildungssystems daher auch nicht über den Ausschluss Benachteiligter bestimmt, sondern über die wirtschaftlichen Risiken der Ausbildung. Durch das Netzwerk wurden diese beiden Problemgesichtspunkte miteinander verkoppelt, um sie einer Lösung zuzuführen. Das erforderte allerdings hohe Selektionsleistungen, die von der Steuerungsgruppe erbracht werden mussten. Einerseits mussten Betriebe ausgewählt werden, die für eine Ausbildung benachteiligter Jugendlicher geeignet schienen und sich nicht ausschließlich aufgrund der finanziellen Unterstützung beteiligten; andererseits musste die Kontaktaufnahme der Steuerungsgruppe zu den Ausbildungsbetrieben während der laufenden Ausbildungen so dosiert werden, dass die Abläufe der Ausbildung nicht gestört wurden, aber gleichzeitig eine pädagogische Intervention im Konfliktfall möglich war. Daran wird erkennbar, dass die konzeptionelle Verantwortung der Steuerungsgruppe nicht nur in der Balancierung zwischen Autonomie und Bindung der Akteure im

Netzwerk bestand, sondern auch in der Gewährleistung der Multifunktionalität von Leistungen, die im Netzwerk erbracht werden. So hatten die finanziellen Ausgleichszahlungen und die pädagogischen Betreuungsleistungen für die Betriebe und für die Ausbildung von Benachteiligten unterschiedliche Funktionen. Während sie für die Betriebe durch Ausbildung resultierende Mehrbelastungen in einem Netzwerk abfedern sollten, fungierten sie für die Klientel der Benachteiligten als Veränderung der Chancen auf einen Ausbildungsplatz und als Erhöhung der individuellen Wahrscheinlichkeit auf einen erfolgreichen Abschluss.

Strukturell ähnliche Leistungen der Verarbeitung und des punktuellen Kurzschließens von Informationen ließen sich auch in der Relation zu den Institutionen der Jugendberufshilfe beobachten. Dabei standen insbesondere Fragen der Definition einer förderungswürdigen Klientel von Jugendlichen und Gerechtigkeitsaspekte in Hinblick auf die Verteilung der zur Förderung verfügbaren Ressourcen im Vordergrund. Auch dabei hat sich die pädagogische Leistung der Steuerungsgruppe als multifunktional erwiesen, insofern sie – im Falle des Arbeitsamtes – der Förderung einer spezifischen Klientel diente, die mit den Programmen des Arbeitsamtes nicht erfasst wurde, und – im Falle des Sozialamtes – die Möglichkeit bot, konsumtive Ausgaben für den Lebensunterhalt in eine Investition in berufliche Bildung zu verlagern.

Die Entwicklung des Netzwerkes konnte auch über das Aufgabenverständnis der Steuerungsgruppe abgebildet werden. Zu Beginn sah sie ihre Aufgabe in der Information potentiell am Netzwerk zu beteiligender Akteure über die pädagogische Zielsetzung. Später schoben sich Aufgaben der Beratung von Akteuren und der Vorbereitung kollektiver Entscheidungen im Netzwerk in den Vordergrund. In dieser Verschiebung ist die Dominanz der Steuerungsgruppe bezüglich der Durchsetzung des Programms zunehmend einer egalitären Berücksichtigung der Beteiligungsgründe einzelner Akteure gewichen.

Eng mit der Installation einer verantwortlichen Position ist die Frage nach den Arten der Kopplung im Netzwerk und der im Netzwerk entstehenden Risiken verbunden. Entlang der Beobachtungen aus der Fallstudie können vier Typen von Beziehungen im Netzwerk unterschieden werden:

Reziproke Leistungsbeziehungen stellten sich dort ein, wo mindestens zwei Akteure über das Netzwerk in unmittelbaren Kontakt zueinander traten und Leistungen tauschten. Das war in der Relation zwischen Betrieben und Steuerungsgruppe der Fall, wobei diese pädagogische Begleitmaßnahmen und die Vermittlung finanzieller Unterstützung, jene die berufliche Ausbildung in den Leistungstausch einbrachten. Eine weitere reziproke Leistungsbeziehung – der Tausch von finanziellen Ressourcen gegen die pädagogische Betreuung einer spezifischen

Klientel – bestand zwischen der Steuerungsgruppe und den mit der Jugendberufshilfe befassten Ämtern. Die reziproken Leistungsbeziehungen haben sich als stabil erwiesen, solange der Tausch von beiden Akteuren als äquivalent und mit den je eigenen Handlungsprämissen vereinbar angesehen wurde.

In einfachen Leistungsbeziehungen war ein unmittelbarer Nutzen nur bei einem von mehreren Akteuren zu erkennen. So profitierten Berufsschulen von dem Netzwerk durch die zusätzliche Betreuung problematischer Schüler, konnten aber selbst keine Leistungen für das Netzwerk beisteuern. Derartige Beziehungen haben sich als relativ instabil erwiesen, weil sie dem Risiko der einseitigen Aufkündigung unterliegen. Allerdings konnte ihre Bedeutung für den „ideellen Unterbau" des Netzwerks kaum überschätzt werden, weil sie erstens die Menge der öffentlich wirksamen Fürsprecher erhöhten und dem Netzwerk einen altruistischen, gemeinschaftsähnlichen Charakter gaben.

Informationsbeziehungen sind ein Sonderfall einfacher Leistungsbeziehungen, in denen bspw. durch die Steuerungsgruppe von den Kammern Informationen über Ausbildungsbetriebe bezogen wurden. Diese Beziehungen erwiesen sich stabil, insofern über sie oft Routineinformationen abgefordert wurden. Sie blieben für die programmatische Gestaltung des Netzwerkes von geringem Einfluss.

Von großer Bedeutung für das Netzwerk waren mittelbare Leistungsbeziehungen. Sie betrafen Relationen, die ohne das Netzwerk nicht zustande gekommen wären und über dritte Positionen – zumeist über die Steuerungsgruppe – geschlossen wurden. Beispielhaft wurde das in der Relation zwischen dem Sozialamt und den Betrieben deutlich, in der Ausbildungsleistungen durch Mittel aus der Sozialhilfe finanziert wurden. Diese Verkettungen von Relationen durch Netzwerke tragen das besondere Risiko, dass Veränderungen – wie in einem Dominoeffekt – sich über mehrere Stationen auswirken können. So hatte bspw. eine Verschiebung der durch das Sozialamt für förderungswürdig gehaltenen Personen unmittelbare Folgen für die Ausbildungsverhältnisse, insofern durch die Förderkriterien eine Klientel mit besonders schwerwiegenden Merkmalen der Benachteiligung selektiert wurde. Der Vorteil von Netzwerken, einander indifferent gegenüberstehende Akteure zu verkoppeln, erzeugt so das Risiko der Belastung einzelner Akteure mit Problemen, die ursprünglich auf einen anderen Akteur begrenzt waren. In diesem Zusammenhang muss wiederum nach Steuerungskapazitäten im Netzwerk gefragt werden und damit nach den Möglichkeiten, durch koordinierende Instanzen Effekte zu verstärken oder abzufedern. Pädagogische Leistungen können dabei als Kulminationspunkt für die Verkopplung zweier Akteure dienen, die beide ihr Handeln nicht an pädagogischen Gesichtspunkten orientieren.

Abschließend kann festgehalten werden, dass das Netzwerk sich als eine geeignete Form erwiesen hat, im technologisch diffusen Bereich des pädagogischen Handelns eine Möglichkeit der Bearbeitung eines ebenfalls diffusen Bezugsproblems zu institutionalisieren. Die pädagogische Ausrichtung wurde durch eine kontinuierliche Anpassung des Programms an die Beteiligungsvoraussetzung der Akteure einerseits und durch die Bindung pädagogisch indifferenter Akteure an dieses Programm andererseits gesichert. Die mit dem Netzwerk entstehende Mischung aus Organisation, Markt und Gemeinschaft hat dabei eine innovative pädagogische Institution erschlossen.

Literatur

Arnold, K.-H. (2002): Schulentwicklung durch Rückmeldung der Lernwirksamkeit an die Einzelschule. In: Zeitschrift für Pädagogik 48, S. 741-764.

Faulstich, P./Zeuner, C. (1999): Erwachsenenbildung. Weinheim.

Fuchs, D. (1997): Soziale Netzwerke als Akteure. Definitionen, Fragen und Aspekte zu sozialen Netzwerkanalysen. In: Sozialmagazin 22, S. 40-46.

Granovetter, M. (1978): The Strength of Weak Ties. In: American Journal of Sociology 78, S. 1360-1380.

Herrmann, U. (2000): Der lange Abschied vom „geborenen Erzieher". In: Bastian, J./Helsper, W./Reh, S./Schelle, C. (Hrsg.): Professionalisierung der Lehrerbildung. Opladen, S. 15-32.

Hoß, D./Schrick, G. (2001) (Hrsg.): Die Region. Experimentierfeld gesellschaftlicher Innovation. Münster.

Kade, J./Lüder, C./Hornstein, W. (1991): Die Gegenwart des Pädagogischen. In: Oelkers, J./Tenorth, H.-E. (Hrsg.): Pädagogisches Wissen. 27. Beiheft der Z.f.Päd. Weinheim, S. 39-65.

Kell, A. (1996): Bildung zwischen Staat und Markt. In: Benner, D./Kell, A./Lenzen, D. (Hrsg.): Bildung zwischen Staat und Markt. 35. Beiheft der Z.f.Päd. Weinheim, S. 31-49.

Kuper, H. (2001): Zwischenberichte zur Evaluation des Benachteiligtenförderprogramms BATMAN. Freie Universität Berlin.

Kuper, H./Dreyer, J. (2002): Vierter Zwischenbericht und abschließende Betrachtungen zur Evaluation des Benachteiligtenförderprogramms BATMAN. Freie Universität.

Lammers, K. (1992): Das Konzept des sozialen Netzwerks. Überlegungen zur theoretischen und praktischen Relevanz des Netzwerkmodells in der Sozialarbeit und Sozialpädagogik. In: Neue Praxis 22, S. 117-130.

Luhmann, N./Schorr, K.-E. (1982): Das Technologieproblem der Erziehung und die Pädagogik. In: Dies. (Hrsg.): Zwischen Technologie und Selbstreferenz. Frankfurt, S. 11-40.

Pädagogische Führung (2001) 12, Heft 2 – Themenheft "Netzwerk und Schule".

Powell, W. (1990): Neither Market nor Hierarchy: Network Forms of Organization. In: Research in Organizational Behavior 12, S. 295-336.

Sauer, J. (2002): Transformation beruflicher Weiterbildung. Infrastrukturen für eine neue Lernkultur. In: Arbeitsgemeinschaft QUEM (Hrsg.): Kompetenzentwicklung 2002. Auf dem Weg zu einer neuen Lernkultur. Münster, S. 435-472.

Sydow, J. (1992): Strategische Netzwerke. Evolution und Organisation. Wiesbaden.

Wiesenthal, H. (2000): Markt, Organisation und Gemeinschaft als "zweitbeste" Verfahren sozialer Koordination. In: Werle, R./Schimank, U. (Hrsg.): Gesellschaftliche Komplexität und kollektive Handlungsfähigkeit. Frankfurt/New York, S. 44-73.

Organisationsnetzwerke und pädagogische Temporärorganisation
Susanne Weber

Nicht zuletzt vor dem Hintergrund leerer öffentlicher Kassen wird im Feld der Jugendberufshilfe die vernetzte Kooperation der institutionellen Akteure Jugendhilfe – Schule – Wirtschaft zunehmend als unverzichtbar erkannt. Durch Kooperationen sollen besser koordinierte Übergänge zwischen Organisationen und Sektoren geschaffen werden. Mit der Kombination sektorspezifischer „Handlungslogiken" will man in der institutionellen und handlungsfeldübergreifenden Vernetzung synergetische Effekte erzielen. Mit der Perspektive des „Wohlfahrtsmixes" (Evers/Olk 1996, S. 33) wird Vernetzung zur Programmatik und zum normativen Konzept erhoben, das auf die Modellierung und Institutionalisierung gewünschter institutioneller Konstellationen „gemischter Wohlfahrtsproduktion" (ebd., S. 12) abzielt. Wohlfahrtspluralistische Arrangements begründen sich mit dem Wunsch nach einer Steigerung der Fachlichkeit ebenso wie mit dem nach Optimierung der Leistungserbringung (Schild 2001). Im Bereich der Jugendhilfe und Jugendsozialarbeit ist die Programmatik der Zusammenarbeit und Vernetzung mittlerweile als rechtliche Vorgabe im Kinder- und Jugendhilfegesetz (KJHG) und im Sozialgesetzbuch (SGB) festgeschrieben (Stauber-Walther 1995, S. 185). Es wird gefordert, Leistungsangebote zu differenzieren und zu flexibilisieren und zu vernetzen mit Angeboten, Diensten und Einrichtungen unterschiedlicher Träger (Bürger 1999, S. 4).

Sozialräumliche Verbundsysteme im Rahmen regionaler und zukunftsorientierter Strategien umfassen nicht nur die Zusammenarbeit öffentlicher und freier Träger oder der Teilsysteme Jugendarbeit und Jugendsozialarbeit, sondern müssen ebenso bereichsübergreifende Kooperationen wie z.B. zwischen Jugendarbeit und Schule sowie sektorübergreifende Zusammenarbeit wie z.B. zwischen Schule, Amt und Betrieb verfolgen, um der Programmatik einer „Jugendhilfe als Netzwerk" gerecht werden zu können. Die Zielsetzungen beziehen sich auf die Handlungsbereiche der Sozialität, Arbeitswelt, Wohnen und Lebensbewältigung (Wendt 2000).

Forderungen nach Vernetzung folgen heute zunehmend ökonomischen Argumenten und stehen im Zusammenhang mit Abbau-, Privatisierungs- und Deregulierungsstrategien wohlfahrtsstaatlicher Leistungen. Vor dem Hintergrund

komplexer Settings, der Forderung nach der Entwicklung regionaler Trägerland-
schaften und darin eingebetteten vielfältigen Interessenlagen stellen sich neue
strategische Herausforderungen für öffentliche und freie Träger. Zu dieser neuen
Ordnungsstruktur der „Netzwerkökonomie" (Dahme/Wohlfahrt 2000, S. 319ff)
müssen sie sich verhalten und positionieren. Sie berühren existentielle Fragen
der Trägerautonomie, der Gestaltung des Verhältnisses von Trägerbeteiligung
und Planungsprozessen, der Steuerung sozialraumorientierter Jugendhilfestruk-
turen, der Bildung strategischer Allianzen, der Frage nach Budgets und sozialraumorientierter Lenkungs- und Steuerungsgremien etc. (ebd., S. 323). Komplexität als zentrales Merkmal kennzeichnet also nicht nur die Ausgangslage, sondern gehört zu den durchgehenden strukturellen Rahmenbedingungen von Vernetzungsprozessen.

1   Komplexität als Strukturbedingung von Vernetzungsprozessen

Netzwerke sind „soziale Innovationen", institutionelle Erfindungen zur Lösung
von komplexen Phänomenen (Messner 1995). Sie sind in jedem Stadium ihrer
Entwicklung komplex und „schlecht definiert". Ihr verstärktes Aufkommen ist
Ausdruck einer neuen Bewältigungsstrategie, die Umweltkomplexität durch
eigene Komplexität kompensiert oder kompensieren soll. Netzwerke werden
verstanden als wechselseitige Interaktionsbeziehungen zwischen mehreren
rechtlich selbständigen, wirtschaftlich jedoch zumeist abhängigen Organisationen (Winkler 2002, S. 33). Sie sind in der Regel dynamisch, komplex und eher
längerfristig angelegt. Die formal relativ autonomen Akteure bringen wechselseitige Interessen in ein System informeller oder formeller, horizontaler oder
hierarchischer Beziehungen ein (Sydow 1999, Messner 1995; Windeler 2001;
Winkler 2002). Sie können sich durch eine gemeinsame Perspektive, ein gemeinsames Problem oder ein gemeinsames Resultat miteinander verbinden. In
jedem Fall müssen sie sich in spezifischer Weise als übergangsfähige, veränder-
liche Prozessgebilde koordinieren. Damit weisen Organisationsnetzwerke systematisch andere Eigenheiten und Charakteristika als Organisationen auf: In
organisationalen Netzwerken treten Wettbewerb und Kooperation gleichzeitig
auf. Es sind immer mehrere und unterschiedliche Akteure vorhanden. Es existieren sowohl hierarchische als auch marktliche Ordnungselemente, Über- und
Unterordnungsverhältnisse, Arbeitsteilung, Steuerung über Qualitätskriterien
und Preise. Beziehungen liegen auf mehreren Ebenen, sind komplex und auf
Reziprozität angelegt. Macht und Entscheidungskompetenz sind polyzentrisch

verteilt, die Entscheidungsgewalt liegt niemals bei einem Akteur allein, Akteurskonstellationen können sich verändern und Entscheidungskompetenzen verschieben (Aderhold 2002, S. 32f). Damit wird deutlich, dass Vernetzung zwischen Organisationen eine spezifische Koordinationsform der Zusammenarbeit darstellt: ein in der Regel polyzentrischer Arbeitszusammenhang mit undeutlichen Grenzen, der oftmals nur schwach formalisiert ist. Netzwerke entstehen nicht am grünen Tisch, sondern konstituieren sich wesentlich über soziale Prozesse. Entsprechend fordern Endres/Wehner (1999), der Prozessseite der Vernetzung mehr Aufmerksamkeit zu schenken. Auch Windeler plädiert für eine Perspektive der Netzwerkkonstitution (Windeler 2001). Dabei – so Kappelhoff (2000) in seiner komplexitätstheoretischen Perspektive – sei es unverzichtbar, die in Netzwerkzusammenhängen gegebene Komplexität genauer in den Blick zu nehmen.

1.1   Komplexität strukturell repräsentieren

Komplexität, so Baecker (1997, S. 21), könne auf zweierlei Weise rekonstruiert werden: Man könne versuchen, sie als Problem oder als Lösung zu beschreiben. Während der erste Weg einem traditionellen betriebswirtschaftlichen Selbstverständnis entspreche, begreife der zweite Weg Komplexität nicht als ungewollten Nebeneffekt einer „in Ordnung zu bringenden Welt, sondern als Form der Welt selbst" (ebd., S. 21). Sowohl in Netzwerk- als auch Organisationstheorie geht man zunehmend davon aus, dass hier keine managerialen „Rezepte" mehr gegeben werden können, sondern eine prozessuale Regulierungsperspektive angelegt werden müsse (Windeler 2001). Während also der klassische Ansatz versucht, Komplexität durch ihre Reduktion beherrschbar zu machen (und dadurch de facto Komplexität als „unintendierte Folge" gesteigert wird), liegt der zweite Ansatz auf der Linie kybernetischer und soziologischer Ansätze, die Komplexität als „Art und Weise, wie die Welt mit sich selbst umgeht" (Baecker 1997, S. 22) sehen. „Komplexitätsmanagement kann demnach nicht heißen, das Problem der Komplexität ein für allemal zu lösen. Es muss heißen, das Problem der Komplexität so aufzubauen, das heißt, so zu strukturieren, dass es sich selbst laufend löst und wiederaufbaut zugleich. Es geht um den Einbau von strukturellen Spannungen in die Organisation, die es der Organisation gegenüber der eigenen und der Umweltkomplexität ermöglichen, immer wieder andere Reduktionen zu wählen und insofern komplex zu reagieren" (Weick 1985, S. 171).

Konstruktivistisch und systemtheoretisch orientierte Organisationsmodelle basieren auf der Grundannahme, dass sich Organisationen nur selbsttätig entwickeln können und so ihre eigene Wirklichkeit aktiv, kollektiv und prozessual herstellen. Wandel ist diesen Ansätzen zufolge permanent und nicht zwangsläufig zielgerichtet auf vermehrte Ordnung. Organisation wird rekonstruiert als irrationales, kommunizierendes und quasi-intelligentes soziales System, dessen Verhalten weder vorhersehbar noch programmierbar ist. Organisationen müssen sich dieser Unsicherheit des Nicht-Wissens aussetzen und Intransparenz muss produktiv gewendet werden. Organisationskultur wird damit in Teilen zur Kontingenzkultur. Darin, wie Komplexität organisiert ist, liegt gleichzeitig Problem und Lösung (Baecker 1999, S. 25). Entscheidungshandeln in Organisationen und Netzwerken wird damit strukturell dilemmatisch (Kühl 2000).

Dies gilt auch für das Feld der Jugendhilfe, auch hier ist die Prozess- und Verfahrenskomplexität strukturell angestiegen, u.a. dadurch, dass im Kinder- und Jugendhilfegesetz (KJHG) Forderungen nach Zielgruppenpartizipation ebenso wie der Trägerpartizipation und -kooperation aufgenommen wurden. Betroffene haben Verfahrensrechte und gelten nun seitens des Rechts nicht mehr als isolierte hilfebedürftige Einzelwesen, sondern als Subjekte mit Rechten auf Selbstbestimmung, auf Dialog, Kommunikation und Partnerschaft (Litges 1999:31). Darüber hinaus steht Netzwerkentwicklung in der Jugendhilfe strukturell im Spannungsfeld zwischen politischen, ökonomischen und sozialen Zielsetzungen und Vorgaben (Weber 2001). Insgesamt ist in diesem Feld von einem hohen Maß an Strukturkomplexität auszugehen, dem in der Netzwerkkonstitution Rechnung zu tragen ist. Wie lässt sich diese Komplexität näher fassen?

1.2   Vier Dimensionen der Komplexität in Vernetzungsprozessen

Als Forschungsergebnis der Prozessevaluation eines von der EU geförderten Vernetzungsprojekts zur Verbesserung der Kooperation in der Jugendberufshilfe (Weber 2001) lassen sich vier Dimensionen unterscheiden, die für die Analyse und Gestaltung von Vernetzungsprozessen zu berücksichtigen sind. Dies sind die soziale Dimension, die funktionale Dimension, die strukturelle Dimension und die Lerndimension.

1.2.1 Vernetzungskomplexität in der sozialen Dimension

Kooperative interorganisationale Beziehungen basieren auf einer sozialen Ebene. Personale und soziale Nähe gilt als notwendige Voraussetzung für erfolgreiche Vernetzungsprozesse (Winkler 2002, S. 37). Auch Kappelhoff fordert aus komplexitätstheoretischer Sicht eine stärkere Berücksichtung der sozialen und Prozessseite der Vernetzung (Kappelhoff 2000, S. 28).

Lokale und regionale Netzwerkentwicklung ist auf die Mitwirkung unterschiedlicher Akteure und diskursive Verständigung angewiesen. Auf dieser Grundlage soll Kooperation intensiviert werden. Informationsaustausch, Verhandlung und eine schnelle Interessenabstimmung sind dafür sinnvoll ebenso wie Kompromissbildung und Klärung von Durchsetzungsstrategien. Konkrete Kooperationsvereinbarungen bzw. -ziele können erst auf der Basis der diskursiven Verständigung über wahrgenommene Bedarfe und sinnvolle Handlungsstrategien formuliert und ausgehandelt werden (Schimpf 2001).

In Vernetzungsprojekten geht es weniger um abstrakte Koordinationsformen als um komplexe Prozesse und Beziehungen zwischen Menschen (Kappelhoff 2000, S. 28). Netzwerkakteure agieren im sozialen und gesellschaftlichen Raum bzw. Räumen. Hier sind aus Windelers Sicht verschiedene Akteursebenen einzubeziehen: Dies ist zunächst die Ebene der Einzelperson, dann die Ebene der Gruppen, die Ebene der Organisation, die Netzwerkebene sowie die Ebene der gesamtgesellschaftlichen Kontexte (Windeler 2001).

1.2.2 Vernetzungskomplexität in der funktionalen Dimension

Die funktionale Seite der Vernetzung erweist sich als wichtig, insofern institutionelle Netzwerke die Dimension der Netzwerkorganisation berücksichtigen müssen. In zweckorientierten Zusammenschlüssen soll Vernetzung bestimmte Funktionen erfüllen. Daher sind Vernetzungsprojekte als temporäre Kooperationen zu fassen, die als überbetriebliches Projektmanagement rekonstruiert werden können. Projektnetzwerke sehen Sydow/Windeler (1999:217) als einen besonderen Typus von Netzwerk, der sich im Zusammenspiel zwischen den Netzwerkorganisationen vollziehe. Es treten funktionale Anforderungen auf, die sich in eine sinnhafte Abfolge der Netzwerkgestaltung bringen lassen. Sydow/Windeler (1999) unterscheiden dabei ursprünglich vier Funktionen der Netzwerksteuerung: Selektion, Allokation, Regulation und Evaluation. Auch wenn diese prozessual als Abfolge angelegt sind, werden sie natürlich nicht nur entlang der Phasen, sondern auch quer zu ihnen relevant: Diese Funktionen ebenso wie Grenzmanagement, Positionskonfiguration und Systemintegration werden dauerhaft und immer wieder erforderlich (Sydow 1999, Sydow/Windeler 2000, Windeler 2001) und müssen zirkulär bearbeitet werden.

1.2.3   Vernetzungskomplexität in der strukturellen Dimension

Netzwerkarrangements als polyzentrische regionale Gefüge sind strukturell von Zielheterogenität und Interessendivergenz sowie der Gleichzeitigkeit von Konkurrenz und Kooperation geprägt (Messner 1994; Heinze/Strünck/Voelzkow 1997:317). Hier sind strukturelle Dilemmata zu erwarten: So z.B. das Dilemma der Jugendhilfe, die zur Reduzierung der Ausgabenseite der kommunalen Haushalte beitragen und andererseits ein breites Angebot von Unterstützungsleistungen liefern soll (Litges 1999:35). Strukturell ist dieses Feld durch die Abhängigkeit der freien Träger von den öffentlichen Trägern geprägt. Aus Sicht der freien Träger stellt sich die Frage nach Vorrang und Nachrang bei der Trägerauswahl durch den öffentlichen Träger. Zwar sind die freien Träger inhaltlich und organisatorisch autonom, sind aber gebunden an die Infrastrukturentscheidungen des Jugendhilfeausschusses.

Netzwerksteuerung muss daher in ihren Dilemmata und strukturellen Spannungsverhältnissen rekonstruiert werden. Sydow (1999:300) hat acht solcher Spannungsverhältnisse beschrieben, die in Vernetzungsprozessen reguliert werden müssen – oder an deren mangelhafter Regulation Netzwerkkooperationen scheitern: „Autonomie und Abhängigkeit", „Vertrauen und Kontrolle", „Kooperation und Wettbewerb", „Flexibilität und Spezifität", „Vielfalt und Einheit", „Stabilität und Fragilität" (bzw. Wandel), „Formalität und Informalität" und „ökonomisches Handeln und Herrschaftssicherung". Sie bieten analytisches Potential, Unterscheidungskriterien für Bewertung und Gestaltung von Netzwerkkooperationen. Gleichzeitig lassen sich von ihnen kooperative Kernkompetenzen ableiten, die gegebenen Spannungsverhältnisse zu balancieren.

1.2.4   Vernetzungskomplexität in der Lern- und Wissensdimension

Insbesondere im Bereich der regionalen Strukturpolitik gewinnen weiche Steuerungsformen zunehmend an Bedeutung. Ziel ist dabei die Verbesserung der Kooperationskultur zwischen den öffentlichen, halböffentlichen und privaten

Akteuren und die Schaffung innovativer Milieus (Heinze 2000, S. 33). Es geht darum, dass eine Dialoggkultur geschaffen werden muss und Kooperationsverhältnisse aufgebaut werden müssen, in denen die „Anderen" nicht als „Störenfriede", sondern als Partner, nicht als Feinde, sondern als Mitstreiter gesehen werden. Der Wechsel im gegenseitigen Rollenverständnis muss erst gelernt werden, man muss sich aus den unterschiedlichen Kommunikations- und Verhaltensmustern herauslösen – oder diese überbrücken und eine gemeinsame Sprache entwickeln (Mutscheler 2000). Gelingt es, Kontakte über Zuständigkeitsgrenzen hinweg zu etablieren, trage dies zu größerer Effizienz von Verhandlungsprozessen bei. Informelle Kontakte, face to face Beziehungen, Offenheit und Nähe gelten als Kriterien gelingender Zusammenarbeit (Knoll 2000) und „weiche" Innovationsprozesse wie Lernen, Kooperation, Dialog sollen Organisations- und Bildungsprozesse unterstützen. Man nimmt an, dass sich regionale Innovationsmilieus in „harte" bzw. in nachhaltige Innovationsstrukturen wie Innovationsnetzwerke und Kompetenzzentren (Deitmer 2001, S. 29) transformieren lassen und so neue Kooperationsstrukturen ermöglichen. Runde Tische gelten als geeignete Instrumente, regionalen Dialog und Lernen zu etablieren. Lernen zielt dabei vor allem auch auf Vertrauensbildung (Knoll 2000).

Angesichts der gegebenen und erwartbaren Komplexität in Vernetzungsprozessen ist der Aufbau von einfachen und robusten Kooperationsstrukturen essentiell für Netzwerke (Baitsch/Müller 2001, S. 18f). Die sich seit Mitte der 90er Jahre auch im deutschsprachigen Raum zunehmend durchsetzenden Großgruppenverfahren setzen am Kommunikationssystem an und begreifen sich als Komplexität aufbauende statt Komplexität reduzierende Verfahren (Holman/Devane 1999, 2002). Was sie im Hinblick auf die Dimensionen der Netzwerkentwicklung zu leisten vermögen, soll exemplarisch anhand einer Zukunftskonferenz aufgezeigt werden, die zu den in Deutschland bekanntesten Großgruppenverfahren zählt und zentraler Bestandteil des o.g. Vernetzungsprojekts Youthstart Network war.

2 „Lernlaboratorium" Zukunftskonferenz

Zukunftskonferenzen eignen sich für ‚unklare Probleme ohne Grenzen', für Dilemmata, für komplexe Problemlagen und Strategien. Als Verfahren sind Zukunftskonferenzen vielfältig einsetzbar, sie bieten quasi eine Technologie zur konsensbasierten Planung. Inwiefern sich diese „Technologie" in Vernetzungsprozessen einsetzen lässt und inwieweit dieses Verfahren den Anforderungen in Vernetzungsprozessen entspricht, soll im folgenden deutlich werden.

2.1   „New paradigm planning"

Die vier Grundprinzipien der Zukunftskonferenz lauten: „das ganze System in einen Raum holen", „global denken, lokal handeln", „Focus auf die Zukunft statt auf Probleme" und „in selbststeuernden Gruppen arbeiten" (Weisbord/Janoff 1995, 2000). Grundannahme der Zukunftskonferenz ist, dass die meisten Menschen in der Lage sind, Unterschiede dann zu überbrücken, wenn gleichberechtigt an gemeinsamen Themen gearbeitet wird. Den Schlüssel zum Erfolg der Methode sehen die „ErfinderInnen" daher auch darin, „das Ziel, das man hat, mit den richtigen Personen zu verbinden: mit denjenigen, die nötig sind, um die Umsetzung zu gewährleisten" (Weisbord/Janoff 2000, S. 130). Statt andere Menschen ändern zu wollen, sollen die Bedingungen geändert werden, unter denen man interagiert.

Hauptanliegen der Zukunftskonferenz ist es, Expertenplanung für Menschen durch die Planung aller, Experten eingeschlossen, zu gewährleisten, um ganze Systeme zu verbessern (Weisbord 1992: xi). Dieses „new paradigm planning", wie Weisbord es nennt, orientiert sich an Lernen, Empowerment, Demokratisierung. Die Zukunftskonferenz basiert nicht auf Vermittlung, sondern auf Aneignungslernen (ebd: xii), auf Dialog und der Annahme des kompetenten Subjektes, das seine Kompetenz nur noch nicht entdeckt hat (ebd. xii). Es geht darum, sich mit den Aspekten der Realität auseinander zu setzen, die normalerweise vermieden werden, nämlich „chaos, complexity, uncertainty" (Weisbord/Janoff 1995, S. 3). Die geteilte Verantwortung führe zu einer kollektiven Energie, so dass Dinge möglich würden, die niemand alleine tun könne. Die Zukunftskonferenz soll eine gemeinsam entworfene Zukunft generieren, sie soll die Beteiligten befähigen, geteilte Intentionen zu entdecken und eine geteilte Vision zu implementieren (ebd., S. 4).

Die Durchführung der Zukunftskonferenz wird über mehrere Monate von einer im systemischen Sinne möglichst repräsentativ zusammengesetzten Planungsgruppe vorbereitet. Auf diese Weise wird das „ganze System in einen Raum geholt" und zukunfts- statt problemorientiert mit selbststeuernden Gruppen gearbeitet. Im Idealfalle sind es 64 Personen, die in acht Gruppen à 8 Personen in der Abfolge zwischen Plenum und Kleingruppen gemeinsam reflektieren, analysieren und planen. Durch die Sitzordnung von acht mal acht Sitzgruppen, in denen jeweils VertreterInnen der unterschiedlichen Beteiligtengruppen zusammensitzen, soll die Dramaturgie der Zukunftskonferenz die inhomogene TeilnehmerInnengruppe zum Abbau von Vorurteilen und zur konstruktiven Zusammenarbeit bringen.

Die TeilnehmerInnen bearbeiten in diesem hoch strukturierten und hoch standardisierten Verfahren sechs Aufgaben, die im idealtypischen Ablauf ungefähr 18 Arbeitsstunden in Anspruch nehmen. In aufeinanderfolgenden Schritten werde ein Rückblick in die Vergangenheit vorgenommen, der Ist-Zustand in der Gegenwart analysiert und ideale Zukunftsszenarien visioniert. Die persönlichen Erfahrungen und kreativen Zukunftsszenarien dienen als Hintergrund für Aktion. Der Austausch der Erfahrungen und Einschätzungen, der Perspektiven und der Wünsche bildet eine gemeinsame Basis für Handeln auf der Grundlage eines gemeinsamen Konsenses (Weisbord/Janoff 1995, S. 5). Die von allen getragenen Ziele werden im letzten Schritt in Maßnahmenpläne übersetzt, die mittels Projektarbeit in Folge der Zukunftskonferenz bearbeitet werden.

Auf der konkreten Handlungsebene mündet der Konsens in die Planung konkreter Schritte im Sinne einer Projektplanung. Die Wirkungsebenen der Zukunftskonferenz liegen damit auf einer materiellen und einer immateriellen Ebene: sie beziehen sich auf konkrete Vereinbarungen und Planungen und andererseits aber auch auf immaterielle Wirkungen wie Motivation, Dialogfähigkeit und einer an Komplexität und Systemdenken orientierten Perspektive. Ziel der Zukunftskonferenzen ist in erster Linie „building common ground". Im folgenden soll deutlich werden, inwiefern das Verfahren Zukunftskonferenz die in Vernetzungsprozessen zu bearbeitenden Handlungsdimensionen aufnimmt und methodisch gestaltet.

2.2 Soziale Dimension

Oben wurde erläutert, dass in Vernetzungsprozessen die soziale Dimension von großer Bedeutung ist. Inwiefern können hier die Arbeitsweisen der Zukunftskonferenz unterstützend wirken? Das Verfahren ist als Prozess einer sozialen Gruppe angelegt. Es zielt nicht auf Selbstreflexivität in einem gruppendynamischen Sinne, sondern fokussiert auf das gemeinsame Thema. Die sozialen Grundannahmen des Veranstaltungskonzepts basieren auf den Forschungen Lewins zu gruppendynamischen Prozessen (Frank/Angus/Rehm 1992, S. 141). Sie greifen vier Grundprobleme der Arbeit in Gruppen auf. So bearbeitet das

Konzept das Dilemma des Gehörtwerdens[1] methodisch durch das partizipative Arbeiten in Kleingruppen. Das Dilemma der Struktur[2] bearbeitet die Zukunfts-konferenz durch einen definierten Ablauf. Das Egozentriker-Dilemma[3] wird durch die abwechselnde Konstellierung der Kleingruppen in heterogenen und homogenen Gruppen bearbeitet. Auch das Dilemma der ansteckenden Stim-mungen[4] kann durch das Kleingruppensetting begrenzt werden. Als neue Spiel-regeln des Miteinanders sollen Aufrichtigkeit, kreatives, verantwortungsbewuss-tes Mitwirken und Lösungen produzieren gelernt und so die innere Einstellung der Teilnehmenden verändert werden. Die Einladenden müssen lernen, Kontrol-le aufzugeben und den TeilnehmerInnen Vertrauensvorschuss zu geben (Bun-ker/Alban 1997, S. 201-209). Frustration und Konfusion gelten als erforderliche Nebenprodukte ebenso wie Spaß, Energie, Ergebnisse (Weisbord/Janoff 1995, S. 5). Weisbord arbeitet mit einem Phasenverständnis von Gruppenprozessen, in dem die Gruppe verschiedene Schritte hin zur erfolgreich handlungsfähigen Gruppe gehen muss. Für die Entwicklung des Veranstaltungskonzeptes wurde auch auf Lewins feldtheoretische Arbeiten zurückgegriffen. Demnach hängt die Freisetzung kreativer Potentiale in hohem Maß von den sozio-kulturellen Fel-dern ab, in denen Personen sich bewegen (Burow 2000, S. 23). In Beziehung mit anderen und aus den „Kräften eines koordinierten sozialen und kulturellen Hintergrundfeldes" werden kreative Potentiale freigesetzt (ebd., S. 7).

Der Gruppenprozess soll auf drei Tage verteilt werden, damit sich die Sys-temmitglieder kennenlernen, Vertrauen bilden und erfassen, dass sie eine Welt teilen, die sie kollektiv herstellen (Weisbord 1992, S. 11). Über Kommunikation sollen eine integrative Kultur und materielle Ergebnisse entstehen.

2.3 Funktionale Dimension

Für die Zukunftskonferenz steht nicht die Gruppe selbst, sondern die Beziehun-gen zur Welt im Vordergrund (ebd., S. 11). Aus systemischer Sicht sind Diag-

---

[1] TeilnehmerInnen von Gruppendiskussionen waren wesentlich motivierter, Verhaltensänderungen umzusetzen, als TeilnehmerInnen, die lediglich eine Vorlesung zum selben Thema besucht hat-ten.

[2] Große Gruppen lösen Angst aus. Struktur kann mögliche Ängste binden und den TeilnehmerIn-nen effektive Mitarbeit ermöglichen.

[3] Die Menschen halten ihre Wahrnehmungen von Problemen und Lösungen oftmals für die Rich-tigen. Verengte Perspektiven sollen in der Zukunftskonferenz erweitert werden, indem die ande-ren unterschiedlichen Perspektiven der anderen TeilnehmerInnen systematisch eingebracht wer-den.

[4] Ansteckende Stimmungen und die Manipulierbarkeit großer Gruppen soll gelöst werden durch die Aufteilung einer Gruppe in Kleingruppen.

nose des „Ist-Zustandes" der Welt und Veränderungsprozesse nicht mehr voneinander zu trennen, da die Tatsache des Kommunizierens und des Eruierens
des „ganzen Bildes" bereits Wandel in den Sichtweisen bewirkt. Konkretes Ziel
von Zukunftskonferenzen ist, eine gemeinsam getragene Vision sowie Maßnahmenpläne für ihre Umsetzung zu entwerfen. Die Arbeitsstruktur ist projekt-
und netzförmig angelegt, indem die Gruppen nach den Repräsentationsprinzip
systemisch gemischt oder systemisch entmischt werden.[5] Die Arbeitsstruktur
basiert auf verteilten Rollen, der zeitlichen Begrenzung, der Vernetzung der
Systemteile und definiert klare Spielregeln für die Kommunikation der TeilnehmerInnen untereinander (Weisbord/Janoff 1995, S. 49). Planung und Implementierung sollen simultan stattfinden. Während für alle ein gemeinsames Bild
der Realität entstehe, würden Ziele, Werte, Beziehungen, Normen mittels konkreter Maßnahmen verändert. Gegen Ende der Zukunftskonferenz bilden sich
interdisziplinäre Teams, die mit definierten und begrenzten Ressourcen hinsichtlich Budgets und personellen sowie zeitlichen Ressourcen arbeiten. In dieser
Phase findet Partnerselektion und Ressourcenallokation statt. Die Regulations-
und Evaluationsfunktionen werden in die Folgeveranstaltung der Zukunftskonferenz, die sogenannte follow-up Veranstaltung verlagert, die nach drei bis
sechs Monaten stattfinden soll.

2.4 Strukturelle Dimension

Die TeilnehmerInnen sind als Repräsentanten bestimmter, als wichtig identifi-
zierter Betroffenengruppen geladen, die durch die Zukunftskonferenz zu Beteiligten werden. Das Veranstaltungskonzept geht also von struktureller Heterogenität, von Interessenvielfalt und -konflikt, von kognitiver Dissonanz aus
(Frank/Angus/Rehm 1992, S. 142), was oben als zentrale Handlungsbedingun-
gen von Netzwerkkonstellationen deutlich wurde. Die in der Zukunftskonferenz
adressierten Dissonanzen beziehen sich auf die Teilnehmergruppe und auf die
Spannung, die zwischen Vergangenheit, Gegenwart und Zukunft liegt. Menschen mit den unterschiedlichsten Hintergründen, Interessen und Problemsich-

---

5   In homogenen Gruppen werden alle VertreterInnen der jeweiligen Repräsentanzgruppe zusam-
mengebracht; so z.B. Schulen, Betriebe, Ämter, Jugendliche etc. Diese Gruppen dienen dazu,
den eigenen Anteil dieses Systemfeldes am Gelingen und Misslingen der Zusammenarbeit in der
Vergangenheit ausfindig zu machen. In den heterogenen Gruppen werden alle Repräsentanten-
gruppen systemisch gemischt, um die Differenz systematisch als Ausgangspunkt zu setzen. Im
Veranstaltungskonzept wird immer mit den heterogenen Gruppenkonstellationen begonnen, um
„Frontenbildungen" von vornherein zu vermeiden und Pluralität als strukturelle Handlungsbe-
dingung deutlich werden zu lassen.

ten kommen miteinander in Kontakt, zwischen denen im Alltag der breite „Graben zwischen Besitzenden und Besitzlosen, Experten und Laien, Führern und Geführten" liegt (Weisbord/Janoff 2000, S. 131). Da der Focus auf Zukunft und auf Lösungen liegt, sollen Differenzen zwar gewürdigt, aber nicht bearbeitet werden. Die Zukunftskonferenz geht davon aus, dass gemeinsame Zielbildung möglich und realisierbar ist. Valenzen sollen synchronisiert und ein als einheitlich erlebter Wahrnehmungsraum geschaffen werden (Burow 2000, S. 61). Lernen heißt hier, Verantwortung für sich selbst zu übernehmen (Weisbord/Janoff 2000, S. 131).

2.5   Lerndimension

Auch die Lerndimension hat zentrale Bedeutung in Vernetzungsprozessen. Die Zukunftskonferenz trägt dieser Anforderung in verschiedener Weise Rechnung. Sie wird von ihren Erfindern als ‚Lernlaboratorien' bezeichnet. Lernen bezieht sich auf die Aspekte des gegenstandsbezogenen Erfahrungslernens, des gruppenbezogenen sozialen Lernens und der kollektiven Wissensbildung. Auf der sozialen Ebene sollen Vorurteile gegen andere Beteiligtengruppen abgebaut und das gegenseitige Einfühlungsvermögen verbessert werden. Menschen sollen befähigt werden, Barrieren hinter sich zu lassen und als Gleichrangige an einem gemeinsamen Anliegen zu arbeiten (Weisbord/Janoff 1995, S. 6). Wissensbildung in der Zukunftskonferenz ist orientiert an einem Verständnis praktischer Aktionsforschung. Die Zukunftskonferenz als transdisziplinäres, methodisch exploratives Lernarrangement wird verstanden als Systemlernen auf der Ebene eines kollektiven „Metalearnings" nach Bateson (1972). Das Lernen zweiter Ordnung oder Metalernen bedeutet zu lernen, wie man lernt (Haugen 1992, S. 93). Die sich wandelnden Leitbilder stehen nach Harman im größeren Zusammenhang des Wandels eines sozialen Wissenssystems von einem materialistischen zu einem energetischen Weltbild (Harman 1999, S. 37ff). Zur Bonsen ist der Ansicht, dass die Konferenzen in erster Linie auch einen Energieschub auslösen (zur Bonsen 1994, 2000). Nach Wheatleys Sicht haben wir nicht nur mehr Information, sondern öffnen auch neue Handlungskanäle, die vorher nicht existierten (Wheatley 1992, S. 106). Durch Auflösung alter Muster können neue, emergente Formen entstehen.

3 Großgruppenverfahren als pädagogische Temporärorganisation

Programmatik und Arbeitsweise des Planungsverfahrens Zukunftskonferenz lassen sich an Deweys Ansatz des Projektlernens anschließen. Dieser enthält die Forderung, lebenswirkliche Projekte, konflikthafte und gestaltungsbedürftige Projekte mittels Handlungslernen zu bearbeiten. Mit dem Ziel aktiver Demokratisierung sollte das Lernen in kollektiven Prozessen experimentellen Charakters stattfinden (Dewey 1949). Die konstitutive Art des Anfangens, der Umgang mit Zeit und den sozialen Konstellationen legen einen pädagogischen Modus als Kontext der institutionellen Kooperation zugrunde.

Die experimentelle Praxis, die Projektförmigkeit und die zeitliche Begrenzung vernetzter Kooperation legen es nahe, die Zukunftskonferenz als Temporärorganisation zu fassen. Es wurde deutlich, dass hier Prozesse der Vertrauensbildung und der Reflexivität angestoßen werden sollen, die auch in Netzwerkkontexten als zentral angesehen werden. Die Zukunftskonferenz basiert in ihrer organisatorischen Struktur auf heterarchischer Regulation, der transkulturellen Systembildung, dem selbstorganisierten Lernen und der strategisch-emergenten Weiterentwicklung des temporären Zusammenhangs und des sich bildenden Systems. Damit entspricht die Arbeitsweise des Verfahrens den Kriterien der Netzwerksteuerung.

Die Future Search, der Vorläufer der Zukunftskonferenz, wird von Emery/Purser als pädagogische Temporärorganisation begriffen. In dieser Temporärorganisation wird ein alternatives Organisationsmodell realisiert, „where responsibility for the control and coordination of work is relocated with those wo are actually doing the work" (Emery/Purser 1996, S. 108). Das Verfahren eröffne eine Lernumgebung. Es formiere sich eine demokratische Struktur, in der die Teilnehmenden selbst die Verantwortung für die Kontrolle, Koordination und die Ergebnisse des Planungsprozesses übernehmen. Die TeilnehmerInnen übernehmen multifunktionale Rollen und Aufgaben, sie lernen als Analysierer, Historiker, strategische Planer und Veränderungsagenten zu denken und zu arbeiten (ebd., S. 109).

3.1 Pädagogische Temporärorganisation als „Regenschirm" des Organisierens

Wird das Verfahren Zukunftskonferenz als „pädagogische Temporärorganisation" gefasst, so bedeutet dies, dass Organisationen nicht mehr primär als Kontex-

te und dem Pädagogischen vorgelagerte Einheiten zu rekonstruieren sind. Das
Organisieren in Netzwerken wird durch das Verfahren im Aneignungsmodus
pädagogisch strukturiert. Das Verfahren als Kontext und Übergangsraum bildet
Temporärstrukturen im Sinne der Projektorganisation. Diese Strukturen können
ein verbindendes mobiles „Dach" (wie ein Regenschirm) bilden, unter dem die
Netzwerkpartner sich wiederfinden. Das Verfahren kann den losen Netzwerk-
strukturen einen Organisationsrahmen bieten, der in Vernetzungsprozessen als
„Temporärorganisation" greifbar wird und den „losen Verbindungen" im Prozess Struktur zu geben vermag.

Zukunftskonferenz als pädagogische Temporärorganisation steht nicht in
einem System-Umwelt Verhältnis, sondern in Netzwerkkontexten im Modus der
Mehrebenenregulation. Strukturell sind hier Systemdynamiken zu erwarten, die
aus der Interaktion der verschiedenen Akteursebenen resultieren.

3.2   ... und ihre lose Kopplung an die Kontexte

In diesem Mehrebenengefüge lässt sich das Verhältnis zwischen Verfahren als
Temporärorganisation und den institutionellen Gefügen, in die es eingebettet ist,
als eines der „losen Kopplung" beschreiben, so wie Terhart das Verhältnis zwischen Pädagogik und Organisation als „lose gekoppelt" fasste (Terhart 1986).
Im Mehrebenengefüge sind die Einzelorganisationen dem Netzwerk nicht vor-
gelagert, sondern darin involviert und selbst der Veränderung ausgesetzt. Netzwerke und ihre Kontexte verändern sich permanent und beeinflussen sich wechselseitig (Windeler 2001:282). Sie sind aus komplexitäts- ebenso wie aus struk-
turationstheoretischer Sicht koevolutionäre Gebilde (Kappelhoff 2000, S. 382).
Sie bilden ein spezifisches Verhältnis von Institutionen, Systemzusammenhän-
gen und Sets von Regeln und Ressourcen aus und konstituieren sich in sozialen
Prozessen über soziales Handeln und Praktiken kompetenter Akteure (Windeler
2001, S. 281). Gerade weil Netzwerke eher dynamische als statische Bezie-
hungs- und Kooperationsarrangements darstellen, ist Vernetzung als Lernpro-
zess zu rekonstruieren. Großgruppenverfahren wie die Zukunftskonferenz können als pädagogische Temporärorganisation verstanden werden, die einen Hand-
lungs- und Übergangsraum zur Strukturbildung und zur Regulierung der oben
dargestellten Handlungsdimensionen bietet. Dies ist keine stabile, sondern eine
labile, keine an Struktur, sondern an Prozess, keine am Gegenstand, sondern am
Kontext orientierte Form der Steuerung, die nicht mehr entlang von „Organisation" als institutionellem Kern, sondern entlang des Organisierens angelegt ist.

Wie die Kräfte vor Ort wirken, welche Rationalität im Prozess Geltung erhält, wo die Grenzen für die Generierung des Neuen liegen, bleibt dabei ungewiss.

Literatur

Aderhold, Jens (2002): Zur Genese von Netzwerkunternehmen – Bildungsmodalitäten, Strukturierungsweisen und Prozessdynamik. In: Freitag, Matthias, Winkler, Ingo (Hrsg.): Kooperationsentwicklung in zwischenbetrieblichen Netzwerken. Strukturierung, Koordination und Kompetenzen. Würzburg und Boston: Deutscher Wissenschafts-Verlag. S. 5-30.

Baecker, Dirk (1997): Einfache Komplexität. In: Ahlemeyer, Heinrich; Königswieser, Roswitha (Hrsg.): Komplexität managen. Strategien, Konzepte und Fallbeispiele. Wiesbaden. S. 17-50.

Baecker, Dirk (1999): Zum Problem des Wissens in Organisationen. In: ders: Organisation als System. Frankfurt/M., S. 68-101.

Baitsch, Christof; Müller, Bernhard (2001): Moderation in regionalen Netzwerken. München und Mering. Hampp Verlag.

Bateson, Gregory (1972): Ökologie des Geistes. Frankfurt/Main.

Bürger, Ulrich (1999): Erziehungshilfen im Umbruch. Entwicklungserfordernisse und Entwicklungsbedingungen im Feld der Hilfen zur Erziehung. Band 2 der SPI Schriftenreihe. SOS Kinderdorf. München.

Bunker, Barbara Benedict; Alban; Billie, T. (1997): Large Group Interventions. Engaging the Whole System for Rapid Change. San Francisco: Berrett-Koehler Publications.

Burow, Olaf-Axel (2000): Ich bin gut – wir sind besser – Erfolgsmodelle kreativer Gruppen. Stuttgart: Verlag Klett-Cotta.

zur Bonsen, Matthias (1994): Energiequelle Zukunftskonferenz. In: Harvard Business Manager III (3), 25-30.

zur Bonsen, Matthias (2000): Führen mit Visionen. Der Weg zum ganzheitlichen Management. Niedernhausen/Ts.: Falken.

Dahme, Heinz-Jürgen; Wohlfahrt, Norbert (2000): Auf dem Weg zu einer neuen Ordnungsstruktur im Sozial- und Gesundheitssektor. Zur politischen Inszenierung von Wettbewerb und Vernetzung. In: neue praxis, Heft 4, 30. Jg., S. 317-334.

Deitmer, Ludger (2001): Integrierte Innovationsprozesse, Regionalentwicklung und Berufliche Bildung – der Beitrag von Innovationsnetzwerken zur „lernenden Region" In: Deitmer, Ludger; Eicker, Friedhelm (Hrsg.): Integrierte Innovationsprozesse, Regionalentwicklung und berufliche Bildung. Beiträge zur „lernenden Region" und Erfahrungen mit ihrer Ausgestaltung. Bremen: ITB, Bibliothek. S. 23-44.

Dewey, John (1949): Demokratie und Erziehung. Eine Einleitung in die Philosophische Pädagogik, Braunschweig: Westermann.

Emery, Merrelyn; Purser, Ronald E. (1996): The Search Conference. A Powerful Method for Planning Organizational Change and Community Action. San Francisco: Jossey-Bass Publishers.

Endres, Egon; Wehner, Theo (1999): Störungen zwischenbetrieblicher Kooperation – Eine Fallstudie zum Grenzstellenmanagement in der Automobilindustrie. In: Sydow, Jörg (Hrsg.): Management von Netzwerkorganisationen. Beiträge aus der Managementforschung. Wiesbaden: Gabler. S. 215-260.

Evers, Adalbert; Olk, Thomas (1996): Wohlfahrtspluralismus. Vom Wohlfahrtsstaat zur Wohlfahrtsgesellschaft. Opladen: Westdt.-Verl.

Frank, Gary; Angus, David; Rehm, Bob (1992): Human Resource Future Strategy at Storagetek. In: Weisbord, Marvin (ed.): Disvocering Common Ground. How Future Search Conference bring People together to Achieve Breakthrough Innovation, Empowerment, Shared Vision, and Collaborative Action. Berrett Koehler Publishers, San Francisco. Pp. 143-148.

Harman, Willis W (1999): Shifting Context for Executive behaviour. Signs of Change and Revaluation. In: Srivastva, Suresh; Cooperrider, David L (1999): Appreciative Management and Leadership. The Power of Positive Thought and Action in Organizations. Revised Edition. Williams Custom Publishing. Euclid. Ohio. Pp. 37-54.

Haugen, Rolf (1992): Adapting to rapid Change. Lessons from Norway. In: Weisbord, Marvin (ed.): Disvocering Common Ground. How Future Search Conference bring People together to Achieve Breakthrough Innovation, Empowerment, Shared Vision, and Collaborative Action. Berrett Koehler Publishers, San Francisco. Pp. 83-94.

Heinze, Rolf G., Strünck, Christoph; Voelzkow, Helmut (1997): Die Schwelle zur globalen Welt: Silhouetten einer regionalen Modernisierungspolitik. In: Bullmann, Udo; Heinze, Rolf G. (Hrsg.): Regionale Modernisierungspolitik. Nationale und internationale Perspektiven. Opladen: Leske und Budrich. S.317-342.

Holman, Peggy; Devane, Tom (1999): The Change Handbook. Group Methods for Shaping the Future, San Francisco: Berrett-Koehler Publ.

Holman, Peggy; Devane, Tom (2002): Change Handbook. Zukunftsorientierte Großgruppen-Methoden. Heidelberg. Carl Auer Systeme Verlag.

Kappelhoff, Peter (2000): Der Netzwerkansatz als konzeptueller Rahmen für eine Theorie interorganisationaler Netzwerke. In: Sydow, Jörg; Windeler, Arnold (Hrsg.): Steuerung von Netzwerken. Opladen: Westdt.-Verl. S. 25-57.

Knoll, Jörg (2000): Lernen im sozialen Umfeld. In: Elsen, Susanne; Ries, Heinz; Löns, Nikola; Homfeldt, Hans-Günther (Hrsg.): Sozialen Wandel gestalten – Lernen für die Zivilgesellschaft. Neuwied. S.81-93.

Kühl, Stefan (2000): Das Regenmacher-Phänomen. Widersprüche und Aberglaube im Konzept der lernenden Organisation. Frankfurt/New York: Campus Verlag.

Litges, Gerhard (1999): Gesellschaft, Sozialpolitik und Kommunalverwaltung in den neuen Bundesländern. In: Hinte, Wolfgang; Litges, Gerd; Springer, Werner (1999): Soziale Dienste. Vom Fall zum Feld. Soziale Räume statt Verwaltungsbezirke. Berlin: Ed. Sigma. S.11-52.

Messner, Dirk (1995): Die Netzwerkgesellschaft. Wirtschaftliche Entwicklung und internationale Wettbewerbsfähigkeit als Probleme gesellschaftlicher Steuerung. Köln: Weltforum-Verl.

Messner, Dirk (1994): Fallstricke und Grenzen der Netzwerksteuerung. In: Prokla, Heft 97. S. 563-596.

Mutscheler, Roland (2000): Kooperation in Netzwerken. Kompetenzanforderungen an die soziale Arbeit und die Bedeutung von Koordinierungsstellen am Beispiel der Altenarbeit. In: Dahme, Heinz-Jürgen; Wohlfahrt, Norbert (Hrsg.): Wettbewerb im Sozial- und Gesundheitssektor. Berlin. S. 235-246.

Schild, Hanjo (2001): Vom Verbund zur Vernetzung: zur Geschichte und den aktuellen Herausforderungen institutioneller Vernetzung in der Jugendberufshilfe. In: Weber, Susanne (Hrsg.) (2001): Netzwerkentwicklung in der Jugendberufshilfe. Erfahrungen mit institutioneller Vernetzung im ländlichen Raum. Opladen: Leske und Budrich. S. 59-75.

Schimpf, Elke (2001): Vernetzung als Ziel. Zur begrifflichen Definition ihrer Operationalisierung und Erfolgsmessung. in: Weber, Susanne (Hrsg.): Netzwerkentwicklung in der Jugendberufshilfe. Erfahrung mit Vernetzung im ländlichen Raum. Opladen: Leske und Budrich. S. 197-210.

Stauber, Barbara; Walther, Andreas (1995): Nur Flausen im Kopf? Berufs- und Lebensentscheidungen von Mädchen und Jungen als Frage regionaler Optionen. Bielefeld.

Sydow, Jörg (1999): Management von Netzwerkorganisationen. – Zum Stand der Forschung. In: Sydow, Jörg (Hrsg.) Management von Netzwerkorganisationen. Wiesbaden: Gabler. S. 279-305.

Sydow, Jörg; Windeler, Arnold (1999): Projektnetzwerke: Management von (mehr als) temporären Systemen. In: Johann Engelhard; Elmar J. Sinz (Hrsg.): Kooperation im Wettbewerb. Neue Formen und Gestaltungskonzepte im Zeichen von Globalisierung und Informationstechnologie. Wiesbaden. S. 211-235.

Sydow, Jörg; Windeler, Arnold (Hrsg.) (2000): Steuerung von und in Netzwerken – Perspektiven, Konzepte, vor allem aber offene Fragen. In: Sydow, Jörg; Windeler, Arnold (Hrsg.) (2000): Steuerung von Netzwerken. Konzepte und Praktiken. Opladen: Westdt. Verlag. S. 1–24.

Terhart, Ewald (1986): Organisation und Erziehung. Neue Zugangsweisen zu einem alten Dilemma. In: Zeitschrift für Pädagogik. 32. Jahrgang. Weinheim. S. 206-223.

Tuckman, B.W. (1965): Developmental Sequences in Small Groups. In: Psychological Bulletin 63. S. 384-399.

Weber, Susanne (2001): Netzwerkentwicklung in der Jugendberufshilfe. Erfahrungen mit institutioneller Vernetzung im ländlichen Raum. Opladen: Leske und Budrich.

Weick, Karl (1985): Der Prozeß des Organisierens. Frankfurt: Suhrkamp.

Weisbord, M. R. and 35 international coauthors (1992): Discovering common ground. How future search conferences bring people together to achieve breakthrough innovation, empowerment shared vision and collaborative action. Berrett Koehler: San Francisco.

Weisbord, Marvin; Janoff, Sandra (1995): Future Search. An Action Guide to Finding Common Ground in Organizations and Communities. San Francisco.

Weisbord, Marvin; Janoff, Sandra (2000): Zukunftskonferenz: Die gemeinsame Basis finden und handeln. In: Königswieser, Roswitha; Keil, Marion (2000): Das Feuer der großen Gruppen. Konzepte, Designs, Praxisbeispiele für Großveranstaltungen. Beratergruppe Neuwaldegg/synetz. Stuttgart. S.129-145.

Wendt, Peter-Ulrich (2000): Netzwerk Jugendförderung. Jugend und Jugendsozialarbeit: Sind Synergien möglich? In: Wendt, Peter-Ulrich; Perik, Muzaffer; Schmidt, Wilhelm; Neumann, Ulf (Hrsg.): Managementkonzepte in der modernen Jugendarbeit. Theorie - Praxis - Perspektiven. Marburg, S. 193–205.

Wheatley, Margret (1992): Future Search Conferences and the New Science. What Process Should we trust? In: Weisbord, Marvin (ed.): Disvocering Common Ground. How Future Search Conference bring People together to Achieve Breakthrough Innovation, Empowerment, Shared Vision, and Collaborative Action. Berrett Koehler Publishers, San Francisco. Pp. 105-110.

Winkler, Ingo (2002): Steuerung zwischenbetrieblicher Netzwerke – Koordinations- und Integrationsmechanismen. In: Freitag, Matthias, Winkler, Ingo (Hrsg.): Kooperationsentwicklung in zwischenbtrieblichen Netzwerken. Strukturierung, Koordination und Kompetenzen. Würzburg und Boston: Deutscher Wissenschafts-Verlag. S. 31-55.

Windeler, Arnold (2001): Unternehmensnetzwerke. Konstitution und Strukturation. Wiesbaden: Westdeutscher Verlag.

Rationalitätsprobleme im Spannungsfeld zwischen individuellem Handeln und organisationalen Bezügen.

Bedingungen und Folgen pädagogischer Intervention in neueren integrationsorientierten Einrichtungen.

Ralf Wetzel/Jens Aderhold

1 Problemstellung

Pädagogisches Handeln findet maßgeblich in organisationalen Rahmungen statt. Die Schule als Organisation ist evident und die Zeiten, in denen dieser Umstand Verwunderung auslöste, sind vorbei. Allerdings ist die Schule längst nicht mehr die einzige maßgebliche organisationale Rahmung, innerhalb der Pädagogik sich ereignet. Auch das ist nichts Neues, man denke etwa an Weiterbildung im Unternehmen oder an den nahezu unumgänglichen Kontakt des Sozialpädagogen mit Bürokratien und Verwaltungen. Die Frage, die damit allerdings aufsteigt, ist jene, ob die Differenzen dieser je spezifischen Organisationen auch unterschiedliche Anforderungen an pädagogisches Handeln stellen. Wir wollen diese möglichen Differenzen im folgenden an instruktiven Extremfällen etwas ausleuchten und über mögliche Konsequenzen nachdenken.

Extremfälle finden sich zumeist an den Rändern von Disziplinen und in den Grenzbereichen öffentlicher Aufmerksamkeit, so auch hier. Es geht um neue Organisationsformen, mit denen behinderte Bewerber bei der Stellensuche und -vermittlung sowie bei langfristiger Beschäftigung unterstützt werden sollen, namentlich um die relativ jungen Integrationskonzepte der Integrationsfirma und des Integrationsfachdienstes. Ihnen ist gemeinsam, dass sie quer zum bisherigen deutschen Rehabilitationsverständnis stehen, indem sie

- in ihren Grundprinzipien und Handlungsrichtlinien nicht klassisch institutionell, sondern prozessorientiert arbeiten und der subjektiv wahrgenommene Integrationserfolg anstelle externer Beurteilungsmaßstäbe zentral ist,
- sich auf den ersten Arbeitsmarkt konzentrieren und Sonderarbeitsverhältnisse bzw. -arbeitsmärkte vermeiden.

Die Pädagogik hat mit diesen Entwicklungen auf zweierlei Weise zu tun. Zum einen ist es eine ihrer Subdisziplinen, die Integrationspädagogik, die für derartige Veränderungen hochsensibel ist, etwa mit Blick auf die Ausdehnung des Zugriffs in das Berufsleben hinein (siehe etwa Ginnold/Schöler 2000, Hovorka/Sigot

1999, Burtscher 2001). Zum anderen sind es überwiegend Integrations- und Sozialpädagogen, die (als Medien des Sozialsystems der Sozialen Hilfe) die „praktische Umsetzung" in Form entsprechender Organisationen bzw. organisierter Sozialer Dienste als Personal ausfüllen.

Ein dabei mitgeführtes Problem liegt darin, dass die Organisation als nicht ausblendbarer sozialer Bezugspunkt der modernen Gesellschaft zwar ständig und unvermeidbar traktiert und behandelt, aber nicht reflektiert wird; weder in wissenschaftlichen noch in primär „helfenden" Diskursen. Dies hat seine Gründe. Grundsätzlich richtet die Pädagogik ihr Interesse vor allem auf *Personen*, also auf sozial verfertigte Konstrukte von Menschen, die in bestimmte Sozialzusammenhänge inkludiert sind. Die Sozial- und die Integrationspädagogik dagegen richten ihr Augenmerk vornehmlich auf die *Reparatur von Adressen* von Personen. Die spezifischen Bedingungen und Folgen organisationaler Inklusion gehen dabei rasch unter, obwohl gerade sie es sind, die den generellen gesellschaftlichen Inklusionsdruck maßgeblich umformen.

Die Organisation liegt also gewissermaßen im Blinden Fleck der Integrationspädagogik. Damit verschwindet sie zwar aus dem wissenschaftlichen Blickfeld, nicht jedoch ihre Relevanz. Die in diesem Zusammenhang interessierende pädagogische Bearbeitung von Inklusion muss sich also auch an organisationalen Prämissen ausrichten und dabei mit einrechnen, dass sich in Organisationen auch unterschiedliche Rationalitätszumutungen der Gesellschaft (d.h. gesellschaftlicher Funktionssysteme wie Protest, Erziehung, Wirtschaft und Soziale Hilfe) spiegeln. Es ist also notwendig, einerseits gesellschaftliche Bezüge in den Blick zu nehmen und sich andererseits mit den jeweils spezifisch ausfallenden organisationalen Ausdeutungen auseinander zu setzen. Um beide Problemfelder differenzierter in den Blick nehmen zu können, ist ein etwas ausführlicherer Blick auf die Hintergründe und Operationsweisen der gegenwärtig an Bedeutung zunehmenden Integrationskonzepte zu lenken.

2 Integrationsfirmen und -fachdienste. Ein Blick auf Konzeption und Wirkungsweise

Das grundsätzliche Problem, auf das beide Konzepte reagieren, liegt in der als mangelhaft eingeschätzten Integration von behinderten Menschen in den „ersten" Arbeitsmarkt. Statistisch gesehen liegt die Arbeitslosenquote dieser Personengruppe regelmäßig höher als der Durchschnitt. Dafür werden mehrere Gründe herangezogen. Einerseits existieren Übertrittsbarrieren für bestimmte Personengruppen aus Organisationen des Sozial- und Gesundheitswesens. Andererseits wird die mangelhafte Beschäftigungsbereitschaft „normaler" Unternehmen bzw. Organisationen schlechthin moniert. Die Teilhabe am Arbeitsleben wird dagegen als unbeschneidbares Recht aller und als unverzichtbare Grundlage eines möglichst normalen Lebens einer regelmäßig diskriminierten bzw. stigmatisierten Personengruppe errichtet. Die Parole lautet, verkürzt gesprochen: „Heraus aus der sozialen Fürsorge-Institution und hinein in die organisierte Normal-Arbeit." Beide Konzepte stellen je spezifische Reaktionen auf diesen Handlungsdruck dar.

2.1 Integrationsfirmen

In der klassischen Form der Integrationsfirma arbeiten 10-80 Mitarbeiter in einem Kleinbetrieb zusammen. 50-80 % sind vorwiegend psychisch krank oder auch körperbehindert.[1] Die „Restbelegschaft" rekrutiert sich aus nichtbehindertem Personal, das sich einerseits in klassisches Helferpersonal, also vor allem Sozialpädagogen, Sozialarbeiter und Heilpädagogen sowie in eher technisch-gewerbliches Personal aufteilen lässt. Üblicherweise findet man Integrationsfirmen als Bäckereien, Elektronikschrottrecycling-Firmen, im Baunebengewerbe, mancherorts auch als Zulieferbetriebe im Maschinenbau. Gegründet werden solcherlei Firmen vor allem von Helfern, die vor dem Hintergrund negativer Erfahrungen in klassischen Betreuungs- und Unterbringungsorganisationen nach Alternativen suchen. Die Spezifik der Firmen liegt darin, dass sie „Arbeitsplätze auf dem ersten Arbeitsmarkt und dennoch unter geschützten Bedingungen anbieten" (Seyfried 1986, S. 533). Die Firma wird nicht primär als betreuende, „helfende" Organisation, sondern als ein normales Unternehmen mit tariforientierter Entlohnung sowie einem wirtschaftlich maßgeblichen Unternehmenszweck konstituiert. Die „geschützten Bedingungen" liegen vor allem in einer auf die jeweiligen psychischen/körperlichen Einschränkungen hin ausgelegten Arbeits- und Pausenzeiten, unkonventionellen Mitbestimmungsformen und einer flexiblen Arbeitsverteilung. Die nichtbehinderten Mitarbeiter haben explizit keinen Betreuerstatus, sie sind „Kollegen".

Probleme wie Arbeitsteilung, Entlohnung, Kommunikation und Kooperation, Außenauftritt, Marketing, Preisgestaltung, Controlling, Buchführung, Management usw. werden firmenintern geregelt. Ein Ausscheiden aus der Firma kommt entweder dann zustande, wenn die Arbeit für die einzelne Person nicht erfüllbar ist, wenn anderweitige Trainings-, Erprobungs- bzw. Rehabilitations-

---

[1]   Zu aktuellen Daten in Modellprojekten siehe FAF (2003).

maßnahmen anstehen oder wenn, was nur sehr selten der Fall ist, eine Vermittlung in ein gänzlich normalisiertes Arbeitsverhältnis gelingt. Mit diesen Firmen soll vor allem eine spezifische Ermöglichung von normalen Lebensverhältnissen erreicht werden. Es geht um eine Möglichkeit, eine zumeist vorgezeichnete Sozialkarriere unterbrechen zu können, einen Gegenpol zu einer spezifischen Inklusionsdrift in fürsorglich belagernde Helferorganisationen zu bilden. Die „Normalisierung" der Arbeitsverhältnisse bedeutet, dass auch „Behinderte" nach innen wie nach außen als normale Mitarbeiter auftreten können. Insofern soll durch die Inklusion in die Organisation der Integrationsfirma die „Negativ-Adresse" der behinderten Mitarbeiter aufgewertet, d.h. die Adressierungsmöglichkeit für andere soziale Zusammenhänge verbessert werden. Dabei ist das pädagogische Arbeitsfeld in Integrationsfirmen vor allem darauf gerichtet, das Verhältnis unter den Kollegen nach Möglichkeit diskriminierungsarm zu gestalten bzw. entstehende Konflikte als Anlässe zu benutzen, derartiges Sonder- bzw. Immunverhalten zu reduzieren.

Das Problem der Integrationsfirma liegt in einer spezifischen Unentscheidbarkeit. Sie will sich primär als wirtschaftlich rentables Unternehmen präsentieren, daran hängt im Kern ein zentraler Baustein ihrer Identität. Sie will aber ebenso einen allzu massiven ökonomischen Druck auf ihre Mitarbeiter, vor allem die behinderten, absorbieren, um den Spielraum an „Individualität" zu gewährleisten, der für die „soziale" Orientierung unumgänglich ist. Das heißt, sie orientiert sich als Organisation primär sowohl an Wirtschaft und gleichzeitig am System der Sozialen Hilfe. Sie muss das eine tun, ohne das andere zu lassen und sie läuft Gefahr, sich darin zu verfangen.

2.2 Der Integrationsfachdienst

Der Integrationsfachdienst dagegen ist ein sozialer Dienst, der behinderte Menschen auf dem Weg in ein Normalarbeitsverhältnis begleitet. Er ist also grundsätzlich orientiert am Funktionssystem der Sozialen Hilfe. Von Arbeitslosigkeit betroffene behinderte Bewerber können sich an einen IFD wenden und eine Reihe von Leistungen erhalten. Das Angebot umfasst die individuelle Profilbildung, das Bewerbertraining, die Begleitung zu Vorstellungsgesprächen sowie Hilfestellung bei der Einarbeitung im Betrieb. Damit ist aber nur ein Aktionsfeld abgesteckt. Vor allem bei jugendlichen Klienten ist auch eine Verhaltensunterstützung im Familienkontext notwendig, v.a. bei der Ablösung vom Elternhaus. Das dritte Spielfeld ist das (potentiell) integrierende Unternehmen. Hier ist der Fachdienst grundsätzlich aufgefordert, „Kundenakquise" zu betreiben, Verhandlungen mit Managern, Personalverantwortlichen und Kollegen zu führen (siehe Burtscher 2001; Kastl/Trost 2002). Hinzukommen die Intervention in Krisen- und Konfliktfällen, die Beratung des Managements in Fragen finanzieller Förderung und gegebenenfalls auch der Arbeitsgestaltung.

Typischerweise kooperieren kleine und mittlere Betriebe mit Integrationsfachdiensten (Trost/Schüller 1992; Trost 1997). Die Betriebe entstammen überwiegend dem Dienstleistungsbereich (soziale Dienstleistung, Handel- und Gastgewerbe, Verkehr, Telekommunikation). Ein weiterer Bereich ist der klassisch produktive Bereich in Handwerk und Industrie. Die betrieblich nachgefragten Leistungen sind in erster Linie personenbezogene Informationen über Stärken/Schwächen, Informationen sowie die Hilfe bei der Akquise von finanziellen Fördermöglichkeiten, die Unterstützung in Krisenfällen und bei der Beendigung des Arbeitsverhältnisses.

Die pädagogischen Intentionen laufen dabei grundsätzlich in zwei Richtungen. Zum einen wird das Management, nach erfolgter Integration auch Teile der Belegschaft, für ein bestimmtes Thema zu sensibilisieren versucht und auf Formen eines spezifischen, nicht-diskriminierenden Verhaltens hin orientiert. Zum anderen wird am und mit dem Klienten gearbeitet, d.h. es wird versucht, sein Verhalten so zu dirigieren, dass er als Person akzeptabel in die Kommunikationsvollzüge der Organisation einrangieren kann.

Die empirischen Probleme, vor denen Integrationsfachdienste stehen, sind vielfältig. Im Kontext des *Akquiseproblems* sind intensive Anstrengungen notwendig, um geeignete Stellen, d.h. zunächst entsprechend interessierte Organisationen zu finden. Fachdienste werden dabei zumeist entweder gar nicht zur Kenntnis genommen oder die Kommunikation ist ideologiebelastet und folglich konfliktreich. Ein weiteres Problem liegt in der Orientierung im Betrieb und der *Identifikation relevanter Umweltinformationen*. Das beginnt bei der Identifikation genereller, unternehmenskultureller Symbolismen und geht bis hin zur Entscheidung über relevante Aspekte der Arbeitsorganisation beim Zuschnitt auf einen bestimmten Bewerber. Die Fachdienste begegnen dem mit situativen Beratungsangeboten und intuitiven Heuristiken (Burtscher 2001, S. 146), die nicht aufgearbeitet, geschweige denn theoretisch reflektiert sind. Entsprechend hängen Vermittlungserfolge vor allem von Sensibilitäten der Fachdienste ab.

Fundamental ist jedoch die Konfrontation mit bestimmten *Konfliktlinien*, in denen behinderte Mitarbeiter betrieblich „instrumentalisiert" werden, also als „Kasper", „risikolose Informationsvermittler", „Wahrheitsdetektoren", „Sündenböcke" und „emotionalen Batterien" in Erscheinung treten (Burtscher 2001). In diesen Zuspitzungen sind IFDs wiederum mit der Bearbeitung von bestimmten

Kommunikabilitätsproblemen (Authentizität) und Immunisierungsroutinen (Stigmatisierung) der Organisation befasst (ausführlich Wetzel 2004). Diese Probleme sind nicht mittelfristig lösbar, sondern werden häufig nur durch eine Verlagerung der Integrationsbemühungen auf andere Betriebsbereiche verarbeitet (Umsetzung) oder durch Abbruch des Integrationsversuchs bewältigt.

Aufgabe des Fachdienstes ist es, grundsätzlich organisationale Inklusion zu verwahrscheinlichen. Dabei reagiert er zunächst auf die Adressprobleme behinderter Personen. Die Vermittlung ist prinzipiell erschwert und die institutionelle Arbeitsvermittlung ist zwischen Rehabilitationseinrichtungen und Arbeitsvermittlung frakturiert. IFDs betreiben nun eine Adressveränderung und eine Herausarbeitung möglicherweise unentdeckter Kompetenzen.[2] Dabei ist die Fachdienstunterstützung zunächst ambivalent. Der Fachdienst steht als unabweisbare Bestätigung einer Hilfsbedürftigkeit der unterstützten Personen und wirkt dabei paradox (vgl. Gehrmann/Raddatz 1997); er muss sich im Anschluss also als entweder bei der Lastenkompensation beweisen oder sich „überflüssig" machen, d.h. die eigene Notwendigkeit temporalisieren.

Die Funktion der Kompensation sozialer, behinderungsinduzierter Lasten ist ein zweiter Aspekt (vgl. ausführlicher Fuchs 1995; Wetzel 2004). Hier geht es um die Aufrechterhaltung der Inklusionsverhältnisse in der Binnenumwelt der Organisation. Dazu sind vor allem Sinnstiftungsanstrengungen zu leisten. Integrationsfachdienste sind aufgefordert, diejenigen Personen, die sie in die Organisation „einschleusen", anschlussfähig zu machen. Die Person und ihre Leistungsmöglichkeiten müssen erläutert sowie Kooperationsmöglichkeiten und -grenzen aufgezeigt werden. Umgekehrt muss auch die integrierende Organisation für die Anschlussmöglichkeiten des Bewerbers aufbereitet werden. Die Integrationsberatung erlaubt es, die dafür benötigte Zeit einzubauen. Sie eröffnet Reflexionsfenster und kann in eben diese Fenster Deutungsangebote und Beobachtungsvorlagen einspeisen (Baitsch/Heideloff 1997). Schließlich liefert der Fachdienst durch die Bereitstellung von Beratungsleistungen grundsätzlich wichtige Entlastungsfunktionen in Krisen und Konfliktfällen.

Blickt man nun über die einzelnen Integrationskonzepte, so kann man feststellen, dass die genannten Probleme nicht primär aus dem Klientenverhältnis entspringen, sondern vor allem aus den Folgen einer „dritten" sozialen Kraft herrühren, der jeweiligen Organisation und ihren spezifischen Umweltbeziehungen. Das soll im Folgenden etwas genauer herausgearbeitet werden.

---

[2] Vgl. zur Differenz von Adresse und Kompetenz Luhmann (2000, S. 320)

3   Wenn die Organisation Schwierigkeiten macht – von Rationalitäts- und Interventionsproblemen

Beide vorgestellten Integrationskonzepte bezeichnen Organisationen, die hoch-spezifisch und in einigen Aspekten kaum mit bekannten Organisationsformen vergleichbar sind. Das hat vor allem Auswirkungen auf die Erwartungen, mit denen die Konzepte konfrontiert werden, sowohl im Binnen- als auch im Au-ßenverhältnis. Die Folgen werden nun anhand von zwei wichtigen Begriffen behandelt: mit dem der Rationalität und dem der Intervention. Rationalität sagt etwas darüber aus, inwieweit eine Organisation es vermag, Anforderungen von Außen mit Ansprüchen im Innen abzustimmen. Anforderungen von Außen sind etwa Erwartungen von Märkten und Ansprüche von innen sind insbesondere Erwartungen der Mitglieder. Eine Organisation verhält sich rational, wenn sie in der Lage ist, mit den Leistungen/Erwartungen der Mitglieder auf Ansprüche und Erwartungen der Umwelt angemessen zu reagieren (Luhmann 1973, 2000). In-tervention dagegen zielt auf die Änderung eines als ungünstig ausgewiesenen Systemzustandes. Zu beachten sind die prinzipiellen Möglichkeiten und Konditi-onen, zielgerichtet Wirkung ausüben zu können. Veränderung kann hierbei nur in Form von Selbständerung vorkommen und nicht durch Übertragung fertiger Kommunikation. Intervention wird somit nur dann funktionieren, sofern eine durch Verstehen geleistete „Abstimmung und Passung systeminterner Orientie-rungsaktionen" erfolgt (Willke 1992: 39).

Die Integrationsfirma ist eine in sich hochwidersprüchliche Organisation, die unterschiedliche Binnen- bzw. Eigenrationalitäten in der Beschreibung ihrer Selbst aushalten und das Problem entweder über Sinnstiftung oder Entscheidung regeln muss. Pädagogisches Handeln findet dabei in ungewohnten Kontexten in einer absichtsvoll inklusiven Organisation statt.

Integrationsfachdienste dagegen stehen als „pädagogische" Organisation (als modifizierte Form eines sozialen Dienstes) in komplett fremden Feldern (Wirt-schaft). Der Fachdienst ist darauf angelegt, dort, wo weitgehend unbekannte Eigenrationalitäten herrschen, diese für bestimmte soziale Strapazen (Behin-derung) und spezifische personale Ansprüche (behinderter Bewerber) aufzu-schließen. Das gilt im Umkehrschluss für die Traktierung der Psyche des behin-derten Bewerbers inklusive ihrer Rationalität genau so. Insofern ist der Integrati-onsfachdienst mit multiplen Sinnstiftungsbedarfen betraut: Er muss für sich die fremde Umwelt über Sinnstiftung erschließen; er muss gleichzeitig Bewerber und Organisation in ihren diskrepanten Erwartungen mit Kopplungsmedien ver-sorgen. Dabei interveniert der Fachdienst zwangsläufig.

3.1 Rationalität

Organisationen müssen zur Lösung des Rationalitätsproblems zwei Bereiche bearbeiten: das Verhältnis von Organisation und Mensch (psychisches System, hier vor allem: der Mitarbeiter) und das Verhältnis von Organisation zu den in der Umwelt relevanten Sozialsystemen. Relevante Systeme sind dabei insbesondere die Funktionssysteme. Für den ersten Bereich kann der Begriff der *Handlungsrationalität* verwendet werden, der unterstellt, dass sich individuelle Präferenzen und Handlungsbeiträge an organisationsseitig aufgestellten Mitteln und Zwecken ausrichten (Aderhold 2003). Im Blick auf den zweiten Bereich trägt der Begriff der *Systemrationalität*, bei dem es in Organisationen um Entscheidungsfindung bezogen auf das Verhältnis von Organisation und Gesellschaft geht.

Eine erste Folgerung besteht nun darin, dass sich Integrationsfirmen und -fachdienste in den jeweiligen Rationalitäten zunächst voneinander und im weiteren auch von „normalen" Organisationen, insbesondere Unternehmen, unterscheiden und damit auch unterschiedliche Ansprüche an pädagogisches Handeln entfalten.

a.) Die Rationalitätsprobleme der Integrationsfirma
Hier treffen zwei unterschiedliche Rationalitätsvorstellungen aufeinander. Im Kern bedeutet der Anspruch, Rentabilität und Gemeinwohl bzw. Integration harmonisieren zu können, eine Deformierung organisationaler Entscheidungsroutinen. Gesellschaftlich formulierte Werte (Integration, Normalität, Gleichstellung etc.) werden als Zweck des Betriebes eingesetzt und in deren Rechenwerten auch gemessen. Wenn aber die Referenzgröße Rentabilität als gleich- oder gar nachrangig eingestuft wird und der „Integrationswert" des Unternehmens an Bedeutung überwiegt, ist das für wirtschaftlich operierende Organisationen problematisch. Das Problem ist dabei nicht die Widersprüchlichkeit von Werten. Organisationen können normative Widersprüche durchaus auffangen und im Problemfall über den Entzug von Mitgliedschaftsrechten regeln. Unternehmen bleiben von Werten auch nicht abstinent, allerdings wird der Wert dem Zweck nachgeordnet bzw. über entsprechende Programme systemintern so umgearbeitet, dass er an die wirtschaftliche Zentraldifferenz anschlussfähig wird.

Ein erstes Problem der Integrationsfirma liegt vielmehr darin, dass die Regelung von Mitgliedschaft, d.h. von Exklusion nicht ohne weiteres funktioniert. Man kann auf behinderungsbedingte Produktivitätsprobleme kaum mit Exklusion/Personalersatz reagieren, auch wenn das wirtschaftlich angezeigt wäre. Das resultiert aus dem Dilemma, rentabel und nachfrageorientiert zu arbeiten und gleichzeitig die Belange der internen Klientel (also der behinderten Mitarbeiter-

schaft) zu bedienen. Schließlich ist es gerade die Zweckorientierung, die ihr dies
verunmöglicht. Die Mitarbeiter sind einzig und allein aufgrund ihrer *Exklusion-
sadresse* (Behinderung) inkludiert. Dauerhaft in ihrer Leistungsfähigkeit einge-
schränkte Mitarbeiter müssten eigentlich ausgetauscht werden können, um den
wirtschaftlichen Betrieb, und sei es nur in engen Grenzen, auf Dauer halten zu
können. Das Management der Integrationsfirmen operiert in dem Dilemma, sich
entweder an der Wirtschaft zu orientieren, dann aber nur unter Inkaufnahme des
Verlustes der eigentlichen und letztlich konstitutiven moralischen Entscheidungsprämisse – oder aber moralisch zu kommunizieren, dann aber zu Lasten
der ökonomischen Überlebensfähigkeit.

Das zweite Problem liegt im Bezug auf unterschiedliche Referenzebenen.
Die Integrationsfirma richtet ihre Aufmerksamkeit gerade nicht auf die Umwelt,
sondern zuallererst und nahezu ausschließlich auf ihr Binnenverhältnis. Sie organisiert sich für „ihre" Behinderten. Das liegt vor allem daran, dass die Differenz von Selbst- und Fremdreferenz je nach funktionssystemischer Orientierung
anders gezogen ist. Nach den Prämissen Sozialer Hilfe sind die behinderten
Mitarbeiter keine Mitarbeiter, sondern Klienten, also die eigentliche Fremdreferenz. Nach den Prämissen der Wirtschaft können sie das nie sein, sie sind Mitarbeiter und damit selbstreferenziell bestimmt. Es ist im Grunde unklar, wo die
Grenze der Organisation verläuft und ob die Behinderten im Unternehmen oder
außerhalb der Einrichtung platziert sind. Das *Unternehmen* "Integrationsfirma"
lokalisiert sie semantisch im Innen; sie sind Mitarbeiter. Für die *soziale Einrichtung* "Integrationsfirma" sind sie dagegen Klienten, also im Außen. Für die Integrationsfirma als *Organisation* ist prinzipiell unentscheidbar, welche Umwelt
die eigentlich relevante ist. Das Zweckpostulat macht die Integrationsfirma zu
einer Einrichtung, die sich in die Codierung des Funktionssystems der Sozialen
Hilfe einhängt, das Rentabilitätsprinzip zielt auf wirtschaftliche Kommunikati-
onsabsichten. Im Anschluss stellt die Organisation ihre Aufmerksamkeits-
scheinwerfer maßgeblich von außen nach innen, mit eklatanten Folgen. Durch
die spezielle Konzentration der Organisation auf die Erfüllung von Binnenanfor-
derungen wird sie unempfindlich gegenüber externem Wandel vor allem auf
wirtschaftlich relevanten Kunden-, Rohstoff- oder Politmärkten. Das *Unternehmen* zieht sich aus seiner Umwelt zurück, weil die Umwelt für die *Einrichtung*
im System liegt.

Das Management der Integrationsfirma muss also zwischen diesen beiden
„Welten" permanent oszillieren und ist in der dauerhaften Unentscheidbarkeit
der primären Orientierung überfordert. Die Integrationsfirma läuft prinzipiell
Gefahr, im Selbsteinschluss und der permanenten ökonomischen Selbstgefähr-

dung zu enden. Die Folgen liegen auf der Hand. Wenn unklar ist, um welche Umwelt es geht, dann ist auch das Management, das die Unbestimmtheit der Außenseite der Organisation innen wieder einführen *und* zeigen soll, wie mit dieser Unbestimmtheit zu verfahren ist, paralysiert. Beides parallel zu erreichen, und sei es nur oszillativ, überfordert.

Das hat Konsequenzen für die Bestimmung geeigneter Rationalitätsmuster. Im Blick auf die Handlungsrationalität pendelt das (professionell pädagogische) Management zwischen einer Behandlung der Mitarbeiter als „normale" Mitarbeiter einerseits, wobei eine Vorlage von Karrieremöglichkeiten das Verhältnis zwischen Organisation und Mitarbeiter regelt. Dann müsste das Management behinderte Mitarbeiter jedoch aufgrund der damit verbundenen internen Strapazierung früher oder später entlassen. Die andere Rationalität läuft über die Bedürftigkeit der Mitarbeiter, vor allem in dem Angebot einer Readressierungsmöglichkeit.

Die Systemrationalität ist ebenso verdoppelt gebaut. Die Referenz liegt auf dem Markt (Wirtschaft) wie auf dem Sozialrecht (Subventionierung/Finanzierung). Insofern kollabieren die Rationalitäten, weil sie keinen stabilen Bezug der Organisation zum Menschen und zur Sozialen Umwelt herstellen können. Das heißt letztlich: es gibt keine eigentlich „richtige" Lösung.

b.) Die Rationalitätsprobleme des Integrationsfachdienstes

Der Integrationsfachdienst ist eine Organisation und prägt entsprechende Eigenrationalitäten aus, die sich zwangsläufig von denen der Integrationsfirma unterscheiden. Das ist zunächst trivial und nicht anders zu erwarten. Rationalität, vor allem Systemrationalität, wird für den Integrationsfachdienst aber nun deswegen zum Problem, weil er zur Intervention auf Sozialsysteme angelegt ist, die eine andere Funktionsorientierung aufweisen. Der Fachdienst geht maßgeblich auf Unternehmen zu, nicht auf andere soziale Einrichtungen. Er muss darüber hinaus auch regelrecht in das fremde System „einbrechen", er muss für sein eigenes Klientel überhaupt erst „Platz schaffen". Hierbei wird er mit einer anderen Systemrationalität konfrontiert. Dabei muss er feststellen, dass diese Rationalitätsmuster nicht kompatibel sind. Das geht bis zu dem Punkt, an dem deutlich wird, dass der Dienst in der fremden Rationalität regelmäßig kognitiv überhaupt nicht vorkommt. Dies ist viel drastischer angelegt als bei anderen sozialen Diensten.

Das hat für den Fachdienst eklatante Folgen. Er ist zunächst aufgefordert, sich diese spezifische, prinzipiell nicht erreichbare Eigenrationalität des integrierenden Unternehmens zu erschließen. Er ist aufgefordert, sich zunächst selbst in diese Rationalitäten hineinzubugsieren. Ist das gelungen, muss er sich in diesen Fremdrationalitäten bewegen wie ein Insider. Schließlich muss er ein drittes externes System, die Psyche des Bewerbers, plausibel und anschlussfähig für die Organisation machen. Der IFD ist grundsätzlich aufgefordert, für sich und Dritte die Eigenrationalität des fremden Systems auszudeuten. Erst wenn er die Adressierungstechniken der fremden Organisation in Grundzügen durchschaut hat, kann er an der Adresse seines Klienten arbeiten.

Hinsichtlich der Handlungsrationalität spielt die Moral eine große Rolle. Die Mitarbeiter der Fachdienste, also die Integrationsberater, haben den Beruf und die Tätigkeit vielfach aus moralischen Motiven gewählt und die Organisation kann dies auch als Mittel zur Regulierung ihres Umgangs mit ihren Mitarbeitern einbauen. Die Unterstützung von Emanzipation und Gleichberechtigung und die bislang recht problemlose Akquise von staatlichen Mitteln genügten, um diese Rationalität durchzuhalten. Auf diesem Gebiet liegen folglich (noch) nicht die wesentlichen Schwierigkeiten.

Damit erscheinen die Probleme des Fachdienstes in einem anderen Licht. Die *Akquiseprobleme* kommen nicht durch das Versagen pädagogischer Handlungsstrategien oder durch Ignoranz der Unternehmen, sondern zunächst und vor allem durch Inkompatibilitäten unterschiedlicher Systemrationalitäten zustande. Der Fachdienst ist darauf angewiesen, unter Maßgabe differenter Systemrationalitäten eine Operationslogik zwischen behindertem Bewerber und integrierender Organisation aufzubauen. Er hat den Auftrag, bei diskrepanten Systemrationalitäten den Aufbau einer funktionierenden Handlungsrationalität in einem fremden System zu fördern. Das ihn das an die Grenzen seiner Leistungsfähigkeit treibt, kann nicht verwundern.

c.) Zum Vergleich: die Rationalitäten eines „normalen" Unternehmens
In „normalen" Unternehmen bzw. Organisationen wird die Handlungsrationalität vorwiegend über die Karriere geregelt (Luhmann 2000, S. 101ff.), die die Motive von Organisationsmitgliedern mit den Anforderungen der Organisation verkoppelt. Es existieren bestimmte Leistungsanreize, vor allem eine entsprechende Bezahlung, Aufstiegsmöglichkeiten usw., die einen Bezug zu den Zwecken der Organisation sicherstellen sollen. Entsprechend existieren Techniken der Überprüfung von Mitarbeitern hinsichtlich ihrer Leistungserbringung. Diese können sowohl offizielle (Leistungs- und Potenzialbeurteilung) oder auch inoffizielle Formen (Mobbing, Klatsch) annehmen. Physische oder psychische Bedürftigkeiten, die jenseits eines Bezuges zur Leistungsfähigkeit liegen, kommen darin nicht vor. Ist der Bezug zur Leistungserbringung gegeben, aktiviert die Organisation bestimmte Sonderroutinen (Konditionalprogramme), mit der sie diese Probleme bearbeitet. Das kann Umsetzung, Umqualifizierung, Teilzeitbeschäftigung bedeuten und in ernsten Fällen auch Entlassung oder Verrentung führen.

Hinsichtlich der unternehmerischen Systemrationalität kommt dem Markt eine zentrale Rolle zu. Das Unternehmen orientiert sich maßgeblich an den sozialen Erwartungen von Konkurrenten- und Kundenorganisationen. Es versucht, dem über entsprechende Preis-, Qualitäts- und Absatzpolitiken zu entsprechen. Moralische Anliegen – wie etwa Integration – tauchen in den Rationalitätsmustern nur dann auf, wenn diese Themen einen unmittelbaren oder mittelbaren Bezug zum Markt aufweisen. Genau aus diesem Grund ist eine moralisch geführte Irritation von Unternehmen mit diesem Thema auch so schwierig: es können kaum Relevanzen für die Systemrationalität ausgewiesen werden.

	Integrationsfirma	Integrationsfachdienst	„normale" Organisation
Handlungsrationalität läuft über	Readressierungspotentiale für behinderte Mitarbeiter und v.a. Moralzumutungen hinsichtlich nichtbehinderter Mitarbeiter	Primär Moral (Unterstützung der Gleichberechtigung)	in Aussicht gestellte, an Leitungskriterien ausgerichtete Karrieremöglichkeiten
Systemrationalität läuft über	Parallelausrichtung auf Wirtschaft (Rentabilität) und Soziale Hilfe (Hilfsbedürftigkeit)	Primäre Funktionsausrichtung auf Soziale Hilfe und Interventionsorientierung auf regional ansprechbare Unternehmen	Funktionsausrichtung auf Wirtschaft (bei Unternehmen); Bedürftigkeit von Personen nur im Blick auf Markterfolg relevant
Pädagogische Ausrichtung bezieht sich auf	behinderte Mitarbeiter, mit dem Ziel deren Adresse zu „normalisieren"	Beeinflussung des Managements, der erreichbaren Belegschaft und Betreuung behinderter Bewerber/Mitarbeiter	organisational für notwendig befundene Kompetenzhebung mittels implementierter Managementkonzepte (KVP) bzw. Weiterbildung

Tabelle 1: Unterschiedliche Rationalitätsmodelle im Überblick

Grundsätzlich wird aber durch den Aufriss der Rationalitätsmuster unter gegenwärtigen gesellschaftlichen Bedingungen folgendes sichtbar: Rationalität muss jede Organisation ständig für sich selbst herstellen. Allerdings wird es zunehmend schwieriger, die Ergebnisse auch als rational nachzuweisen und in der Folge auch durchzuhalten (Aderhold 2004). Externe Bezugsquellen dafür hat die Organisation nicht, bestenfalls Orientierungshilfen. Die Funktionssysteme geben mit ihren eigenen Logiken und Zurechnungsweisen (binären Codes) lediglich

Hinweise und Orientierungshilfen, aber keine festen und bindenden Vorgaben. Entschieden wird in der Organisation, nicht im Funktionssystem. Das heißt, die Organisation muss selbst festlegen, wie die jeweiligen Rationalitätsmuster aus-agiert (Weick 1985). Das bedeutet, dass es immer mehrere Lösungen und Erfolgsmaßstäbe für organisationales unternehmerisches Handeln gibt. Unter Umständen hieße das auch, dass es mehrere Ziele neben dem Gewinn geben kann. Unter Beachtung von Funktionserfordernissen könnten also durchaus auch andere Werte und Prämissen in die Organisation übernommen werden, immer vorausgesetzt, sie lassen sich auf die eigenen Systemrationalitäten beziehen bzw. es lässt sich zumindest ein Bezug dazu aufbauen. Dafür wird es jedoch unentbehrlich, die fremden Funktionserfordernisse und Rationalitäten zu kennen und zu verstehen.

3.2 Von der Rationalität zur Intervention

Eine solchermaßen angelegte Rationalitätsumpolung ist per se eine Intervention und als solche aus der Sicht von Sozialsystemen keineswegs voraussetzungslos. Wenn Organisationen unterschiedlicher Funktionslogik intensiver miteinander versuchen, aufeinander einzuwirken, dann entsteht fast zwangsläufig ein neues Sozialsystem (das Interventionssystem), was von den beiden anderen nicht erreichbar, aber auch nicht unabhängig ist (Luhmann/Fuchs 1989, S. 221ff.; Fuchs 1999). Eine Diffusion in das Unternehmen oder auch in den Fachdienst ist nicht unmittelbar gegeben; die Ursprungssysteme können sich diesbezüglich jedoch von dem neuen System irritieren lassen, sofern dafür Sensibilitäten ausgeprägt sind. Wollen sich also mehrere Sozialsysteme über unterschiedliche Funktionslogiken informieren, „Erfolgsrezepte" und Rationalitätsmuster austauschen, so funktioniert das nur über „Ausgründung" einer eigenwilligen und unberechenbaren „Black-Box", die beim Aussenden von Informationen an die Ursprungssysteme dort Empfindlichkeiten und entsprechende Resonanzzonen voraussetzen muss.

Mit diesem Problem sind nun, wie oben bereits gesehen, Integrationsfachdienste regelmäßig beschäftigt, wenn sie versuchen, Unternehmen und entsprechende Arbeitsplätze für ihr Klientel zu akquirieren. Damit aber noch immer nicht genug. Kommt ein Integrationsberater in ein Unternehmen, hat er eben nicht, wie seine Kollegen aus der klassischen Organisationsberatung, die Lösung für ein Problem im Koffer, sondern zunächst einmal nur ein *zusätzliches* Problem. Er bringt ein Thema mit, das unbekannt sowie in weiten Teilen irrelevant war und plötzlich aus organisational nur schwer nachvollziehbaren Gründen wichtig sein soll. Wozu soll man sich ändern, wenn aus Sicht der Organisation kein Grund, kein ernsthafter Leidensdruck vorliegt? Zwar bietet der Berater auch Lösungsvorschläge an, aber was nützen die, wenn man sich des Beraters und gleichzeitig *seines* Problems über die meist komplikationslose Hinauskomplimentierung von beidem wieder entledigen kann?

Integrationsberater sind Problemlöser auf ‚Handlungsreise'; auf der Suche nach der Existenz eines (lösbaren) Problems. Diese Eigenschaft teilen sie, so weiss man von Michael Cohen, James March und Johan Olsen (1972) mit allen Entscheidern (also: Problemlösern). Die Differenz liegt jedoch in dem Fakt, dass es immer selbstgefertigte Probleme sind, die in Organisationen nicht reproduzierbar sind. Das resultierende Problem liegt in der eklatanten *Gefährdung ihrer organisationalen Legitimität*. Das Problem der Integrationsberatung ist, dass sie kein (betriebliches) Problem hat. Die allgemeine Organisationsberatung benötigt grundlegend das Ausgangsproblem, es strukturiert die Frage, wie die Beratungskommunikation von der komplexen Klientenorganisation auf einen Entscheidungsträger zurechnen kann. Aber hier, bei Integrationsberatung, fehlt das organisationale Ausgangsproblem. Integrationsberatung ist in diesem Sinne kein „problem-defined-system" (Wimmer 1992, S. 91). Insofern wird pädagogisches Handeln nicht nur von funktionalen Rationalitäts- und prinzipiellen Interventionsproblemen belagert, sondern muss sich darüber hinaus noch mit Legitimationsbarrieren herumschlagen.

4 Fazit

(Integrations-)pädagogisches Handeln hat es also (zumindest jenseits der Schule) mit mehreren Schwierigkeiten zu tun:

1. Es muss grundsätzlich ein Verständnis aufbauen für fremde Rationalitäten und Funktionslogiken, um sich selbst orientieren zu können.
2. Unter Umständen ist man mit konkurrierenden Rationalitäten konfrontiert. Dabei muss man davon ausgehen, dass die Organisation, wie etwa bei der Integrationsfirma, eine Entscheidung findet, und dies losgelöst von gerade pädagogisch ausgerichteten Intentionen und Interessen ihrer Gründer bzw. Mitarbeiter.
3. Wenn pädagogisches Handeln in fremden Kontexten erfolgt, muss die fremde Rationalität, die nie selbst erreichbar sondern immer nur in buchstäblich „selbst-verständlichter" Form vorliegt, weitervermittelt und so aufbereitet werden, dass es für den Bewerber bzw. den Mitarbeiter (wie auch immer) verständlich wird.

4. Zugleich muss gewährleistet werden, dass auch das Bewerber- bzw. Mitar-
   beiterverhalten seinerseits als Anschluss für betriebliche Rationalitäten Bedeutung gewinnt, auch das liegt in der pädagogischen Aufgabe der Adress-
   korrektur des Bewerbers.

5. All dies geschieht vor allem bei Integrationsfachdiensten in einem eigenen,
   operational geschlossenen System, in Beratungskommunikationen, die vom
   Unternehmen und auch von der sozialarbeiterischen Beratung mit dem
   Klienten abgeschieden, aber existenziell darauf angewiesen ist, in diese Systeme „überzuspringen".

6. Damit immer noch nicht genug. Es existiert eine extrem hohe Unwahrscheinlichkeit, dass sich Unternehmen überhaupt von Integrationsfachdiensten in der intendierten Richtung irritieren lassen, da das transportierte Thema
   in der überwiegenden Zahl der Fälle wenig Bezüge zu den eigenen Märkten
   und Systemrationalitäten aufbauen kann.

Es bleibt somit zunächst wenig übrig außer die Feststellung, dass pädagogisches
Handeln in Organisationen – zumindest jenes außerhalb der Schule – entweder
extremen Erschwernissen unterliegt oder schlicht in Paradoxien erfolgt. Zieht
man jedoch die aktuellen und perspektivischen Rationalitätsschwierigkeiten
moderner Organisationen zusätzlich in Betracht, so könnte es durchaus sein, dass
zumindest Unternehmen auf der Suche nach anderen Funktionslogiken sind,
nach anderen Rationalitätsentwürfen, um ihre eigenen Rationalitätsprobleme
bearbeiten zu können. Und damit könnten durchaus auch die Rezeptionsblocka-
den gegenüber (integrations-)pädagogischen Kommunikationszumutungen
durchlässiger werden.

Literatur

Aderhold, J. (2003): Zur Rationalität von Akteurs- und Funktionssemantik in Organisationen. In:
    Deutsche Gesellschaft für Soziologie (Hrsg.): Entstaatlichung und soziale Sicherheit. Kon-
    gressband 2, 31. Kongress der Deutschen Gesellschaft für Soziologie. Leipzig, 7.-11. Okto-
    ber 2002 (im Erscheinen).
Aderhold, J. (2004): Form und Funktion sozialer Netzwerke in Wirtschaft und Gesellschaft – Zur
    Konstitution neuer Möglichkeiten und Barrieren durch soziale Beziehungsgeflechte im
    Spannungsfeld von Erreichbarkeit und Zugänglichkeit (im Druck).
Baitsch, C./Heideloff, F. (1997): Collective Construction Changes Organizational Reality: An Illus-
    tration of the Relative Influence of both Consultants and Organizations. In: Journal of Orga-
    nizational Change Management. (10), H. 3, S. 217-234.
Burtscher, R. (2001): Unterstützte Beschäftigung am allgemeinen Arbeitsmarkt. Die Arbeitsassistenz
    in der beruflichen Integration von Menschen mit Behinderungen. unveröffentlichte Disserta-
    tion, Innsbruck.
Cohen, M./March, J.G./Olsen, J.P. (1972): A Garbage Can Model of Organizational Choise. In:
    Adminstrative Science Quaterly, 17, S. 1-25.

FAF gGmbH (2002): Abschlussbericht zum Modellprojekt des BMA Beschäftigungs-/Integrationsprojekte (-firmen, -betriebe, -abteilungen zur Eingliederung schwerbehinderter Menschen in das Arbeitsleben." Abschlussbericht der wissenschaftlichen Begleitung im Auftrag des BMA, Forschungsbericht Nr. 298, des BMA/BMGS. Bonn.

Fuchs, P. (1995): Die Umschrift. Zwei kommunikationstheoretische Studien: „Japanische Kommunikation und Autismus". Frankfurt: Suhrkamp.

Fuchs, P. (1999): Intervention und Erfahrung. Frankfurt: Suhrkamp.

Gehrmann, M./Raddatz, J. (1997): Stigma-Management als Aufgabe von Integrationsfachdiensten für Menschen mit Lernschwierigkeiten. In: Gemeinsam Leben. Zeitschrift für integrative Erziehung, H. 2, S. 66-72.

Ginnold, A./Schöler, J. (Hrsg.): Schulende – Ende der Integration? Integrative Wege von der Schule ins Arbeitsleben. Neuwied u.a.: Luchterhand.

Hovorka, H./Sigot, M. (Hrsg.): Integration(spädagogik) auf dem Prüfstand. Menschen mit Behinderungen außerhalb von Schule. Innsbruck/Wien/München: StudienVerlag.

ILVMB (Internationale Liga von Vereinigungen für Menschen mit geistiger Behinderung) (Hrsg.) (1993): Grundsatzaussagen des "Commitee Self Advocacy" – Komitee Selbstbestimmt Leben. Utrecht.

Kastl, J.M./Trost, R. (2002): Integrationsfachdienste zur beruflichen Eingliederung von Menschen mit Behinderung in Deutschland. Abschlussbericht der wissenschaftlichen Begleitung zur Arbeit der Modellprojekte des BMA. Forschungsbericht Nr. 295, des BMA/BMGS, Bonn.

Luhmann, N. (1973): Zweckbegriff und Systemrationalität. Frankfurt/M.: Suhrkamp.

Luhmann, N. (2000): Organisation und Entscheidung. Opladen: Westdeutscher Verlag.

Luhmann, N./Fuchs, P. (1989): Reden und Schweigen. Frankfurt: Suhrkamp.

Miles-Pauls, O./Frevert, U. (1996): Zentren für selbstbestimmtes Leben Behinderter in Deutschland. Entwicklungen, Aktivitäten, Ausblick. In: Mabuse, 103, S. 23-28.

Seyfried, E. (1986): Arbeitsalternativen und Firmenprojekte für psychisch Behinderte: Alternativer Arbeitsmarkt oder psychosoziale Dienstleistung? In: Wohlleben, R./Jochheim, K.-A./Alphons, A. (Hrsg.): Strukturwandel des Arbeitsmarktes - Berufliche Eingliederung Behinderter und andere Möglichkeiten. Bericht über die Arbeitstagung der DVRB, Heidelberg, S. 352-362.

Trost, R. (1997): Integrationsfachdienste für Menschen mit psychischer Behinderung in Baden-Würtemberg. Karlsruhe: Landeswohlfahrtsverband Baden HFS.

Trost, R./Schüller, S. (1992): Beschäftigung von Menschen mit geistiger Behinderung auf dem allgemeinen Arbeitsmarkt. Eine empirische Untersuchung zur Arbeit von Eingliederungsinitiativen in Donaueschingen und Pforzheim. Walldorf.

Weick, K.E. (1985): Der Prozess des Organisierens. Frankfurt: Suhrkamp.

Wetzel, R. (2004): Eine Widerspenstige und keine Zähmung. Systemtheoretische Beiträge zu einer Theorie der Behinderung. Heidelberg: Carl-Auer-Systeme Verlag (im Druck).

Willke, H. (1992): Beobachtung, Beratung und Steuerung von Organisationen in systemtheoretischer Sicht. S. 17-43. In: R. Wimmer (Hrsg.): Organisationsberatung: Neue Wege und Konzepte. Gabler.

Wimmer, R. (1992): Was kann Beratung leisten? Zum Interventionsrepertoire und Interventionsverständnis der systemischen Organisationsberatung. In: Wimmer, R. (Hrsg.): Organisationsberatung. Neue Wege und Konzepte. Wiesbaden: Gabler, S. 59-111.

Hochschulen im Wettbewerb – eine organisationstheoretische Perspektive
Georg Krücken

1 Einleitung

Die Intensivierung des Wettbewerbs im deutschen Hochschulsystem stellt eines der großen Themen der aktuellen hochschulpolitischen Reformdebatte dar. Berücksichtigt man den aktuellen Diskussionsstand zum Thema „Hochschulen im Wettbewerb", so fällt allerdings auf, dass die Diskussion vor allem politisch-normativ geführt und zum Teil geradezu als Glaubensfrage behandelt wird. In dieser Situation, die durch eine deutliche Polarisierung zwischen Befürwortern und Kritikern des Wettbewerbsprinzips charakterisiert ist, hilft vor allem eines: Forschung. Die folgenden Überlegungen sind von der Grundannahme getragen, dass der *organisationssoziologische Neo-Institutionalismus* ein geeignetes Instrumentarium zur Erforschung des Organisationsverhaltens unter Wettbewerbsbedingungen darstellt.[1] Dabei liegt das Hauptaugenmerk auf nicht-intendierten und paradoxen Effekten. Meine im Hinblick auf „Hochschulen im Wettbewerb" zentralen *Thesen* lauten wie folgt:

Erstens ist das Verhältnis von Wettbewerb und Regulierung kein Nullsummenspiel. Auch wenn die Steigerung des Wettbewerbs zwischen Hochschulen in der Regel unter den Prämissen der De-Regulierung des Hochschulbereichs steht, werden bei genauerer Betrachtung regulative Strukturen insgesamt eher auf- als abgebaut.

Zweitens führt mehr Wettbewerb nicht zwangsläufig zur Vervielfältigung von Hochschulstrukturen. Es gibt neben diesen unter den Stichwort „Profilbildung" und „Differenzierung" benannten Prozessen auch gegenläufige Tendenzen. Diese bestehen darin, dass mehr Wettbewerb auch zur Strukturangleichung führt.

Ich möchte beide auf den ersten Blick kontraintuitiven Thesen zunächst theoretisch begründen und Bezüge zum deutschen Hochschulsystem herstellen (2.). Im zweiten Schritt möchte ich zeigen, wie man die zuvor entwickelten Überlegungen auf einen spezifischen Fall im pädagogischen Feld „Hochschulen" an-

---

[1]   Zum Neo-Institutionalismus vgl. grundlegend Powell/DiMaggio (1991) und Hasse/Krücken (1999). Mit Bezug hierauf im Hinblick auf schulische Organisationen vgl. Schaefers (2002).

wenden kann (3.), dessen genaue empirische Analyse allerdings noch zu leisten ist. Die Einführung konsekutiver Studiengänge (BA/MA) stellt hier einen besonders interessanten und hoch aktuellen Fall dar. Konsekutive Studiengänge sollen die Re-Positionierung der deutschen Universitäten unter Bedingungen des zunehmenden internationalen Wettbewerbs leisten und zudem den Wettbewerb der deutschen Universitäten untereinander vorantreiben. Da wir uns noch zu Beginn dieses Umstrukturierungsprozesses befinden, sind seine Ergebnisse noch sehr offen und ungewiss. In diesem Sinne ist auch meine hier präsentierte Skizze zu „Hochschulen im Wettbewerb" zu verstehen: als *Anregung* und *Suchrichtung*, nicht als Gewissheit und Antwort. Im abschließenden vierten Teil (4.) werde ich darauf aufbauende Überlegungen zum Thema „organisationale Innovationen" im pädagogischen Feld „Hochschulen" präsentieren.

2   Hochschulen im Wettbewerb: Theoretische Überlegungen

Die beiden einleitend benannten Thesen lassen sich in der Auseinandersetzung mit dem mittlerweile klassischen Beitrag der neo-institutionalistischen Organisationsforschung von *DiMaggio/Powell (1983)* herleiten. DiMaggio und Powell vermuten, dass es in organisationalen Feldern zu Strukturangleichungsprozessen kommt, die von ihnen als *institutionelle Isomorphie* bezeichnet werden. Organisationale Felder setzen sich aus all den Organisationen zusammen, die neben der zu untersuchenden Organisation ihre relevante Organisationsumwelt bilden. Für Wirtschaftsorganisationen wären dies zum Beispiel konkurrierende Firmen, Zulieferer- und Abnehmerbetriebe sowie politisch-regulative Instanzen. Prozesse der Strukturangleichung („Isomorphie") vollziehen sich DiMaggio und Powell zufolge über drei Mechanismen: Zwang, normativer Druck und Mimese. Durch *Zwang* hervorgerufene Strukturangleichung wird durch staatliche Regulierungsinstanzen erzeugt. Man denke hier vor allem an rechtliche Vorschriften, denen Organisationen unterworfen sind. *Normativer Druck* entsteht insbesondere durch Professionen, etwa durch ärztliche Vereinigungen im Bereich des Gesundheitswesens, durch Ingenieure im Bereich technischer Standards oder durch Juristen im Bereich der Umweltregulierung. *Mimese*, das heißt, der Versuch, andernorts eingesetzte Problemlösungsmuster zu kopieren, bezieht sich auf die wechselseitige Beobachtung von Organisationen in einem organisationalen Feld. Mimese ist ein Angleichungsmechanismus, der vor allem unter Bedingungen hoher Unsicherheit zum Tragen kommt. Dabei orientieren sich Organisationen, die sich mimetisch verhalten, nicht nur aneinander, sondern auch an vermeintlichen Trendsettern im Feld, deren Problemlösungsmuster sie zu imitieren versuchen. Man denke hier zum Beispiel an staatliche Organisationen im Bereich der Bildungspolitik, die nach dem „PISA-Schock" zentrale Aspekte der Bildungspolitik anderer Staaten auch in Deutschland einführen wollen.

Die drei von DiMaggio und Powell benannten Mechanismen der Isomorphie sind von hohem analytischen Wert für empirische Organisationsanalysen. Interessanterweise stellen Strukturangleichungsprozesse zwischen Hochschulorganisationen für den Neo-Institutionalismus jedoch ein empirisch weitgehend unerprobtes Terrain dar. In Powell/DiMaggio (1991) findet sich lediglich eine auf Universitäten bezogene Studie (Brint/Karabel 1991), der bei genauerer Betrachtung zudem ein primär konflikt- und interessentheoretisches Konzept zugrunde liegt, während die Arbeit von DiMaggio/Powell (1983) keine entscheidende Rolle spielt. In dem für die Kanonisierung des Neo-Institutionalismus wichtigen Buch „Institutions and Organizations" (Scott 2001) werden Universitäten gar nicht erwähnt, und in den 26 Anschlussarbeiten zu DiMaggio/Powell (1983), die von Mizruchi/Fein (1999) ausgewertet wurden, nur einmal. Ebenso wenig finden sich Versuche, den Aspekt des interorganisationalen Wettbewerbs, der im Rahmen des Neo-Institutionalismus vor allem in den Arbeiten von Neil Fligstein (1996) sowie Theresa Lant und Joel Baum (1995) am Beispiel von Wirtschaftsorganisationen untersucht wurde, im Bereich von Hochschulorganisationen zu untersuchen. Dabei könnte die neo-institutionalistische Analyse *realen* Wettbewerbsverhaltens gerade in der aktuellen hochschulpolitischen Situation von besonderem Interesse sein und den einleitend benannten „Glaubensstreit" zwischen Befürwortern und Gegnern des Wettbewerbsparadigmas zu versachlichen helfen.

Versucht man, die grundlegenden Überlegungen von DiMaggio/Powell (1983) vor dem Hintergrund der aktuellen deutschen Situation zur Analyse von „Hochschulen im Wettbewerb" einzusetzen, so ist eine *Erweiterung* vonnöten. Diese besteht darin, der Analyse ein breiteres Verständnis der in Strukturangleichungsprozessen wirksamen normativen Instanzen zugrunde zu legen. An die Stelle der auf Professionen fokussierten Sicht bei DiMaggio/Powell (1983) werden hier nicht-staatliche externe Instanzen generell gefasst. Diese sind sowohl in der Form von Organisations- bzw. Unternehmensberatungen im organisationalen Feld „Hochschulpolitik" aktiv als auch, wie wir später sehen werden, in der Form von Akkreditierungsagenturen. *Beratungs- und Akkreditierungseinrichtungen* generieren gleichermaßen klare normative Richtlinien zur Unterscheidung zwischen angemessenen und weniger angemessenen Problemlösungsmustern. Die Begründung für diese Erweiterung ist zum einen empirisch, da der Professionalisierungsgrad in diesem Feld insgesamt noch relativ gering ist. Die Einrichtung von Aufbaustudiengängen und Weiterbildungskursen zum Thema „Hochschulmanagement", eine Fachzeitschrift gleichen Namens sowie die Entwicklung von Software-Paketen für Entscheidungsprozesse in Hochschulen deuten zwar auf eine rasch fortschreitende Professionalisierung hin. Die Exklusivität von Professionsleistungen, die darin besteht, dass sie nur von spezifisch ausgebildeten Professionsangehörigen erbracht werden können, ist im Hochschulbereich jedoch nicht in Sicht. Zum anderen gibt es systematische Gründe für eine Ausweitung der Definition normativer Instanzen. Diese bestehen darin, dass externe Instanzen der Beratung und Akkreditierung mimetische Prozesse strukturieren. Letztere finden nicht in einem normativen Vakuum statt. Die Orientierung aneinander und an vermeintlichen Trendsettern ist immer auf externe staatliche oder nicht-staatliche Instanzen bezogen, da die Sinnhaftigkeit von Erwartungsstrukturen, Angemessenheitsregeln und Handlungsmodellen nur in der Auseinandersetzung hiermit festgestellt werden kann.

Übertragen auf den Fall des deutschen Hochschulsystems finden sich gegenwärtig zahlreiche Beispiele für die durch staatlichen Zwang, normativen Druck durch nicht-staatliche Einrichtungen und Mimese bereits erzeugten oder noch zu erwartenden *Strukturangleichungsprozesse* im pädagogischen Feld „Hochschulen".[2]

Erstens ist es offensichtlich, dass der *Staat* in einem öffentlichen Hochschulsystem vor allem rechtliche Möglichkeiten hat, um in wesentlichen Punkten – Abschlüsse, Arbeitsbeziehungen, Verwertung von Forschungsergebnissen – die Strukturgleichheit zwischen den Universitäten zu erzwingen. Wie wir später sehen werden, gilt dies auch für die gegenwärtigen Reformen zur De-Regulierung des Hochschulbereichs, die zur Entstehung neuer Studienstrukturen führen sollen.

Zweitens sind *nicht-staatliche Instanzen* zu berücksichtigen, die ebenfalls auf Universitätsorganisationen bezogene Erwartungsstrukturen, Angemessenheitsregeln und Handlungsmodelle generieren. Im Unterschied zu staatlichen Instanzen kann von ihnen jedoch kein direkter Zwang, sondern ausschließlich normativer Druck ausgeübt werden. Hier ist das primär betriebswirtschaftlich ausgerichtete Centrum für Hochschulentwicklung (CHE) hervorzuheben, das auf gemeinsame Initiative der Hochschulrektorenkonferenz (HRK) und der Bertelsmann-Stiftung hin gegründet wurde. Zudem sind zahlreiche andere Beratungseinrichtungen im Hochschulbereich aktiv, die zum Teil wie das CHE exklusiv

---

[2] Die folgenden Beispiele sind, sofern sie nicht ausdrücklich besonders gekennzeichnet wurden, den Zeitschriften „Forschung und Lehre" und „Deutsche Universitätszeitschrift" (DUZ) entnommen. Dasselbe gilt für die späteren Ausführungen zur Einführung neuer Studienstrukturen und Studiengänge.

auf Bildungsorganisationen bezogen sind, zum Teil dem Bereich der Unternehmensberatung entstammen. Über all diese Beratungsorganisationen diffundieren standardisierte „best management practices" und Qualitätsmanagement-Systeme ebenso in den Hochschulbereich wie als nachahmenswert empfohlene Vorbilder.

Drittens verstärken *mimetische Prozesse* zwischen Hochschulen die vom Staat und nicht-staatlichen Einrichtungen ausgehenden Impulse. Formale Evaluationen, Rankings und Auszeichnungen stellen die für mimetische Prozesse notwendige Sichtbarkeit und Zurechenbarkeit von Leistungsprofilen her. Hierdurch steigt die Orientierung an gleichartigen Organisationen und Trendsettern erheblich. Mimetische Prozesse sind im deutschen Universitätssystem stark auf staatliche Erwartungen hin ausgerichtet, da deutsche Universitäten, die in der Regel öffentliche Einrichtungen sind, in erheblichem Maße auf extern zugewiesene Legitimation durch den Staat angewiesen sind. Erst die Konformität mit der von Seiten des Staates und nicht-staatlichen Beratungseinrichtungen relativ homogen formulierten Erwartung, leistungsstark und innovativ zu sein, sichert den Erhalt von materiellen Ressourcen.

3 Hochschulen im Wettbewerb am Fall: Das Beispiel konsekutiver Studiengänge

Die These, dass wir uns gegenwärtig in einer Phase der Hochschulentwicklung befinden, die nicht in erster Linie durch Prozesse der staatlichen De-Regulierung und wettbewerbsbedingten Diversifizierung, sondern vor allem durch Prozesse der Re-Regulierung und Strukturangleichung gekennzeichnet ist, soll nun am Beispiel der Einführung neuer Studienstrukturen und -gänge diskutiert werden.

Kernstück der neuen Studienstrukturen ist die Einführung konsekutiver Studiengänge, die sich an der im angloamerikanischen Raum üblichen Unterscheidung zwischen einem in der Regel dreijährigen Bachelor-Programm und einem darauf aufbauenden Master-Programm orientiert, das sich zumeist über zwei Jahre erstreckt. Diese gestufte bzw. konsekutive Studienstruktur soll langfristig die an deutschen Universitäten übliche Struktur, die nur einheitliche Studiengänge umfasst, die in den meisten Fällen mit dem Diplom oder Magister abschließen, ersetzen.

Konsekutive Studiengänge bedeuten eine Re-Positionierung von Universitäten unter Wettbewerbsbedingungen, und zwar aus zwei Gründen. Zum einen handelt es sich um international bekannte Studiengänge, die angloamerikanischen Ursprungs sind und gegenwärtig weltweit diffundieren. Ihre Etablierung ist auf das Konstrukt eines *internationalen* Bildungsraums bezogen, der das seit dem 19. Jahrhundert wirkmächtige Konstrukt eines nationalstaatlichen Hochschulbereichs transzendiert und zur Re-Positionierung deutscher Universitäten insgesamt führt. Zum anderen heben die neuen Studiengänge die in unterschiedlichen Bildungsabschlüssen zum Ausdruck kommenden institutionellen Trennungen auf. Nun konkurrieren auch Fachhochschulen und andere Anbieter (ausländische und Privatuniversitäten, Berufsakademien etc.) auf *demselben* Terrain wie Universitäten. Dies erhöht den Wettbewerbsdruck auf Universitäten und unterminiert ihren letztlich in einer ständischen Ordnung begründeten Status als Spitze des nachschulischen Bildungssektors.

Aufbau und Diffusion konsekutiver Studiengänge sind in vielfältiger Hinsicht von staatlichen Einflüssen, normativem Druck und mimetischen Prozessen geprägt. Mit Bezug auf DiMaggio/Powell (1983) lassen sie sich analytisch wie folgt unterscheiden:

Erstens kann man am Beispiel konsekutiver Studiengänge sehen, dass der Staat trotz aller De-Regulierungsemphase hier nach wie vor eine zentrale Rolle spielt, und zwar in allen Phasen des Aufbau- und Diffusionsprozesses. Ausgangspunkt ist die so genannte *Bologna-Erklärung* von 1999. Hintergrund dieser Erklärung ist der Versuch, die Ende der 1980er Jahre im Rahmen des ERAS-MUS-Programms mit der Kreierung des European Credit Transfer Systems (ECTS) begonnene Angleichung von Studienleistungen und -abschlüssen innerhalb der EU-Staaten voranzutreiben. Die an der Stätte der ältesten Universität Europas verabschiedete Erklärung wurde von den zuständigen Ministerinnen und Ministern aus 29 europäischen Ländern unterzeichnet. Darin werden u.a. die Etablierung einer zweistufigen Studienstruktur, die Etablierung gemeinsamer Standards sowie die europaweite Anerkennung von Studienleistungen und -abschlüssen gefordert, um einen gemeinsamen europäischen Bildungsraum zu schaffen. Zweijährig stattfindende Ministerinnen- und Ministertreffen (bisher: Prag, Mai 2001; Berlin, September 2003) sollen den spätestens 2010 abgeschlossenen „Bologna-Prozess" begleiten und die Implementation auf der nationalstaatlichen Ebene sicherstellen.

Die internationalen politischen Prozesse haben ihr Gegenstück in nationalen politischen Prozessen. Bereits mit der Novellierung des Hochschulrahmengesetzes (HRG) von 1998, d.h. ein Jahr vor der Bologna-Erklärung, wurden die rechtlichen Voraussetzungen der Einführung von Bachelor- und Master-Studiengängen geschaffen. Die HRG-Novellierung sieht vor, Bachelor- und Master-Studiengänge zur Erprobung einzuführen (§ 19, Absatz 1). Diese Regelung lässt noch offen, welche Rolle diesen Studiengänge an deutschen Hochschulen langfristig zukommen soll. Allgemeinste und oberste Instanz in Bezug auf die Anerkennung von Bachelor- und Master-Studiengängen ist der so genannte *Akkreditierungsrat* (AR), der Bundesländer übergreifend operiert und gemeinsam von der Hochschulrektorenkonferenz (HRK) und der Kultusministerkonferenz (KMK) eingerichtet wurde. Dieses Gremium, das sich aus Vertreterinnen und Vertretern der Hochschulen, der zuständigen Landesministerien, der Berufspraxis, der Studierenden sowie ausländischen Experten zusammensetzt, wurde zunächst bei der HRK angesiedelt; seit Januar 2003 liegt die Zuständigkeit bei der KMK. Ihm obliegt die Formulierung von Vorgaben für die Zulassung neuer Studiengänge. Grundvoraussetzungen sind u.a. die Modularisierung der Studiengänge und die Einführung eines Leistungspunktesystems wie ECTS (KMK/HRK 1999).

Die Genehmigung zur Einrichtung konsekutiver Studiengänge erfolgt unter der Auflage, dass diese sich akkreditieren lassen. Die Akkreditierung, in der die Berücksichtigung der zum Teil zuvor benannten inhaltlichen und formalen Vorgaben überprüft wird, erfolgt nicht durch den Akkreditierungsrat selbst, sondern durch so genannte Akkreditierungsagenturen, die im Auftrag des Akkreditierungsrates die einzelnen Studiengänge akkreditieren. Dem ganzen Prozess liegt eine sehr durchdachte regulative Struktur zugrunde. Akkreditierungsagenturen müssen zunächst durch den Akkreditierungsrat akkreditiert werden, und ebenso wie die zu akkreditierten Studiengänge und der Akkreditierungsrat werden auch die Akkreditierungsagenturen nur auf Zeit akkreditiert.

Zweitens spielen nicht-staatliche Instanzen, die normativen Druck erzeugen, eine erhebliche Rolle. Die wichtigsten hochschulpolitisch beratend tätigen *Organisationen* wie der Wissenschaftsrat, das CHE und der Stifterverband sowie organisierte Interessenvertretungen wie die HRK und die deutschen Wirtschaftsverbände, die die staatliche Politik bisweilen sehr kritisch begleiten, befürworten die Einführung konsekutiver Studiengänge mit Nachdruck.[3] Zudem ist an die neu geschaffenen *Akkreditierungsagenturen* selbst zu denken. Gegenwärtig gibt es sechs akkreditierte Agenturen (Stand: April 2004). Bei aller Unterschiedlichkeit, die in ihrer organisatorischen und fachspezifischen Prägung begründet ist, sorgen sie gemeinsam für formale Standardisierungen bei Bachelor- und Master-

---

[3] An dieser Stelle bestehen erhebliche Unterschiede zu früheren Phasen der Diskussion um gestufte Studiengänge. Turner (2001, S. 129 ff.) zeigt, dass diese zwar bereits 1966 vom Wissenschaftsrat empfohlen wurden, und auch in den 1970er und 1980er Jahren tauchten so genannte Kurzzeitstudiengänge immer wieder in der Diskussion auf. Jedoch war der Tenor insgesamt kritisch bis ablehnend; Begriffe wie „Billigstudium", „Discountstudium" und „Zweiklassenstudium" prägten die Diskussion. Dies änderte sich grundlegend erst in den 1990er Jahren.

Studiengängen, indem sie standardisierte Formen der Modularisierung, der Vergabe von Leistungspunkten und der Qualitätssicherung durchsetzen. *Drittens* ist von starken mimetischen Prozessen zwischen den sich im organisationalen Feld befindenden Hochschulen auszugehen. Wie zuvor benannt, propagieren die wichtigsten staatlichen und nicht-staatlichen Instanzen unisono die Einführung konsekutiver Studiengänge. Nicht-staatliche Organisationen wie Beratungsorganisationen und Akkreditierungsagenturen wirken im Vergleich zu direkten staatlichen Vorgaben zwar „weicher", jedoch nicht minder regulativ-verhaltenssteuernd auf die Hochschulen ein. Hierdurch wird der normative Bezugsrahmen aufgespannt für selbstregulative und mimetische Prozesse zwischen Universitäten, die sich wechselseitig mehr und mehr unter *Beobachtungsdruck* stellen. Ich denke, dass hier die entscheidende Ursache für die sehr rasche und breite Diffusion konsekutiver Studiengänge zu sehen ist. So wurden an deutschen Hochschulen im Sommersemester 2003 bereits 749 Bachelor- und 803 Master-Studiengänge angeboten (www.hrk.de/161.htm) – Tendenz weiterhin steigend (zu aktuellen Zahlen vgl. www.hochschulkompass.de). Sie werden in einem Maße eingeführt, dass die Akkreditierungsagenturen kaum nachkommen und schon von einem „Akkreditierungsstau" gesprochen wird.[4]

In dieser breiten konsensuellen Ausrichtung, die in der relevanten Umwelt von Universitäten vorherrscht, ist der bisherige Erfolg begründet. Sie wird durch Mimese verstärkt und erzwingt weitreichende Anpassungsprozesse. Wenngleich man in den Sozialwissenschaften mit Prognosen sehr vorsichtig sein sollte, so ist es m.E. nicht allzu gewagt, auch für die Zukunft eine weitere Ausdehnung von Bachelor- und Master-Studiengängen anzunehmen. Hierfür ist nicht nur der sog. „Bologna-Prozess" verantwortlich, in dem ein nicht unerheblicher Veränderungsdruck auf das deutsche Hochschulsystem ausgeübt wird. Grundlegender erscheint mir, dass Bachelor- und Master-Studiengänge im hochschulpolitischen Reformdiskurs geradezu *mythisch* verklärt werden. Mythen, so weiß man aus kulturanthropologischer und -soziologischer Forschung, stellen in einer durch hohe Komplexität und Unsicherheit gekennzeichneten Situation einfache und nicht-hinterfragbare Kausalerklärungen zur Verfügung – und wer möchte hier

---

[4]   Eine gemeinsam vom CHE und dem niederländischen Center for Higher Education Policy Studies (CHEPS) durchgeführte Studie kommt zu folgendem Ergebnis: „Bis Februar 2002 sind in Deutschland lediglich 4% der Bachelor- und 10% der Master-Studiengänge akkreditiert worden"(CHE/CHEPS 2002, S. 86). Dieser „Akkreditierungsstau", der zu der nur vorbehaltlichen Genehmigung der meisten Bachelor- und Master-Studiengänge führt, ergibt sich aus dem Missverhältnis zwischen vergleichsweise wenigen Akkreditierungsagenturen und vergleichsweise zahlreichen neuen Studiengängen. Zwar steigt die Akkreditierungsrate kontinuierlich (aktuelle Zahlen erhält man über www.akkreditierungsrat.de). Jedoch ist angesichts der rasch wachsenden Zahl derartiger Studiengänge auch in absehbarer Zukunft nicht mit dem vollständigen Abbau des „Akkreditierungsstaus" zu rechnen.

nicht an die deutsche Hochschulpolitik denken, in der neue Studienstrukturen als *die* Lösung einer Reihe unterschiedlicher Probleme gelten?

Strukturell hat man es mit einer sich-selbst-erfüllenden Prophezeiung zu tun, die erst im Glauben an ihr Gelingen die Voraussetzungen hierfür schafft. Hierin liegt auch die Annahme einer weiterhin ungebrochenen Wachstumsdynamik begründet, da in dem Maße, in dem sich Bachelor- und Master-Studiengänge durchsetzen, das Festhalten an herkömmlichen Studienstrukturen im Reformdiskurs als konservativ und innovationsfeindlich delegitimiert wird. Indem staatliche und nicht-staatliche Instanzen konsensuell neuartige Studienstrukturen fordern, bleibt den Universitäten gar nichts anderes übrig, als selbst *aktiv* an der Durchsetzung dieses *Symbols* für Reformfreudigkeit und Innovativität mitzuwirken. Da man als einzelne Universität nicht riskieren darf, sich ins Abseits zu manövrieren, beobachtet man sehr genau wie sich andere Universitäten verhalten und wo die Trendsetter zu lokalisieren sind. Dies gilt vor allem unter den Bedingungen des steigenden Wettbewerbs zwischen Universitäten um knappe legitimatorische und materielle Ressourcen.

Unter Berücksichtigung des *rein explorativen* Charakters der Diskussion konsekutiver Studiengänge, an die eingehendere Untersuchungen anschließen werden, lässt sich im Hinblick auf die beiden forschungsleitenden Thesen dieses Beitrags – Auf- statt Abbau regulativer Strukturen, Strukturangleichung durch Wettbewerb – folgendes festhalten:

Erstens sollte deutlich geworden sein, dass man im Unterschied zum hochschulpolitischen Diskurs im Hinblick auf die mit Wettbewerbsargumenten begründete Einführung neuer Studiengänge kaum von „De-Regulierung" sprechen kann. Staatliche Instanzen spielen vor allem im neu geschaffenen Akkreditierungsrat eine maßgebliche Rolle, der sowohl für Akkreditierungsagenturen als auch für neue Studiengänge den regulativen Rahmen setzt. Auch wenn die ministerielle Kontrolle weniger direkt als zuvor ausgeübt wird, werden insgesamt betrachtet regulative Strukturen eher auf- als abgebaut. Es findet eine *regulative Verdichtung* des organisationalen Feldes statt, in dem sich „Hochschulen im Wettbewerb" bewegen. Gemeinsam mit staatlichen Vorgaben erzeugen hochschulpolitisch beratende Einrichtungen und die neu geschaffenen Akkreditierungsagenturen einen starken normativen Druck auf Hochschulorganisationen, die durch mimetische Prozesse der Verhaltensregulierung verstärkt werden.

Zweitens sind die Folgen des wettbewerbsinduzierten Drucks zur Einführung neuer Studiengänge nicht mit der im hochschulpolitischen Diskurs ausschließlich betonten Vervielfältigung von Optionen gleichzusetzen.[5] Wenngleich die Anzahl der Studiengänge hierdurch zweifellos steigt, finden zugleich jedoch auch nicht zu vernachlässigende *Angleichungsprozesse* statt, und dies bereits in einer frühen Entwicklungsphase des auf neue Studiengänge und -strukturen bezogenen organisationalen Feldes: Universitäten und Fachhochschulen treiben gleichermaßen die Etablierung von Bachelor- und Master-Studiengängen voran. An einzelnen Universitäten werden sogar Studienfächer wie Medizin und Jura, für die sowohl im deutschen als auch im angloamerikanischen Raum traditionell eigene Fach spezifische Abschlüsse zur Verfügung stehen, als Bachelor- und Master-Studium angeboten. Im bevölkerungsreichsten Bundesland, Nordrhein-Westfalen, wurde zudem, gleichlautenden Empfehlungen des Wissenschaftsrates und eines eigenen Expertenrates folgend, damit begonnen, das Lehramtsstudium sukzessiv durch Bachelor- und Masterstudiengänge zu ersetzen.[6] Andere Bundesländer wie zum Beispiel Bremen und Hessen folgen bereits. Bei der gegenwärtig raschen Diffusion unter dem Stichwort „Hochschulreform" eingeführter Strukturänderungen ist damit zu rechnen, dass diese Umstellungswelle früher oder später sämtliche Bundesländer – die sich ebenso wie die hier behandelten Hochschulen vermutlich stark mimetisch verhalten – erfassen wird. Damit werden das deutsche System bislang prägende Unterschiede eingeebnet.

Darüber hinaus ist zu erwarten, dass sich über die neuen Studiengänge standardisierte Formen der Modularisierung, der Vergabe von Leistungspunkten und der Qualitätssicherung durchsetzen werden, die Angleichungsprozesse auf der Ebene der Curricula traditioneller Studiengänge erzwingen werden. Dass die von Seiten des Akkreditierungsrates formulierten Vorgaben nicht nur auf neu zu schaffende Studiengänge beschränkt bleiben, zeigt ein KMK-Beschluss vom März 2002 zur „Künftige(n) Entwicklung der länder- und hochschulübergreifenden Qualitätssicherung in Deutschland", in dem es heißt, „dass längerfristig alle Studiengänge in das Akkreditierungsverfahren einbezogen werden" (KMK 2002, S. 16). Man braucht kein Organisationssoziologe zu sein, um in dieser Zielvorgabe die Grundlage einer *expansiven und irreversiblen Dynamik* für alle an diesem Prozess beteiligten Organisationen zu sehen. Vor allem die neu geschaffe-

---

[5] Vgl. hierzu etwa die Einschätzung des Generalsekretärs des Deutschen Akademischen Austauschdienstes (DAAD), der hervorhebt, „daß die neuen Bachelor- und Master-Pflänzchen, die doch jetzt schneller als erwartet aus dem Boden sprießen, so viele unterschiedliche Farben haben. Gerade aber diese Bandbreite ist ein Merkmal des Bachelor-Master-Systems." (Bode 1999, S. 16).

[6] Ursprünglich "zur Erprobung" (MSWF 2001) vorgesehen, plädierte die damalige Bildungsministerin Behler ein Jahr später zugunsten einer "tiefgreifenden Umgestaltung der Lehrerausbildung" durch die flächendeckende Einführung konsekutiver Bachelor- und Master-Studiengänge (Die Zeit, 26.07.2002, S. 20). Beginnend mit den Universitäten Bielefeld und Bochum ist ein erstes Modellprogramm aufgelegt; ein weiteres soll folgen.

nen und im Organisationsfeld zunehmend wichtigen Akkreditierungsagenturen, so die Vermutung, werden in der flächendeckenden Implementierung eine Aufgabe sehen, die – angesichts der ca. 9.000 „alten" Studiengänge an deutschen Hochschulen und der Vorgabe, akkreditierte neue Studiengänge nach ihrer Einführungsphase zum Zweck der Re-Akkreditierung im Hinblick auf die Erreichung ihrer Zielvorgaben zu überprüfen – die organisationale Persistenz und Ausdehnung nach Abbau des „Akkreditierungsstaus" auf unbegrenzte Zeit sicherstellen.

4   Schlussbetrachtungen: Organisationale Innovationen im pädagogischen Feld „Hochschulen"

Abschließen möchte ich mit einigen Überlegungen zum Thema *„organisationale Innovation"*. Grundlegend sensibilisieren die Organisationsforschung allgemein und der von mir vertretene neo-institutionalistische Ansatz innerhalb der Organisationsforschung für die nicht-intendierten, kontraintuitiven und zum Teil paradoxen Effekte externer Steuerungsversuche von Organisationen. Für das pädagogische Feld „Hochschulen" bedeutet dies insbesondere die Anerkennung der organisationalen Eigenlogik und -dynamik von Hochschulorganisationen sowie des organisationalen Feldes insgesamt, die unterschiedlichen Umwelteinflüssen ausgesetzt sind. Dabei spielen vor allem staatliche Einflüsse eine wichtige Rolle, die auf unterschiedliche Weise kontextuell gebrochen werden.

Auf der Ebene des organisationalen Feldes wurden zuvor die kontraintuitiven Folgen einer auf Optionserweiterung abzielenden hochschulpolitischen Strategie herausgestellt. Mehr Wettbewerb kann paradoxerweise auch Strukturangleichung bedeuten. Dennoch vermute ich, dass durch die Einführung neuer Studiengänge organisationale Innovationen im deutschen Hochschulsystem erzeugt werden. Diese Innovationen, so meine These, entstehen *nicht*, wie man bei Innovationen vermuten würde, über intentionales Handeln mit dem Ziel der Erzeugung von Neuem, *sondern* über sein Gegenteil, d.h. den Versuch, andernorts als erfolgreich wahrgenommene Studienstrukturen in das deutsche System zu kopieren. Doch wie kann es sein, dass ausgerechnet mimetisches Verhalten zu Innovationen führt? Ist nicht Kritikern zuzustimmen, die sich darüber mokieren, „daß beim Stichwort Bachelor und Master die Mienen der Hochschulpolitiker zu leuchten beginnen", und dass es sich offenbar um ein System handelt, „das Reform mit einem Besuch in Nachbars Garten verwechselt, das sich damit zufrieden gibt, der beste Kopierer zu sein" (Mittelstraß 2002, S. 15)?

Innovation als „*paradoxer Effekt*" mimetischen Verhaltens ist vor allem historisch zu begründen. Ein Blick in die globale Universitätsgeschichte genügt, um zu sehen, dass die Entwicklung des pädagogischen Feldes „Hochschulen" von vielfältigen Kopierversuchen geprägt ist. So war Deutschland zu Beginn des 20. Jahrhunderts ein nachahmenswertes Modell für zahlreiche europäische und außereuropäische Hochschulsysteme (vgl. Clark 1995). Die Integration von Forschung und Ausbildung im Rahmen einer Organisation, der Forschungsuniversität, sowie der hierzu komplementäre Studienabschluss, der Doktorgrad, wurden vom deutschen in das amerikanische System kopiert – und dies retrospektiv betrachtet außerordentlich erfolgreich. Deutschlands Führungsrolle bei der weltweiten hochschulpolitischen Entwicklung wurde später an die USA abgegeben. Der Modellcharakter, den amerikanische Forschungsuniversitäten in der gegenwärtigen hochschulpolitischen Debatte spielen, wäre ohne die zuvor genannten Transferleistungen sicherlich nicht zustande gekommen.

Die wechselseitige Beeinflussung unterschiedlicher Universitätssysteme darf jedoch nicht darüber hinwegtäuschen, dass Universitäten stets sowohl in ihre eigene Organisationsgeschichte als auch in die nationale Geschichte ihres Universitätssystems eingebunden sind, und genau hier liegt der Ansatzpunkt für Innovationen: Ebenso wie durch die Kopie von Grundelementen der deutschen Forschungsuniversität in den amerikanischen Kontext etwas Neuartiges entstand, kann durch die Kopie von Studienstrukturen, die dem von Humboldt'schen System fremd sind, in diesem System etwas Neuartiges entstehen. Eine Punkt-zu-Punkt Kopie scheitert zwangsläufig an der Unterschiedlichkeit der Kontexte, in die systemfremde Elemente hineinkopiert werden. Dieser „*culture clash*" kann als Chance zur Innovation angesehen werden. Aus fehlgeschlagenen Kopierversuchen kann Neues entstehen, und Verunreinigungen bzw. Hybridisierungen sind die Grundlage nicht-intendierten organisationalen Wandels. Versucht man diesen Gedanken weiter zu entwickeln, so muss man sich nicht nur auf Studienstrukturen beschränken, die aus anderen Ländern importiert werden, sondern kann auch andere Formen der Übernahme systemfremder Strukturelemente unter dem Aspekt der Innovation durch Verunreinigung analysieren. Hier ist zum Beispiel an die gegenwärtig kontrovers diskutierte Übernahme von Leitungsstrukturen zu denken, die dem Wirtschaftsbereich entstammen und dem Hochschulbereich zunächst fremd sind (vgl. Mayntz 2002).

Die gewählte neo-institutionalistische Perspektive weist jedoch auch in aller Deutlichkeit darauf hin, dass neue Strukturen im pädagogischen Feld „Hochschulen", die in dem Beitrag am Beispiel konsekutiver Studiengänge diskutiert wurden, nicht unmittelbar in organisationalen Wandel umgesetzt werden. Im

Anschluss an den klassischen neo-institutionalistischen Beitrag von John Meyer und Brian Rowan (1977) ist zwischen der Formalstruktur und der Aktivitätsstruktur einer Organisation zu unterscheiden. Die *Formalstruktur* spiegelt die Konformität mit Umwelterwartungen wider und sichern der Organisation so den Erhalt von legitimatorischen und materiellen Ressourcen. Die nach außen gerichtete Formalstruktur ist jedoch nur lose mit ihrer internen *Aktivitätsstruktur*, dem tatsächlichen Organisationshandeln, gekoppelt. Hier findet erheblich mehr „business as usual" statt, als die Beobachtung von Veränderungen auf der formalstrukturellen Ebene erwarten ließe.

Auf der Grundlage einer eigenen Untersuchung konnte die weitreichende *Entkopplung* zwischen der Formal- und Aktivitätsstruktur deutscher Hochschulen herausgearbeitet werden (Krücken 2003 a, b). Am Beispiel der Einrichtung von universitären Technologietransferstellen in Nordrhein-Westfalen wurde hier gezeigt, dass Transferstellen vor allem als Reaktion auf eine in der politischen Umwelt von Universitäten formulierte Erwartung gegründet wurden. Diese Erwartung bestand darin, dass Universitäten über den direkten Transfer von Wissen und Technologien einen aktiven Beitrag zur wirtschaftlichen Entwicklung des Landes leisten sollten. Transferstellen sind also nach außen hin sichtbarer Teil der universitären Formalstruktur, mit der sich die Universitätsorganisation gegenüber ihrer politischen Umwelt legitimiert und materielle Ressourcen aus dieser Umwelt sicherstellt. Auf der Ebene der universitären Aktivitätsstruktur spielen Technologietransferstellen jedoch keine zentrale Rolle. Ein Großteil der tatsächlichen Transferaktivitäten fließt an ihnen vorbei, und Universitäten als übergreifende Organisationen geben sich insgesamt kein transferorientierteres Profil als zuvor.

Neue Studiengänge sind ebenso wie Transferstellen Teil der nach außen gerichteten organisationalen *Formalstruktur*. Ganz im Sinne meiner Untersuchung zu universitären Technologietransferstellen kann man auch hier von Veränderungen auf der formalstrukturellen Ebene nicht zwangsläufig auf Veränderungen der organisationalen Praxis, also der Aktivitätsstruktur, schließen. Im Gegenteil: Bei zahlreichen neuen Studiengängen drängt sich der Verdacht der universitären Abwehr von Wandlungserwartungen durch bloße Umetikettierung auf. Indem man der relevanten Organisationsumwelt durch Umwandlung der Formalstruktur Reform- und Innovationsbereitschaft signalisiert, kann auf der Ebene der Aktivitätsstruktur weiterhin „business as usual" praktiziert werden. Ob dies tatsächlich der Fall ist, bedarf eingehender Untersuchungen. Hier eröffnet sich ein weites Feld theoretisch angeleiteter empirischer Forschungen. Gerade unter sich verschärfenden Wettbewerbsbedingungen, so meine diesbezügliche Vermutung, werden wir nicht nur Angleichungsprozesse im Feld „Hochschulen", sondern auch Entkopplungen zwischen der Formal- und Aktivitätsstruktur von Hochschulorganisationen beobachten können.

Die zuletzt genannten Überlegungen weisen auf notwendige *Differenzierungen* hin, die in diesem Beitrag, der in erster Linie die gemeinsamen Umweltbedingungen und die hieraus resultierenden Strukturangleichungsprozesse zwischen Hochschulen fokussierte, unterbelichtet blieben. Mit Hilfe der Organisationssoziologie lassen sich zudem jedoch Hypothesen darüber formulieren, welche Variablen die Neigung von Hochschulen beeinflussen, der institutionalisierten Umwelterwartung, BA/MA-Strukturen möglichst rasch und umfassend einzuführen, nachzukommen.[7] Sechs Hypothesen sollen abschließend benannt werden.

Erstens ist anzunehmen, dass das *Leitbild* einer Hochschule eine zentrale Variable darstellt. Hochschulen, deren Leitbild darin besteht, reformfreudig und innovativ zu sein, sind neuen Studienstrukturen und -abschlüssen gegenüber vermutlich besonders offen, während man die geringste Diffusionsrate bei den Hochschulen vermuten kann, die sich im Rekurs auf Tradition und Geschichte ihrer Identität versichern.

Zweitens, und hiermit eng zusammenhängend, wird das *Alter* einer Hochschulorganisation von Bedeutung sein. Je älter eine Hochschule ist, desto weniger wird sie bereit sein, etablierte Studienstrukturen und -abschlüsse zur Disposition zu stellen. Demgegenüber ist gerade von Neugründungen die rasche und umfassende Einführung von BA/MA-Studiengängen zu erwarten.

Drittens ist zu vermuten, dass *Größe* einen entscheidenden Einflussfaktor bildet. Aufgrund zeitaufwändiger Entscheidungsprozesse und zu erwartender interner Widerstände gestaltet sich die Umsetzung einer organisationalen Innovation in größeren Hochschulorganisationen schwieriger als in kleineren, die auf Umwelterwartungen rascher und flächendeckender reagieren können.

Viertens ist zu vermuten, dass die Einführung konsekutiver Studiengänge negativ mit dem *Status* der Hochschulorganisation korreliert. Statusniedrigere Bildungseinrichtungen übernehmen leichter Studienabschlüsse, mit denen traditionelle Statusdifferenzen innerhalb des deutschen Hochschulsystems nivelliert werden, als statushöhere. Konkret bedeutet dies, dass aus organisationssoziologischer Sicht angenommen werden kann, dass Universitäten die Umstellung auf

---

[7] Darüber hinaus sind auch wissenschaftssoziologische Variablen zu berücksichtigen, die sich insbesondere auf die in den akademischen Disziplinen begründeten Unterschiede beziehen. Grundlegend ist hier die Vermutung, dass der entscheidende Unterschied nicht zwischen Geistes- und Sozialwissenschaften einerseits und Natur- und Ingenieurwissenschaften andererseits verläuft, sondern vielmehr zwischen anwendungsnäheren und anwendungsferneren Fachbereichen.

BA/MA-Strukturen weniger rasch und umfassend vollziehen als Fachhochschulen und Berufsakademien.

Fünftens spielt der Grad der *Internationalität* einer Hochschulorganisation eine entscheidende Rolle hinsichtlich der Einführung konsekutiver Studiengänge. Hochschulen, die in Forschung und Lehre mit ausländischen Hochschulen kooperieren, zeigen sich der Erwartung, ihre Studienstrukturen und -abschlüsse umzustellen, gegenüber responsiver als Hochschulen, die nur ein geringes Maß an internationalen Kooperationen aufweisen.

Sechstens ist das Maß an Offenheit von Hochschulen gegenüber den in diesem Beitrag diskutierten *Beratungseinrichtungen* von Bedeutung. Je enger und häufiger der Kontakt zwischen Hochschulorganisationen und den vielfältigen Organisationsberatungen im pädagogischen Feld „Hochschulen" ist, so lautet die abschließende Hypothese, desto rascher und umfassender werden BA/MA-Strukturen implementiert.

Literatur

Bode, C. (1999): Begrüßung, in: Bachelor und Master in den Geistes-, Sprach- und Kulturwissenschaften. Tagungsdokumentation. Bonn: DAAD, S. 14-16.

CHE/CHEPS (2002): Die Einführung von Bachelor- und Master-Programmen an deutschen Hochschulen. Studie im Auftrag des DAAD. Bonn: DAAD.

Brint, S./Karabel, J. (1991): Institutional Origins and Transformations. The Case of American Community Colleges. In: Powell, W.W./DiMaggio, P.J. (Hrsg.): The New Institutionalism in Organizational Analysis. Chicago: University of Chicago Press, S. 337-360.

Clark, B.R. (1995): Places of Inquiry. Research and Advanced Education in Modern Universities. Berkeley: University of California Press.

DiMaggio, P.J./Powell, W.W. (1983): The Iron Cage Revisited. Institutional Isomorphism and Collective Rationality in Organizational Fields. In: American Sociological Review 48, S. 147-160.

Fligstein, N. (1996): Markets as Politics. A Political and Cultural Approach to Market Institutions. In: American Sociological Review 61, S. 656-673.

Hasse, R./Krücken, G. (1999): Neo-Institutionalismus (2., erweiterte und überarbeitete Auflage erscheint 2004). Bielefeld: transcript-Verlag.

KMK (2002): Künftige Entwicklung der länder- und hochschulübergreifenden Qualitätssicherung in Deutschland. Beschluss der Kultusministerkonferenz vom 01.03.2002. Bonn.

KMK/HRK, (1999): Neue Studiengänge und Akkreditierung. Bonn.

Krücken, G. (2003a): Mission Impossible? Institutional Barriers to the Diffusion of the 'Third Academic Mission' at German Universities. In: International Journal of Technology Management 25, S. 18-33.

Krücken, G. (2003b): Learning the ,New, New Thing': On the Role of Path Dependency in University Structures. In: Higher Education 46, S. 315-339.

Lant, T.K./Baum, J. (1995): Cognitive Sources of Socially Constructed Competitive Groups. In: Scott, W. R./Christensen, S. (Hrsg.), The Institutional Construction of Organizations, Thousand Oaks: Sage, S. 289-300.

Mayntz, R. (2002): University Councils: An Institutional Innovation in German Universities. In: European Journal of Education 37, S. 21-28.

Meyer, J.W./Rowan, B. (1977): Institutionalized Organizations: Formal Structure as Myth and Ceremony. In: American Journal of Sociology 83, S. 340-363.

Mittelstraß, J. (2002): Die Modernität der klassischen Universität. Festvortrag anläßlich der 475-Jahr-Feier der Philipps-Universität Marburg. Marburger Universitätsreden 23, S. 1-16.

Mizruchi, M.S./Fein, L.C. (1999): The Social Construction of Organizational Knowledge: A Study of the Uses of Coercive, Mimetic, and Normative Isomorphism. In: Administrative Science Quarterly 44: 653-683.

MSWF (2001): Eckpunkte zur Gestaltung von BA-/MA-Studiengängen für Lehrämter. Ministerium für Schule, Wissenschaft und Forschung des Landes Nordrhein-Westfalen. Düsseldorf, 09. Mai 2001.

Powell, W.W./DiMaggio, P.J. (Hrsg.), (1991): The New Institutionalism in Organizational Analysis. Chicago: University of Chicago Press.

Schaefers, C. (2002): Der soziologische Neo-Institutionalismus. Eine organisationstheoretische Analyse- und Forschungsperspektive auf schulische Organisationen. In: Zeitschrift für Pädagogik 48, S. 835-855.

Scott, W.R. (2001): Institutions and Organizations. Thousand Oaks: Sage.

Turner, G. (2001): Hochschule zwischen Vorstellung und Wirklichkeit. Zur Geschichte der Hochschulreform im letzten Drittel des 20. Jahrhunderts. Berlin: Duncker & Humblot.

Die Autoren

Dipl.-Soz. Jens Aderhold, TU Chemnitz, Professur für Innovationsforschung und nachhaltiges Ressourcenmanagement, 09107 Chemnitz
Tel: 0371/531-5368, Fax: 0371/531-5367
Email: j.aderhold@wirtschaft.tu-chemnitz.de

Prof. Dr. Herbert Altrichter, Johannes Kepler Universität Linz, Institut für Pädagogik und Psychologie, Altenberger Str. 69, A-4040 Linz.
Email: herbert.altrichter@jku.at

Dipl.-Psych. Doris Blutner, Ruhr-Universität-Bochum, Graduiertenkolleg: "Innovation von und in Organisationen", c/o Tassostr. 5, 13086 Berlin
Email: d.blutner@gmx.de

Prof. Dr. Wolfgang Böttcher, Westfälische Wilhelms-Universität, Institut für Sozialpädagogik, Weiterbildung und Empirische Pädagogik, Abt. Qualitätsentwicklung und Evaluation, Georgskommende 33, 48143 Münster
Email: wolfgang.boettcher@uni-muenster.de

Dr. Michaela Brohm, Westfälische Wilhelms-Universität, Institut für Sozialpädagogik, Weiterbildung und Empirische Pädagogik, Abt. Qualitätsentwicklung und Evaluation, Georgskommende 33, 48143 Münster
Email: michaela.brohm@uni-muenster.de

PD Dr. Thomas Brüsemeister, Fernuniversität Hagen, Fachbereich Kultur- und Sozialwissenschaften. Universitätsstr. 21, AVZ, 58084 Hagen
Email: Thomas.bruesemeister@FernUni-Hagen.de

Prof. Dr. Ute Clement, Universität Kassel, Institut für Berufsbildung, Heinrich-Plett-Str. 40, 34132 Kassel

PD Dr. Hans-Werner Fuchs, Helmut-Schmidt-Universität – Universität der Bundeswehr Hamburg, Institut für Allgemeine Pädagogik, Holstenhofweg 85, 22043 Hamburg
Email: fuchs@unibw-hamburg.de

Prof. Dr. Renate Girmes, Universität Magdeburg, Institut für Erziehungswissenschaft, Stresemannstr. 23, 39104 Magdeburg
Email: renate.girmes@gse-w.uni-magdeburg.de;
www.uni-magdeburg.de/didaktik/

Dr. phil. Dipl.-Psych. Andreas Krause, Albert-Ludwigs-Universität Freiburg, Institut für Psychologie, Arbeits- und Organisationspsychologie, Engelbergerstraße 41, 79085 Freiburg
Tel: 0761/2035685, Fax: 0761/2035687
Email: andreas.krause@psychologie.uni-freiburg.de

PD Dr. Georg Krücken, Universität Bielefeld, Fakultät für Soziologie, Postfach 100131, 33501 Bielefeld
Email: georg.kruecken@uni-bielefeld.de

PD Dr. Thomas Kurtz, Universität Bielefeld, Fakultät für Soziologie, Postfach 100131, 33501 Bielefeld
Tel: 0521/1063988
Email: thomas.kurtz@uni-bielefeld.de

PD Dr. Harm Kuper, Freie Universität Berlin, Arbeitsbereich Empirische Erziehungswissenschaft, Fabeckstr. 13; 14195 Berlin;
Tel.: 030/838 55111
Email: qper@zedat.fu-berlin.de

Prof. Dr. Rainer Lersch, Philipps-Universität Marburg, Institut für Schulpädagogik, Wilhelm-Röpke-Str. 6 B, 35032 Marburg.
Email: lersch@staff.uni-marburg.de

Dipl.-Soz.Wiss. Christine Schaefers, Institut für Pädagogik und Allgemeine Didaktik, Westfälische Wilhelms-Universität Münster, Bispinghof 5/6, 48143 Münster.

PD Dr. Veronika Tacke, Institut für Soziologie, Universität Luzern, Postfach 7455, CH-6000 Luzern 7
Email: veronika.tacke@unili.ch

Prof. Dr. Ewald Terhart, Westfälische Wilhelms-Universität Münster, Institut für Schulpädagogik und Allgemeine Didaktik, Bispinghof 5/6, D-48143 Münster
Email: ewald.terhart@uni-muenster.de

Dr. Raf Vanderstraeten, Departement Pedagogische Wetenschappen, Vesaliusstr. 2, B-3000 Leuven, Belgien
Tel : +32 16/326176, Fax : +32 16/326200
Email: Raf.Vanderstraeten@ped.kuleuven.ac.be

Dr. Susanne Weber, Institut für Erziehungswissenschaft, Philipps-Universität Marburg, Schwanallee 50, 35032 Marburg,
Tel: 06421/2823589;
Email: webers@mailer.uni-marburg.de,
http://staff-www.uni-marburg.de/~webers/

Dr. Ralf Wetzel, TU Chemnitz, Promotionskolleg "Nachhaltige Regionalentwicklung", 09107 Chemnitz
Korrespondenzadresse: Guerickestr. 18, 09116 Chemnitz
Tel: 0371/8579078, Fax: 0371/531-4793
Email: ralf.wetzel@wirtschaft.tu-chemnitz.de

Prof. Dr. Jochen Wissinger, Justus-Liebig-Universität Gießen, Fachbereich 03 Sozial- und Kulturwissenschaften, Institut für Schulpädaggogik und Didaktik der Sozialwissenschaften, Karl-Glöckner-Str. 21B, 35394 Gießen

3917091R00177

Printed in Germany
by Amazon Distribution
GmbH, Leipzig